GESCHICHTE KROATIENS

Ludwig Steindorff

Geschichte Kroatiens

Vom Mittelalter bis zur Gegenwart

Verlag Friedrich Pustet
Regensburg

Für Anton, Moritz und Casper

Bibliografische Information der Deutschen Nationalbibliothek
Die Deutsche Nationalbibliothek verzeichnet diese Publikation in der Deutschen Nationalbibliografie; detaillierte bibliografische Daten sind im Internet über http://dnb.dnb.de abrufbar.

ISBN 978-3-7917-3132-2

Umschlaggestaltung: Martin Veicht, Regensburg
Satz: Vollnhals Fotosatz, Neustadt a. d. Donau
Druck und Bindung: Friedrich Pustet, Regensburg
Printed in Germany 2020

eISBN 978-3-7917-6172-5 (epub)

Weitere Publikationen aus unserem Programm
finden Sie auf www.verlag-pustet.de
Kontakt und Bestellungen unter verlag@pustet.de

Inhalt

Zur Aussprache kroatischer Namen und Begriffe

c	wie deutsch z (Zoo)
č	wie deutsch tsch (Rutsch)
ć	keine Entsprechung im Deutschen; Laut zwischen tsch und tj
đ (dj)	keine Entsprechung im Deutschen; ungefähr wie general im Englischen
h	wie deutsch ch (Lachen, Licht)
s	wie deutsches stimmloses s (Masse)
š	wie deutsch sch (Schule)
v	stets wie deutsch w (Wasser)
z	wie deutsch stimmhaftes s (Sage)
ž	keine Entsprechung im Deutschen (wie Garage)

Alle anderen Buchstaben werden wie im Deutschen gelesen; das r wird gerollt.

Mehrfach verwendete Abkürzungen

AVNOJ	Antifašističko vijeće narodnog oslobođenja Jugoslavije, „Antifaschistischer Rat der nationalen Befreiung Jugoslawiens“
DS	Demokratska stranka, „Demokratische Partei“
HDZ	Hrvatska demokratska zajednica, „Kroatische demokratische Gemeinschaft“
HNS	Hrvatska narodna stranka, „Kroatische Volkspartei”
HRSS	Hrvatska republikanska seljačka stranka, „Kroatische republikanische Bauernpartei“
HSLS	Hrvatska socialno-liberalna stranka, „Kroatische sozialliberale Partei“
JAZU	Jugoslavenska akademija znanosti i umjetnosti, „Jugoslawische Akademie der Wissenschaften und Künste“ (1941–45, ab 1991: HAZU, „Kroatische Akademie der Wissenschaften und Künste“)
JMO	Jugoslavenska muslimanska organizacija, „Jugoslawische muslimische Organisation“
JNS	Jugoslavenska nacionalna stranka, „Jugoslawische Nationalpartei“
JRZ	Jugoslavenska radikalna zajednica, „Jugoslawische radikale Gemeinschaft“
KPJ	Komunistička partija Jugoslavije, „Kommunistische Partei Jugoslawiens“
SDK	Seljačko-demokratska koalicija, „Bäuerlich-demokratische Koalition“
SDP	Stranka demokratskih promjena, „Partei der demokratischen Veränderungen“; ab 1993 Socialdemokratska partija Hrvatske, „Sozialdemokratische Partei Kroatiens“
SDS	Srpska demokratska stranka, „Serbische demokratische Partei“
SKH	Savez komunista Hrvatske, „Bund der Kommunisten Kroatiens“
SLS	Slovenska ljudska stranka, „Slowenische Volkspartei“
USK	„Unabhängiger Staat Kroatien“; kroatisch: NDH, Nezavisna država Hrvatska
ZAVNOH	Zemaljsko antifašističko vijeće narodnog oslobođenja Hrvatske, „Antifaschistischer Landesrat der nationalen Befreiung Kroatiens“
ZK	„Zentralkomitee“, kroatisch: CK, Centralni komitet

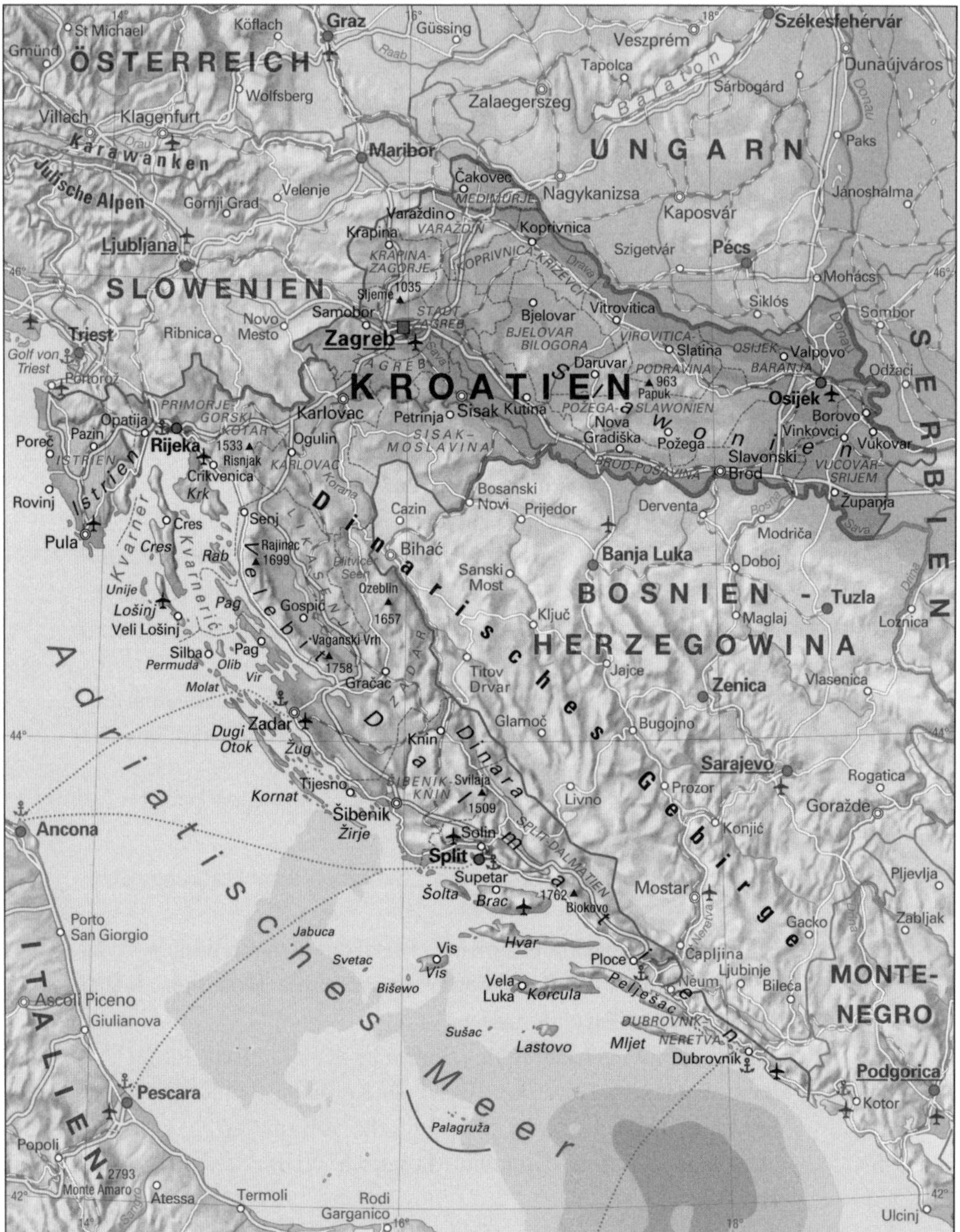

Wappen der Republik Kroatien	Orte	Grenzen und administrative Gliederung	Relief

Orte
- über 500 000 Einwohner
- 100 000 - 500 000 Einwohner
- 50 000 - 100 000 Einwohner
- unter 50 000 Einwohner
- Dicht bebaute Siedlungsfläche
- Zagreb Hauptstadt eines Staates

Verkehr
- Autobahn, Schnellstraße
- Sonstige Straße
- Eisenbahn
- Internationaler Flughafen
- Bedeutender Seehafen

Grenzen und administrative Gliederung
- Staatsgrenze
- Gespannschaftsgrenze
- UNGARN Staat
- ZADAR Kroatische Gespannschaft

Hydrographie
- Fluss
- periodischer Fluss
- Stausee, See

1 : 3 500 000

0 — 100 km

Relief

Risnjak 1533 Berg mit Höhenzahl

Landhöhen
- über 2000 m
- 1000 - 2000 m
- 500 - 1000 m
- 200 - 500 m
- 100 - 200 m
- 0 - 100 m

Meerestiefen
- 0 - 200 m
- 200 - 500 m
- 500 - 1000 m
- 1000 - 2000 m

Kroatien – Land der Vielfalt

Die Republik Kroatien ist einer der jüngsten Staaten in Europa; zugleich reicht die Kontinuität kroatischer Staatlichkeit bis ins Frühmittelalter zurück. Volksname und davon abgeleiteter Landesname sind schon seit weit über tausend Jahren in der Geschichte präsent.

Historische Territorien

Das heutige Staatsgebiet setzt sich aus mehreren historischen Territorien mit mittelalterlichen Wurzeln zusammen; die jetzigen Abgrenzungen der einzelnen Territorien gehen meistenteils auf das 18. Jh. zurück. – Die Halbinsel ISTRIEN, deren Westküste im 18. Jh. noch zum venezianischen Dominium gehört hatte, war im 19. Jh. unter österreichischer Herrschaft politisch geeint. In der Zwischenkriegszeit stand Istrien unter italienischer Herrschaft; 1945 kam es an Jugoslawien; der kleinere nördliche Teil wurde der Teilrepublik Slowenien zugeordnet, der südliche Kroatien.

DALMATIEN umfasst im heutigen Sprachgebrauch die bis 1797 venezianischen Besitzungen an der mittleren Adriaostküste. Im weiteren Sinne gehört auch das Territorium der bis 1808 selbständigen Republik Dubrovnik, durch einen schmalen bosnisch-herzegowinischen Korridor bei Neum von den einst venezianischen Gebieten getrennt, zu Dalmatien, dem Gebiet Kroatiens, das im 19. Jh. ebenso wie Istrien in die österreichische Reichshälfte der Habsburger Monarchie einbezogen war.

SLAWONIEN erstreckt sich über den Raum zwischen Save und Drau ungefähr östlich der Linie Sisak–Bjelovar, über diejenigen Gebiete des heutigen Nordkroatien, die im 16./17. Jh. dem Osmanischen Reich angehörten.

KROATIEN im engeren Sinne umfasst den sich nach Süden und Norden verbreiternden, in der Mitte durch das bosnische Gebiet um Bihać verengten Landstreifen von der Adriaküste bis an die Drau parallel zur Südostgrenze des einstigen Heiligen Römischen Reiches deutscher Nation und damit zur gegenwärtigen kroatisch-slowenischen Grenze. Es sind die Gebiete des heutigen Kroatien, die – neben Ostistrien – bereits im 16./17. Jh. unter habsburgischer Herrschaft standen. – Auf die Bedeutung der Bezeichnungen Dalmatien, Slawonien und Kroatien im Mittelalter und auf den damals teilweise anderen Umfang der drei Territorien sei an späterer Stelle eingegangen.

Das MEĐIMURJE (Zwischenmurgebiet) um Čakovec im Dreieck zwischen einstiger Reichsgrenze, Drau und deren Nebenfluss Mur gehörte, von den Jahren 1848–61 abgesehen, bis 1918 zu Ungarn. Ebenso ist die südliche BARANJA (Baranya), das Gebiet nördlich von Osijek im Winkel zwischen Unterlauf der Drau und Donau, bis 1918 ungarisches Territorium gewesen. Die schon im Mittelalter ausgebildete Landschaft SRIJEM (Syrmien), das Gebiet zwischen Donau und Unterlauf der Save, ist heute geteilt; der westliche Bereich mit den Städten Vukovar und Ilok gehört zu Kroatien, der östliche zur Vojvodina in Serbien. Der zu Kroatien gehörende Teil Syrmiens wird heute auch als Ostslawonien bezeichnet.

Exkurs: Das „Schachbrett“

Kroatiens Staatswappen

Die alten Wappen der historischen Landesteile sind auch in das heutige, 1990 eingeführte Staatswappen einbezogen: Der Schild mit dem rot-weißen Schachbrettmuster aus 25 Feldern steht für den Gesamtstaat Kroatien und zugleich für das historische Kroatien im engeren Sinne. Das Schachbrettwappen, in Vorformen seit dem 11. Jh. bekannt, ist seit dem 15. Jh. vielfach als Wappen Kroatiens belegt; z. B. ist es – ebenso wie das Wappen Dalmatiens – im 1514 von Kaiser Maximilian gestifteten Chorfenster der Nürnberger Kirche St. Sebaldus dargestellt. Das Staatswappen des 1918 gegründeten Jugoslawien nahm das historische kroatische Schachbrettwappen als Teilmotiv auf, allerdings mit dem ersten Feld links nicht mehr weiß, sondern rot. Der Unabhängige Staat Kroatien 1941–45 kehrte zur Tradition des ersten Feldes in Weiß zurück. Im nach dem Vorbild sowjetischer Heraldik gestalteten Wappen der sozialistischen Republik Kroatien war der Schachbrettschild ebenso enthalten, wieder mit dem ersten Feld in Rot: Ein vom roten Stern bekrönter Ährenkranz umrahmte das Bild des aus dem Meer aufsteigenden Schildes mit der aufgehenden Sonne im Hintergrund. Auch das heutige Staatswappen von 1990 beginnt mit dem roten Feld.

Über dem großen Schild des heutigen Wappens wölben sich fünf kleinere Schilde: Das illyrische Wappen am linken Rand zeigt Morgenstern und liegenden Halbmond auf blauem Grund. Die Verbindung von Morgenstern und Mond geht bereits auf die Heraldik und Numismatik des mittelalterlichen Slawonien zurück; seit dem 17. Jh. finden wir in Wappenbüchern das aus gelehrter Konstruktion entstandene

Wappen für Illyrien, eine Landschaftsbezeichnung in antikisierender Manier. Das illyrische Wappen hatte für die kroatische Nationalbewegung im 19. Jh. hohen Symbolwert. Rechts neben dem illyrischen Wappen steht das Wappen der einstigen Republik Dubrovnik, zwei rote Balken auf blauem Grund. Es folgt das im 14. Jh. entstandene Wappen Dalmatiens mit drei Leopardenköpfen auf ebenfalls blauem Grund. Die Ziege vor blauem Grund im Wappen Istriens war schon in der Antike Symboltier dieser Landschaft.
Das Wappen von Slawonien, 1496 vom ungarisch-kroatischen König Władisław II. Jagiełło verliehen, zeigt im oberen Feld auf blauem Grund einen Stern, im mittleren einen silbergeränderten roten Balken mit einem Marder im Zentrum, darunter wieder ein blaues Feld. Der Marder, kroatisch *kuna*, spielt auf die *marturina*, die aus Slawonien bekannte einstige Naturalsteuer in Marderfellen an. - In historischer Reminiszenz an die Marderfell-Steuer hieß die Währung des Unabhängigen Staates Kroatien 1941–45 *kuna*. Auch die 1994 eingeführte Währungseinheit der Republik Kroatien trägt diesen Namen.

Das „Schachbrett". Wappen der Republik Kroatien

Die Außengrenzen des heutigen Kroatien sind großenteils alt. So deckt sich die Grenze gegenüber Slowenien, von Istrien abgesehen, weitestgehend mit der Grenze gegenüber dem alten Österreich bzw. dem Heiligen Römischen Reich deutscher Nation seit dem Hochmittelalter; die Draugrenze gegenüber Ungarn ist mittelalterlichen Ursprunges. Die südöstlichen Grenzen entsprechen denen der Republik Dubrovnik seit dem 15. Jh.

Die Grenzen gegenüber Bosnien-Herzegowina beruhen weitestgehend auf den Friedensschlüssen vom Anfang des 18. Jhs. zwischen Habsburgerreich sowie Venedig auf der einen und Osmanischem Reich auf der anderen Seite. Nur die Grenzziehungen gegenüber Slowenien in Istrien und gegenüber der Vojvodina im Nordosten sind jüngeren Datums; sie erfolgten nach 1945 auf Grund der Siedlungsverteilung nach Nationalitäten. Die ungarisch-kroatische Grenze in der Baranja entspricht der ungarisch-jugoslawischen Grenzziehung nach dem Ersten Weltkrieg. Doch über das beträchtliche Alter der meisten Außengrenzen hinweg bleibt festzuhalten, dass nur das engere Kroatien und Slawonien schon seit der Frühen Neuzeit eine politische Einheit bildeten. Ansonsten ist die staatliche Zusammenfassung in den heutigen Grenzen erst ein Ergebnis der föderalen Neuordnung Jugoslawiens nach dem Zweiten Weltkrieg.

In der chronologischen Darstellung wird erkennbar, wie sich bereits seit dem Mittelalter politische, gesellschaftliche, wirtschaftliche und kulturelle Verbindungen zwischen den einzelnen Territorien entwickelten, wie sich Ansätze eines Bewusstseins von Gemeinsamkeit ausbildeten und wie hieraus die Voraussetzungen für die moderne kroatische Nationsbildung seit dem 19. Jh. erwuchsen.

Bevölkerung

Das Territorium der heutigen Republik Kroatien ist nicht deckungsgleich mit dem kroatischen Siedlungsraum. In Bosnien-Herzegowina konzentriert sich die kroatische Bevölkerung auf drei Hauptregionen: Kompakten kroatischen Siedlungsraum finden wir in der westlichen Herzegowina; außerdem gibt es einen größeren kroatischen Bevölkerungsanteil in der Posavina und in Zentralbosnien. Bei der Volkszählung 1991 lebten 756.000 Kroaten in Bosnien-Herzegowina; dies entsprach einem Anteil von 17,3 % neben 43,7 % Muslimen und 31,1 % Serben. Allerdings sind Zahl und Anteil der Kroaten, von der westlichen Herzegowina abgesehen, schon seit Jahrzehnten rückläufig und in Folge des Krieges 1992–95 sowie durch Abwanderung noch einmal gesunken. Ihr Anteil betrug laut Volkszählung von 2013 mit 545.000 Personen 15,4 %, noch stärker als früher räumlich konzentriert auf die westliche Herzegowina.

In der nordwestlichen Vojvodina in Serbien lebten 1991 ungefähr 100.000 Kroaten. Die Bevölkerungsgruppe geht auf verschiedene Kolonisationswellen seit dem 15. Jh. zurück. Man findet für sie auch die subethnische Selbstbezeichnung als *bunjevci*. Die Zahl der Kroaten in der Vojvodina, schon seit den 70er-Jahren rückläufig, ist seit 1991 durch Übersiedlung in die Republik Kroatien noch weiter zurückgegangen. Fallweise haben die Bewohner ganzer serbischer Dörfer in Slawonien und kroatischer Dörfer in der Vojvodina ihre Häuser getauscht. Bei der Volkszählung in Serbien 2011 erklärten sich in der Vojvodina 47.000 Menschen als Kroaten, 16.500 als *bunjevci*.

Eine wenige Tausend Menschen umfassende kroatische Enklave bestand bis ans Ende des 20. Jhs. in Janjevo (15 km südöstlich von Priština) und einigen benachbarten Orten im Kosovo. Zu ihren Bewohnern gehörten die Nachfahren von Bergleuten aus Oberungarn und von Kaufleuten aus Dubrovnik, die sich hier im 14. Jh. niedergelassen hatten. Jahrhundertelang durch die Konfession von ihrer Umgebung unterschieden, wurden die Katholiken aus Janjevo seit dem

19. Jh. national als Kroaten angesehen. Im letzten Jahrzehnt sind sie großteils nach Kroatien ausgesiedelt und leben konzentriert am östlichen Stadtrand von Zagreb; durch die Fluchtwelle während des Kosovo-Krieges im Frühjahr 1999 ist die Enklave in Janjevo fast ausgelöscht worden.

Im heute montenegrinischen Küstengebiet um die Bucht von Kotor, das im 19. Jh. zum österreichischen Dalmatien gehörte und bis weit in die Neuzeit konfessionell noch mehrheitlich katholisch geprägt war, bekannten sich bei den Volkszählungen 1991 wie auch 2011 ungefähr 5.000 Menschen als Kroaten.

Durch Flucht- und Kolonisationsbewegungen nach Norden entstanden im 16. Jh. kroatische Siedlungen im Burgenland entlang der historischen Westgrenze Ungarns, nach heutiger Terminologie am Ostrand Österreichs mit Ausläufern in der südwestlichen Slowakei und in Nordwestungarn. Heute sprechen noch ca. 60.000 Menschen die gegenüber dem modernen Standardkroatischen altertümlich wirkende Sprache der burgenländischen Kroaten. Ihre Minderheitenrechte sind im Österreichischen Staatsvertrag von 1955 garantiert.

In Ungarn leben laut Volkszählung von 2011 27.000 Kroaten (andere Schätzungen gehen von 50.000 aus), die meisten entlang dem nördlichen Drau-Ufer und in den zu Ungarn gehörenden nördlichen Teilen der Baranja/Baranya. Das Zentrum ihres kulturellen Lebens ist Pécs (kroat. Pečuh) mit einem kroatischen Theater. Die im rumänischen Banat siedelnde kroatische Minderheit umfasst ca. 5.000 Angehörige. Die Dörfer der Kroaten in der mittelitalienischen Landschaft Molise um Campobasso gehen auf Flüchtlingsgruppen aus dem 16. Jh. zurück; die Zahl der Sprecher wird heute auf ca. 2.000 geschätzt.

Schließlich ist durch die Auswanderung in der zweiten Hälfte des 19. und im frühen 20. Jh. eine starke kroatische Diaspora in Nord- und Südamerika wie auch Australien entstanden. Während die politisch motivierte Emigration seit 1945 zahlenmäßig wenig ins Gewicht fallen dürfte, hat die Arbeitsemigration seit den 60er-Jahren große Ausmaße angenommen. Auf diesem Wege sind bis 1991 ungefähr 750.000 Kroaten in die Länder Westeuropas, vor allem nach Westdeutschland, gelangt. Den ursprünglichen Plan, in absehbarer Zeit zurückzukehren, hat nur ein geringer Teil unter ihnen verwirklicht. In jüngerer Zeit ziehen manche nach Erreichen des Ruhestandes in die Heimat zurück.

Seit Mitte der 90er-Jahre lässt sich zudem ein neuer Trend beobachten: In Westeuropa oder Amerika aufgewachsene Kroatinnen und Kroaten lassen sich nach Schul- oder Hochschulabschluss in Kroatien nieder, beginnen dort eine von ihrer Zweisprachigkeit begünstigte berufliche Karriere und gründen Familien.

Kroatien ist inzwischen ein national weitgehend homogener Staat. Der Anteil der für den Staat namengebenden Bevölkerungsgruppe überwiegt deutlich. Es gibt aber weiterhin viele autochthone Minderheiten. Wie die Ergebnisse der

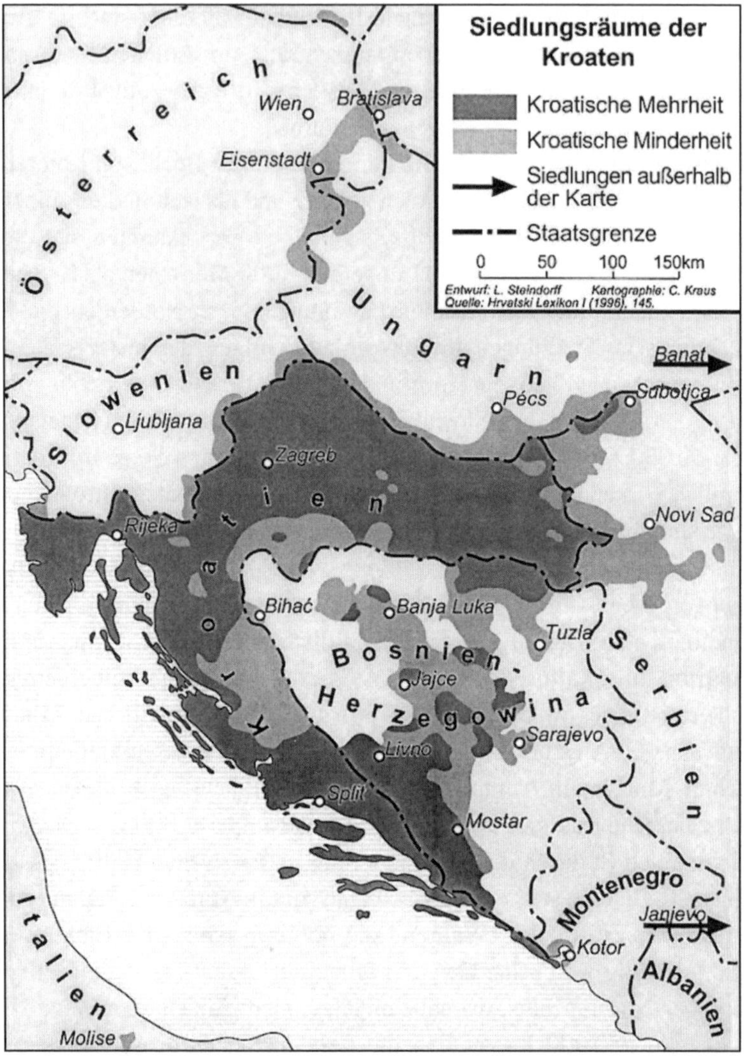

Siedlungsräume der Kroaten. Die Karte zeigt den Stand von 1991. Durch die Migration vor allem in Folge des Krieges 1991–95 sind die kroatischen Mehrheitsgebiete in Kroatien selbst nun fast flächendeckend; in Nord- und Mittelbosnien sind hingegen nur kleine kroatische Minderheiten verblieben.

Volkszählungen von 2001 und 2011 bestätigen, ist es in Folge des Krieges in Kroatien (1991–95) und Bosnien-Herzegowina (1992–95) zu großen demographischen Veränderungen gekommen. So lebten 2011 auf dem 56.500 km^2 umfassenden Territorium der Republik Kroatien 4,284 Mio. Menschen; 1991 waren es 4,784 Mio., 2001 4,437 Mio. Von diesen erklärten sich als:

	1991		2001		2011	
Kroaten	3.736.356	78,10 %	3.977.171	89,63 %	3.874.321	90,42 %
Serben	581.663	12,16 %	201.631	4,54 %	186.633	4,36 %
Muslime/Bosniaken	43.469	0,91 %	40.342	0,97 %	31.479	0,73 %
Italiener	21.303	0,45 %	19.635	0,44 %	17.807	0,42 %
Albaner	12.032	0,25 %	15.082	0,34 %	17.513	0,41 %
Ungarn	22.355	0,47 %	16.595	0,37 %	14.048	0,33 %
Slowenen	22.376	0,47 %	13.173	0,30 %	10.517	0,25 %
INSGESAMT	4.784.265		4.437.460		4.284.889	

Der Anteil der übrigen nationalen Minderheiten war 2001 wie auch 2011 kleiner als jeweils 10.000 Personen. Verschwunden ist der Anteil jener, die sich zur Zeit Jugoslawiens übernational als Jugoslawen deklarierten. Diese Gruppe erreichte 1981 mit 8,2 % ihre größte Stärke; ihr Anteil war 1991 schon auf 2,2 % zurückgefallen.

Die italienische Minderheit, durch Abwanderung nach dem Zweiten Weltkrieg stark verkleinert, ist auf die Städte Westistriens konzentriert. Die Ungarn leben vor allem in Ostslawonien und in der Baranja. In Westslawonien um Daruvar gibt es eine zahlenmäßig stärkere Gruppe von Tschechen. Die Zahl der Deutschen ist nach dem Zweiten Weltkrieg wegen Flucht, Vertreibung, späterer Abwanderung oder Assimilierung nur noch minimal.

Die Bevölkerung Kroatiens ist von 1991 bis 2011 um 500.000 Menschen zurückgegangen, um 350.000 bis 2001, um weitere 150.000 Menschen bis 2011. Für die Zeit bis 2001 liegen Hauptgründe in Abwanderung, Aussiedlung und Flucht der Serben und in Kriegsverlusten. Schon in diesem Zeitraum und später wirkten daneben die geringe Geburtenrate und die Arbeitsemigration insbesondere jüngerer Menschen als Faktoren des Bevölkerungsrückganges. Anfang 2019 wurde die Bevölkerungszahl auf 4,076 Mio. geschätzt.

Demgegenüber sind absolute Zahl wie auch relativer Anteil der Kroaten an der Gesamtbevölkerung bis 2001 deutlich gewachsen, zum einen wegen des Zuzugs von Kroaten aus Bosnien und der Herzegowina, in geringerem Maße aus der Vojvodina und dem Kosovo, zum anderen dank Rückkehrern aus den Ländern des Westens. Die Kroaten aus Bosnien-Herzegowina, die 1992–93 als Flüchtlinge nach Deutschland kamen, sind bei der Rückführung 1996 zum größeren Teil nicht in ihre Heimat zurückgekehrt, sondern haben sich in Kroatien niedergelassen. Gerade die Gebiete Kroatiens, die auch schon vor dem Krieg dünn besiedelt waren, sind im Zuge des Krieges 1991–95 noch weiter verödet. Die Verteilung nach Nationalitäten hat sich 2001–11 kaum verändert. Von den Albanern abgesehen, sind die absoluten Zahlen für alle Gruppen geringfügig zurückgegangen.

Der jahrzehntelange Trend zur Konzentration der Bevölkerung in der Region um die Hauptstadt hat sich fortgesetzt; die Erwartung allerdings, die Einwohnerzahl würde bald 1 Mio. erreichen, hat sich nicht erfüllt: Im Jahr 2011 lebten in Zagreb 790.000 Menschen.

Die Zuwanderung von Migranten aus außereuropäischen Ländern spielt einstweilen eine nur minimale Rolle. Fast alle Flüchtlinge, die von Serbien oder Bosnien-Herzegowina aus kroatisches Territorium erreicht haben, versuchen, möglichst bald weiter nach Westen zu gelangen. Ziel einer geplanten Zuwanderung aus eigenem Entschluss ist Kroatien nur in sehr geringem Maße.

Einbindungen in geographische und historische Großräume

Das Territorium Kroatiens lässt sich drei geographischen Großräumen zuordnen, denen auch die Gliederung nach ethnographischen Merkmalen wie Wohnen, Kleidung, Ernährung und Arbeitsformen ungefähr entspricht.

Kontinentalkroatien zwischen Drau im Norden und Kupa und Save im Süden gravitiert als südlichster Teil des pannonischen Beckens in Vegetation und Klima nach Mitteleuropa. Zur mediterranen Zone gehören Istrien und das dalmatinische Küstengebiet samt der Inselwelt.

Die beiden relativ dicht besiedelten, landwirtschaftlich gut erschlossenen Großräume im Norden und entlang der Küste sind durch das verkarstete Dinarische Gebirge getrennt, das an die Südostalpen anschließt und sich weiter nach Osten durch Bosnien-Herzegowina und bis nach Westserbien erstreckt. Während die Gebiete nördlich der Wasserscheide zwischen Adria- und Save-Zuflüssen bewaldet sind, sind die Gebiete zum Meer hin vielfach kahl. Die dünnbesiedelten, für Holz- und extensive Viehwirtschaft genutzten Gebirgszüge wirken als verkehrstechnischer Sperrgürtel, der allerdings durch den Autobahnbau in den vergangenen zwei Jahrzehnten viel durchlässiger geworden ist.

Kroatien nimmt, wie auch in der aktuellen Politik immer wieder thematisiert, Brückenfunktionen zwischen Ostmittel- und Südosteuropa ein und lässt sich gleichermaßen beiden Großräumen zurechnen. Darüber hinaus verbindet es mediterranen und pannonischen Raum.

Durch die vorprägende Wirkung der römischen Herrschaft, die einstige Lage im Einflussbereich osmanischer Herrschaft und die Zugehörigkeit zum südslawischen Sprachraum ist Kroatien – wie auch der westliche Nachbar Slowenien – in die Geschichtslandschaft Südosteuropa eingebunden. Schließlich verweist das geschichtliche Erbe der fast 70-jährigen, nur im Zweiten Weltkrieg kurzfristig unterbrochenen Zugehörigkeit zum Staat Jugoslawien auf Südosteuropa.

Andere, gleichermaßen wichtige Merkmale charakterisieren Kroatien ebenso wie Slowenien oder Ungarn als Teil Ostmitteleuropas. Hierzu gehören die im Frühmittelalter begründete westkirchliche Bindung und die damit verbundene kulturelle Ausformung, die Teilhabe an der hochmittelalterlichen Stadt- und Dorfkolonisation wie auch an den für ganz Mittel- und Westeuropa charakteristischen Prozessen der Ausbildung von Ständen und Stadtgemeinden. Über die Jahrhunderte hinweg dominierte in den politischen Beziehungen bis 1918 die Orientierung auf Ostmitteleuropa. Durch die staatliche Verselbständigung Kroatiens, durch die neue Offenheit der Grenzen und mittels der Teilhabe am europäischen Integrationsprozess erfahren die ostmittel- und westeuropäischen Bindungen Erneuerung und Stärkung.

Nationalgeschichte eines jungen Staates

Jede Geschichte Kroatiens, seines Gebietes und seiner Bevölkerung, erweist sich bei aller Berücksichtigung der Präsenz anderer ethnischer und nationaler Gruppen durch die Jahrhunderte zugleich als kroatische Nationalgeschichte. Es ist dabei ausgeschlossen, konsequent zwischen den Perspektiven der Staats-, Territorial-, Bevölkerungs- und Nationalgeschichte zu unterscheiden. Die Konzeption der folgenden Darstellung ist von der Prämisse geleitet, dass nicht nur das Bestehen des kroatischen Ethnos, sondern auch Sprache, ältere Staatlichkeit, historische Grenzen, frühneuzeitliche Geschichtskonzepte, ständische Nation, Konfession und kulturelle Bindungen als historisch gewachsene Rahmensetzungen für den Bau, für die Ausbildung der modernen kroatischen Nation seit dem 19. Jh. gedient haben.

Es gilt, die verschiedenen Ansätze zur Einbeziehung der kroatischen Nation in die nationalstaatliche Ordnung Europas aufzuzeigen. Hierzu sind auch die Formen der Zugehörigkeit zum jugoslawischen Staat zu zählen. Die Verselbständigung Kroatiens 1991 war zwar eine langfristig angelegte Alternative, doch ihre Verwirklichung ergab sich erst aus den kurzfristigen Konstellationen während der jugoslawischen Staatskrise am Ende der Ära des Sozialismus.

Schließlich sei Kroatien als ein Land vorgestellt, in dessen Geschichte sich über alle Besonderheiten hinweg viele strukturelle Gemeinsamkeiten mit anderen Ländern Europas erkennen lassen.

Dieses Buch beruht, vom Schlusskapitel „Kroatien in der Gegenwart" abgesehen, weitestgehend auf meinem 2001 in 1. Auflage, 2007 in 2. Auflage ebenso im Verlag Friedrich Pustet erschienenen Buch „Kroatien. Vom Mittelalter bis zur Gegenwart". Es schließt damit auch an die beiden Übersetzungen an: Die kroatische Übersetzung „Povijest Hrvatske. Od srednjeg vijeka do danas" ist 2006 beim Verlag Jesenski i Turk in Zagreb erschienen, die italienische „Croazia. Storia nazionale e vocazione europea" 2007 im Verlag Beit in Triest.

Ich habe in meiner Konzeption der Geschichte Kroatiens gegenüber den früheren Ausgaben keine Veränderungen vorgenommen, aber es galt doch, fallweise neuere Forschungsstände zu berücksichtigen, hier und da sachliche Korrekturen einzubringen. Die weiteren Begegnungen mit dem Thema „Geschichte Kroatiens" durch eigene Spezialuntersuchungen, bei der Arbeit und auf Exkursionen mit Studierenden, im Austausch mit Kolleginnen und Kollegen wie auch im Gespräch mit Interessierten im Laufe von zwei Jahrzehnten haben schließlich manchen Anstoß zu kleineren Änderungen und Ergänzungen gegeben. Viele von diesen haben in den neu eingeführten „Exkursen" Platz gefunden. Entfallen gegenüber den älteren Fassungen sind die Kurzbiografien ausgewählter Persönlichkeiten und die Stichworte zu touristischen Sehenswürdigkeiten. Hierzu stehen im Vergleich zu vor zwei Jahrzehnten viel mehr anderweitige Informationsmöglichkeiten zu Verfügung. Wichtige biografische Angaben habe ich fallweise bei Einführung der Person in die laufende Erzählung eingefügt. – Jahreszahlen hinter Herrschernamen beziehen sich auf die Regierungszeit, bei sonstigen Personen auf die Lebenszeit.

Beim Erscheinen der 1. Auflage des Buches hatte die Gründungsära des selbständigen Kroatien mit dem Tod von Franjo Tuđman Ende 1999 und dem Regierungswechsel Anfang 2000 gerade erst geendet. Das Kapitel mit den Hauptthemen der Normalisierung der Beziehungen zu den Nachbarländern und der europäischen Integration hatte ein noch offenes Ende. In den beiden Auflagen des Buches „Kroatien" wie auch in den Übersetzungen ist die Zeit nach dem Tod Tuđmans Ende 1999 und dem Regierungswechsel 2000 nur in einem knappen Unterabschnitt des 1990 einsetzenden Kapitels „Kroatien als selbständiger Staat" behandelt. 2001 erschien die feste Einbindung in den europäischen Integrationsprozess nur als eine Hoffnung und ein Zukunftsziel. 2007 stand die Aufnahme in die NATO bevor, der Beginn der Verhandlungen mit der EU war endlich im Oktober 2005 erfolgt, doch der Abschluss war noch fern.

Für das frühere letzte Kapitel habe ich einen neuen Titel gewählt – „Die Verselbständigung Kroatiens" –, um auf den langen Weg zur Konsolidierung der neuen Eigenstaatlichkeit zu verweisen. Das neue letzte Kapitel, im Jahr 2000 einsetzend, umfasst die jüngsten zwei Jahrzehnte, die, über alle sonstigen Faktoren und Entwicklungen hinweg, am stärksten von der Vorbereitung und Verwirklichung der Zugehörigkeit zur EU charakterisiert sind.

KAPITEL 1

Der Raum Kroatiens in der Antike und während der Ethnogenese

Der gesamte Raum des heutigen Kroatien befand sich einst innerhalb der Grenzen des Römischen Reiches; doch es bestehen große Unterschiede darin, inwieweit er durch die politischen und gesellschaftlichen Strukturen der Spätantike vorgeformt worden ist.

Am geringsten blieb die Prägung im gebirgigen Binnenland; die Bevölkerung der illyrischen Stämme wurde zwar, von Rückzugsgebieten abgesehen, sprachlich romanisiert, doch die Zeugnisse römischer Stadtkultur entlang der großen Straßen sind spärlich. – Etwas stärker sind die antiken Spuren in der Ebene des Nordens: Die 12/9 v. Chr. errichtete Provinz Pannonia umfasste auch die Ebenen von Save und Drau. Wichtigstes Zentrum in diesem Raum wurde die in der Nähe des Zusammenflusses von Save und Kupa gelegene Stadt Siscia, deren Name in der Form Sisak bis heute überdauert hat. Ca. 20 km südöstlich von Zagreb auf dem südlichen Save-Ufer sind die Ruinen der Stadt Andautonia ergraben. An der Stelle von Osijek und Vinkovci in Ostslawonien lagen die antiken Städte Mursa und Cibalae; doch schon der Namenwechsel verweist auf das Fehlen städtischer Kontinuität von der Antike ins Hochmittelalter. Die heißen Quellen von Varaždinske Toplice waren als Aquae Iasae schon in der Antike geschätzt.

Griechische Kolonisation und Romanisierung

Lediglich die Küstenregion, sowohl Istrien als auch Dalmatien, wurde in starkem Maße durch die Zugehörigkeit zum römischen Reich und allgemein durch die Anbindung an den mediterranen Kultur- und Verkehrsraum geprägt. An der Adriaostküste waren schon im 4. Jh. v. Chr. Städte aus griechischer Kolonisation entstanden: Siedler aus Syrakus gründeten 397–390 die Kolonie Issa (Vis); von dort aus erfolgte die Gründung von Tragurium (Trogir) und Epetium auf dem Festland. Kolonisten von der Insel Knidos ließen sich auf Corcyra nigra

(Korčula) nieder. Der Beiname *nigra*, „schwarz", bezog sich auf die Bewaldung der Insel, wodurch diese sich von ihrer Namensschwester Corcyra, dem heutigen Korfu, unterschied. Ebenso erwarben Kolonisten aus Issa Land auf Korčula. Das „Psephisma von Lumbarda", die älteste erhaltene Inschrift aus dem Raum des heutigen Kroatien, regelt die Bodenbesitzverhältnisse zwischen Griechen und einheimischer Bevölkerung. Kolonisten von der Insel Paros in der Ägäis gründeten 385–84 mit Hilfe des Syrakuser Tyrannen Dionysios die Kolonie Pharos an der Stelle des heutigen Stari grad auf der Insel Hvar (Pharos). Die antike Großstadt Salona beim heutigen Split geht auf Kolonisation von Issa wie auch auf einheimische illyrische Siedlung zurück. Im 3. Jh. v. Chr. gelangten die griechischen Kolonien alle unter illyrische Herrschaft.

Schon seit der Mitte des 2. Jhs. v. Chr. wuchs die politische Einflussnahme durch die Römer auf die illyrischen Stämme zwischen Küste und pannonischer Ebene. Im Jahr 34 v. Chr. unterwarf Oktavian, der spätere Kaiser Augustus (27 v. Chr.–14 n. Chr.), diesen Raum, und am Anfang des 1. Jhs. wurde die Provinz Dalmatia gebildet, benannt nach dem Stamm der Delmatae. Der Name von deren Zentralort, Delminium, hat sich in der slavisierten Form Duvno fast bis in die Gegenwart erhalten: Das auf der Hochebene des Duvanjsko polje in Süd-west-Bosnien gelegene Städtchen hieß von 1925 bis 1945 nach dem mittelalterlichen kroatischen König Tomislav offiziell Tomislavgrad und hat 1990 diesen Namen wiedererhalten. Die Provinz Dalmatien reichte von der Küste bis an den Südrand der Save-Ebene und von Ostistrien bis ins heutige Westserbien.

Gefördert durch Kolonisation aus Italien, wurde die Küstenregion weitgehend romanisiert und urbanisiert. Hauptstadt der Provinz Dalmatien war Salona mit ca. 60.000 Einwohnern. Die antike Stadt, in der fruchtbaren Ebene am Kaštelanski zaljev, der Bucht zwischen Trogir und Split, gelegen, ist archäologisch gut erschlossen, zumal sie nicht durch jüngere Stadtschichten überbaut ist. – Zweitwichtigste Stadt Dalmatiens war die ursprünglich liburnische Siedlung Iadera (Zadar), die schon 34 v. Chr. den Status einer römischen Kolonie erlangte.

Die Krisenzeit der Spätantike

Kaiser Diokletian (284–305 n. Chr.) richtete 293 die Tetrarchie ein, d. h. er teilte das Reich in vier Gebiete auf und übertrug die Reichsverwaltung zwei Kaisern und zwei diesen unterstellten Caesaren. Zu diesem Anlass wurde die Provinz Dalmatien ungefähr entlang des Flusses Drina geteilt; die östlichen Gebiete gelangten an die neu gebildete Provinz Praevalitana. Der Kaiser, der aus Dalmatien, vielleicht gerade aus Salona, stammte, nahm nach der krankheitsbedingten Abdankung im Jahr 305 seinen Alterssitz bei Salona. Dort hatte er sich am Ort Aspalathum einen großen Palast errichten lassen, in dem sich später die Stadt Split entwickelte. Im Mausoleum, dem Herzen der Palastanlage, wurde der Kaiser bestattet.

Die Christenverfolgungen zur Zeit Diokletians trafen auch Dalmatien und Pannonien. Der spätere Spliter Stadtpatron St. Domnius, kroatisch *Sveti Duje*, fand damals als Bischof von Salona den Tod. Das Christentum hatte in Städten Dalmatiens wie auch Pannoniens spätestens am Anfang des 3. Jhs. stärker Fuß gefasst; seit der Mitte dieses Jahrhunderts sind die ersten Bistümer belegt. Mit dem Ausbau der kirchlichen Organisation in der Spätantike wurde in Übereinstimmung mit der damaligen Kirchenverfassung fast jede Stadt Sitz eines Bischofs.

Die Grenzziehung aus der Zeit der Tetrarchie blieb bestehen, als Kaiser Theodosius (379–95 n. Chr.) im Jahr 395 die dauerhafte Reichsteilung in ein West- und ein Oströmisches Reich vornahm. Dadurch verfestigte sich der schon einsetzende Dualismus zwischen Rom und Konstantinopel sowie – eng damit verbunden – zwischen West- und Ostkirche noch weiter.

Aus der Beobachtung, dass die heutigen Grenzen zwischen Kroatien und Bosnien-Herzegovina einerseits sowie Serbien und Montenegro andererseits mit der Grenze aus der Zeit der römischen Reichsteilung Ähnlichkeit haben, wird häufig auf die Dauerhaftigkeit einer „Zivilisationsscheide“ entlang der Drina geschlossen; doch – wie auch aus der folgenden Darstellung deutlich werden sollte – widerlegt die Geschichte die Angemessenheit einer solchen Deutung. Es bleibt nur festzuhalten, dass Berührung, Verschränkung oder auch Konfrontation von west- und ostkirchlicher Tradition für die geschichtliche Entwicklung im Raum Kroatiens immer wieder von Bedeutung gewesen sind.

Nachdem der germanische Heerführer Odoaker 475 den letzten weströmischen Kaiser Julius Nepos (474/75) für abgesetzt erklärt hatte, konnte sich dieser noch eine Zeitlang in Dalmatien halten. Erst nach dessen Ermordung 480 übernahm Odoaker auch hier die Herrschaft. – Nach dem Ende des Hunnenreiches 457 hatten sich die Ostgoten als Föderaten des Oströmischen Reiches in Pannonien an Save und Drau angesiedelt. Ihr König Theoderich der Große (474–526) schloss 488 mit Kaiser Zenon (474–91) einen Vertrag, demzufolge er das 476 errichtete Reich des Odoaker in Italien gewinnen und dort die Herrschaft stellvertretend ausüben sollte. Mit dem Sieg Theoderichs 493 über Odoaker gelangte auch Dalmatien an das neue Ostgotenreich.

Für die sozialen und wirtschaftlichen Verhältnisse bedeutete die Ostgotenherrschaft noch keine Zäsur. Allerdings geriet das Städtewesen, soweit es nicht militärische Schutzfunktionen erbrachte, durch die einsetzende Ruralisierung sowie den Rückgang von Handel und Handwerk schon im 6. Jh. in eine schwere Krise.

Kurz nach dem Tod Theoderichs des Großen 526 begann der oströmische Kaiser Justinian (527–65) mit der Reconquista, der Wiedergewinnung weströmischer Gebiete für die Herrschaft nur eines Kaisertums. Dalmatien befand sich bereits 536 unter oströmisch-byzantinischer Herrschaft; in Italien zog sich der Krieg gegen die Ostgoten bis 553 hin.

Die Verwaltung Justinians förderte aus militärischen Erwägungen den Ausbau befestigter Plätze an der Adriaostküste. In diese Zeit fällt, wie die vor gut 30 Jahren freigelegten Grundmauern einer Basilika unter der heutigen Kathedrale zeigen, der erste Aufstieg von Dubrovnik. Entlang der Adriaostküste wurde eine noch heute nachweisbare Kette von Signalposten aufgebaut.

Die Sicherung der Oströmischen Herrschaft auf der westlichen Balkanhalbinsel und in Italien blieb eine Episode. 568 kam der größte Teil Norditaliens – außer dem Lagunengebiet, Ravenna und Istrien – an das neu errichtete Reich der Langobarden.

Awaren und Slawen

In das von den Langobarden geräumte Pannonien rückten sogleich die Awaren nach, ein Reitervolk aus dem zentralasiatischen Raum, das sich eines protobulgarisch-turksprachigen Idioms bediente. Die Awaren unternahmen von Pannonien aus Feld- und Beutezüge ins Oströmische Reich und gelangten 626 bis vor die Tore Konstantinopels, das sie vergeblich belagerten. Im Gefolge der Awaren siedelten sich in ganz Südosteuropa bis nach Ostistrien Slawen an. Die Urheimat der vor allem als Sprachgemeinschaft konstituierten Slawen befand sich nach weitgehendem Forschungskonsens im Raum nördlich der Karpaten. In welchem Maße dabei der slawische Sprachraum vom Dnepr bis ins Wendland und von der Ostsee bis an die Adria neben Migration auch durch Wechsel der Sprachpraxis entstanden ist, wird nie genau zu klären sein.

Im Kontext der Feldzüge der Awaren und der slawischen Ansiedlung am Ende des 6. und Anfang des 7. Jhs. brach der byzantinische Herrschaftsraum auf der westlichen Balkanhalbinsel zusammen und reduzierte sich, wie später weiter auszuführen sein wird, auf eine Reihe von Küstenstädten und Inseln. Die Ankunft von Awaren und Slawen war – unabhängig von der schon früher einsetzenden Krise des spätantiken Städtewesens – die entscheidende Zäsur für dessen Auslöschung im Binnenland. Die Handelstätigkeit kam weitestgehend zum Erliegen. Für eine in Schriftquellen berichtete Verwüstung von Salona durch die

Awaren, die dann auf die Zeit zwischen 612 und 619, am ehesten 614, einzuordnen wäre, fehlen archäologische Belege. Aber der Sachverhalt der Verlagerung des städtischen Lebens und der Zentralitätsfunktionen in die Ruinen des einstigen Diokletianspalastes bleibt bestehen.

Stichwort: Historia Salonitana

Eine Geschichte von Flucht und Neuanfang

Der Archidiakon Thomas von Split erzählt in seiner kurz vor 1268 fertiggestellten *Historia Salonitana* in so empathischer und an moderne Erfahrungen erinnernder Weise von der Flucht aus Salona und einem Neubeginn, dass daraus einige Passagen zitiert seien: „Also begannen die einzelnen Leute [nach der Flucht auf die Inseln], aus den Schiffen aussteigend, ihre Familien zu suchen, Suchmeldungen zu den anderen Inseln zu schicken und sich nach Sippen zusammenzuschließen. Die sich fanden, freuten sich, einer so großen Gefahr entkommen zu sein; welche aber nicht gefunden wurden, wurden als Tote beklagt. Als sich aber der Schmerz und die Trauer über das große Unheil ein wenig beruhigt hatten, fingen sie an, sich gegenseitig zu trösten. Dann begannen alle, Hütten aus Laubwerk und Zweigen zusammenzubauen und sich an geeigneten Orten niederzulassen. Alle fingen an, verschiedene Tätigkeiten auszuführen."

Split/Dalmatien. Das östliche Stadttor, die *Porta argentea* des einstigen Diokletianspalastes. Im Hintergrund der im 13. Jh. errichtete Turm der Kathedrale

Die Übersiedlung in den Diokletianspalast erscheint als planvoller gemeinsamer Akt, initiiert von einem gewissen, wahrscheinlich historischen Severus: „Sie machten einen solchen Vertrag unter sich aus, dass die Reicheren sich auf eigene Kosten Häuser bauen würden; die anderen jedoch, deren Vermögen nicht ausreichend war, um Häuser zu bauen, sollten die den Palast umstehenden Türme für ihre Behausungen haben; die restliche Menge sollte in den Kaminen und Kellergewölben wohnen." Die soziale Hierarchie wurde also auch in der Not nicht aufgebrochen - sie hat einfach weiterbestanden!

Über die Zeit der allmählichen Konsolidierung am neuen Wohnort schreibt Thomas: „Die Spliter begannen, mit den Slawen ab und zu Kontakt zu pflegen, Handelsgeschäfte auszuüben, Ehen zu schließen und sie friedfertig und vertrauensvoll ihnen gegenüber zu stimmen." Unabhängig von ihrer Konstrukthaftigkeit enthält die Geschichte doch zugleich eine noch heute gültige Grunderfahrung in der Begegnung verfeindeter oder noch gar nicht miteinander bekannter Gruppen: Die friedliche Kommunikation beginnt mit Handel; die höchste und nicht immer erreichte Stufe besteht darin, Eheschließungen über die alten Abgrenzungen hinweg zu akzeptieren.

Kroatische Ethnogenese

Mit dem Zusammenbruch der in der Antike ausgebildeten Herrschafts- und Gesellschaftsstrukturen einschließlich der Kirchenorganisation war der Freiraum zu einer Reihe von Ethnogenesen auf der westlichen Balkanhalbinsel geschaffen. Unter Ethnogenese verstehen wir die Stabilisierung einer frühgeschichtlichen, antiken oder frühmittelalterlichen Großgruppe von Menschen mit gleicher Kultur und Sprache; die Gruppe braucht zwar nicht politisch geeint zu sein, doch verfügt sie über ein Gefühl der Zusammengehörigkeit.

Die kroatische Ethnogenese ist eng verbunden mit der Errichtung des Awarenreiches und der slawischen Ansiedlung. Der Name der Kroaten ist erst in Quellen des 9. Jhs. belegt. In den ältesten Quellen mit Bezug auf den Raum ist nur von Slawen die Rede; erst jüngere Quellen sprechen rückblickend auch schon für die Zeit des 7. Jhs. von Kroaten. Doch unabhängig von diesem Umstand spricht wenig dafür, eine geschlossene Gruppe von Kroaten sei erst um 800 in das Gebiet an der nördlichen Adriaostküste eingewandert. Die Ethnogenese der Kroaten dürfte breitem Konsens zufolge schon in das 7./8. Jh. einzuordnen sein. Die Ansätze der Gruppenbildung sind demnach älter als die Stabilisierung des Namens.

Herkunft und Bedeutung des Namens „Kroate", in der modernen Lautung der Selbstbezeichnung „Hrvat", sind bis heute ungewiss. Mit Sicherheit ist der Name nicht slawischer Wurzel. Demnach ist auszuschließen, dass sich die Ethnogenese der Kroaten einfach als Ausdifferenzierung slawischer Stämme vollzog.

Die Ankunft der Kroaten an der Küste bzw. die Ausbildung einer Gruppe, die sich als Kroaten bezeichnete, erfolgte vielmehr erst eine gewisse Zeit nach der slawischen Landnahme. Am wenigsten unwahrscheinlich ist eine iranische Herkunft des Namens; doch man kann hieraus keinesfalls die Vorstellung ableiten, es sei ein geschlossener Volkskörper aus dem Kaukasus an die Adriaostküste gewandert.

Das Ethnonym der Kroaten ist möglicherweise ursprünglich ein Ehrentitel mit funktionaler und sozialer Bedeutung innerhalb des Awarenreiches gewesen. Der Name diente zur Bezeichnung von Aufgaben für bestimmte Gruppen in Grenzgebieten des Awarenreiches. Er ist nämlich nicht nur an der Adriaostküste belegt, sondern auch am Ostrand der Alpen in Kärnten, in Nordböhmen, Sachsen und Südpolen, also in einem weiten Kreis um die Kerngebiete des Awarenreiches.

Von den verschiedenen Ansätzen kroatischer Gruppenbildungen ist nur eine auf Dauer erfolgreich geworden und bis zur frühmittelalterlichen Herrschaftsbildung gelangt, nämlich die Ethnogenese der Kroaten an der Adriaostküste. Sie vollzog sich durch schnelle, wahrscheinlich von der byzantinischen Diplomatie geförderte Abschüttelung der awarischen Herrschaft, durch sprachliche Slawisierung und durch Ausbildung einer eigenen Herrschaft, die in Quellen um 800 erstmals fassbar wird.

Exkurs: Zeugnisse vorchristlicher Religion

Eine Spurensuche

Die Slawisierung der Kroaten zeigt sich auch darin, dass wir im Brauchtum und in der Toponymie Kroatiens ebenso wie in anderen slawischen Siedlungsräumen zahlreiche Spuren der vorchristlichen Religion der Slawen wiederfinden. Nur einige Beispiele seien angeführt: Südöstlich von Split liegt der Berg Perun, benannt nach dem slawischen Hauptgott; Mokošica bei Dubrovnik heißt nach Peruns Frau Mokoš. Die kleine Halbinsel Veles bei Novi Vinodol erinnert an Peruns mit dem Wasser verbundenen Gegner Veles. Der Ortsname Perun ist häufig christianisiert worden; an die Stelle des heidnischen Gottes sind *Sveti Vid, Sveti Mihovil* oder *Sveti Ilija*, der hl. Veit, Michael oder Elias getreten. In Ortsnamenpaaren ist die Sakralisierung der Landschaft wiederzuerkennen: Im Učka-Gebirge in Nordistrien liegt unterhalb des Berges Perun die Örtlichkeit Trebišće, „Opferstätte“. Der Berg Vidova gora („Veitsberg“ anstelle von Perun) auf der Insel Brač ist mit der Zmajeva špilja, der „Drachenhöhle“, an seinem Fuß verbunden; das Namenpaar assoziiert den Zweikampf zwischen Perun und Veles. Dem Berg Sveti Vid auf Pag ist der Ort Dubrava, „Eichenhain“, als Opferstätte an seinem Fuß zugeordnet. Auf dasselbe Paar treffen wir am östlichen Stadtrand von Zagreb: Bergaufwärts nördlich von Dubrava liegt der Ort Vidovec.

KAPITEL 2

Frühmittelalter (9.–11. Jahrhundert)

Das byzantinische Dalmatien

Die frühmittelalterliche Geschichte des Raumes an der Adriaostküste ist bestimmt vom Dualismus zwischen Küstenstädten unter byzantinischer Herrschaft und slawischen Herrschaftsbildungen im Hinterland.

Die Orte des byzantinischen Dalmatien sind in der Länderbeschreibung des byzantinischen Kaisers Konstantin VII. Porphyrogennetos (913–59) *De administrando imperio*, „Wie das Reich zu regieren ist", aus der Mitte des 10. Jhs. aufgezählt. Zur Reihe der Besitzungen gehörten im Norden in der Kvarner-Bucht die Doppelinsel Osor (heute Cres und Lošinj) mit dem gleichnamigen Hauptort (lat. Apsarum, ital. Ossero) sowie die Inseln Krk (lat., ital. Veglia) und Rab (Arbe) mit den gleichnamigen Hauptorten.

Für alle Festlandsstädte war die Schutzlage kennzeichnend. Zadar (lat. Iader, ital. Zara) liegt auf einer Halbinsel; die Bucht zwischen Stadt und Festland dient als Hafen. Der regelmäßige antike Straßenplan hat sich, durch Aufschüttungen über die Jahrhunderte hinweg um ungefähr einen Meter erhöht, bis heute erhalten. Die auf griechische Kolonisation zurückgehende Stadt Trogir (lat. Tragurium, ital. Traù) liegt auf einer kleinen Insel zwischen dem Festland und der Insel Čiovo.

Die Stadt Split (lat. Spalatum, ital. Spalato) entwickelte sich im ehemaligen Diokletianspalast; funktional übernahm sie die Stellung des verödeten Salona. Aus dem Mausoleum für den Kaiser wurde die Kathedrale, aus dem Jupitertempel das Baptisterium. Die Faszination dieses ältesten Stadtteiles von Split liegt in der kontinuierlichen Nutzung des antiken Baukörpers, der heute neben Wohnungen und Kirchen ebenso Läden, Banken und Lokale beherbergt.

Dubrovnik (Ragusa) ist die Nachfolgesiedlung des antiken, 20 km südöstlich gelegenen Epidaurus, dessen Ruinen heute teils unter dem Meeresspiegel liegen. Der slawische Ortsname Cavtat aus *civitas [vetera]*, „[alte] Stadt" hat die Erinnerung an Epidaurus bewahrt. Die Verlagerung von Epidaurus nach Dubrovnik begann bereits, wie erwähnt, im 6. Jh. in justinianischer Zeit. Der historische Stadtkern, den die 1278 errichtete und später immer weiter ausgebaute

Mauer einschließt, umfasst eine ehemalige, zum offenen Meer hin ansteigende Insel und den unteren Bereich des gegenüberliegenden Berghanges. Der Kanal zwischen der Insel, auf welcher der älteste Siedlungskern lag, und dem Festland wurde schon im 11. Jh. geschlossen; auf seiner Fläche entstand die breite Straße Stradun. Der illyrische, später romanisierte Name Ragusa war ursprünglich nur an die Insel gebunden; er hat sich im Romanischen auf das ganze Stadtgebiet ausgedehnt. Umgekehrt war der slawische Name Dubrovnik, abgeleitet von *dub*, „Eiche“, ursprünglich nur auf eine Lokalität auf der Festlandsseite bezogen und hat sich auf den alten Stadtkern ausgeweitet.

Die Reihe der Städte unter byzantinischer Herrschaft schloss mit der heute in Montenegro gelegenen Stadt Kotor (Cattarum, Cattaro) am innersten Ende der Bucht von Kotor. Außerdem stand *De administrando imperio* zufolge eine Reihe kleinerer Inseln unter byzantinischer Hoheit.

Alle Festlandsstädte verfügten über ein kleines Umland; im Falle von Zadar wie auch der istrischen Stadt Pula haben Luftaufnahmen den Nachweis erbracht, dass das frühmittelalterliche städtische Territorium ungefähr dem ausgemessenen, aus der Luft noch erkennbaren antiken *ager* entsprach. Der Ausweitung des außerstädtischen Territoriums von Split und Trogir waren dadurch Grenzen gesetzt, dass sich das Gebiet des antiken Salona in kroatischer Hand befand.

Von Trogir abgesehen, wo erst seit dem Ende des 10. Jhs. ein Bischof residierte, waren alle Städte des byzantinischen Dalmatien in Fortsetzung der spätantiken Kirchenorganisation ohne Unterbrechung Sitze von Bischöfen, deren Diözesen natürlich sehr klein waren. Der Anspruch der Bezeichnung als *civitas*, als „Stadt“, war geradezu an den Bischofssitz gebunden. Nur im Hinterland war in Folge von Awareneinbruch und slawischer Ansiedlung die kirchliche Organisation zusammengebrochen.

Die Städte waren auf einen Bevölkerungszufluss aus dem Hinterland angewiesen; schon frühzeitig finden sich slawische Namen auch in den Oberschichten, und der Gebrauch der slawischen Sprache trat neben das romanische Dalmatische. Doch hieraus folgte keinesfalls eine ethnisch-sprachliche Gliederung der Stadtbevölkerung; entscheidend war die Gegenüberstellung von Stadt und Land. Die Zusiedler übernahmen das Bewusstsein der Stadtzugehörigkeit und grenzten sich auf diese Weise von der Welt ihrer Herkunft ab. Das romanische Dalmatische wurde allmählich vom Italienischen und Kroatischen verdrängt. In Resten hielt es sich bis ins 19. Jh.; der letzte Sprecher des Dalmatischen starb 1898. Die im Frühmittelalter angelegte Zweisprachigkeit im Küstenraum war bis ins 19. Jh. weit verbreitet; sie schuf auch die Voraussetzung für die im Spätmittelalter in den Städten aufblühende mehrsprachige Literaturproduktion: lateinisch, kroatisch, italienisch.

Die Stadtregierung in den dalmatinischen Städten lag gemeinsam beim Bischof und dem weltlichen Oberhaupt, dem Prior; an der Spitze einzelner Stadtteile von Zadar und Split standen bis ins 11. Jh. *tribuni*.

Politisches Zentrum des byzantinischen Dalmatien war Zadar, hier hatte der Archont, der Statthalter, bis Anfang des 8. Jhs. seinen Sitz. Den Höhepunkt byzantinischer Herrschaftspräsenz in Dalmatien bildete die – gegenüber anderen Reichsgebieten allerdings verspätete – Einrichtung des Thĕma (Militärbezirkes) Dalmatien um 869 nach erfolgreichem Entsatz des von einer arabischen Flotte belagerten Dubrovnik. Der bis 971 regelmäßig aus Konstantinopel entsandte Stratege vereinte militärische und zivile Gewalt. Später wurde die Einheit Dalmatiens nominell dadurch gewahrt, dass der Prior von Zadar als vornehmster Würdenträger in Dalmatien byzantinische Ehrentitel verliehen erhielt.

Kroatien und die benachbarten slawischen Herrschaftsbildungen

Welche Herrschaftsbildungen entstanden nun im Hinterland? Wie für die Reihe der Städte bietet die Länderbeschreibung *De administrando imperio* hier den besten Anhalt. Kroatien erstreckte sich, den Oberlauf der Save-Zuflüsse Kupa, Una und Vrbas noch erfassend, in einem breiten Gürtel entlang der Küste vom Westhang des Učka-Gebirges in Istrien bis ins heutige Westbosnien und bis an den Fluss Cetina östlich von Split. Im Südosten grenzte es an das Fürstentum der Narentaner; dieses reichte auf dem Festland bis an die Neretva und schloss die mitteldalmatinischen Inseln Brač, Hvar und Korčula ein.

Die Narentaner waren vom 9. bis ins 11. Jh. ein wichtiger Machtfaktor, indem sie die Schifffahrt durch die Inseln kontrollierten und Seeräuberei ausübten; mehrfach kam es zu Zusammenstößen zwischen ihnen und den Venezianern. Die gegenüber den Nachbarländern späte Christianisierung erst im 10. Jh. zeigt sich darin, dass wir in den älteren Quellen auch den Namen *Pagania*, „Heidenland", finden. Die Festlandsgebiete des Fürstentums gelangten in der 2. Hälfte des 11. Jhs. in enge Bindung an Kroatien; letzte Spuren von Eigenständigkeit des Hauptortes Omiš an der Cetina-Mündung unter der Familie Kačić hielten sich bis ins 13. Jh.

Das Land Zahumlje, auch Hum genannt, umfasste das Gebiet im Hinterland zwischen Neretva-Mündung und Dubrovnik. Travunien – hieraus erwuchs der heutige Ortsname Trebinje – reichte von Dubrovnik bis Kotor; es war seit dem 11. Jh. dauerhaft mit dem südlich davon gelegenen Fürstentum Duklja verbunden. Duklja (lat. Dioclea) stieg im 11. Jh. neben Kroatien zur bedeutendsten

Macht an der Küste auf; 1185 wurde es vom serbischen Großžupan Nemanja erobert und gehörte seitdem zum Nemanjidenreich, ohne dass dadurch die westkirchliche Prägung der Küstengebiete und ihre Einbindung in die Welt der mediterranen Stadtkultur in Frage gestellt waren.

Die Zeit Karls des Großen

Für den Raum der Adriaostküste bedeutete die Zeit Karls des Großen (768–814) eine wichtige Zäsur. Karl unterwarf 774 das Langobardenreich in Oberitalien. Nur die Lagunen von Venedig blieben einstweilen außerhalb seines Machtbereiches.

Um 788 unterstellte er das bis dahin byzantinische Istrien seiner Herrschaft. Auch hier bestand ähnlich wie in Dalmatien eine Reihe von Städten antiker Tradition, unter anderen Pula (Pola), heute bekannt durch seine Arena und den Augustustempel, und Poreč (lat. Parentium, ital. Parenzo) mit der Euphrasius-

Pula/Istrien. Mauern der Arena aus dem 1. Jh. n. Chr.

Basilika aus dem 6. Jh. Das auf einer Halbinsel gelegene Rovinj (Rovigno) erlebte seinen Aufstieg erst im Hochmittelalter, vor allem dank der Attraktivität als Pilgerstation, denn dorthin waren um 800 die Reliquien der hl. Euphemia von Chalcedon aus Konstantinopel überführt worden. Während die Westküste der Halbinsel romanisch geprägt blieb, waren die östlichen und stadtferneren Gebiete seit dem 7. Jh. slawisch besiedelt.

Karls Statthalter, der *dux* Johannes, führte zahlreiche neue Abgaben ein und versuchte mit Hilfe der Bischöfe, die Autonomie der Städte zu beschneiden. Auf den Protest der Städte hin fand am Fluss Rižana (ital. Risano) in der Nähe von Koper im heutigen Slowenien (lat. Caput Istriae, ital. Cappodistria) 804 ein *placitum*, eine „Schiedsversammlung“, statt, auf der die alten Rechte wiederhergestellt wurden, darunter der unbeschränkte Fischfang und die freie Nutzung von

Zadar/Dalmatien. Vorromanische Rundkirche St. Donatus, dahinter die Kathedrale St. Anastasia mit Glockenturm (1454; aufgestockt 1890–94)

Feldern und Weinbergen. Im *placitum* sind neben Pula und Poreč des Weiteren Triest, Rovinj, Labin, Buzet, Pićan, Motovun und Novigrad als Städte genannt, die dem byzantinischen Kaiser Tribut in unterschiedlicher Höhe gezahlt hatten.

Durch die Herrschaft über Istrien bis an die Raša grenzte das fränkische Reich nun an die Gebiete der Kroaten. Auf der Rückkehr von einem Vorstoß in diese Richtung kam Markgraf Erich von Friaul 799 in einem Hinterhalt wahrscheinlich beim ostistrischen Lovran ums Leben. Die fränkisch-kroatische Grenze in Istrien entsprach der zwischen den römischen Provinzen Histria et Italia einerseits und Dalmatia andererseits. Erst nachdem um 1100 die istrischen Markgrafen Ostistrien erobert hatten, bildete das Flüsschen Rječina zwischen der Stadt Rijeka (ital. Fiume, altertümlich deutsch St. Veit am Flaum) und der östlich davon gelegenen Burg Trsat die Grenze.

Die Eroberung des awarischen „Ringes“, der zwischen Donau und Unterlauf der Theiß gelegenen Hauptburg der Awaren, im Jahr 795 brachte eine weitere Stärkung des fränkischen Einflusses Richtung Südosten. Unabhängig von einzelnen jüngeren Nachrichten über Awaren markiert dieses Jahr das Ende des Awarenreiches als Machtfaktor.

Kroatien gelangte in fränkische Abhängigkeit; ebenso mussten die dalmatinischen Städte mit der Unterwerfung rechnen. Bischof Donatus von Zadar reiste gemeinsam mit dem Statthalter *dux* Paulus 805 nach Diedenhofen an der Mosel an den Hof Karls des Großen, um für die Städte zu vermitteln. Von einer Reise 807 nach Konstantinopel brachte Donatus die Gebeine der hl. Anastasia mit; sie liegen noch heute in einem kleinen Sarkophag in der Kathedrale von Zadar, die ihrerseits der hl. Anastasia geweiht ist.

Das Eindringen in den byzantinischen Herrschaftsraum war nur eine der Herausforderungen Karls gegenüber dem Byzantinischen Reich, die andere bestand in der Kaiserkrönung in Rom im Jahr 800; damit war der Alleinanspruch von Byzanz auf das römische Kaisererbe in Frage gestellt. Die Lösung des Konfliktes fand sich im Frieden von Aachen 812. Die byzantinischen Gesandten billigten Karl den Kaisertitel zu; dafür verzichtete dieser auf Dalmatien und Venedig, das er 809 unterworfen hatte.

Istrien blieb in fränkischem Besitz und wurde auf diese Weise später Teil des Heiligen Römischen Reiches deutscher Nation; die Landesherrschaft lag wechselnd bei den Markgrafen von Istrien, den Grafen von Görz, den Grafen von Duino und beim Patriarchen von Aquileia. Die Städte an der Westküste erkannten sukzessive seit dem Ende des 13. bis zum Anfang des 15. Jhs. die venezianische Herrschaft an. Die zentralen und östlichen Gebiete hingegen blieben durchgängig Reichsgebiet; ab 1374 gehörten sie den Habsburgern. Politisches Zentrum des Territoriums war die Burg von Pazin (ital. Pisino, dt. Mitterburg).

Ebenso wie die dalmatinische Küste war Istrien in Fortsetzung der antiken Tradition kirchlich in eine Vielzahl kleiner Diözesen gegliedert.

Im Binnenland zwischen Save und Drau erfolgte nach dem Zusammenbruch der awarischen Macht im Rahmen der von Karl dem Großen errichteten Pannonischen Marken eine slawische Herrschaftsbildung, deren eines Zentrum das aus der Antike bekannte Siscia war. Nachrichten über diese Herrschaft erhalten wir im Zusammenhang mit dem erfolglosen Aufstand des Fürsten Ljudevit von der Save gegen die fränkische Herrschaft in den Jahren 819–22. Der an der Küste herrschende Fürst Borna hielt den Franken hingegen die Treue. Am Ende des 9. Jhs. erscheint Fürst Braslav als fränkischer Vasall im Binnenland; 896 erhielt er nördlich der Drau das Gebiet um den Plattensee als ostfränkisches Lehen. Doch seine Versuche, die Landnahme der Ungarn in der pannonischen Ebene aufzuhalten, blieben vergeblich.

Insgesamt war das heutige Binnenkroatien bis ans Ende des 11. Jhs. politisch offensichtlich schwach strukturiert. Weder treffen wir auf die Präsenz des Namens „kroatisch", noch können wir eine politische Zusammengehörigkeit mit dem Küstenraum nachweisen, auf den Kroatien damals beschränkt war.

Herrschaftsbildung und Christianisierung

Die fränkische Vorherrschaft über Kroatien dauerte bis Mitte des 9. Jhs. Die Verselbständigung ist mit dem Namen des Fürsten Trpimir (um 845–vor 864) verbunden; er war zugleich der Begründer der *narodna dinastija*, der „nationalen Dynastie" der Trpimirovići, die mit kleinen Unterbrechungen bis 1089 in Kroatien herrschte. Der wegen seiner Prädestinationslehre kirchlich verfolgte Benediktinermönch Gottschalk von Orbais weilte, wie er in seinen Schriften selbst erzählt, um 850 am Hof von Trpimir.

Wie sich anhand der Quellen gut veranschaulichen lässt, hielt sich Trpimir schon an den Wertekatalog eines christlichen Herrschers. Er trat als Stifter auf; in teils verfälschter Überlieferung aus dem 16. Jh. ist eine lateinisch geschriebene Stiftungsurkunde Trpimirs aus dem Jahr 854 (oder vielleicht schon 840) zugunsten der Kirche von Split erhalten; es ist die älteste Urkunde eines kroatischen Herrschers. In der Stiftung verband sich das religiöse Anliegen der Sicherung des Seelenheiles mit dem Streben nach Prestige: In der Bereitschaft zum Schenken drückte sich die Herrschaftsfähigkeit aus. – Der Name von *Petrus filius domno Tripemero*, „Peter, Sohn des Herrn Trpimir", ist im Evangeliar von Cividale eingetragen; er steht in einer langen Reihe von Namen, die dort aufgrund von Stiftungen liturgisches Gedenken erhielten. Aus etwas späterer

Nin bei Zadar/Dalmatien. Die vorromanische Kirche Sv. Križ, „Heilig Kreuz“

Zeit stammt der Eintrag für den kroatischen Fürsten Branimir. – Schließlich wurde zur Zeit von Trpimir in Nin (lat., ital. Nona) nordwestlich des byzantinisch beherrschten Zadar das erste Bistum auf kroatischem Territorium begründet. In diesem politischen und religiösen Zentrum Kroatiens lebte der Name der antiken Siedlung Aenona fort, ohne dass hier eine den dalmatinischen Städten vergleichbare Kontinuität urbanen Lebens gegeben war.

Die Christianisierung Kroatiens hatte schon früher – um 800, ungefähr gleichzeitig mit der des Großmährischen Reiches – begonnen und gehört damit zur frühesten Schicht der Christianisierung im östlichen Europa. Sie erfolgte aus zwei Richtungen: Zum einen war Kroatien entsprechend den politischen Bindungen zum Frankenreich Missionsgebiet des Patriarchates von Aquileia; zum anderen gelangte das Christentum über die in Ritus und Liturgiesprache ebenso westkirchlich ausgerichteten dalmatinischen Städte ins Land. Das Patronat der Kathedrale von Nin, St. Anselm, verweist auf die Bindungen nach Aquileia, ebenso Inschriften mit der Erwähnung eines Abtes Theudebert in Nin und eines Priesters Gumpert in Bijaći auf kroatischem Territorium bei Trogir.

Stichwort: Taufbecken des Višeslav

Frühes Zeugnis der Christianisierung

Als Gedächtnisort der frühmittelalterlichen Geschichte Kroatiens gilt ein Erwachsenentaufbecken, das seiner Inschrift zufolge von einem Priester Johannes „zur Zeit des Fürsten Višeslav" gestiftet wurde. Das Taufbecken wurde 1853 in einem Kloster in Venedig gefunden. Aber allgemein wird davon ausgegangen, es habe sich bis zum Abbruch des Baptisteriums der Kathedrale in Nin 1746 dort befunden. Višeslav war demnach ein ansonsten unbekannter kroatischer Fürst aus der Zeit um 800. Das Becken wurde 1942 von Italien an den Unabhängigen Staat Kroatien gegeben und im Akademie-Gebäude in Zagreb ausgestellt. Seit 1956 befindet es sich im Museum kroatischer archäologischer Denkmäler in Split. Neuerdings hat der in Zadar tätige Kunsthistoriker Nikola Jakšić die Herkunft des Denkmals aus Nin angezweifelt, es sei wahrscheinlich in Venedig entstanden. Den Priester Johannes identifiziert er mit dem päpstlichen Legaten, der um 875 und 879 bei den kroatischen Fürsten Domagoj und Branimir war. Der Name Višeslav beziehe sich dann eher auf einen slawischen Fürsten in der südlichen Nachbarschaft Kroatiens. Auch bei dieser Neuzuschreibung behält das Taufbecken seinen Wert als frühes Zeugnis der Christianisierung an der Adriaostküste.

Die Errichtung des Bistums Nin unter Trpimir bedeutete nicht nur eine Verfestigung der kirchlichen Organisation; sie war zugleich ein Akt politischer Emanzipation. Kroatien gewann in geistlichen Angelegenheiten eine gewisse Selbständigkeit. Da es für die Priesterweihe nicht auf Hierarchen von außen angewiesen war, verminderten sich die Einflussmöglichkeiten anderer Mächte.

Nachdem der kroatische Fürst Zdeslav (878–79) eine probyzantinische Politik verfolgt hatte, lobte Papst Johannes VIII. dessen Nachfolger Fürst Branimir (ca. 879–92) in einem Brief vom 7. Juni 879 dafür, dass er der römischen Kirche treu sein wolle. Am Himmelfahrtstag, also am 21. Mai, habe er Branimir, dessen ganzem Volk und dessen ganzem Land den Segen zugesprochen. Im Geschichtsbewusstsein vieler Kroaten ist dieser Brief als der früheste Beleg für die Anerkennung kroatischer Staatlichkeit durch den Papst fest verankert.

Die Schwachstelle des Bistums Nin war seine „Zweitklassigkeit" gegenüber den alten dalmatinischen Bistümern; deshalb ließ sich der seit 879 amtierende Niner Bischof Theodosius um 886 vom Patriarchen von Aquileia zugleich zum Erzbischof von Split weihen.

Eine dauerhafte Regelung der kirchlichen Verhältnisse erfolgte erst durch die Synoden in Split 925 und 928. Auf der ersten Synode, an der auch zwei Legaten von Papst Johannes X., der kroatische König Tomislav und Fürst Michael von Zahumlje teilnahmen, wurde die Bildung einer Rom unterstellten Kirchen-

Spuren der Christianisierung. Das Višeslav-Taufbecken

provinz beschlossen. Unabhängig von der weltlichen Zuordnung unter die byzantinische Herrschaft hatte es im Übrigen zur Zeit des auf Byzanz orientierten Fürst Zdeslav vielleicht kurzfristige Versuche gegeben, die Bistümer Dalmatiens der Jurisdiktion von Konstantinopel unterzuordnen.

Bei der Frage des Metropolitansitzes für die Provinz setzte sich Bischof Gregor von Nin für seinen eigenen Sitz ein, deckte sich doch die Diözese Nin mit dem Territorium der politisch bedeutendsten Macht der Region. Dagegen sprach die fehlende Tradition des Bistums; stattdessen wurde Split nach dem Prinzip der Anciennität Metropole der Provinz und damit zugleich Erzbistum. Die dortige Kirche konnte sich sogar auf apostolische Sukzession berufen, denn der Legende nach gelangte schon ein Schüler des hl. Petrus nach Salona. Die Proteste Gregors gegen die Entscheidung der Synode waren vergeblich; stattdessen wurde er 928 sogar aufgefordert, sein Bistum Nin zu verlassen. Es blieb vakant und wurde erst Ende des 11. Jhs. erneuert.

König Tomislav

Die Herrschaftszeit von Tomislav (ca. 910–28) bedeutete einen ersten Höhepunkt kroatischer Macht. Tomislav schlug ein von Norden vorrückendes ungarisches Heer zurück und fügte den nach Kroatien eingedrungenen Truppen des bulgarischen Zaren Simeon (913–27) 926 eine schwere Niederlage zu. Der Papst bezeichnete Tomislav als *rex*, „König"; Konstantin Porphyrogennetos hebt die Flotten- und Heeresstärke Kroatiens in jener Zeit hervor.

Nach in Kroatien populärer Vorstellung wurde Tomislav 925 auf der Ebene von Duvno im Rahmen einer feierlichen Versammlung zum König gekrönt. Die von kroatischen Historikern des späten 19. und des 20. Jhs. zum Beleg dieses Ereignisses herangezogene Chronik des Priesters von Dioclea, der Ende des 12. Jhs. oder erst Mitte des 13. Jhs. in Bar (im heutigen Montenegro) wirkte, berichtet über die Krönung eines Königs Svetopelek auf der *planities Dalmae*; dieser wird nun mit Tomislav gleichgesetzt, der Ort als Duvno identifiziert. Viel eher handelt es sich bei der Chronik-Erzählung jedoch um weitestgehend freie literarische Gestaltung, in der historische Ereignisse des 9. und des späten 11. Jhs. künstlich verknüpft sind. Die Chronik erzählt außerdem, Svetopelek habe zugleich über Weißkroatien und Rotkroatien geherrscht. Ersteres Gebiet umfasste der Chronik zufolge ungefähr das historische mittelalterliche Kroatien und Zahumlje; Rotkroatien erstreckte sich über die anschließenden Küstengebiete bis nach Vlora im heutigen Albanien. Die an sich fiktive Angabe lässt in Verbindung mit anderen Quellenhinweisen darauf schließen, dass auch in diesem Raum eventuell Ansätze einer nicht weiter entfalteten kroatischen Ethnogenese zu suchen sind.

Zur Erinnerung an die Krönung Tomislavs 925 wurden in Kroatien 1925 an vielen Orten Gedenktafeln angebracht, so z. B. am Stadttor von Korčula unter dem venezianischen Löwen. König Aleksandar billigte in dem Jahr die Umbenennung von Duvno in Tomislavgrad. Nach Rückkehr zum Namen Duvno 1945 heißt die Stadt seit 1990, nach den ersten freien Wahlen, wieder Tomislavgrad.

Das bereits in der Zwischenkriegszeit geplante und angefertigte Reiterdenkmal für den König wurde 1947 auf dem nach ihm benannten Platz vor dem Zagreber Hauptbahnhof aufgestellt. Anknüpfend an die Nachricht in der schon erwähnten byzantinischen Quelle *De administrando imperio*, Tomislav habe dem serbischen Fürsten Zaharije vor den Bulgaren Schutz gewährt, war an der Stirnseite des Sockels eine Inschrift angebracht, der König habe die staatliche Einheit der jugoslawischen Völker vorausgeahnt. An die Stelle dieser Inschrift ist nun ein Relief des kroatischen Schachbrettwappens getreten.

Innerer Aufbau Kroatiens

Der Zentralraum des frühmittelalterlichen Kroatien lag im Dreieck Nin – Knin – Solin, zwischen der Küste und den beiden in der Nähe von Knin entspringenden Flüssen Zrmanja und Cetina. Das Herrschaftsgebiet setzte sich aus *županije*, Gauen, zusammen, deren Namen sich als Landschaftsbezeichnung meistenteils bis heute erhalten haben. Elf *županije* unterstanden direkt dem Herrscher, die drei *županije* nordwestlich des Flusses Zrmanja waren dem *ban*, dem Vertreter der königlichen Gewalt in diesem Gebiet, unterstellt. Sowohl *župan* als auch *ban* sind Bezeichnungen, die auf die Zeit der Awarenherrschaft zurückgehen. Die dauerhafte Bindung der *župan*-Würde an eine Familie begründete den Aufstieg von Adelsgeschlechtern in Kroatien.

Im Laufe des 10. und 11. Jhs. wurden die Bindungen zwischen den dalmatinischen Städten und Kroatien enger. Hierzu trug zum einen die in der Zeit des probyzantinisch orientierten kroatischen Fürsten Zdeslav mit Kaiser Basileios I. (867–86) getroffene Regelung bei, dass die Städte von Osor bis Split gegen Gewährung des Friedens einen Tribut an den kroatischen Herrscher zahlten. Dubrovnik zahlte an die Fürsten von Zahumlje und von Travunien. Aufgebracht wurde der Tribut aus der Summe, die ursprünglich für den Strategen, den Oberbefehlshaber im erst 869 begründeten byzantinischen Thema, vorgesehen gewesen war. Wichtiger noch war zum anderen die kirchliche Integration der dalmatinischen Städte und der Reiche im Hinterland aufgrund der Beschlüsse der Synoden von Split 925 und 928. Schließlich war unabhängig von der politischen Sonderstellung die wirtschaftliche und religiöse Zentralfunktion der Städte für ihr Hinterland vorgegeben. Zeugnisse vorromanischen Kirchenbaus und zahlreiche lateinische Stifterinschriften aus dem 9. bis 11. Jh. kennen wir sowohl aus den Städten als auch aus dem Kerngebiet Kroatiens. Das für die Vorromanik typische, in vielen Bauten erhaltene Flechtbandornament ist im Nachhinein zu einem kroatischen „Wahrzeichen" geworden, das heute in Kroatien als beliebtes Mittel graphischer Gestaltung dient.

Im 11. Jh. erreichte die kirchliche Reformbewegung sowohl die dalmatinischen Städte als auch Kroatien. Es entstand ein dichtes Netz von Benediktiner- und Benediktinerinnenklöstern, die sich als Zentren der Schriftkultur entwickelten. Nicht nur die Klöster auf kroatischem Territorium, sondern auch die städtischen Klöster wurden von den Herrschern bestiftet. Die verdichtete kirchliche Organisation zeigte sich des weiteren in der Gründung dreier Bistümer auf kroatischem Territorium: Nin, Knin und Biograd. Den Aufbau der Grundherrschaft um ein Eigenkloster können wir am Beispiel des Klosters St. Peter von Selo, dem heutigen Jesenice bei Omiš, verfolgen: Aus diesem um 1080 von dem Spliter Bürger Petrus Zerni gegründeten Kloster ist ein 1105 angelegtes Chartular erhalten, das alle Erwerbungen von Ländereien und Leuten minutiös aufzählt.

In der zweiten Hälfte des 11. Jhs., unter den Königen Krešimir IV. (1058–74) und Demetrius Zvonimir (1075–89), waren die nominell noch immer byzantinischen Inseln und Festlandsstädte bis einschließlich Split auch politisch eng

Vorromanischer Steinbalken. Lateinische Inschrift des Fürsten Branimir und Jahreszahl 888; Fundort: Gornji Muć bei Sinj/Dalmatien, heute im Archäologischen Museum in Zadar

an Kroatien gebunden; die Könige führten in ihrer Intitulatio neben Kroatien auch Dalmatien auf. Am deutlichsten wird diese „Doppelherrschaft" in einem 1069 oder 1081 entstandenen Evangeliar aus Osor; in dem eingefügten Ostergebet *Exultet* wird des Kaisers und des Königs, also des byzantinischen und des kroatischen Herrschers, gedacht.

Erste Berührungen mit Ungarn

Die Verflechtung kroatischer und ungarischer Geschichte setzte im 11. Jh. ein. Die Landnahme der Ungarn in der pannonischen Ebene war 895 erfolgt. Es war die dritte Herrschaftsbildung dort durch ein Reitervolk aus dem Steppenraum, nach den Hunnen (375–453) und den Awaren (568–795). Durch die Ansiedlung der Ungarn wurde der slawische Sprachraum getrennt; seit dieser Zeit gibt es keine geographische Berührung mehr zwischen dem Ostslawischen und Westslawischen einerseits sowie dem Südslawischen, zu dem auch das Kroatische gehört, andererseits.

Die „Zeit der Streifzüge", während derer die Ungarn vom Westen und von Byzanz gleichermaßen als Bedrohung erlebt wurden, fand mit der Niederlage gegen Otto den Großen auf dem Lechfeld bei Augsburg 955 ihr Ende. Seitdem begann das Streben nach Integration, deren wichtigstes Element die Christianisierung war. Sie beinhaltete nicht nur das religiöse Bekenntnis, sondern auch das Annehmen der unter christlichen Fürsten üblichen Konventionen und die

Möglichkeit zu Heiratsverbindungen. Fürst Géza aus der Dynastie der Arpaden wurde wahrscheinlich 973 getauft. Sein Sohn Stephan der Heilige erhielt im Jahr 1000 die Königskrone; in seiner Zeit (1000–38) wurden für Ungarn gleich zwei Kirchenprovinzen, Esztergom (dt. Gran) und Kalocsa, eingerichtet.

Krönung und Lehnseid Zvonimirs

Der spätere kroatische König Demetrius Zvonimir wuchs am ungarischen Hof auf; sein Großvater war während dynastischer Kämpfe in Kroatien am Anfang des 11. Jhs. dorthin geflohen. Zvonimir heiratete Helena, die Tochter von König Béla I. (1060–63); wahrscheinlich mit dem Rückhalt Ungarns wurde er unter Krešimir IV. Ban in den nordwestlichen Gebieten Kroatiens und erlangte 1075 die Herrschaft über ganz Kroatien.

Zvonimir unternahm zur Legitimierung seiner Herrschaft einen weiteren Schritt der Integration Kroatiens in die westkirchlichen Strukturen. Er wurde 1075 in der Kirche St. Peter in Solin, deren Fundamente heute noch zu besichtigen sind, von einem Legaten des Reformpapstes Gregor VII. nach Empfang von Schwert und Zepter zum König Dalmatiens und Kroatiens gekrönt und mit der Fahnenlanze in die Herrschaft über das Königreich investiert. Als Gegenleistung gab er dem Papst das Lehnsversprechen; dieses steht im großen Zusammenhang des Ausbaus päpstlicher Macht und des Investiturstreites. Während das staatsrechtlich irrelevante päpstliche Schutzversprechen an einen Fürsten vielfach erteilt worden ist, bildet die Schaffung einer Lehnsbeziehung zwischen Papsttum und einem Fürsten – wie im Falle von Zvonimirs Krönung und Eid – eine Seltenheit.

Im Lehnseid übernahm Zvonimir eine Reihe weiterer Verpflichtungen; so wollte er die Zahlung des Zehnten sichern und den Zölibat der Geistlichen durchsetzen. Erst in dieser Zeit wurde die Ehelosigkeit der Kleriker – vor allem beim niederen Klerus – in der Westkirche wirklich zur Regel. In der Pflicht zum Schutz für Arme, Witwen und Waisen können wir eine Christianisierung des Herrscherverständnisses sehen. Neben die Freizügigkeit gegenüber der Gefolgschaft, also gegenüber der eigenen Umgebung, trat die Mildtätigkeit gegenüber den Schwachen als Herrschertugend.

Zvonimir sollte verbotene Ehen verhindern, d.h. die kanonischen Beschränkungen der Verwandtenehe durchsetzen; er hatte die kirchliche Eheschließung sicherzustellen und das Verstoßen von Ehefrauen zu unterbinden. Das Verbot des Menschenverkaufes ist ein Indiz für die aus den Quellen gut bekannte Praxis des Sklavenhandels zwischen Hinterland und Stadtlandschaften des Adriaraumes. Der Lehnseid erweist sich somit geradezu als Katalog von Formen christlicher Disziplinierung. Gerade weil diese Themen im Eid angesprochen wurden, können wir darauf schließen, dass die Forderungen noch lange nicht durchgesetzt waren.

Der Dynastiewechsel

Zvonimir starb 1089. Laut Überlieferung aus dem 16. Jh. wurde er auf einer Volksversammlung, auf der er zum Kreuzzug aufrufen wollte, ermordet; dies habe dazu geführt, dass die Kroaten auf immer ohne König ihrer Sprache geblieben seien. Doch ist die späte Nachricht vom Mord kaum zuverlässig; die Entstehung der Legende, wahrscheinlich im 15. Jh., zeigt allerdings an, als welche Zäsur Zvonimirs Tod auch schon im Spätmittelalter aufgefasst wurde.

In der folgenden dynastischen Krise bemühten sich mehrere Prätendenten mit Zentren in verschiedenen Gebieten des Reiches um die Macht. Ansprüche erhob auch der ungarische König Ladislaus I. (1077–95), Bruder von Zvonimirs Frau Helena. Er unternahm 1091 einen Zug an die Küste, den er jedoch wegen eines von Byzanz veranlassten Einfalles der Kumanen nach Ungarn abbrechen musste. Byzanz war keinesfalls daran gelegen, dass die ungarische Macht bis an die Adria vordringen würde.

Ladislaus' Nachfolger, sein Neffe Koloman (1095–1114/16), bot Venedig seine Freundschaft an. Er bestritt dem Dogen allerdings das Recht, sich *dux Dalmatiae et Croatiae* zu nennen, hatte Venedig doch schon seit dem Jahr 1000 immer wieder einzelne dalmatinische Städte zu Treueversprechen veranlasst und sie kurzfristig an sich binden können. 1097 traf ein ungarisches Heer in der kroatischen Küstenstadt Biograd südöstlich von Zadar ein, um dort Kolomans Braut Felicia, die Tochter des Normannenfürsten Roger I., in Empfang zu nehmen.

Aus dem 14. Jh. sind die so genannten *Pacta conventa* zwischen König Koloman und zwölf kroatischen Adelsfamilien über deren weitestgehende Befreiung von Verpflichtungen gegenüber Koloman und seinen Nachfolgern überliefert. Sie haben im 19. Jh. in der Diskussion um die staatsrechtliche Stellung Kroatiens gegenüber Ungarn eine große Rolle gespielt, doch dürfte es sich bei den *Pacta* um eine Fälschung zur Sicherung von Adelsrechten im 14. Jh. handeln. Unabhängig von der Frage der Echtheit der *Pacta* gelang es Koloman offensichtlich, den kroatischen Adel für sich zu gewinnen, sodass er 1102 in Biograd bei Zadar zum kroatischen König gekrönt wurde. Dies war der Gründungsakt der bis 1918 erhaltenen ungarisch-kroatischen Personalunion.

KAPITEL 3

Hoch- und Spätmittelalter (12. Jahrhundert–1526)

Politische Organisation Slawoniens seit dem Ende des 11. Jahrhunderts

Erst seit dem Ende des 11. Jhs. wird die Überlieferung zum Raum des heutigen kontinentalen Kroatien dichter. Die Anfänge der politischen Einbindung Slawoniens, des „Slawenlandes" aus Sicht der Ungarn, in das Reich der Stephanskrone waren dabei eng verknüpft mit dem Streben Ladislaus' des Heiligen, nach dem Tod König Zvonimirs 1089 die Herrschaft über Kroatien zu erringen. Das mittelalterliche Slawonien erstreckte sich zwischen Drau im Norden und Save im Süden; es grenzte im Westen an die Reichsterritorien Steiermark und Krain, im Osten an die damals zu Ungarn gehörige Landschaft Syrmien (kroat. Srijem) zwischen Donau und Unterlauf der Save; im Südwesten reichte Slawonien bis an den dinarischen Gebirgszug und berührte sich hier mit dem Territorium des mittelalterlichen Kroatien.

Wahrscheinlich 1094, eventuell auch schon kurz vor 1091 gründete Ladislaus das Bistum Zagreb; es wurde der ungarischen Kirchenprovinz Kalocsa zugeordnet. Der Name Zagreb ist slawischen Ursprunges und bedeutet „am Graben", „am Erdwall"; daraus entstanden ist dt. Agram, ungar. Zágráb, ital. Zagabria. Die Wahl des Ortes am Rande der Save-Ebene am Fuße des bis auf 1035 m aufsteigenden Waldgebirges Medvednica ist Beleg dafür, dass er schon vorher Zentralfunktionen in der Region ausgeübt hatte. Erster Bischof wurde ein Tscheche namens Duch, offensichtlich, weil er die Sprache der Bevölkerung Slawoniens beherrschte. Die Bischofskirche war dem hl. Stephan geweiht, dem Patron des ersten ungarischen Königs, der unter Ladislaus 1083 kanonisiert worden war. Wie andere Bistümer in den Gebieten Europas, die erst im Mittelalter christianisiert wurden, war die Diözese Zagreb, die ganz Slawonien umfasste, im Vergleich zu den alten dalmatinischen Bistümern sehr groß. Der Unterschied wird deutlich in einem wahrscheinlich um 1173–76 angefertigten Verzeichnis der Einnahmen aller Bistümer im ungarisch-kroatischen Reich der Arpaden: Der Bischof von Zagreb verfügte über 1500 Mark Einkünfte im Jahr, der Erzbischof von Split gerade über 400 Mark.

Ungefähr gleichzeitig mit der Errichtung des Bistums wurde Zagreb auch Sitz eines Gespans in Entsprechung zur Gliederung Ungarns in Gespanschaften, in Burgbezirke, synonym damit Komitate. Das ungar. *ispán*, daraus dt. Gespan, ist seinerseits vom slawischen, ursprünglich awarischen Wort *župan* entlehnt; die Ungarn übernahmen es bei der Ansiedlung von der in der pannonischen Ebene angetroffenen slawischen Bevölkerung; in lateinischen Quellen wird der ungarische Gespan stets als *comes* bezeichnet. Die Gespanschaft, kroat. *županija*, heißt auf Ungarisch *megye*, abgeleitet von slawisch **medja*, „Grenze"; lateinisch steht regelmäßig *comitatus*. Die Burg des Gespans von Zagreb befand sich auf dem höheren westlichen Hügel; Kathedrale St. Stephan und Siedlung der Domgeistlichkeit standen auf dem seit dem 10. Jh. besiedelten östlichen Hügel, dem heutigen Kaptol. Unterhalb davon entwickelte sich der *vicus Latinorum*, die „Siedlung der Romanen", entsprechend der Herkunft der Kaufleute aus romanischsprachigen Ländern. Das Toponym hat sich bis heute im Straßennamen *Vlaška ulica*, „Straße der Welschen", erhalten.

Schon im 12. Jh. können wir in Slawonien den Aufbau von Grundherrschaften durch die Kirche von Zagreb, Adelsfamilien, die als Gespane Burgen hielten, und deren Dienstleute verfolgen. Seit der Zeit Bélas III. (1172–96) setzte der König für Slawonien einen eigenen Ban als Statthalter ein, dessen Titel offensichtlich an die Tradition des kroatischen Ban anknüpfte; 1235 wird Slawonien erstmals als *regnum*, „Königreich", bezeichnet.

Die Sonderstellung Slawoniens gegenüber Ungarn kam durch die eigene Münzprägung in Anlehnung an den Friesacher Pfennig zum Ausdruck. Viele Prägungen des *banovac* zeigen auf der Vorderseite den Marder, die *kuna*, die, wie im einleitenden Kapitel erwähnt, später auch in das Wappen von Slawonien aufgenommen wurde. Die in den lateinischen Quellen so genannte *marturina*, die schon im 13. Jh. in Geld bemessene Marderfell-Steuer, blieb eine Besonderheit Slawoniens gegenüber Ungarn; dass sie seit dem 14. Jh. wie in Slawonien auch in Kroatien erhoben wurde, war ein Indiz für das Zusammenwachsen der beiden Territorien.

Kroatien und die dalmatinischen Städte vom 12. bis ins 14. Jahrhundert

Nach der Krönung zum kroatischen König in Biograd 1102 errichtete Koloman in einem nächsten Schritt 1105 seine Herrschaft über die norddalmatinischen

Städte von Osor bis Split. Alle Städte außer Trogir leisteten zuerst Widerstand. In Zadar wirkte der Bischof von Trogir als Vermittler, in Split der Erzbischof der Stadt. Vom Einzug Kolomans in Zadar zeugt noch heute eine lateinische Inschrift am Turm des Benediktinerinnenklosters St. Marien: „Im Jahr der Fleischwerdung unseres Herrn Jesus Christus 1105 ließ König Koloman von Ungarn, Dalmatien und Kroatien nach Sieg und von Gott geschenktem Friedenspreis des Einzuges in Zadar diesen Turm von St. Marien auf eigene Kosten erbauen und errichten."

Der König verlieh Rab, Zadar, Split und Trogir Privilegien in Form eines Eidversprechens. Für erstere drei Städte ist die Verleihung nur mittelbar erschließbar; nur aus Trogir ist der Text – geringfügig verfälscht und mit der Datierung 1108 – überliefert; in diesem Jahr war Koloman wahrscheinlich noch einmal an der Küste und erneuerte den Eid von 1105. Dieser beginnt: „Ich, Koloman, König von Ungarn, Kroatien und Dalmatien, schwöre beim heiligen Kreuz euch Trogirern, meinen treuen Bürgern, sicheren Frieden."

Des Weiteren verzichtete er auf Tribute und versprach, den von Klerus und Volk der Stadt gewählten Bischof zu bestätigen. Schließlich sicherte er der Stadt den Gebrauch ihres eigenen alten Rechtes zu. Vom Hafenzoll für Fremde beanspruchte er zwei Drittel für sich und ein Drittel für den *comes*, den ungarischen Befehlshaber in der Stadt; vorweg fiel ein Zehntel dem Bischof zu. Die Aufteilung des Hafenzolles entsprach ungarischem Recht; dort gingen zwei Drittel von Gerichtsgebühren an den König, ein Drittel an den *comes*, Gespan, des jeweiligen Komitats. Der Eid war vom Erzbischof Laurentius von Gran und einer Reihe von ungarischen *comites* mitbeschworen; sie befanden sich in der Begleitung des Königs auf dessen Zug an die Küste.

Entsprechend der Autonomiezusage behielt der Prior, das traditionelle Stadtoberhaupt, sein Amt. Allerdings verfügte eine ungarische Besatzung unter einem *comes* über einen Teil der Stadtbefestigung.

Die Versprechen von 1105, die „Privilegien vom Trogirer Typ", wurden maßgeblich für die Rechtsstellung der dalmatinischen Städte in den nächsten Jahrhunderten. Sie wurden, in Inhalt und Form in Einzelheiten verändert, bis ins 14. Jh. immer wieder bestätigt. Vor Zadar fand 1105 eine Synode statt, auf welcher der König mit seinem Gefolge beschwor, er werde die alte Freiheit Dalmatiens, die Bischöfe selbst zu wählen, schützen; er beanspruchte nur das Recht der Bestätigung. Dieser Eid steht im Einklang mit der ungefähr gleichzeitigen Erklärung Kolomans gegenüber Papst Paschalis II.; er verzichte auf die Investitur der Bischöfe in Ungarn und beanspruche nur ein Bestätigungsrecht. Wahrscheinlich bestand die Gegenleistung Roms im Aufgeben von Ansprüchen aus der lehnsrechtlichen Bindung Kroatiens von 1075. Diese ist später niemals mehr erwähnt.

Die starke ungarische Stellung an der Adriaküste war nur von kurzer Dauer, ungefähr bis zum Tod Kolomans 1114 oder 1116. Die Venezianer erlangten 1115 die Unterstellung von Osor, Krk und Rab; nach Kämpfen mit den Ungarn vor Zadar erkannte auch diese Stadt 1116 die venezianische Herrschaft an. Den Venezianern war an einer Kontrolle über die Städte gelegen, weil sie dadurch Stützpunkte auf dem navigatorisch einfachen Seeweg entlang der Adriaostküste Richtung Konstantinopel und Levante gewannen. Nachdem Kolomans Sohn Stephan II. (um 1101–31) 1122 oder 1124 noch einmal an die Küste gekommen war, eroberten die Venezianer 1125 Biograd, wo noch eine ungarische Besatzung lag, und zerstörten die Stadt, die sich von diesem Schlag nie mehr erholte. Der Bischofssitz wurde nach Skradin an der Krka verlegt; das vom kroatischen König Kresimir IV. 1060 gegründete Benediktinerkloster St. Johannes siedelte auf die gegenüberliegende Insel Pašman über.

Der Doge Ordelaf Falieri bestätigte 1115/16 den Städten ihre alten Freiheiten; in Rab berief er sich ausdrücklich auf die Rechte unter dem Kaiser von Konstantinopel und dem ungarischen König. Die Städte erhielten darüber hinaus als Neuerung das Recht auf Wahl des *comes*, den der Doge bestätigen musste. Der *comes*, dessen Amt an die Stelle des Priorates trat, war Stadtoberhaupt und Vertreter der venezianischen Herrschaft in einem. Der Titel deutete die hierarchische Beziehung zwischen Venedig und den Städten an: Venedig wurde von einem *dux*, dem Dogen, regiert, die dalmatinischen Städte von *comites*, in analoger deutscher Terminologie: Venedig von einem Herzog, die Städte von Grafen.

Der neue Name für das Oberamt war zugleich auch Ausdruck eines Machtwechsels innerhalb der Städte selbst; neue Trägerschichten drängten auf Teilhabe an der Stadtregierung. Hierfür spricht vor allem, dass im Laufe des 12. Jhs. in allen dalmatinischen Städten der Prior durch den *comes* abgelöst wurde, unabhängig davon, ob diese Städte damals unter venezianischer Herrschaft standen oder nicht. Seit der Mitte des 12. Jhs. band Venedig die Städte dadurch fester an sich, dass es das Recht auf Wahl des *comes* einschränkte; schließlich erhielten nur noch Venezianer das Amt.

Eine Sonderstellung innerhalb des venezianischen Herrschaftsbereiches nahm die Insel Krk ein, auf der eine kroatische Adelsfamilie unter vertraglicher Regelung der Verpflichtungen gegenüber Venedig die *comites* stellte. Die *comites* von Krk erlangten spätestens am Ende des 12. Jhs. auch auf dem gegenüberliegenden Festland Besitzungen und traten somit zugleich in ein Treueverhältnis gegenüber dem ungarisch-kroatischen König. Die sich weiter verzweigende Familie stieg seit dem 13. Jh. zu einem der wichtigsten politischen Faktoren in Kroatien auf. 1430 erhielt sie unter Berufung auf angebliche Abstammung von der stadtrömischen Adelsfamilie der Frangipani von Papst Martin V. das Recht verliehen, diesen Namen – kroat. Frankopan – zu führen.

Im Jahr 1154 erhob Papst Anastasius IV. Bischof Lampridius von Zadar zum Erzbischof. Durch die Einrichtung einer Kirchenprovinz Zadar mit den Suffraganen Osor, Krk, Rab und Hvar wurde der venezianische Einflussbereich aus der Kirchenprovinz Split herausgelöst; damit war die übliche Parallelität von politischen und kirchlichen Abgrenzungen hergestellt. Für die gegenüberliegenden kroatischen Festlandsgebiete, die bis dahin zum Bistum Krk gehört hatten, wurde nach 1154 das Bistum Senj eingerichtet; 1185 folgte die Gründung des weiter im Binnenland gelegenen Bistums Krbava.

Nur ein Jahr lang war der Erzbischof von Zadar entsprechend der Regel unmittelbar dem Papst untergeordnet, ab 1155 unterstand er dem Patriarchen von Grado, d. h. dem Hierarchen, der die Funktion des Metropoliten von Venedig hatte. Über die machtpolitischen Interessen Venedigs hinaus war die Unterstellung kirchenrechtlich begründet: Um den traditionellen Titel des Patriarchen von Grado kanonisch zu legitimieren, musste er hierarchisch mindestens einem Metropoliten übergeordnet sein. – Als Papst Alexander III. 1177 auf dem Weg nach Venedig zum Friedensschluss mit Kaiser Friedrich Barbarossa (1155–90) war, machte er in Zadar Station; hier begrüßten ihn die Stadtbewohner, wie Boso, der Biograf Alexanders III., schreibt, „mit mächtigen laut erklingenden Lobgesängen und Liedern in ihrer slawischen Sprache“.

Die Aufgliederung der 925 etablierten Kirchenprovinz Split hatte im Übrigen schon vorher begonnen. Am Anfang des 11. Jhs. waren die südlichen Bistümer wahrscheinlich zeitweilig zu einer eigenen Provinz unter Dubrovnik zusammengefasst; die Echtheit der hierfür als Beleg dienenden Papstbulle von 1022 ist allerdings umstritten. 1089 wurde zu der Zeit, als das Land Duklja unter König Konstantin Bodin (1082–1106) auf dem Höhepunkt seiner Macht stand, die Kirchenprovinz Bar (ital. Antivari, im heutigen Montenegro) eingerichtet; ihr gehörten die Bistümer südlich von Dubrovnik an. Spätestens seit 1142 war Dubrovnik wieder Zentrum einer Kirchenprovinz. Kotor unterstand seit 1166 dem Erzbistum Bari an der apulischen Gegenküste. Als der serbische Großžupan Stefan Nemanja 1185 Duklja in sein Reich einbezogen und seinen Sohn Vukan zum König von Duklja gemacht hatte, erhob Bar gegenüber Dubrovnik erneut Ansprüche auf die Stellung einer Metropole. Der Streit zog sich bis 1255 hin, als Papst Alexander IV. in einem Schiedspruch die Abgrenzung zwischen den Provinzen Bar und Dubrovnik vornahm. Die bis Mitte des 13. Jhs. erfolgte kirchliche Gliederung des Küstenraumes blieb dann bis 1828 weitestgehend stabil.

Die Jahre 1165–80 brachten unter Kaiser Manuel Komnenos (1143–80) noch einmal eine Renaissance byzantinischer Macht an der Adriaostküste und in ihrem

Hinterland; in Split residierte ein byzantinischer Statthalter. Nach dem Tode Manuels erneuerte König Béla III. die ungarische Macht an der Küste und setzte einen aus Ungarn entsandten *banus* als Vertreter seiner Herrschaft ein. Zadar nutzte die Gelegenheit, sich der zunehmenden Gängelung durch Venedig zu entziehen, und erkannte Béla III. als Stadtherrn an. Der König erneuerte die Autonomieversprechen Kolomans; entsprechend der gegenwärtigen Stadtverfassung fügte er nun dem Recht auf Bischofswahl das Recht auf Wahl des *comes* hinzu.

Die Vorbereitungen zum IV. Kreuzzug boten Venedig die Gelegenheit, den Verlust von Zadar rückgängig zu machen. Da die Kreuzritter, die sich 1202 in Venedig sammelten, ihren Zahlungsverpflichtungen gegenüber Venedig nicht nachgekommen waren, mussten sie sich gegenüber dem Dogen Enrico Dandolo bereit erklären, auf der Fahrt entlang der Adria Zadar zurückzugewinnen. Es war das erste Mal, dass ein Kreuzfahrerheer sich gegen Glaubensgenossen wandte. Die Entstellung der Kreuzzugsidee setzte sich darin fort, dass die Kreuzfahrer 1204 Konstantinopel eroberten und das Lateinische Kaiserreich errichteten.

Zadar, dessen Mauern beim Abzug des Heeres 1203 teils zerstört worden waren, unterwarf sich 1205 unter gegenüber dem 12. Jh. verschlechterten Bedingungen wieder der venezianischen Herrschaft; vor allem musste der Erzbischof in Zukunft aus Venedig kommen. Nachdem auch Dubrovnik 1205 Venedig als Oberherrn anerkannt hatte, standen nun, von Trogir und Split abgesehen, alle dalmatinischen Städte von Osor bis Dubrovnik seit dem Anfang des 13. Jhs. unter venezianischer Herrschaft. Dubrovnik hatte sich von 1186 – eventuell schon seit 1172 – bis 1192 der Oberherrschaft des normannischen Königreiches Sizilien unterstellt. Der Versuch der Eroberung durch den serbischen Großžupan Stefan Nemanja 1186 war fehlgeschlagen; hingegen gehörte Kotor seit 1185 zu dessen Reich.

Die ungarisch-kroatische Herrschaft über Trogir und Split war kaum wirksam, wie überhaupt die Stellung des Königtums in Kroatien unter den Arpaden schwach blieb, da es dort über keinen Landbesitz verfügte. Auch die periphere Lage innerhalb des Herrschaftsbereiches begünstigte die Ausbildung faktisch selbständiger Territorialherrschaften. Das Amt des Župans, der seit dem Ende des 12. Jhs. in den lateinischen Quellen nicht mehr als *iuppanus*, sondern als *comes* bezeichnet wird, gelangte dauerhaft in die Hände einzelner Familien. Anfang des 13. Jhs. sehen wir den *comes* Domald als mächtigsten Herrn; gleichzeitig begann der Aufstieg der Familie Šubić, *comites* von Bribir. Ihre Stammburg Bribir an der Stelle des antiken Varvaria liegt 20 km nördlich von Šibenik.

Die Arpaden versuchten ihren Einfluss an der Küste vor allem dadurch zu sichern, dass Vertraute des Königs auf den erzbischöflichen Stuhl von Split

Karte 1. Die Adriaostküste im Spätmittelalter

gelangten. Stärkere Wirksamkeit erlangte die ungarisch-kroatische Herrschaft unter Béla III. in den Jahren nach 1181, also in der Zeit, als auch Zadar sich von Venedig gelöst hatte. Andreas II. weilte vor dem Aufbruch zum Kreuzzug 1217 länger in Split.

Auf der Flucht vor den Mongolen, die 1241 in Ungarn eingebrochen waren, gelangte König Béla IV. (1235–70) schließlich Anfang 1242 an die Adriaküste. Zuerst hielt er sich in Split auf. Unzufrieden mit dem Empfang, begab er sich nach Trogir. Schließlich beobachtete er von einem Schiff aus, wie das Mongolenheer unter Kadan auf dem Festland gegenüber der Stadtinsel von Trogir stand und seine Auslieferung forderte. Das Heer zog überraschend von der Küste ab. Gründe mögen der Mangel an Futter für die Pferde in der Winterszeit an der grasarmen Küste und die Nachricht vom Tod des Khans Ögödai gewesen sein. Nun galt es, rechtzeitig zur Nachfolgerwahl zu gelangen. Als Dank für die Gastfreundschaft erneuerte Béla IV. der Stadt Trogir ihr Privileg; Split ging leer aus.

Das städtische Oberamt des *comes*, das auch in Trogir und Split im zweiten Drittel des 12. Jhs. an die Stelle des Priorates getreten war, gelangte im 13. Jh. in die Hände kroatischer Adliger. Ihnen lag weniger an der Ausübung der Stadtregierung als an den Einnahmen aus dem Amt und an dessen Prestige.

Der Höhepunkt der Macht der Herren von Bribir fällt in die Zeit von Pavao Šubić († 1311) und seinen jüngeren Brüdern Mladen I. und Juraj. Pavao wurde 1273 *comes* von Split und Trogir; ab 1278 war er Ban von Kroatien. Die Bribirer brachten auch die bosnische Dynastie der Kotromanići in ihre Abhängigkeit; ab 1305 nannte sich Pavao *dominus Bosne totius*, „Herr von ganz Bosnien". Der Versuch 1311–13, den Venezianern Zadar abzunehmen, scheiterte allerdings.

Kommunebildung und Verrechtlichung

Mit nur geringer Verzögerung gegenüber Oberitalien begann an der Adriaostküste, sowohl in Dalmatien als auch in Istrien, die Verrechtlichung der politischen, wirtschaftlichen und gesellschaftlichen Beziehungen. Sie zeigte sich seit dem 12. Jh. in vielfältiger Form: in Handelsverträgen der Städte untereinander, mit Städten an der italienischen Gegenküste, dem serbischen König und dem bosnischen Ban; die Herrschaftsbeziehungen zwischen Venedig und den Städten oder auch den *comites* von Krk waren vertraglich geregelt. Verrechtlichung und Verschriftlichung bedingten einander. Notare wirkten in den Städten; Zeugnis ihrer Tätigkeit sind die in großer Zahl überlieferten Notarsurkunden und -bücher.

Weltliche und geistliche Gewalt traten im Zuge der Verrechtlichung auseinander, und ihre Kompetenzen erfuhren klare Abgrenzung. Während bis ins 12. Jh. Bischof und Prior die dalmatinische Stadt gemeinsam vertreten hatten, war der Bischof nun nicht mehr an der Stadtregierung beteiligt. Umgekehrt erfolgte die Wahl des Bischofs, soweit dieser nicht wie in vielen Fällen unmittelbar von Rom bestimmt wurde, jetzt allein durch das Kapitel, ohne Mitwirkung von Laien.

Herausragende Aspekte der Verrechtlichung waren die Bildung von Stadtkommune und Ratsverfassung wie auch, eng damit verbunden, die Kodifizierung des Rechtes in Statutenbüchern. Seit dem 12. Jh. setzt sich für die politisch handelnde Stadtbevölkerung die Bezeichnung als „Kommune, Gemeinde der Stadt" durch, lateinisch *commune*, *communitas*, *universitas civitatis*. Den ersten slawischen Beleg finden wir im kyrillisch geschriebenen Handelsvertrag zwischen Dubrovnik und dem serbischen Großžupan Stefan von um 1215: *ob'kina grada* bzw. in moderner Schreibung *općina grada*. Die lateinischen Wörter, das slawische und das deutsche Wort „Gemeinde" haben denselben Bedeutungsumfang; sie alle verbindet die Grundbedeutung „Gemeinsamkeit".

Die Kommunebildung beinhaltete die rechtliche Abgrenzung des Kreises der *cives*, der „Bürger", auf dem Territorium der *civitas*, der Stadt. Nur der *civis* war Angehöriger der Kommune; nur er genoss politische Rechte in der Volksversammlung und war zur Übernahme von Ämtern befähigt. Die *habitatores* und *forenses*, „Einwohner“ und „Fremde“ in der Stadt, unterstanden zwar der Gerichtsgewalt der Kommune und waren zivil- und strafrechtlich den Bürgern gleichgestellt, doch verfügten sie über keine politischen Rechte und Pflichten.

Die Gemeindebildung war ein Prozess, der das gesamte westliche Europa betraf, sowohl die Gebiete, in denen sich das Städtewesen zumindest in rudimentären Formen seit der Antike kontinuierlich weiterentwickelt hatte, als auch Nordwest- und Ostmitteleuropa, wo das Städtewesen erst im Hochmittelalter seinen großen Aufschwung erlebte. Ziel der Kommune waren Friedens- und Rechtssicherung nach innen sowie Sicherheitsgewährung nach außen. Die Kommunebildung an der Adriaostküste hatte die unmittelbarsten Gemeinsamkeiten mit den Städten Oberitaliens; wie dort übernahmen auch in dalmatinischen Städten zeitweilig Konsuln neben dem *comes* oder an seiner Stelle die kollektive Stadtregierung.

Im 13. Jh. beriefen dalmatinische Städte fallweise nach italienischem Vorbild einen Podestà, einen auf Zeit bestellten Verwaltungsfachmann, der über den städtischen Parteien stehen und unabhängig von parteilicher Bindung regieren sollte. Die Arbeit des ersten Podestà von Split 1239–42, Garganus de Arscindis aus Ancona, ist mit großer Sympathie und aus eigener Anschauung in der *Historia Salonitana* des Archidiakons Thomas ausführlich geschildert. Über seine Amtsübernahme heißt es hier: „Nachdem der Podestà Garganus de Arscindis aus Ancona seinen Amtseid abgelegt hatte, ließ er die vereinte Versammlung, sowohl Vornehme als auch einfache Leute, sich durch Eid verpflichten, seinen Anordnungen in allem zu gehorchen und Folge zu leisten. Dann ließ er alle, die den Schwur geleistet hatten, in einem Verzeichnis aufschreiben. Dabei ergab sich eine Zahl von fast 2.000 Männern.“ Die Szene gibt eine gute Charakterisierung der Kommune: Sie ist ein abgegrenzter Personenkreis; sie konstituiert und erneuert sich durch Eid und ist auf einen gemeinsamen Willen verpflichtet.

Aus den Kollegialorganen von Richtern und Konsulat bildete sich im 12. Jh. die Ratsverfassung heraus, meistens differenziert nach Großem und engerem Kleinen Rat. Die Gesamtheit der Kommune wurde allmählich politisch entmachtet, der Kreis der als ratsfähig angesehenen Familien schrumpfte. In den meisten Städten wurde der Rat in der ersten Hälfte des 14. Jhs. geschlossen, die darin vertretenen Familien bildeten das städtische Patriziat. Die ursprünglich dynamische und allumfassende Kommune war längst zu einer konservativen Einrichtung ständischen Charakters geworden; sie bewahrte ihre im Spätmittelalter ausgebildeten Grundstrukturen bis zu den Umbrüchen der napoleonischen Zeit.

Kommune- und Ratsbildung erfolgten auch in den jüngeren urbanen Zentren außerhalb der Kette der ehemals byzantinischen Städte. Zur städtischen Emanzipation gehörte zugleich die Erlangung eines Bischofssitzes, sei es als Auftakt, sei es als Abschluss der Entwicklung. Das bei Zadar gelegene Nin war seit dem Ende des 11. Jhs. Bistum und spätestens seit der Mitte des 13. Jhs. als Kommune organisiert. Šibenik, westlich von Trogir, ist 1066 als Burg des kroatischen Königs Kresimir IV. erwähnt; die Stadt entwickelte sich am Hang zwischen Meer und Burg. Die Kommune der Stadt erlangte 1251 von König Béla IV. mit Hilfe einer ihm vorgelegten Fälschung ein Privileg analog zu Kolomans Versprechen von 1105 an Trogir. Dank der Fürsprache des Stadtherrn, Juraj von Bribir, wurde Šibenik endlich von Papst Bonifatius VIII. 1298 aus der kirchlichen Abhängigkeit von Trogir gelöst und zum Bischofssitz erhoben.

Auf der im ehemaligen narentanischen Herrschaftsbereich gelegenen Insel Hvar wurde 1145 auf Initiative von Zadar ein Bistum gegründet. Das Zentrum der Insel verlagerte sich von dem zum Festland gewandten Ort Starigrad, der „alten Stadt“, an das Westende auf die Seeseite der Insel in die heutige Stadt

Hafen der Stadt Hvar. Ein Ziel für Touristen aus der ganzen Welt

Hvar; hierhin verlegte auch der Bischof 1249 seinen Sitz. Die Kommune, welche die politische Kontrolle über die ganze Insel erlangte, erkannte seit 1278 die venezianische Herrschaft an. Das ebenso einst im Bereich der Narentaner gelegene Korčula unterstand seit 1256 Venedig; hier wurde erst 1300 ein Bistum errichtet. – Die beiden am Anfang des 13. Jhs. begründeten stadtorientierten Orden, Franziskaner und Dominikaner, errichteten gleichermaßen in alten und jüngeren Küstenstädten ihre Klöster. Im Dominikanerkloster von Zadar wurde 1396 ein *studium theologiae* eröffnet; dieses Datum gilt als der Anfang der Universitätsgeschichte in Kroatien. Nach einer Unterbrechung der Arbeit seit Mitte des 15. Jhs. wurde die Einrichtung 1495 als *studium generale* neu gegründet. Bis ans Ende des 18. Jhs. wurden hier Magister- und Doktorgrade in Theologie und Philosophie verliehen.

Auch in den politischen Beziehungen glichen sich alte und jüngere Städte an der Adriaostküste einander an: Nin und Šibenik gehörten wie Trogir und Split zum Machtbereich der Bribirer. Zwischen 1322 und 1329 unterstellten sich alle vier Städte der venezianischen Herrschaft, um sich somit den Konflikten zwischen König Karl Robert von Anjou (1301/08–42) einerseits und der kroatischen Magnatenfamilie der Bribirer andererseits entziehen zu können. Die Städte erhielten fast identische Herrschaftsverträge; überall wurde ein *comes* aus Venedig eingesetzt.

Adriapolitik unter den Anjou

Mit dem Aussterben der seit der Zeit der ungarischen Landnahme herrschenden Arpaden 1301 war es in Ungarn wie auch Kroatien zu einem Dynastiewechsel gekommen. Das neue Haus Anjou war benannt nach dem Gründer der Dynastie Karl I. von Anjou (1266–85), dem Bruder Ludwigs des Heiligen von Frankreich. Karl wurde 1266 König von Neapel; sein Sohn Karl II. (1285–1309) heiratete Maria, die Tochter König Stephans V. von Ungarn. Nachdem Karl II. 1295 dem derzeitigen kroatischen Ban Pavao Šubić von Bribir das Amt auf Lebenszeit zugesagt hatte, war die Haltung der Bribirer mitentscheidend dafür, dass nach dem plötzlichen Tod des letzten Arpaden Andreas III. 1301 der Enkel Karls II., Karl Robert, in Kroatien sogleich anerkannt wurde, während in Ungarn selbst seine Herrschaft erst 1308 endgültig gesichert war.

Nach Stabilisierung seiner Herrschaft ging Karl Robert von Anjou erfolgreich daran, die faktische Selbständigkeit der Bribirer zu brechen, gegen die auch die dalmatinischen Städte, die bosnischen Kotromanići und die *comites* von Krk standen; die Niederlage in der Schlacht von Blizna bei Trogir

1322 kam der Entmachtung von Mladen II., dem Sohn von Ban Pavao, gleich. Die Familie behielt dennoch Vermögen und Einfluss. Seit Erhalt der Burg Zrinj (ca. 30 km südlich von Sisak) 1347 nannte sie sich nach diesem Besitz *Zrinski*, „von Zrinj".

Karl Roberts Sohn, Ludwig der Große (1342–82), stärkte die Königsmacht weiter. Gegen die Dominanz der Magnaten stützte sich das Königtum auf den Kleinadel, dessen Angehörige es als Ritter an sich band. Ein – allerdings nie erreichtes – Fernziel der ungarischen Anjou war es, zugleich die Herrschaft über das Königreich Neapel zu gewinnen; hierfür erneuerte Ludwig die aktive Adriapolitik. Ein erster Versuch, Zadar den Venezianern abzunehmen, schlug 1346 fehl.

Verbündeter der Venezianer gegen König Ludwig war der serbische Zar Stefan Dušan (1346–55). Mladen III. Šubić heiratete, um Rückhalt gegen Ludwig zu gewinnen, 1347 Dušans Schwester Jelena; diese verwitwete schon ein Jahr später, blieb jedoch in der Burg von Skradin. Wahrscheinlich war sie die Stifterin des noch heute bestehenden orthodoxen Erzengel-Klosters an der Krka.

Der Krieg 1356–57, in dessen Verlauf ein ungarisches Heer sogar in Oberitalien einrückte, brachte für Ludwig von Anjou endlich den Sieg über Venedig und die Anerkennung durch die dalmatinischen Städte. Im Frieden von Zadar, der am 18. Februar 1358 im dortigen Franziskanerkloster geschlossen wurde, trat die Serenissima sämtliche Besitzungen an der Adria östlich von Istrien an den ungarisch-kroatischen König ab. Durch diesen Frieden gelangte Dubrovnik erstmals in den ungarisch-kroatischen Herrschaftsverband.

Exkurs: Wirtschaftsgrundlagen der Küstenstädte

Salz und Wein, Oliven und Textilien

Worin lag das Wirtschaftspotenzial der dalmatinischen Städte, das sich in den Jahrzehnten nach dem Frieden von Zadar besonders günstig weiterentwickelte? Wie entstanden die Vermögen, die den Bau von Kirchen und Bürgerpalästen ermöglichten, von denen die Stadtbilder noch heute geprägt sind? Hier in den Küstenstädten waren die Handelswege entlang der Küste, zur italienischen Gegenküste und ins Binnenland miteinander verknotet. In den Städten blühte das Handwerk; speziell Dubrovnik baute im 14. Jh. eine Textilindustrie für den Export nach Bosnien und Serbien auf. Von wirtschaftlicher Bedeutung waren auch die Meerwasser-Salinen. Während Getreide nach Dalmatien importiert wurde, erzeugte der einheimische Wein- und Olivenanbau Überschüsse.

Charakteristisch für die Agrarbeziehungen in Dalmatien war das Kolonat, d. h.

ein Vertragsverhältnis zwischen Bodeneigentümer und Pächter. Dieser verpflichtete sich, vom Bodenertrag einen Anteil, in der Regel ein Viertel, an den Eigentümer abzugeben. Auch wenn der Pächter persönlich frei blieb, geriet er doch häufig in dauerhafte wirtschaftliche Abhängigkeit vom Eigentümer. Das Kolonat hielt sich bis ins 20. Jh.; endgültig wurde es erst im Zuge der Agrarreform 1945 als Rechtsinstitut abgeschafft.

Dorf- und Stadtkolonisation in Slawonien

Der wirtschaftliche Aufschwung Slawoniens im Zuge der Dorf- und Stadtkolonisation als Teil der großen Kolonisationsbewegung vom Ostseeraum bis Siebenbürgen setzte im 13. Jh. ein. Demographische Entlastung der Altsiedelräume, wirtschaftliche Erschließung zur Einbeziehung in das Handelsnetz und herrschaftliche Durchdringung verbanden sich miteinander als Motive der Bewegung.

Der Verlauf der ländlichen Kolonisation ist nur mittelbar zu erschließen; in den Quellen ist der Vorgang kaum dokumentiert. Eine zentrale Rolle kam dabei zweifelsohne der Entstehung eines Netzes von Klöstern zu, die ebenso wie das Zagreber Kapitel große Grundherrschaften aufbauten. Märkte entstanden unter dem Schutz des Zagreber Bischofs, der Zisterzienser-, Johanniter- und Templerklöster. Nach Auflösung des Templerordens 1312 übernahmen wie auch in anderen Ländern die Johanniter dessen Klöster.

Wichtigste Quellen zur Stadtkolonisation sind die königlichen Privilegien, von denen nur die frühesten genannt seien: 1209 für Varaždin an der Drau an der Kreuzung der Straßen von Ungarn Richtung Küste und von der Steiermark nach Osten. Die Privilegierung von Perna 1225 etwas westlich der Zisterzienserabtei Topusko war erfolglos; die Siedlung verkümmerte wieder zu einem kleinen Dorf. 1231 erhielt Vukovar in Srijem an der Donau ein Privileg, 1240 Petrinja an der Kupa, 1242 Samobor im Savetal an der Grenze zu Krain. Kernpunkte aller Privilegien sind das Recht auf Wahl der Richter – im Varaždiner Privileg mit dt. *rihtardus* bezeichnet –, Rechtsautonomie und das freie Verfügungsrecht über das Eigentum einschließlich des Vererbungsrechtes.

Am 16. November 1242 verlieh Béla IV. einer Gruppe von *hospites*, „Gästen" im Sinne von fremden Kaufleuten, ein Privileg zur Gründung einer Stadt auf dem Hügel Gradec in Zagreb, unterhalb der Burg des Gespans. Der Name, ein Deminutiv zu kroat. *grad*, „Stadt", „Burg", entspricht dem österreichischen Graz oder dem böhmischen Hradec Králové, dt. Königgrätz.

Das Privileg von 1242 ist wegen der Goldkapsel für das königliche Siegel als „Goldene Bulle" bekannt geworden. Die Einleitung veranschaulicht das beidseitige Interesse von König und Kaufleuten an der Stadtkolonisation: „Der Ruhm der Könige verlangt es und der Würde der Herrscher entspricht es, dass sie die anderen an Ansehen übertreffen, je größer die Volksmenge, derer sie sich erfreuen. Deshalb geben wir für jetzt und für die Zukunft hiermit bekannt: Wir wollten in Zagreb auf dem Berg Gradec eine freie Stadt erbauen und dorthin Kaufleute rufen und jenen Teil des Königreiches zur Sicherung des Landes und zu anderen Zwecken gut befestigen. [...] Wir haben deshalb unser Vorhaben durchgeführt und Folgendes bewilligt: Auf besagtem Berg soll eine Freistadt sein, sollen Kaufleute frei zusammenkommen, sollen, wie von uns im Folgenden zugewiesen und beschrieben, Land, Besitz, Rechtsbedingungen und Freiheiten haben und unversehrt bewahren."

Motive für die Privilegierung waren das Prestige der erhöhten Bevölkerungszahl – schon ganz ähnlich wie bei der „Peuplierung" durch die Kolonisationspolitik absolutistischer Herrscher im 18. Jh. – und die Sicherung des Landes, im Sinne wirtschaftlicher Erschließung und in Zagreb auch konkret der militärischen Sicherung. Die Verpflichtung der Bürger, die Stadt auf eigene Kosten zu ummauern, ist im Zusammenhang mit dem Streben Bélas IV. zu sehen, nach der Erfahrung des Mongoleneinfalls 1241/42 die Zahl der befestigten Plätze zu erhöhen, hatten doch nur solche Orte dem schnellen Reiterheer standgehalten.

Die Aufgliederung des Zagreber Stadtgebietes auf mehrere Jurisdiktionen – königliche Freistadt Gradec, Bischofs- und Kapitelstadt – ist charakteristisch für das mittelalterliche Städtewesen West- und Mitteleuropas. Im Textauszug aus dem Privileg wird die Bildung der Stadtgemeinde von Gradec fassbar: Die Kaufleute, die sich schon vorher zusammengeschlossen hatten, erhielten ein genau beschriebenes Territorium, über das sich die Jurisdiktion der Gemeinde erstrecken sollte. Es reichte vom Ufer der Save bis an den Kamm des Medvednica-Gebirges und umfasste somit „Wirtschaftszonen" vom Fischfang über Viehzucht, Getreide- und Weinanbau bis zur Holzwirtschaft. Die Burg des Gespans am Nordrand von Gradec überließ Béla IV. 1262 zum Leidwesen der Bürger dem Domkapitel; an der Stelle der Burg steht noch heute der *Popov toranj*, der „Pfaffenturm".

Im Tausch erhielt der König die von Bischof und Kapitel 1247 begonnene Burg Medvedgrad. Hinter dem Namen verbirgt sich, wie an den frühesten urkundlichen Namenbelegen erkennbar, mit Sicherheit kroat. *međa*, „Grenze, Scheide", bzw. ungar. *megye*. Erst später kam die Deutung als „Bärenburg" auf, zuerst belegt in der lateinischen Benennung als *Arx ursina* aus dem 17. Jh. Diese Burg, die nach vielfachem Herrenwechsel seit dem 16. Jh. allmählich verfallen war und von der zuletzt nur noch einzelne Mauerreste aus dem Waldboden herausragten, ist seit Anfang der 80er-Jahre wieder freigelegt und teilweise rekonstruiert worden, so dass man sie schon aus der Ebene von weitem erblickt. Im Zuge symbolhafter

Patriotismuspflege ließ Präsident Tuđman 1994 an der Burg einen *Oltar Domovine*, „Altar des Heimatlandes“, anlegen, der allerdings – auch wegen seiner Abgelegenheit – in der Denkmallandschaft Kroatiens bis heute keinen zentralen Platz erlangt hat.

Burg Medvedgrad oberhalb von Zagreb. Die Kapelle wurde in den 80er-Jahren rekonstruiert.

An der Stadtkolonisation Slawoniens hatten sowohl Deutsche als auch *Latini*, Italiener, teil; in Zagreb waren unter den Italienern vor allem Florentiner vertreten. Das Patronat der Pfarrkirche von Gradec, St. Markus, im Mittelpunkt des regelmäßigen Stadtplans ist aus Venedig entlehnt. Aus der Freistadt kennen wir für die Zeit von 1377–1437 geradezu einen Proporz der Herkunftsgruppen in der Stadtregierung mit gleichmäßiger Vertretung von Slawen (Kroaten), Ungarn, Deutschen und Romanen.

Die Moskauer Gesandten, die am Unionskonzil von Florenz und Ferrara teilgenommen hatten, machten auf dem Rückweg in ihr Land 1440 in Zagreb Station. In der „großen und schönen Stadt“, wie es in dem auf Altrussisch verfassten Bericht heißt, sahen die Gesandten den Schrein mit den Gebeinen eines der unschuldigen Kinder vom Kindermord in Bethlehem. Diese Reliquie, die König Andreas II. (1205–35) vom Kreuzzug ins Heilige Land 1217–18 mitgebracht hatte, ist noch heute in der Schatzkammer der Zagreber Kathedrale ausgestellt.

Das slawonische Städtewesen ist unabhängig von der – seit dem 14. Jh. zudem rückläufigen – Präsenz von Italienern genetisch und strukturell ausschließlich mit dem mitteleuropäischen, nicht mit dem mediterranen, speziell dem dalmatinischen Städtewesen verbunden. Eine Brücke zwischen beiden Bereichen besteht jedoch darin, dass sich die Städte wie in ganz West- und Mitteleuropa als Kommune – synonym: als Gemeinde – organisierten und Ratsverfassungen ausbildeten. Hier wie dort entstanden Bruderschaften und Zünfte, prägten die Stadtklöster der Bettelorden das spätmittelalterliche Stadtbild.

Ähnlich wie in Ungarn begann in Slawonien im 13. Jh. die ständische Organisation des Adels; die Bestimmungen der Goldenen Bulle König Andreas' II.

von 1222 mit der Abgrenzung der Rechte von König und Adel galten auch für Slawonien. Die Macht lag bei einigen Magnatenfamilien; bedeutendstes Adelsgeschlecht wurden die Babonići. 1273 tagte zum ersten Mal in Zagreb ein Landtag für Slawonien, der sich mit der Ordnung des Gerichtswesens, Steuer und Heeresfolge befasste.

Die politischen Verbindungen zwischen Kroatien-Dalmatien und Slawonien wurden im 13. Jh. dadurch enger, dass zeitweilig ein Sohn oder Bruder des ungarischen Königs die Herrschaft als *dux*, „Herzog", über beide Territorien ausübte, erstmals wahrscheinlich bereits 1197–1204 der spätere König Andreas II., sicher der Bruder Bélas IV., Herzog Koloman, von 1235 bis zu seinem Tode im Kampf gegen die Mongolen 1241. 1243–49 war ein slawonischer Magnat, Stephan II. Babonić, Ban von Kroatien und Dalmatien. 1240–42 hatte der Zagreber Bischof Stephan II. im Einverständnis mit Herzog Koloman vergeblich versucht, das Bistum Zagreb an die Kirchenprovinz Split anzuschließen und sich selbst die Würde des Metropoliten zu sichern. Seit der Mitte des 14. Jhs. war immer häufiger dieselbe Person zugleich Ban für Kroatien, Dalmatien und Slawonien, dauerhaft wurde die Ämterverbindung ab 1476.

Ebenso wie in Kroatien erlangten die Könige aus dem Haus Anjou im 14. Jh. eine viel stärkere Stellung als die letzten Arpaden. Der 1325 eingesetzte Ban Mykch (Mikac) schwächte die Machtstellung der Babonići und des Zagreber Bischofs zugunsten des niederen Adels; regelmäßig fanden Landtage und Adelsversammlungen innerhalb der Gespanschaften statt. Ähnlich wie in Ungarn sicherte sich das Königtum eine solide wirtschaftliche Grundlage durch die finanzielle Ausschöpfung der Regalien, vor allem durch die *tricesima*, den Dreißigstenzoll. Vom ungarischen Zahlwort *harminc*, „dreißig", war in Zagreb der Name des Hauptmarktplatzes unterhalb von Freistadt- und Kapitelstadt abgeleitet. Die *Harmica* war der Ort für den Dreißigstenzoll. 1848 erhielt der Platz seinen heutigen Namen, Trg bana Jelačića, „Platz des Ban Jelačić". Um die eigenen Einnahmen zu erhöhen, förderten die Angiovinen das Städtewesen als Voraussetzung eines expandierenden Handels. Die Zahl der königlichen Freistädte in Slawonien wuchs; ältere Freistädte erhielten verlorene Rechte zurückerstattet oder zusätzlich neue Rechte.

Die dynastische Krise nach 1382

Nach dem Tode Ludwigs von Anjou 1382 begann eine längere dynastische Krise, die von zahlreichen Gewaltakten der rivalisierenden Kräfte begleitet war. – Ludwig hatte 1353 Elisabeth, die Tochter des bosnischen Bans Stjepan II.

Kotromanić (1322–53), geheiratet. Sie stiftete 1377 die Geldmittel für den Schrein des hl. Simeon in Zadar; der Auftrag für die Verkleidung aus getriebenem Silber ging an den aus Mailand stammenden Zadarer Goldschmied Franjo (Francisco). Der Schrein, der heute über dem Hauptaltar in der Kirche des hl. Simeon in Zadar steht, zeigt auf der Vorderseite den Einzug Ludwigs des Großen in Zadar 1358.

Da die Ehe Ludwigs mit Elisabeth lange kinderlos geblieben war, hatte der König Karl von Durazzo (1385–86) aus der neapolitanischen Linie der Anjou an den Hof geholt und ihn als Nachfolger designiert, indem er ihn 1364 als Herzog von Kroatien und Slawonien einsetzte. Nachdem Elisabeth seit 1370 unerwartet drei Töchter geboren hatte, verzichtete Karl 1375 auf den Thronanspruch.

Die älteste Tochter Katharina starb bereits 1378. Die 1371 geborene Maria wurde nach Ludwigs Tod 1382 ungarisch-kroatische Königin unter der Regentschaft ihrer Mutter Elisabeth Kotromanić. Maria heiratete 1385 Sigismund von Luxemburg, den Sohn Kaiser Karls IV. und späteren deutschen König und Kaiser (1410–37). Ludwigs jüngste Tochter Hedwig, geboren 1373, wurde 1382 Königin in Polen, das unter Ludwig in Personalunion mit Ungarn gestanden hatte. Durch die Eheschließung Hedwigs 1386 mit Jagiełło von Litauen wurde die dauerhafte polnisch-litauische Union begründet.

Entgegen seiner Verzichterklärung von 1375 kehrte Karl von Durazzo 1385 doch nach Ungarn zurück. Nach seiner Krönung ernannte er den Prior der Johanniterburg Vrana bei Zadar, Ivan (Johannes) von Paližna, zum Ban von Kroatien, Dalmatien und Slawonien. Auf Betreiben der Königinmutter Elisabeth wurde Karl jedoch umgebracht; daraufhin nahmen dessen Anhänger Elisabeth und die Königin Maria gefangen und schafften sie in die Burg Novigrad bei Zadar. Hier wurde Elisabeth 1387 vor den Augen ihrer Tochter getötet, die bald darauf von Gefolgsleuten Sigismunds befreit wurde. In den folgenden Jahren gelang es Sigismund, sich in Ungarn und Slawonien durchzusetzen; seine Frau verstarb 1395.

Als der König nach der Schlacht von Nikopolis 1396 gegen die Osmanen zeitweilig als vermisst galt, nahm der frühere Ban Stjepan Lacković nach der Rückkehr von der Schlacht Verbindungen zu Ladislaus von Neapel, dem Sohn Karls von Durazzo, auf. Auf dem „blutigen Landtag" von Križevci in Slawonien 1397 wollte sich Stjepan nun mit dem doch zurückgekehrten Sigismund aussöhnen; dessen Parteigänger erschlugen ihn aber. Dank seines guten Verhältnisses zu Sigismund gewann der in der Steiermark beheimatete Graf Hermann II. von Cilli (slowen. *Celje*) Rechte auch in Slawonien; 1406–08 war er Ban von Kroatien, Dalmatien und Slawonien. Sein Sohn Ulrich II. hielt bis zu seinem Tod 1456 unter anderem die Burg Medvedgrad oberhalb von Zagreb und war zeitweilig Stadtherr der Freistadt Gradec.

Dalmatien und die südöstlichen Gebiete Kroatiens blieben außerhalb von Sigismunds Machtbereich; sie gelangten unter die Herrschaft von König Tvrtko I. von Bosnien. Dieses Land stand am Ende des 14. Jhs. auf dem Höhepunkt seiner Machtentfaltung.

Zur Geschichte Bosniens im Mittelalter

Eine Besonderheit Bosniens gegenüber den benachbarten Ländern zeigt sich bereits im Namen: Er ist nicht von einem Ethnonym, einem Volksnamen, sondern vom Flussnamen Bosna abgeleitet. Erst im 12. Jh. begann der politische Aufstieg Bosniens, das sich ursprünglich nur auf die Gebiete um den Oberlauf der Flüsse Bosna und Vrbas erstreckte. Ban Kulin (1180–1204), unter dem Bosnien erstmals zu einem wichtigeren Machtfaktor wurde, stellte 1189 für Kaufleute aus Dubrovnik eine Urkunde aus, in welcher er ihnen in wortgleichem kyrillischen und lateinischen Text Schutz zusicherte. Die Urkunde ist sogar in drei Exemplaren erhalten.

Mitte des 13. Jhs. gelangte Bosnien in enge Abhängigkeit von Ungarn; am Ende des Jahrhunderts gehörte es zum Einflussbereich der kroatischen Magna-

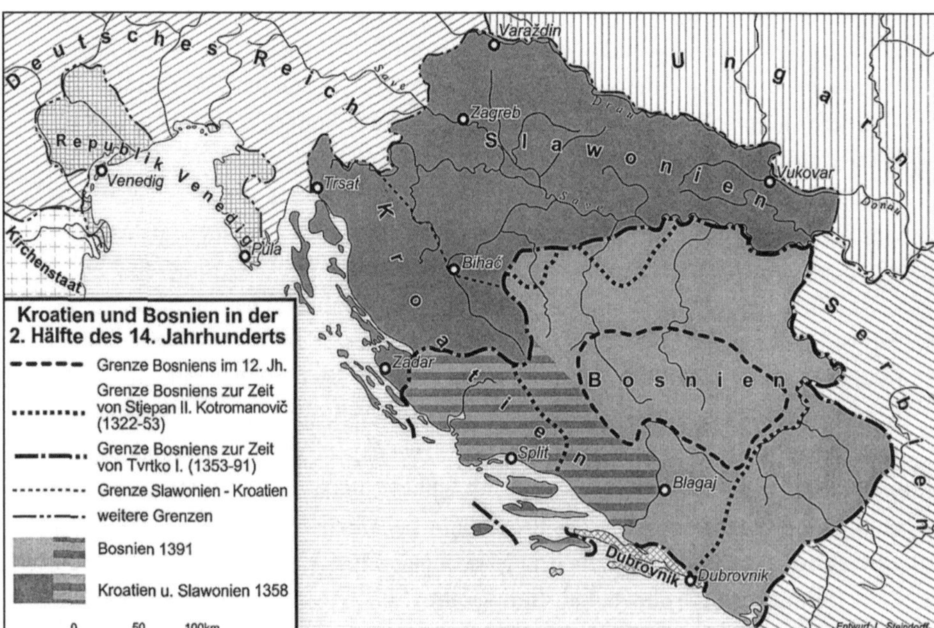

Karte 2. Kroatien und Bosnien in der 2. Hälfte des 14. Jhs.

tenfamilie Šubić von Bribir. Deren politische Entmachtung durch Karl Robert von Anjou 1322 schuf den Freiraum für die Verselbständigung Bosniens unter Stjepan II. Kotromanić. Zur Stärkung von dessen Stellung trug das Aufblühen des Bergbaus in Bosnien bei. Das Land reichte nun im Norden bis an die Save und umfasste auch das Territorium von Zahumlje, das Binnenland zwischen dem Fluss Neretva und Dubrovnik.

Exkurs: Die „Bosnische Kirche"

Häretisch oder nicht?

Wir treffen im mittelalterlichen Bosnien auf ungewöhnliche kirchliche Verhältnisse. Wegen der verkehrsfernen Lage erfolgte die Christianisierung ebenso wie die Herrschaftsbildung relativ spät. Die meisten Herrscher bekannten sich zwar zur katholischen Kirche, doch konnte sich weder die katholische noch die orthodoxe Kirche, die in den später gewonnenen Landesteilen im Südosten dominierte, ausschließlich durchsetzen.

Die „Bosnische Kirche", die im 13. und 14. Jh. blühte, entzog sich der Einbindung in eine religiöse Hierarchie außerhalb Bosniens. Nach katholischen Quellen war sie eindeutig häretisch und in ihren Lehren mit den französischen Katharern verwandt; dadurch bestand auch mittelbar eine Verbindung zum bulgarischen Bogomilentum, benannt nach dem Gründer, einem Priester Bogomil. Allerdings ist es, wie in der Literatur häufig geschehen, irreführend, die Anhänger der Bosnischen Kirche als Bogomilen zu bezeichnen, als gebe es eine nachweisbare direkte Verbindung zwischen beiden Bewegungen. Blickt man auf die einheimischen Quellen, finden sich zudem keinerlei Spuren einer häretischen Lehre. So lässt sich die Bosnische Kirche am ehesten als eine archaische Mönchskirche deuten.

Das in Vrhbosna im Raum des heutigen Sarajevo gegründete katholische Bistum wurde 1252 für immer nach Đakovo in Slawonien verlegt. Seit Ende des 13. Jhs. lag die geistliche Betreuung der katholischen Bevölkerung in Bosnien in den Händen der Franziskaner; ein katholischer Weltklerus fehlte.

Unter Tvrtko I., der sich 1377 zum König von Bosnien krönen ließ, griff das Reich durch Einbeziehung von Gebieten, die bis dahin zum serbischen Nemanjidenreich gehört hatten, nach Südosten aus. Bosnien erhielt damit einen Ausgang an die Bucht von Kotor. 1382 gründete Tvrtko dort die Stadt Herceg Novi. Während der Konflikte um die Herrschaft in den Ländern der Stephanskrone erlangte Tvrtko ab 1387 seine Anerkennung als Stadtherr durch Šibenik, Trogir und Split wie auch durch die mitteldalmatinischen Inselkommunen.

Nach des Königs Tod verlor das bosnische Königtum an Kraft; die Macht lag bei mächtigen Adligen, unter denen sich Hrvoje Vuk Hrvatinić (um 1450–16) den größten Einfluss sicherte. Er verbündete sich gegen König Sigismund von Ungarn und Kroatien (gleichzeitig Kaiser im Heiligen Römischen Reich deutscher Nation) mit Ladislaus von Neapel, einem Rivalen von Sigismund, mit dem er über Verschwägerung entfernt verwandt war. Ladislaus ließ sich 1403 in Zadar zum ungarisch-kroatischen König krönen, setzte Hrvoje als seinen Statthalter ein und verlieh ihm den Titel eines *dux Spalatensis*, „Herzog von Split". Doch als es Sigismund 1408 gelungen war, die bosnischen Magnaten zur Anerkennung seiner Herrschaft zu zwingen, schwanden auch die Chancen für Ladislaus, seinen Herrschaftsanspruch jemals durchzusetzen. 1409 verkaufte er gegen 100.000 Dukaten die Gebiete an der Küste, die seine Herrschaft noch anerkannten – Zadar, Novigrad, Vrana und Pag –, und darüber hinaus sämtliche Rechte auf Dalmatien an Venedig. Hrvoje wechselte 1415 noch einmal die Seiten und verbündete sich mit bosnischen Adligen und den Türken gegen Sigismund.

Bis 1420 gelangte nun fast die gesamte Küste wieder in venezianischen Besitz, dazu die Bucht von Kotor, das später so genannte „Venezianisch Albanien". Die Stadt Kotor hatte nach der immer weiteren Schwächung Serbiens 1371–84 die ungarisch-kroatische Herrschaft anerkannt, 1384–91 Tvrtko I. von Bosnien unterstanden und dann bis 1420 die Selbständigkeit gewahrt. Der letzte Nachfahre des Krker Zweiges der Familie Frankopan überließ schließlich 1480 auch die Insel Krk der Serenissima. Die venezianische Herrschaft über die Städte der Adriaostküste blieb nun bis 1797 unangetastet.

Exkurs: Ein Ritter als Stifter

Das illuminierte glagolitische Missale des Hrvoje Vuk Hrvatinić

Aus Anlass der bereits erwähnten Einsetzung zum *dux Spalatensis* stiftete Hrvoje Vuk Hrvatinić 1403 ein kirchenslawisches Missale in glagolitischer Schrift (zu dieser im Kapitel „Die glagolitische Schriftkultur") für eine Michaelskirche im Raum Split. Der Text entspricht dem lateinischen Missale. Die Handschrift wurde von einem Priester Butko aus Split geschrieben. Sie ist mit fast 100 textbegleitenden Miniaturen von Malern wahrscheinlich aus dem Raum Split verziert. Am bekanntesten sind zwei seitenfüllende Miniaturen: Hrvoje als Ritter auf einem Schimmel, ganz im Stile der damaligen Ritterkultur, und sein Wappen als *dux Spalatensis* mit der Aufschrift auf dem Banner *arma d(omin)i cherue duci(s) Spal(at)en[sis]*. Das Missale befindet sich heute im Topkapı-Museum in Istanbul. Es ist wahrscheinlich schon im 16. Jh. als Kriegsbeute dorthin gelangt und wurde um 1850 von Gelehrten entdeckt. 1973 wurde vom Staroslavenski institut in Zagreb eine Faksimile-Ausgabe erstellt.

Miniatur zur Weihnachtsmesse. Illustration aus dem glagolitischen Missale des Herzogs Hrvoje Vuk Hrvatinić, Anfang 15. Jh.

Der Aufstieg von Dubrovnik

Eine Ausnahmestellung in der Reihe der dalmatinischen Städte hatte allein Dubrovnik inne. Schon im 13. Jh., noch unter venezianischer Herrschaft, hatte sein schneller wirtschaftlicher Aufstieg begonnen. Er wurde ermöglicht durch die Bedeutung der Stadt als Stützpunkt auf dem Seeweg, dann durch die Entfaltung des Bergbaus in Serbien und etwas später in Bosnien. Der Export von Rohstoffen und Halbfertigwaren, vor allem von Edelmetallen, Wolle und Fellen aus dem Binnenland Richtung Italien, lief über Dubrovnik; eingeführt wurden Textilien, Gewürze und Salz. Kaufleute aus Dubrovnik hatten ihre Handelsstützpunkte im Binnenland, so auch in Janjevo im Kosovo. Diese katholische Enklave hat sich, wie im einleitenden Kapitel erwähnt, bis in die Gegenwart erhalten.

Von der Unterstellung der Insel Lastovo 1252 abgesehen, beschränkte sich das Territorium von Dubrovnik bis zum Anfang des 14. Jhs. weitestgehend unverändert auf das schon im Frühmittelalter gehaltene kleine Gebiet, die *astarea*. 1333 kaufte Dubrovnik dem serbischen König Stefan Dušan seine

Der Stifter. Miniatur aus dem glagolitischen Missale des Herzogs Hrvoje Vuk Hrvatinić, Anfang 15. Jh.

Rechte auf die historisch zu Zahumlje gehörige Halbinsel Pelješac und auf Ston ab; der bosnische Ban Stjepan II. Kotromanić, der damals schon Zahumlje beherrschte, billigte den Erwerb. In den folgenden Jahrzehnten erweiterte die Stadt in mehreren Schritten ihr Territorium, das sich seit 1427 von der Westspitze von Pelješac bis zur Halbinsel Prevlaka am Eingang zur Bucht von Kotor erstreckte.

Dubrovnik. Stadtpfarrkirche St. Blasius (Sv. Vlaho) und Roland-Säule (Orlando). Die ganze Altstadt gehört seit 1979 zum UNESCO-Welterbe

Die ungarisch-kroatische Stadtherrschaft über Dubrovnik nach dem Frieden von Zadar 1358 blieb im Vergleich zu den nördlichen Städten locker; so gelang es Dubrovnik auch, sich den Einflüssen der dynastischen Krise ab 1382 zu entziehen. Seit dem 15. Jh. bezeichnete sich die Stadt als *res publica*, Republik. Als Symbol der Stadtfreiheit diente die 1419 vor der Stadtpfarrkirche St. Blasius errichtete Roland-Säule, der *Orlando*. Als Vorbild haben wahrscheinlich die norddeutschen Roland-Säulen gedient. Der Umstand, dass zu dieser Zeit Dubrovnik und Städte wie Bremen demselben Herrscher, nämlich dem ungarisch-kroatischen und deutschen König Sigismund, unterstanden, mag den Anlass zur Aufstellung gegeben haben. Der Roland Karls des Großen war in Dubrovnik zudem schon aus der lokalen Sage bekannt; ihr zufolge hatte er beim Entsatz gegen die Belagerung durch die Araber 866/67 geholfen.

Anders als in Venedig, wo der Doge auf Lebenszeit gewählt wurde und eine starke Stellung in der Stadtregierung innehatte, bot das Amt des Rektors in Dubrovnik keinen Ansatz zum Aufbau von Familienmacht und hatte eher repräsentativen Charakter. Seit 1359 dauerte das Mandat gerade einen Monat. Verfassungskonsens, Heirats- und Vermögensstrategien sicherten Solidarität und Egalität innerhalb des Patriziates von Dubrovnik.

Bis zur Niederlage des ungarisch-kroatischen Königs Ludwig II. (1516–26) gegen das osmanische Heer bei Mohács 1526 entrichtete Dubrovnik weiterhin einen jährlichen Tribut an den ungarisch-kroatischen König. Machtpolitisch viel bedeutsamer jedoch war der Tribut, den die Republik seit 1458 regelmäßig an den türkischen Sultan zahlte. Diese Konstellation ist auch im Bericht des Friedrich Steigenwallder über seine Pilgerreise von Venedig ins Heilige Land 1470 angesprochen: „Sie geben dem König von Ungarn alle Jahr fünfhundert Dukaten zum Tribut und berufen sich auf ihn als ihren Herrn. Ebenso geben sie dem Türken fünftausend Dukaten Tribut von der Stadt ihrer Herrschaft, wozu er sie gezwungen hat." In der zweiten Hälfte des 15. Jhs. blühte das Pilgerwesen ins Heilige Land, und die allermeisten reisten von Venedig aus in Richtung östliches Mittelmeer. Aus dieser Zeit sind zahlreiche Pilgerberichte auf Deutsch, Französisch und weiteren Sprachen überliefert, die, variierend nach den Anlegeplätzen und dem Interesse der Reisenden, über die Küstenstädte Istriens und Dalmatiens berichten. Dubrovnik war dabei unter den wichtigsten Stationen.

Exkurs: Die Erfindung der Quarantäne

Eine Zäsur in der Medizingeschichte

Die 1317 im Franziskanerkloster von Dubrovnik eingerichtete Apotheke gehört zu den ältesten in Europa. Doch medizingeschichtlich viel bedeutsamer ist ein Beschluss des Großen Rates der Stadt von 1377. Er erließ zum ersten Mal im europäischen Kontext ein Gesetz über die Handhabung der Quarantäne für Reisende aus Gebieten, in denen die Pest ausgebrochen war. 1390 wählte der Kleine Rat dann erstmals drei Patrizier als Beauftragte für die Kontrolle und Durchsetzung der Quarantänebestimmungen. Die Beauftragten wurden bald regelmäßig als *kacamorti* oder *kacamorbi*, „Toten-" oder „Krankenjäger", bezeichnet. Sie überwachten die Einreisen von auswärts und registrierten diese im *Libro delli Signori Cazamorbi*. Wer aus einer zu der Zeit pestverdächtigen Region kam, wurde in die Quarantäne an Orten außerhalb der Stadt eingewiesen. Erst am Ende des 16. Jhs. errichtete man als Quarantäne-Station die noch heute bestehenden, allerdings jetzt für kulturelle Zwecke genutzten *lazarati* östlich der Altstadt vor dem Tor Ploče. Personen, die Schutzvorschriften missachteten, z. B. wenn Totengräber Kleider von Verstorbenen zum Verkauf nach außerhalb der Stadt schmuggelten, wurden konsequent verfolgt und hart bestraft. Das galt auch für Menschen, die ihre eigene Krankheit oder die von Angehörigen zu verbergen oder Waren aus pestverdächtigen Gebieten in der Stadt zu verkaufen versuchten. Wer die Krankheit selbst überstanden hatte, blieb noch lange unter besonderer Aufsicht und musste ein Kennzeichen tragen.

Die Expansion der osmanischen Herrschaft bis 1526

Seit der Mitte des 14. Jhs. wurde die Expansion des Osmanischen Reiches zum Bedrohungsfaktor für die Länder Südosteuropas. 1353 hatten die Osmanen den ersten Brückenkopf auf europäischem Boden, auf der Halbinsel Gallipoli, gebildet, 1362 ihre Hauptstadt in das eroberte Adrianopel verlegt. Die Niederlage des Kreuzfahrerheeres unter König Sigismund bei Nikopolis an der Donau 1396 besiegelte die Unterwerfung des Zweiten Bulgarischen Reiches durch die Osmanen.

Das Vordringen der Osmanen wurde durch den territorialen Zerfall des Serbischen Reiches nach dem Tod von Zar Stefan Dušan 1355 noch erleichtert. An der Schlacht auf dem *Kosovo polje*, dem Amselfeld, 1389 nahmen an der Seite des serbischen Fürsten Lazar auch ein vom bosnischen König Tvrtko entsandtes Heer und kroatische Truppen teil. Letztere standen wahrscheinlich unter der Führung von Ivan von Paližna, dem Prior von Vrana. Die serbischen Despoten lehnten sich in den nächsten Jahrzehnten teils an das Osmanische Reich, teils an Ungarn an. 1453 fiel die alte Kaiserstadt Konstantinopel.

Die Belagerung des damals zu Ungarn gehörigen Belgrad durch die Osmanen 1456 scheiterte, doch gelang ihnen 1459 die Einnahme der donauabwärts gelegenen Burg Smederevo. 1463 wurde Bosnien unterworfen, 1465 das Gebiet des Magnaten Stjepan Vukčić Kosača, der als *herceg* im Südosten Bosniens weitgehende Selbständigkeit erlangt hatte. In Anlehnung an den Titel Stjepans setzte sich in der osmanischen Zeit die Territorialbezeichnung „Herzegowina“ durch. Es gelang König Matthias Corvinus (1458–90), Teile Bosniens zurückzugewinnen; die Stadt Jajce am Vrbas wurde Zentrum des gleichnamigen Banates, das sich bis 1527 hielt.

Das Vorrücken der Türken hatte in der 2. Hälfte des 15. Jhs. schon erhebliche Auswirkungen auf das Leben in Slawonien. Bauernstellen verödeten; Grundherrschaften blieben ohne ihre Einkünfte. Erst jetzt, im Jahr 1473, wurde auch die Kapitelstadt in Zagreb, also der östliche niedrigere Hügel, befestigt.

Seit der Schlacht auf der Ebene von Krbava südlich der Plitvicer Seen am 9. September 1493 wurde die Nähe der osmanischen Herrschaft zum entscheidenden Faktor der weiteren Entwicklung in Kroatien. Die Streitmacht des bosnischen Pascha befand sich auf der Rückkehr von einem Plünderungszug, der bis nach Celje und Ptuj in der Steiermark geführt hatte. Ein von kroatischen und slawonischen Rittern gestelltes Heer unter Ban Emerik Derenčin wollte dem Pascha den Weg auf der Ebene von Krbava abschneiden, wurde jedoch von einem Teil des osmanischen Heeres umgangen und umzingelt. Der Überlieferung nach fielen 10.000 Mann, der Ban geriet in Gefangenschaft.

Schon Zeitgenossen warfen dem Ban vor, er habe aus falschem Ehrgefühl heraus die offene Feldschlacht gesucht, statt aus dem Hinterhalt anzugreifen. Später entstand das legendäre Erklärungsmuster, der Ban habe vor der Schlacht nicht die Messe gehört. Aus Eitelkeit habe er lange Haare getragen; als er sie sich während der Schlacht schnitt, habe er sich im Gesicht so verletzt, dass er vor Blut nichts mehr sehen konnte. Die Erklärung der Niederlage aus vermeidbarem eigenen Versagen enthielt zugleich die Botschaft von der Überwindbarkeit des Gegners.

Die Organisation des Widerstandes gegen die Osmanen wurde durch die instabilen politischen Verhältnisse nach dem Tode des tüchtigen und erfolgreichen Königs Matthias Corvinus (1458–90) erschwert. Zu dessen Nachfolger auf dem Königsthron wurde Władysław II. Jagiełło (1490–1516), der bereits König von Böhmen war, gewählt. Matthias' unehelicher Sohn Johannes Corvinus übte 1495–1500 das Amt des Bans von Kroatien und Slawonien aus. Die Verteilung der Lasten zur Finanzierung der Türkenabwehr war Gegenstand chronischer Konflikte zwischen König, Magnaten und Kleinadel.

Nach der Schlacht von Krbava 1493 setzte eine massenhafte Fluchtbewegung des Adels und der bäuerlichen Bevölkerung aus Kroatien in Richtung Slawonien und zur Küste ein; die Grenzgebiete verödeten. – Der in Bihać an der Una tagende kroatische Landtag wandte sich 1494 an Papst Alexander VI. mit der Bitte, König Władysław zu entschlossenen Maßnahmen zu bewegen. Es war das erste Mal, dass sich der Landtag an eine auswärtige Macht wandte. In den folgenden drei Jahrzehnten entstanden zahlreiche Schriften und Reden von kroatischen Adligen und Bürgern dalmatinischer Städte, die an die Öffentlichkeit in den westlicher gelegenen Ländern appellierten, Hilfe zu leisten, es gelte, das *Antemurale Christianitatis*, die „Vormauer der Christenheit" zu verteidigen. Ein Höhepunkt dieser Bemühungen war der Auftritt von Graf Bernardin Frankopan auf dem Nürnberger Reichstag 1522. In seiner auf Deutsch gehaltenen Rede nannte er für den Fall des Ausbleibens von Hilfe zwei Möglichkeiten: die freiwillige Unterstellung der Kroaten unter osmanische Herrschaft oder das Verlassen des Landes.

1515 erneuerte König Władysław den Erbvertrag mit dem deutschen Kaiser Maximilian von Habsburg (1508–19). Im Falle des Aussterbens von Władysławs Linie sollten deren Besitzungen an das Haus Habsburg übergehen. Verbunden mit dem Vertrag waren die Eheschließung von Władysławs Kindern Ludwig und Anna mit Maria und Ferdinand, Enkelkindern des Kaisers. Der Erbvertrag wurde unerwartet schnell wirksam.

1521 eroberten die Türken Belgrad, 1526 drangen sie weit nach Ungarn vor. In der Schlacht von Mohács am 29. August besiegten sie das zahlenmäßig klar unterlegene ungarische und kroatische Heer; König Ludwig II. ertrank auf der Flucht in einem Bach. Nun erfolgte eine Doppelwahl. Ein Teil der ungarischen Adligen entschied sich entsprechend dem Vertrag von 1515 für Ferdinand von Habsburg; andere wählten den ungarischen Magnaten Johannes Zápolya, dessen Machtzentrum in Siebenbürgen lag.

Auch der Adel in Slawonien und Kroatien ging verschiedene Wege: Der slawonische Landtag sprach sich am 6. Januar 1527 für Johannes Zápolya aus. Der kroatische Landtag, der am 1. Januar 1527 auf der Burg Cetingrad (südöstlich vom heutigen Karlovac) tagte, wählte Ferdinand; schon am Anfang des Vorjahres, noch vor der Schlacht von Mohács, hatten die kroatischen Stände Überlegungen angestellt, Ludwig die Treue aufzukündigen und auf Ferdinands Hilfe zu setzen.

Der Konflikt zwischen den gewählten Rivalen zog sich bis zum Tod Johannes' 1540 hin; erst dann konnte sich Ferdinand (1558–64) in allen Reichsteilen, soweit sie nicht inzwischen von den Türken erobert waren, durchsetzen. Nur Siebenbürgen verselbständigte sich und verfolgte in den nächsten anderthalb Jahrhunderten eine Schaukelpolitik zwischen Osmanen und Habsburgern.

Die Jahre 1526/27 gelten in der kroatischen Nationalgeschichte als tiefer Einschnitt, einmal wegen der nun bis ans Ende des 17. Jhs. ungebrochenen Macht der Osmanen, dann wegen der bis 1918 andauernden Einbeziehung in das Reich der Habsburger. So rechnet man diese Jahre in der Geschichte Kroatiens zugleich als Beginn der Neuzeit.

KAPITEL 4

Die glagolitische Schriftkultur

Das Werk von Konstantin und Method

Das nördliche Küstengebiet Kroatiens nimmt in der Geschichte der europäischen Schriftkultur eine Sonderstellung ein. Hier treffen wir auf die weitaus bedeutendste Überlieferung der ältesten Schrift für slawische Texte, des Glagolitischen. Die erhaltenen Zeugnisse konzentrieren sich zwar auf das 13. bis 16. Jh., doch die Vorgeschichte reicht bis ins 9. Jh. zurück.

Zur Erläuterung müssen wir uns in die Zeit des Großmährischen Reiches, das im Raum des heutigen Mähren, der Slowakei und Westungarns lag, zurückwenden. Es wurde ungefähr gleichzeitig mit Kroatien um 800 von Westen aus christianisiert, blieb allerdings, von Salzburg kirchlich abhängig, ähnlich wie Kroatien in den ersten Jahrzehnten ohne eigenes Bistum.

Unter Nutzung der Rivalität zwischen Ostfränkischem Reich und Byzanz um die Gewinnung der neu christianisierten Räume wandte sich Fürst Rostislav von Mähren 862 an den byzantinischen Kaiser Michael III. (842–67) und erbat von ihm die Entsendung eines „Bischofs und Lehrers". Der Kaiser beauftragte daraufhin zwei einer vornehmen Familie aus Thessaloniki entstammende Brüder, Konstantin und Method. Die beiden beherrschten die slawische Sprache, da das Umland ihrer Heimatstadt damals weitgehend slawisiert war. Die sprachliche Einheit des Slawischen war zu jener Zeit noch so stark erhalten, dass die von Konstantin und Method genutzte Sprache auch in Mähren leicht verständlich war.

Für ihre Arbeit in Mähren entwickelten die Brüder nun eine neue Schrift, um griechische liturgische Texte ins Slawische übersetzen zu können. Ziel bei der Konzeption des Schriftsystems war die Herstellung der möglichst genauen Entsprechung von Laut und Buchstabe, Phonem und Graphem. Dabei nutzten sie nicht die Möglichkeit, vom Griechischen auszugehen und den Bestand an griechischen Buchstaben um notwendige Zeichen zu erweitern, war doch der Lautbestand an Konsonanten, vor allem Zischlauten, wie auch an Vokalen im Slawischen reicher als im Griechischen. Stattdessen entwarfen die beiden eine Schrift mit neuen Zeichen, das Glagolitische; der Name ist abgeleitet von slawisch *glagol,* das „Wort“. Die Herkunft der Buchstabenformen ist bis heute umstritten; einzelne Buchstaben verweisen auf das Koptische und das Syrische, doch am wahrscheinlichsten ist eine freie graphische Gestaltung unter Verwendung der christlichen Symbole Kreuz, Kreis und Dreieck in wechselnden Kombinationen.

Konstantin und Method hielten sich von 863 bis 866 in Mähren auf; 868 kamen sie nach Rom, um dort die offizielle Anerkennung für den Gebrauch der slawischen Liturgie zu erlangen. Dort starb Konstantin 869, nachdem er kurz vorher den Mönchsnamen Kyrill angenommen hatte. Papst Hadrian II. ernannte Method in Anknüpfung an antike Traditionen schließlich zum Erzbischof von Sirmium und verlieh ihm das Recht auf beschränkten Gebrauch der slawischen Liturgie; Methods wirklicher Sitz befand sich wahrscheinlich in Nitra in der heutigen Slowakei.

Die päpstliche Politik gegenüber der slawischen Liturgie schwankte in den folgenden Jahren; Salzburg stand der kirchlichen Verselbständigung Mährens feindlich gegenüber. Der politische Kurswechsel von Rostislavs Nachfolger Svatopluk, sich wieder dem Ostfränkischen Reich anzunähern und ein Arrangement mit Salzburg zu suchen, führte nach Methods Tod 885 zur Vertreibung der Schüler von Konstantin-Kyrill und Method aus Mähren. Wenige Jahre später brach das Großmährische Reich durch die ungarische Landnahme zusammen. Die meisten Schüler flohen nach Bulgarien, wo der Khan Boris-Michael 865 das Christentum von Byzanz aus angenommen hatte; hier pflegten sie glagolitische Schrift und slawische Liturgie weiter, doch wurde das Glagolitische in Bulgarien schon seit dem Ende des 9. Jhs. allmählich durch das Kyrillische abgelöst.

Die nach dem Schöpfer des Glagolitischen benannte kyrillische Schrift weist dieselbe Anzahl und dieselbe Verteilung der Buchstaben wie das Glagolitische auf; die Schriften unterscheiden sich voneinander nur durch die Buchstabenformen: Der Formenbestand des Kyrillischen entspricht so weit wie möglich der griechischen Majuskel und ist nur um einzelne aus dem Glagolitischen entlehnte Buchstaben erweitert. Von geringen Überlieferungsspuren des Glagolitischen bis nach Nordrussland abgesehen, hat sich schon im Mittelalter bei allen orthodoxen Slawen das Kyrillische als bis heute verwendete, inzwischen je nach Sprache in Einzelheiten variierte Schrift durchgesetzt.

Das Glagolitische in Kroatien

Das Glagolitische gelangte schon während der Zeit der mährischen Mission oder kurz danach an die Adriaostküste. Als auf der Spliter Synode von 925 die Kirchenprovinz Split eingerichtet wurde, erging in den Beschlüssen auch die

Aufforderung, die *Methodii doctrina,* d. h. den Anspruch auf das Recht zu slawischer Liturgie und glagolitischer Schriftlichkeit, zu unterbinden. Wie die weitere Geschichte zeigt, blieb die Forderung erfolglos; die Synode in Split 1060 versuchte nur, die gleichzeitige Kenntnis des Lateins zu sichern.

Der räumliche Schwerpunkt des Glagolitischen lag dabei nicht in den Kerngebieten des mittelalterlichen kroatischen Reiches im Dreieck Nin – Knin – Solin; hiervon zeugen vor allem die lateinische Urkundenpraxis der kroatischen Herrscher und der reiche Bestand an ausschließlich lateinischen frühmittelalterlichen Inschriften aus diesem Raum.

Die monumentale Statue, die 1929 von dem kroatischen Bildhauer Ivan Meštrović geschaffen wurde und heute vor der *Porta aurea* des einstigen Diokletianspalastes von Split steht, zeigt Bischof Gregor von Nin als Streiter für das Glagolitische. Doch die populäre Annahme, dieser habe auf der Synode 925 nicht nur um die Metropolitenwürde, sondern auch für das Recht auf die „nationale" Schrift gekämpft, ist von der Fachwissenschaft längst widerlegt.

Die glagolitische Überlieferung konzentriert sich auf die Insel Krk, auf die gegenüberliegende Küste mit dem Zentrum Senj und auf Istrien. Die Erklärung hierfür dürfte darin liegen, dass das Glagolitische zuerst in die Gebiete an der Adriaostküste gelangte, die unter byzantinischer Herrschaft standen und in denen die Bevölkerung zugleich weitestgehend slawischsprachig war. Der Übergang zum Kyrillischen unterblieb hier wegen der geographischen Isolierung von dessen Verwendungsraum. Die Verstärkung der Abgrenzung zwischen Ost- und Westkirche dürfte dabei ein für die Eigenentwicklung kaum bedeutsamer Faktor gewesen sein, denn unabhängig davon, dass das Gebiet des ehemaligen narentanischen Fürstentums in westkirchlicher Bindung stand, kennen wir von hier neben der dominanten lateinischsprachigen Schriftlichkeit auch einzelne kyrillische Schriftzeugnisse aus dem Spätmittelalter, so Inschriften aus Omiš und die *Povaljska listina* aus dem Benediktinerkloster Povlja auf der Insel Brač, ein 1250 geschriebenes Chartular, das mit dem Eintrag einer Urkunde von 1184 beginnt. Das Statut der Landgemeinde der Poljica östlich von Split aus dem Jahr 1440 ist in Kyrillisch geschrieben. Das Kyrillische in den kroatischen Küstengebieten weist dieselben graphischen Besonderheiten wie die in Bosnien einst gebräuchliche Variante, die *bosančica* (auch „westliche Kyrilliza" genannt), auf.

Schon um 1100 entstand eines der berühmtesten Zeugnisse des Glagolitischen in Kroatien, die Inschrift auf der „Tafel von Baška", die heute in Zagreb im Foyer der Akademie ausgestellt ist. Es handelt sich um die linke Platte (Pluteus) der steinernen Altarschranke in der Klosterkirche St. Lucia bei Baška auf der Insel Krk. Der Text, der sich auf der verlorenen rechten Platte fortsetzte, bildet ein „steinernes Chartular"; er beginnt: „Im Namen des Vaters und des

Sohnes und des Heiligen Geistes. Ich, Abt Držiha, schrieb dieses über das Land, das Zvonimir, der kroatische König, zu seiner Zeit der Heiligen Lucia gab; und die Zeugen [waren]: Desimir, *župan* von Krbava, Mratin in Lika, Pribineža, [Königs]bote in Vinodol, Jakov auf der Insel. Wer diesem widerstreitet, den mögen Gott und die zwölf Apostel und die vier Evangelisten und die heilige Lucia verfluchen. Amen. Und wer hier lebt, soll Gott für sie bitten."

Das Papsttum nahm gegenüber dem Glagolitischen stets eine ambivalente Haltung ein. Zwar duldete es den Gebrauch, doch suchte es, diesen so weit wie möglich einzuschränken. Zwei Bullen Innozenz' IV. von 1249 und 1251 enthielten die offizielle Billigung der slawischen Liturgie für das Bistum Senj und für einzelne Klöster auf Krk. Tatsächlich jedoch hatte das Glagolitische einen viel weiteren Wirkungsbereich, ohne jemals das Lateinische vollständig zu verdrängen.

Der Raum Nordwestkroatiens ist somit der einzige Bereich in der Westkirche, in dem das Latein nicht ausschließliche Liturgiesprache war. Hervorzuheben ist, dass die glagolitischen liturgischen Formulare in ihrem Inhalt vollständig den lateinischen Formularen entsprechen. Unabhängig von einem gewissen Fluss handschriftlicher Traditionen zwischen den Verwendungsräumen des Kyrillischen und des Glagolitischen ist der Gebrauch des Letzteren in Kroatien keinesfalls als ein Reflex ostkirchlicher Bindungen zu deuten.

Die Entstehungsgeschichte des Glagolitischen und sein Verhältnis zum Kyrillischen sind erst durch die slawische Philologie des späten 19. und des 20. Jhs. zuverlässig geklärt worden. Jahrhundertelang hielt sich die Ansicht, das Glagolitische sei vom Kirchenvater Hieronymus erschaffen worden, stammte dieser doch aus dem nicht näher lokalisierbaren Stridon an der Grenze zwischen den römischen Provinzen Dalmatien und Pannonien.

Analog zur Entfaltung der als schriftwürdig und schriftbedürftig angesehenen Lebensbereiche in der lateinischen Schriftpraxis weiteten sich die Verwendungsbereiche der glagolitischen Schriftlichkeit allmählich aus. Neben liturgische und allgemein religiöse Texte trat ein glagolitisches Urkundenwesen. Sowohl kroatische Adlige, wie z. B. die *comites* von Krk, als auch Notare urkundeten auf Glagolitisch. Es entstand eine Reihe von Statuten in glagolitischer Schrift, am bekanntesten hierunter das in einer Handschrift aus dem 16. Jh. überlieferte „Gesetz von Vinodol" von 1288, in dem das Recht des Landgemeindenverbundes von Vinodol (südöstlich von Rijeka) aufgezeichnet ist.

Der *Istarski razvod,* „Istrische Landschied", von 1325 wurde wahrscheinlich einst zugleich lateinisch, deutsch und kroatisch verfasst. Erhalten ist er nur auf Kroatisch in glagolitischer Schrift in einer Redaktion aus dem 16. Jh.: In dem Schied ist detailliert beschrieben, wie Beauftragte innerhalb von 21 Tagen die Gemarkungen der Landgemeinden im Grenzgebiet zwischen der Grafschaft

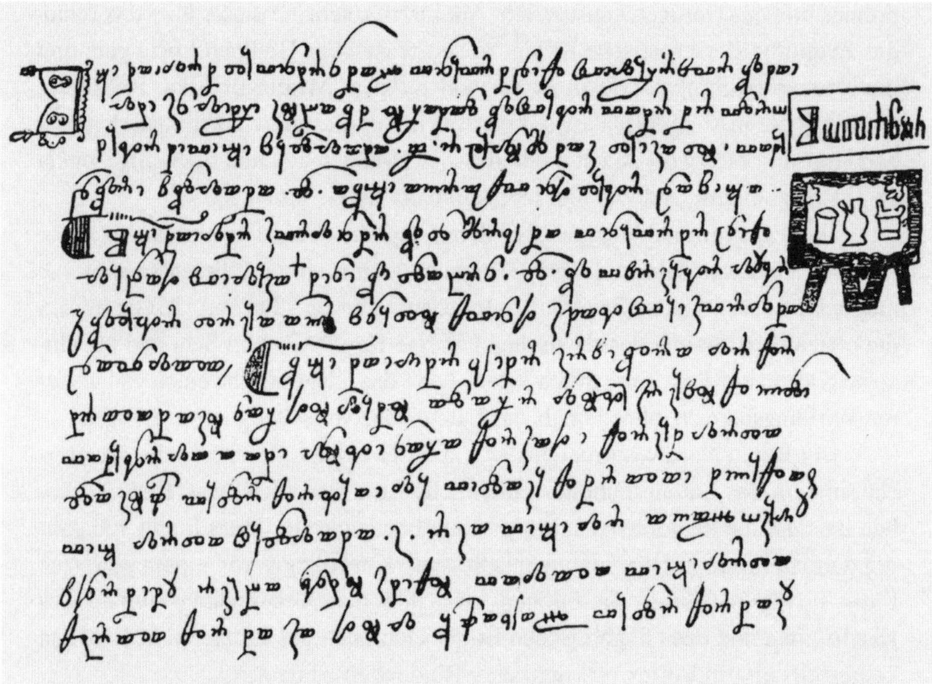

Über den Weinhandel. Ausschnitt aus dem glagolitischen „Gesetz von Vinodol“ von 1288 (Hsf. 16. Jh.)

Pazin, dem Gebiet des Patriarchen von Aquileia und den venezianischen Territorien auf Istrien abschritten und bestätigten. Vor dem Tagewerk feierten sie zusammen die Messe.

Zahlreiche Kirchenwände Istriens sind mit glagolitischen Graffiti übersät, unter ihnen die Bruderschaftskapelle *Sv. Marija na Škrilinama* am Rand von Beram bei Pazin, die wegen ihrer Totentanz-Fresken von 1474 bekannt geworden ist; sie sind das Werk des Meisters Vincent von Kastav bei Rijeka.

Als der spätere Kaiser Karl IV. (1355–78) 1347 in Prag das Emmaus-Kloster gründete, setzte er dort Mönche aus dem istrisch-kroatischen Küstengebiet ein; sie feierten den Gottesdienst auf Kirchenslawisch und verwendeten liturgische Bücher in glagolitischer Schrift. So entstand auch in Böhmen eine kleine glagolitische Handschriftentradition.

Als erster glagolitischer Buchdruck wurde 1483 ein Missale aufgelegt, Druckort war wahrscheinlich Kosinj in der Lika. Ab 1494 arbeitete eine Druckerei mit glagolitischen Lettern in Senj. Auf die glagolitischen Reformationsdrucke aus Urach sei an späterer Stelle eingegangen.

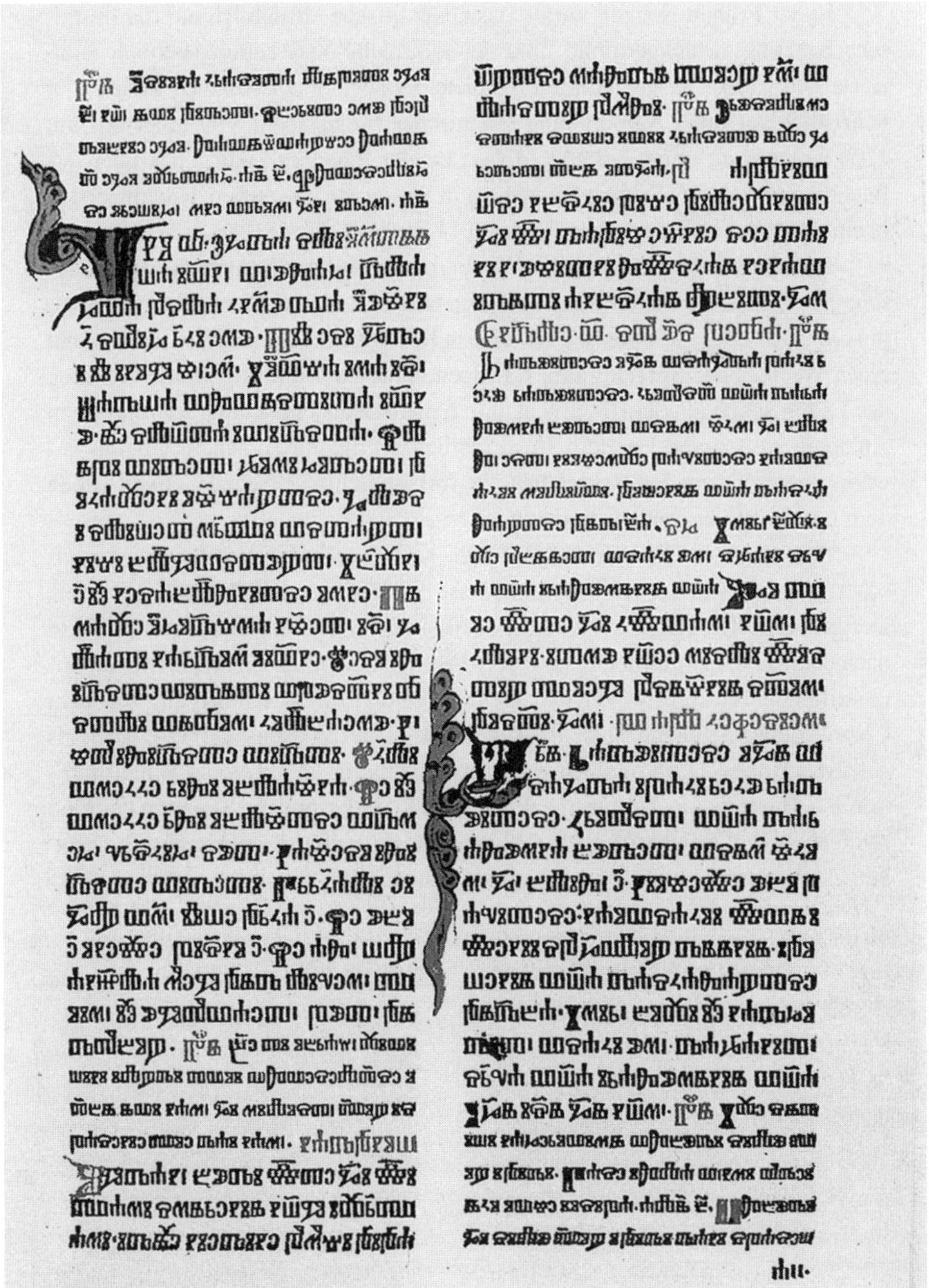

Missale von 1483. Glagolitischer Erstdruck von 1483, wahrscheinlich aus Kosinj in der Lika

In der Frühen Neuzeit wurde das Glagolitische allmählich auf die liturgische Nutzung zurückgedrängt, und der räumliche Verwendungsbereich reduzierte sich wieder auf die Ausgangsgebiete. Es begann der Aufstieg kroatischer Schriftlichkeit unter Verwendung lateinischer Buchstaben. Von einer auf um 1200 datierten Inschrift *+BRAT IAN+*, „Bruder Johannes", aus den Ruinen des Benediktinerklosters Rudine bei Požega in Slawonien abgesehen, sind die ersten lateinschriftlichen kroatischen Texte im 14. Jh. im Küstengebiet entstanden.

Die Verwendung der in ganz Westeuropa geläufigen Schrift für die kroatische Sprache an Stelle des Glagolitischen bedeutete einen Wechsel der Schriftpraxis. Gleichzeitig können wir sowohl im Küstengebiet als auch im Binnenland einen Wechsel der Sprachpraxis verfolgen, nämlich die allmähliche Ablösung des Lateinischen als Schriftsprache durch das Kroatische. Dieser Prozess ist in Analogie zu anderen Ländern westkirchlicher Prägung zu sehen. Überall gewann dort seit dem Spätmittelalter die volkssprachliche Schriftlichkeit neben dem Latein immer größere Bedeutung.

Bereits im 19. Jh. war die glagolitische Messe in kirchenslawisch-kroatischer Sprache, von der lateinischen Messe verdrängt, zur Seltenheit geworden. Der generelle Übergang zur volkssprachlichen anstelle der lateinischen Messe nach dem II. Vatikanischen Konzil (1962–65) hat der alten Tradition ihre identitätsstiftende Wirkung weiter entzogen. So erfolgt die Beschäftigung mit dem Glagolitischen heute nur noch als Angelegenheit der Wissenschaft oder auch als gelehrtes Hobby. Doch unabhängig hiervon bleibt die glagolitische Schrifttradition ein Baustein im Kulturerbe Europas und insbesondere Kroatiens. – Und schließlich sind Beschriftungen z. B. von Souvenirs mit glagolitischen Buchstaben als kroatisches *nation branding* durchaus beliebt.

KAPITEL 5

Die Frühe Neuzeit (16.–18. Jahrhundert)

Der Abschluss der osmanischen Expansion

Die territoriale Expansion des Osmanischen Reiches setzte sich noch durch das ganze 16. Jh. hindurch fort. 1566 belagerte ein großes Heer unter Mehmetpaša Sokolović die Festung Szigetvár (kroat. Siget) in Südwestungarn; die zahlenmäßig hoffnungslos unterlegenen Verteidiger unter dem Befehl des kroatischen Ban Nikola Šubić Zrinski hofften vergeblich auf ein Entsatzheer. Beim Ausfall aus der in Brand geratenen Festung fanden der Ban und die meisten Soldaten den Tod. Das Motiv der Verteidigung von Siget erfuhr mehrfach künstlerische Bearbeitung und wurde dabei als Selbstaufopferung für die Nation gedeutet. Der deutsche Romantiker Theodor Körner (1791–1813) verfasste ein Drama über den Stoff; hieran angelehnt entstand 1876 das Libretto der noch heute populärsten kroatischen Oper „Nikola Šubić Zrinski“ von Ivan Zajc (1832–1914).

Am Ende des 16. Jhs. bildete schließlich eine Linie von Karlobag an der Küste über das 1579 gegründete Karlovac und Sisak bis Virovitica im Drautal die Westgrenze des Osmanischen Reiches und setzte sich nördlich der Drau nach Ungarn hinein fort, war doch auch der ganze östliche Teil Ungarns einschließlich Buda unter osmanische Herrschaft gefallen. Der ungarische Reichstag versammelte sich nun in Pressburg (ungar. Pozsony, kroat. histor. Požun, Umbenennung zu Bratislava 1919).

Der östliche Teil des mittelalterlichen Slawonien gehörte seit dem zweiten Drittel des 16. Jhs. zum Osmanischen Reich; ein Sandžak hatte sein Zentrum zuerst in Čazma, ab 1565 in Pakrac, seit dem Ende des Jahrhunderts in Cernik (beim heutigen Nova Gradiška). Požega, das schon im Mittelalter als Handelsstadt und Gespanschaft eine gewisse Bedeutung genossen hatte, war seit 1537 Zentrum des gleichnamigen Sandžak. An die Hälfte der Bevölkerung auf dem Gebiet war im 17. Jh. islamischen Glaubens, doch Spuren der osmanischen Herrschaft im Bauerbe haben sich – ähnlich wie in Ungarn – nur in ganz geringem

Maße gehalten. Die heutige Pfarrkirche von Požega ist im Kern ein mittelalterlicher Bau, der zeitweilig in eine Moschee umgewandelt war. Der Name der Siedlung Mala beim einstigen Sandžak-Sitz Cernik verweist auf die Entwicklung aus einer *mahala*, einem „Stadtviertel" in osmanischer Zeit.

Das Territorium der Republik Dubrovnik, die allerdings schon seit 1458 regelmäßig einen Tribut an den Sultan entrichtete, blieb von osmanischen Eroberungen ausgenommen. Der venezianische Besitz an der dalmatinischen Küste hingegen wurde auf die Inseln und einen schmalen Festlandsstreifen reduziert, in dem die Städte Nin, Zadar, Šibenik, Trogir und Split lagen. Doch die oberhalb von Split gelegene, dem ungarisch-kroatischen König gehörende Burg Klis am Pass, der den Zugang zum Binnenland kontrolliert, fiel 1537 in osmanische Hände.

Der bosnische Pašaluk erstreckte sich folglich um 1600 weit über die Gebiete des spätmittelalterlichen Bosnien hinaus. Für das Gebiet um Bihać an der Una, das im Mittelalter zu Kroatien gehört hatte, bürgerte sich der Name „Türkisch Kroatien" ein. Erst nach 1878 wurde für den Nordwesten von Bosnien-Herzegowina die Bezeichnung *Bosanska krajina* üblich.

Bedeutungswandel der Namen „Kroatien" und „Slawonien"

Die kroatische, katholische Bevölkerung aus den südöstlichen Gebieten des mittelalterlichen Kroatien war beim Vorrücken der Osmanen seit dem späten 15. Jh. und im Laufe des 16. Jhs. großenteils geflohen. Ziele waren die westlichen Gebiete Slawoniens, Istrien und weiter fort das Burgenland, Oberungarn (der Raum der heutigen Slowakei) und sogar Italien. Die damals entstandenen kroatischen Siedlungsräume außerhalb des heutigen Kroatien wurden schon in der Einleitung vorgestellt.

Die territorialen Verluste sowohl Kroatiens als auch Slawoniens bedingten die Schwächung der Stände beider Territorien und legten, gerade vor dem Hintergrund der jahrhundertelang gewachsenen politischen Bindungen, ihre Zusammenführung nahe. 1533 tagten die Landtage erstmals gemeinsam; ab 1558 waren sie dauerhaft vereint. Tagungsort war meistens Zagreb. Wie schon früher der slawonische Landtag entsandte nun der vereinigte Landtag Abgeordnete in den ungarischen Reichstag.

Gegenüber der Zeit vor der osmanischen Expansion veränderte sich in der Frühen Neuzeit die Bedeutung der Territorialbezeichnungen. Kroatien umfasste nun diejenigen Gebiete des mittelalterlichen Kroatien und Slawonien, die unter Habsburger-Herrschaft standen, die so genannten *reliquiae reliquiarum*. Zagreb, die Hauptstadt des mittelalterlichen Slawonien, wurde jetzt zur Hauptstadt

Kroatiens. Die Bezeichnung Slawonien bezog sich nun nur noch auf die osmanisch gewordenen östlichen Gebiete des mittelalterlichen Slawonien; dieser Bedeutungsumfang hat sich bis heute gehalten. – Der Name Dalmatien erfasste die venezianischen Besitzungen an der Adriaostküste nördlich des Territoriums von Dubrovnik; das Gebiet um die Bucht von Kotor hieß Venezianisch Albanien.

Die Uskoken

Nach dem Seesieg von Lepanto 1571 über die türkische Flotte brachte die Schlacht von Sisak an der Mündung der Kupa in die Save 1593 den ersten großen Landsieg über ein türkisches Heer. Der auf den „Langen Krieg" folgende Friede von Zsitva-Torok (bei Komorn an der Donau) 1606 leitete eine Zeit weitgehend ausgeglichenen Kräfteverhältnisses ein; Grenzkriege und Plünderungszüge auf der anderen Seite blieben allerdings an der Tagesordnung.

Die Stabilisierung der Grenze führte zum Ende des im 16. Jh. blühenden Uskokentums. Bei den Uskoken – von kroat. *uskok*, „der Entsprungene" – handelte es sich um Flüchtlinge aus den osmanischen Gebieten, in deren Verhalten die Grenzen zwischen Verteidigung und Räubertum fließend waren. In sozialer Stellung und Lebensformen lassen sich durchaus Gemeinsamkeiten zwischen Uskoken und den Hajduken auf osmanischem Gebiet erkennen. Die Überfälle der Uskoken, die seit 1530 in der Burg Klis oberhalb von Split lagen, gaben den Türken 1537 den Anlass, diesen strategisch so wichtigen Platz zu erobern.

Jetzt wurde Senj, weiter nördlich an der Küste, wichtigster Stützpunkt der Uskoken. Sie bauten hier eine Flotte auf, die sie in der ersten Zeit nur gegen die Türken einsetzten, später auch gegen die Venezianer. So wurden die Uskoken von Senj zum chronischen Konfliktgegenstand in den Beziehungen zwischen den Osmanen, Venedig und den Habsburgern. Im Frieden von Madrid 1617, der den Uskokenkrieg 1615–17 beendete, musste sich Österreich schließlich verpflichten, in Senj nur noch reguläre Truppen zu stationieren. Die Uskoken wurden großenteils in der Militärgrenze im Žumberak (Sichelgebirge/Uskokengebirge) an der krainisch-kroatischen Grenze und in Ostistrien angesiedelt und befriedet.

Protestantismus bei den Kroaten

Die Reformation hat sich in keinem der Territorien Kroatiens zu einer breiten Bewegung entfaltet; sie hat die bäuerliche Bevölkerung nicht erreicht. Eine Ausnahme bildet die Region um Vukovar und Valpovo an der Drau. Hier bekannten sich in der zweiten Hälfte des 16. Jhs., schon unter der osmanischen Herrschaft, 120 Gemeinden zum Calvinismus. Von ihnen hat sich bis heute nur die Gemeinde in Tordinci (10 km nördlich von Vinkovci) gehalten, alle anderen reformierten Gemeinden in Kroatien sind in jüngerer Zeit entstanden. Das 1604 verkündete Aufenthaltsverbot für Protestanten in Ungarn und Kroatien wurde 1606 im Interesse der Calvinisten unter den ungarischen Adligen für Ungarn wieder aufgehoben; in Kroatien blieb es bis 1859 in Kraft.

Dank der Reformationsliteratur und einiger bemerkenswerter Persönlichkeiten bestehen einzelne Bezüge zwischen der Geschichte des frühen Protestantismus und Kroatien. – Juraj Drašković, 1563–78 Bischof von Zagreb und ab 1567 zugleich kroatisch-slawonischer Ban, nahm 1563 als Delegat König Ferdinands für Ungarn am Tridentinum teil; er setzte sich dort, um einem Ausgleich mit der Reformation näher zu kommen, für die Priesterehe und das Abendmahl in beiderlei Gestalt ein. Allerdings vertrat er später als Bischof von Zagreb konsequent die Gegenreformation.

Matija Vlačić (Matthias Flacius Illyricus, 1520–75) stammte aus dem istrischen Städtchen Labin. Seit 1541 in Wittenberg, wurde er einer der bedeutendsten, allerdings auch im Protestantismus selbst umstrittenen reformatorischen Theologen seiner Zeit. Mit den Magdeburger Zenturien initiierte er erstmals ein nach Jahrhunderten gegliedertes Geschichtswerk; es diente der Verortung der Reformation als Rückkehr zu den altkirchlichen Anfängen. – Nach Matija Vlačić ist die 1975 begründete kleine Evangelisch-theologische Fakultät in Zagreb benannt.

Pavao Skalić (Paulus Scaliger, 1534–75), aus bescheidenen Verhältnissen in Zagreb entstammend, wandte sich als Student in Tübingen dem Protestantismus zu. Er wurde Minister Herzog Albrechts von Preußen, musste jedoch den Hof verlassen, weil er sich mit falschem Adelstitel vorgestellt hatte. Er hielt sich dann in Paris und im westfälischen Münster auf; hier kehrte er zum Katholizismus zurück. In einem Buchtitel von 1559 hat er das Wort „Encyclopaedia“ erstmals im uns geläufigen Sinne verwendet.

Die Wurzeln der kroatischen Reformationsliteratur liegen in Tübingen. Hier wirkten am Hofe von Herzog Christoph von Württemberg der slowenische Reformator Primož Truber und Pavao Vergerije (Paulus Vergerius), ehemaliger Bischof von Koper und Titularbischof von Modruš in Kroatien. Von Letzterem ging der Impuls aus, die publizistische Arbeit über den Adressatenkreis der Slowenen hinaus auf die Kroaten auszudehnen.

Exkurs: Die Druckerei des Hans Ungnad

Im Dienste des evangelischen Glaubens

Dem Plan von Pavao Vergerije verhalf das finanzielle Engagement des Freiherrn Hans Ungnad zur Verwirklichung, bis 1555 Landeshauptmann der Steiermark und Großgespan von Varaždin; er lebte seit 1557 als überzeugter Protestant in Urach bei Tübingen. In der von ihm dort eingerichteten Druckerei erschienen 1561 bis 1565 30 Bücher mit einer Auflage von insgesamt ca. 25.000 Exemplaren, von denen nur 300 erhalten sind. Die Übersetzungen biblischer Texte knüpften an die ältere glagolitische Tradition an; 13 Bücher waren glagolitisch gedruckt, neun lateinisch und acht kyrillisch. Ungnad und seine Mitarbeiter waren von der Vorstellung beseelt, die Verbreitung des evangelischen Glaubens bei den Südslawen könne dem Islam entgegenwirken und die Türkengefahr aufhalten.

Die Arbeit der Druckerei kam nach dem Tod von Hans Ungnad 1564 bald zum Erliegen. Die verbliebenen Exemplare sollten nach Kroatien gebracht werden, doch wurde der größte Teil des Transports als Kontrabande beschlagnahmt und in Wiener Neustadt verbrannt.

Die Ausstattung der Druckerei gelangte später nach Rom und diente der Propaganda-Kongregation für ihre Publikationen. Der kroatische Redakteur Rafael Levaković nahm dabei in den Texten eine starke Russifizierung des Kirchenslavischen vor, um auf diese Weise die Kirchenunion mit den Orthodoxen vorzubereiten.

Konfessionsverhältnisse von Bosnien-Herzegowina

Die Grundlagen für die heutige konfessionelle und nationale Gliederung der Bevölkerung in Bosnien und der Herzegowina wurden bereits im 16. und 17. Jh., in den ersten anderthalb Jahrhunderten der hier bis 1878 dauernden osmanischen Herrschaft, gelegt. – Der Anteil der Katholiken ging zurück; wie schon im Spätmittelalter lag ihre geistliche Betreuung in den Händen von Franziskanern, die erstmals 1463 vom Sultan ein Schutzprivileg für ihre geistliche Arbeit und ihren Besitz erhalten hatten. Wichtigste Zentren der 1516 begründeten Franziskanerprovinz *Bosna argentina*, kroat. *Bosna srebrena*, waren die Klöster Fojnica, Sutjeska und Kreševo in Mittelbosnien, bis 1690 auch Srebrenica in Ostbosnien.

Der orthodoxe Bevölkerungsanteil in Bosnien und der Herzegowina wuchs durch Einwanderung von Osten her vor allem in die Gebiete im Westen des Landes, die während der Kriege von der katholischen Bevölkerung geräumt worden waren.

Ein Teil der christlichen Bevölkerung beider Konfessionen trat vorrangig während des 17. Jhs. zum Islam über. Die Bosnische Kirche war schon einige

Jahrzehnte vor der osmanischen Eroberung weitestgehend zerfallen. Somit ist es unzulässig, in der muslimischen Bevölkerung die Nachfahren von deren Anhängern zu sehen. Die im Vergleich zu anderen Gebieten Südosteuropas unter osmanischer Herrschaft stärkere Islamisierung, die sich bis heute noch im Stadtbild von Sarajevo oder Mostar zeigt, dürfte vor allem dadurch zu erklären sein, dass es in Bosnien bis zum Ende des Mittelalters zu keinem Aufbau einer festen Hierarchie einer der beiden Konfessionen gekommen war und dass durch die großen Migrationsbewegungen in diesem Grenzbereich die alten Strukturen besonders geschwächt waren. Aus dem in der Frühen Neuzeit islamisierten Bevölkerungsteil ist die heutige Nation der Bosniaken (bis in die 90er-Jahre Selbstbezeichnung als Muslime) in Bosnien-Herzegowina hervorgegangen.

Der Aufbau der Militärgrenze

Im Vergleich zu den Grenzen zwischen anderen Territorien in Europa bildete sich zwischen Osmanischem und Habsburgerreich seit dem 16. Jh. eine besondere Art von Grenze heraus, die gewisse strukturelle Parallelen mit der Kosakengrenze des Moskauer Russland und des damaligen Polen gegenüber der von den Krimtataren beherrschten Steppe aufwies. Hier wie dort entwickelte sich ein breiter Grenzraum mit spezifischen Lebensformen, Sozialstrukturen und besonderem Rechtsstatus.

Die Anfänge der Militärgrenze reichen in die Zeit noch vor der Schlacht von Krbava 1493 zurück. Bereits 1469 waren die ersten Kapetanien eingerichtet worden. 1522, vier Jahre vor Mohács, überließ der ungarisch-kroatische König Ludwig II. seinem Schwager Ferdinand II. von Habsburg die Burg Senj; dieser übernahm die Ausrüstung der Burg mit Mannschaften und Waffen. Es entstand ein ganzes Netz von Burgen entlang der Grenze; die Leute der umgebenden Dörfer waren bei persönlicher Freiheit und Entbindung von Abgaben zum Wehrdienst verpflichtet. Frühes Beispiel einer solchen Regelung ist das Privileg für die Siedler im Žumberak aus dem Jahr 1535. Diese Landschaft südlich der Save, ursprünglich zu Slawonien gehörig, war am Anfang des 13. Jhs. an das Herzogtum Krain gelangt und gehörte folglich zum Reichsgebiet. Mit der Auflösung der Militärgrenze 1881 kam sie an Kroatien.

Durch den Aufbau der Militärgrenze wurde die österreichische Grenzverteidigung, vom Žumberak abgesehen, auf kroatisches und slawonisches Territorium vorverlegt. Die Finanzierung lag bald regelmäßig in den Händen der innerösterreichischen Stände; die Behörden der Militärgrenze hatten ihren Sitz in

Graz. Die niederösterreichischen Stände waren für die Militärgrenze nördlich der Drau in Ungarn verantwortlich.

Allmählich nahmen die Organisation der Grenze und ihre Ausformung als eigenes Territorium festere Konturen an. Analog zur Zusammenlegung des kroatischen und slawonischen Landtages wurden 1558 kroatische und slawonische Grenze vereinigt, 1577 der Kompetenz des kroatischen Bans und des Landtages gänzlich entzogen. 1579 begann der Bau der Festung und Garnisonsstadt Karlovac (Karlstadt, benannt nach Erzherzog Karl) an der Kupa als Zentrum der kroatisch-slawonischen Grenze; der Festungsplan ist noch im heutigen Straßenbild von Karlovac gut wiederzuerkennen.

Der kroatische Adel bestritt zwar nicht die Notwendigkeit einer effizienten Verteidigungsorganisation; mit der Herauslösung der Grenze aus der Verwaltung und Jurisdiktion „Provinzialkroatiens“ fand er sich jedoch schwer ab. Nur ein kleiner Grenzstreifen – zwischen Karlovac und Sisak entlang der Kupa – blieb außerhalb der Militärgrenze, und die Verteidigungsorganisation lag bei den kroatischen Behörden. In der „Banalgrenze“ gab es keine Sonderrechte für die Bevölkerung. Die Bauern auf den Grundherrschaften waren ebenso Hörige wie anderswo in Kroatien; in den Burgen lag professionelles Militär.

Zur Stabilisierung der Militärgrenze galt es, den entvölkerten und verwüsteten Raum wieder mit bäuerlicher Bevölkerung aufzufüllen. Die Neubesiedlung, beginnend um 1600, erfolgte teilweise durch Vlachen, aus dem osmanischen Gebieten übergetretene orthodoxe Bevölkerung; ebenso findet sich die Bezeichnung „Ratzen“ oder „Raszianer“ nach der Herkunft aus der serbischen Landschaft Raška. Das Wort *Vlache* – verwandt mit dt. „welsch“ – bezeichnete ursprünglich die romanische, als Wanderhirten lebende Restbevölkerung auf dem Balkan. Metonymisch wurde *Vlache* dann zur Bezeichnung für wandernde Bevölkerung, unabhängig von der ethnischen Zuordnung und von der Sprachpraxis. So wurden auch die Zusiedler in der Militärgrenze *Vlachen* genannt.

Die Vlachen strebten nach Erhalt des Sonderstatus der Grenze, denn anderenfalls bestand für sie die Gefahr, bald in die Hörigkeit mit Pflicht zu Frondienst zu fallen. Ihre Rechtsstellung wurde 1630 in den *Statuta Valachorum* dauerhaft geregelt: Die Vlachen-Gemeinden durften sich ihre Richter selbst wählen; im Gegensatz zu hörigen Bauern außerhalb der Grenze war ihnen Handel erlaubt. Sie erhielten das bewirtschaftete Land zwar nicht zum Eigentum, doch zur kostenlosen Nutzung. Für die Vlachen bestand Pflicht zum Militärdienst ab ihrem 18. Lebensjahr: Auf türkischem Territorium hatten sie 14 Tage ohne Sold zu kämpfen; bei anderen Kriegen würden sie schon nach acht Tagen Sold erhalten. Das Statut kalkulierte also bereits darauf, dass die Grenzer auch auf anderen Kriegsschauplätzen Europas eingesetzt würden. Ursprünglich nur für die Vlachen im Generalat Varaždin zwischen Drau und Save ausgestellt, wurden die Bestimmungen der *Statuta* maßgeblich für die ganze Militärgrenze.

Stichwort: Die Krawatte der Kroaten

Vom Kleidungsstück zum national branding

Während des Dreißigjährigen Krieges kämpften im kaiserlichen Heer Truppen aus Kroatien auf zahlreichen Schauplätzen. Sie waren an der Einnahme von Magdeburg durch den kaiserlichen Feldherrn Tilly 1629 und an der Schlacht von Lützen 1632 beteiligt. Ebenso standen Truppen aus Kroatien im Dienst des französischen Königs. Für die Zeitgenossen war das Halstuch auffälliges äußeres Kennzeichen der *Krawaten*, wie deren Selbstbezeichnung *Hrvat* im Deutschen damals wiedergegeben wurde. So entstand zuerst im Französischen die metonymische Bezeichnung *cravate* für das „Halstuch der Kroaten", bald allgemein „Halstuch". Das Wort ist erstmals in einer französischen Publikation von 1649/52 belegt; es gelangte als Fremdwort auch ins Deutsche und ist hier erstmals 1694 nachgewiesen, hat sich im deutschen Sprachgebrauch allerdings erst im 20. Jh. breit durchgesetzt. In der Gegenwart wird die Krawatte auch zum *national branding*, als Markenzeichen Kroatiens, genutzt. Am 18. Oktober 2003 wurde die Arena in Pula im Zuge einer Installation von einer riesigen „Krawatte" umschlungen, und auch in der Gegenwart ist der 18. Oktober „Tag der Krawatte", an dem Aktivisten Büsten und Statuen an vielen Orten im Land mit roten Halstüchern schmücken.

Orthodoxe und Unierte

Wie bereits ausgeführt, waren die Neusiedler in der Militärgrenze großteils orthodox; zum Zweck ihrer geistlichen Betreuung weihte der Bischof von Korinth mit Billigung des Patriarchen von Peć 1607 einen „Bischof der westlichen Länder"; dieser nahm seinen Sitz in der Grenzfestung Ivanić grad an der Save. Damit waren die Anfänge einer orthodoxen kirchlichen Hierarchie auf Habsburger Territorium gegeben. Bereits 1611 verkündete Bischof Simeon auf der Synode von Marča (in der Nähe von Ivanić grad) die Kirchenunion, d. h. er erkannte den Primat des Papstes an, behielt jedoch das Recht auf den Gebrauch des östlichen Ritus einschließlich der slawischen Kirchensprache. Unabhängig von der Union brach der Bischof auch nie die Kontakte zu den orthodoxen Hierarchen auf osmanischem Territorium vollkommen ab. Die Union von Marča war zeittypisch; kurz vorher war 1596 die Kirchenunion von Brest für die Anhänger des östlichen Ritus in Polen-Litauen geschlossen worden.

An westlichen Bemühungen um die Gewinnung der Orthodoxie für die Kirchenunion im großen Rahmen waren Kroaten führend beteiligt. Juraj Križanić (1617/18–83), der, in der Nähe von Karlovac geboren, seine Ausbildung als Missionar in Rom erhalten hatte, reiste das erste Mal 1647 nach Russland. 1658 brach er, diesmal ohne Billigung seiner Vorgesetzten und inkognito, erneut dorthin auf und trat in den Dienst des Zaren, wurde jedoch 1661 nach Tobol'sk verbannt. Hier schrieb er sein Hauptwerk *Politika*, in dem er die Zusammengehörigkeit der Slawen herausarbeitete und sie zur Einheit in der Kirchenunion aufrief. 1676 aus der Verbannung entlassen, gelangte Križanić 1678 nach Polen und starb 1683 vor Wien. Auf dem Weg nach Rom hatte er sich dem polnischen Heer angeschlossen, das zum Entsatz der von den Türken belagerten Stadt zog.

Als die serbischen Flüchtlinge unter dem Patriarchen Arsenije Crnojević 1690 vor ihrer Ansiedlung auf habsburgischem Territorium in einem Privileg die Glaubensfreiheit zugesichert bekamen, geriet die Kirchenunion von Marča in die Defensive. Jetzt kam es wie schon früher in Polen-Litauen zur Doppelung der Hierarchien des östlichen Ritus im Habsburgerreich: auf der einen Seite Orthodoxe, auf der anderen Griechisch-Katholische.

Für die Nicht-Unierten wurde 1713 die Metropolie von Sremski Karlovci (Karlowitz, an der Donau südöstlich von Novi Sad) errichtet, der die 1708 gegründete Eparchie Pakrac in Slawonien unterstand. In den Gebieten im engeren Kroatien stabilisierte sich die orthodoxe Kirchenorganisation mit der Errichtung der Eparchie von Karlovac *(gornjokarlovačka eparhija)* 1771; der Bischof residierte, von der ersten Hälfte des 19. Jhs. abgesehen, allerdings im Kloster Plaški ca. 50 km südlich von Karlovac. Die Metropolie Zagreb wurde erst 1931 gegründet.

Im Jahr 1735 zerstörten Unionsgegner das wichtigste Zentrum der Unierten, das Kloster Marča. Der Erzbischof der unierten, griechisch-katholischen Kirche residierte seit 1777 in Križevci (dt.: Kreuz); 1962 wurde der Sitz nach Zagreb verlegt. In der Gegenwart bilden die Anhänger der griechisch-katholischen Kirche nur eine kleine Minderheit, die ihren Schwerpunkt im Žumberak südlich der Save an der Grenze zu Slowenien hat. National zählen sich die Unierten heute zu den Kroaten.

Die Nachfahren der Vlachen oder Raszier orthodoxer Konfession hingegen bekennen sich als Serben; die – 1995 großteils verlassenen – ländlichen Siedlungsräume der Serben in Kroatien sind dementsprechend auf Gebiete der ehemaligen Militärgrenze konzentriert. Die Mehrheit der Serben in Kroatien lebte und lebt allerdings in Folge von Landflucht und Urbanisierung seit dem 19. Jh. in den großen Städten des Landes.

Bäuerlicher Widerstand

Gegenüber der Sozialverfassung in der Militärgrenze mit freien Bauern ohne Feudallasten treffen wir in Provinzialkroatien auf ganz andere Verhältnisse. Dieser Raum hatte Anteil an der für alle Länder Ostmitteleuropas gemeinsamen Ausbildung der „zweiten Leibeigenschaft".

Im Hoch- und Spätmittelalter war im Zuge der Dorfkolonisation die Fron allmählich durch Abgaben abgelöst worden; an die Stelle von Naturalabgaben traten vorrangig Geldabgaben. Die Beteiligung der Bauern an der Geldwirtschaft setzte für diese den Zugang zum Markt voraus; eng verbunden damit war die Verdichtung des Netzes von Marktzentren durch die mittelalterliche Stadtkolonisation.

Dieser Prozess kehrte sich in der Frühen Neuzeit wieder um. Als eine Hauptursache hierfür gilt die „Preisrevolution des 16. Jahrhunderts", verursacht durch den starken Silberzufluss aus dem neuentdeckten Amerika. Mit steigenden Preisen wurden die Geldrenten aus den Feudalabgaben allmählich entwertet; ihre sukzessive Erhöhung war schwer durchzusetzen. So gingen die Grundherren wieder zur Naturalrente über und vermarkteten die Erzeugnisse selbst; dies führte zur Abdrängung der Bauern vom Markt und zur Retardierung des Städtewesens. Zugleich weiteten die Grundherren ihre Eigenwirtschaft aus; als Arbeitskraft nutzten sie die Fron ihrer Bauern.

Gegen diese „zweite Leibeigenschaft" entwickelten sich verschiedene Widerstandsformen: Die niedrigste Stufe war die Verweigerung bzw. die dilatorische Erfüllung der Pflichten; als weitere Möglichkeit bot sich die Flucht, sei es zu einem anderen Grundherrn, der bessere Bedingungen bot, sei es, bezogen auf Kroatien, in die Militärgrenze oder sogar auf türkisches Gebiet. Höchste Stufe des Widerstandes war der Aufstand unter organisierter Führung und mit Zielen, die über die Wiederherstellung des „alten Rechtes" hinausgingen.

Der weitaus bedeutendste Bauernaufstand in Kroatien brach 1573 im Zagorje, dem nördlichen Hinterland von Zagreb, aus; Führer der Bewegung war Ambroz Gubec. In jüngeren Quellen trägt er den Vornamen Matija. Wahrscheinlich hatten sich Vorstellungen vom „guten König Matthias [Corvinus]" mit der Gestalt des „Bauernkönigs" Gubec verschmolzen, ließ er sich doch am 3. Februar, am Faschingsdienstag des Jahres, halb spielerisch, halb ernst zum König der Aufständischen krönen. Anlass zum Ausbruch des Aufstandes war ein Streit mit Franjo Tahy, dem Besitzer der Grundherrschaften Stubica und Podsused, um die Erhöhung von Naturalabgaben; später kam die Forderung nach Einrichtung einer „kaiserlichen Stelle" in Zagreb auf, d. h. die damals im Aufbau befindliche Verfassung der Militärgrenze mit freien Bauern sollte auch auf die zentralen Gebiete Kroatiens übertragen werden. Die Aufständischen wollten schließlich an das Meer ziehen, um so ihr Recht auf unmittelbaren Seehandel durchzusetzen.

Das Bauernheer erlitt in der Schlacht bei Stubičke Toplice am 9. Februar eine vernichtende Niederlage. Gubec wurde am 15. Februar in Gradec hingerichtet, nachdem Ban Juraj Drašković das karnevaleske Spiel der Königswahl in grausamer Weise umgekehrt hatte: Er bat Kaiser Maximilian II., dem „König genannten Gubec" eine glühende eiserne Krone auf das Haupt setzen zu dürfen. Ein 1973 von Antun Augustinčić geschaffenes Denkmal bei Gornja Stubica unterhalb des Schlosses von Franjo Tahy 30 km nordöstlich von Zagreb erinnert heute an den Aufstand.

In den folgenden Jahrzehnten kam es zu einer Vielzahl von kleineren Aufständen; betroffen waren hiervon auch die nach der Stabilisierung der Grenze wiederbesiedelten Gebiete der Banalgrenze. Auf den Grundherrschaften der Alteigentümer, unter ihnen das Zagreber Domkapitel, erhielten die Neuansiedler zuerst günstige Bedingungen. Doch durch die allmähliche Ausweitung der Verpflichtungen, durch das Verhalten einzelner Beamter und durch die ständige Möglichkeit des Blickes auf die Militärgrenze entwickelte sich bald Konfliktpotenzial.

Die Widerstandsbewegungen zogen sich oftmals jahrelang hin; doch in der Regel war keiner der Seiten an Eskalation gelegen. So fand auch kein Aufstand mehr ein gewaltsames Ende. Ähnlich wie in Deutschland, wo die Bauern nach dem Bauernkrieg von 1525 sogar die Möglichkeit erhalten hatten, vor dem Reichskammergericht zu klagen, ging die Tendenz zur juristischen Konfliktbeilegung auf dem Verhandlungsweg.

Der Quellenbestand zu den bäuerlichen Unruhen spiegelt die schriftsprachlichen Gegebenheiten wider: Korrespondenz der bäuerlichen Gemeinden mit den Grundherren und Behörden war in Lateinschrift auf Kroatisch verfasst. Der Schriftverkehr zwischen Grundherren sowie kroatischen und ungarischen Landesbehörden erfolgte auf Lateinisch. Behörden der Militärgrenze schrieben entsprechend der österreichischen Praxis auf Deutsch.

Die Rebellion von Zrinski und Frankopan

Auch in den Jahrhunderten der größten osmanischen Machtentfaltung in der Frühen Neuzeit bestand keine geschlossene Front zwischen christlichen Staaten auf der einen Seite und Osmanischem Reich auf der anderen. Die unterschiedlichen Beziehungen zu Letzterem waren zugleich ein Faktor des Kräfteverhältnisses der christlichen Mächte untereinander; so entsprachen dem französisch-habsburgischen Gegensatz relativ gute Beziehungen zwischen Frankreich und der Pforte. Sogar in die Interessengegensätze zwischen Hof und Adel konnten die Türken einbezogen werden.

In diesen Zusammenhang ist die *Zrinsko-Frankopanska urota*, die „Rebellion von Zrinski und Frankopan", einzuordnen. Ihre Vorgeschichte beginnt mit dem Türkenkrieg von 1663–64. Kroatische Einheiten hatten türkische Vorstöße Richtung Steiermark und Istrien erfolgreich abgewehrt. Ein Heer unter dem kroatischen Ban Nikola Zrinski drang weit in osmanisches Gebiet, bis Osijek, vor und beschädigte die als technisches Meisterwerk der Türken geltende Brücke über die Drau durch Brandlegung. Sogar der französische König Ludwig XIV. (1643–1715) gratulierte zu diesem Handstreich. Demgegenüber gelang es den Türken, die 1661 von Ban Nikola erbaute Festung Novi Zrinj am Zusammenfluss von Drau und Mur einzunehmen.

Am 1. August 1664 besiegte das österreichische Heer, verstärkt durch französische Hilfsregimenter, bei St. Gotthard an der Raab in Ungarn die türkische Streitmacht. Kaiser Leopold (1658–1705) strebte jetzt nach einem schnellen Friedensschluss, einmal aus finanziellen Gründen, dann, weil für ihn eine gesicherte Position im Westen gegenüber Frankreich Vorrang hatte. Der am 10. August geschlossene Friede von Vasvár schrieb den territorialen *status quo* fest; Österreich war sogar bereit, den Türken eine Kriegsentschädigung zu zahlen.

Ungarischer und kroatischer Adel zeigten sich enttäuscht, dass der Krieg nach dem Schlachterfolg nicht fortgesetzt worden war. Vor allem kursierten Gerüchte, der Friedensvertrag beinhalte eine Klausel über das Durchmarschrecht der Türken in das venezianische Territorium in Oberitalien, stand das Osmanische Reich doch damals mit Venedig im Kandischen Krieg um Kreta. Des Weiteren argwöhnte der Adel, der Wiener Hof habe gar kein Interesse an Territorialgewinnen in Ungarn und Kroatien, denn diese würden nur die Position des dortigen Adels gegenüber den absolutistischen Bestrebungen des Hofes stärken, der seinerseits die politische Partizipation der Stände zurückdrängen wolle. Schon in der Nichtbeteiligung der Stände an den Friedensverhandlungen sah man hierfür einen Beleg.

Unter diesen Umständen begann eine Verschwörung unter der Führung von Nikola Zrinski. Über Vermittlung des französischen Gesandten in Venedig nahm man Kontakte zu Ludwig XIV. auf und bot ihm die Stephanskrone an; zur Absicherung des Herrscherwechsels solle er eine Flotte mit Truppen zum Hafen Bakar schicken.

Zrinski kam am 18. November 1664 bei einem Jagdunfall in der Nähe von Čakovec ums Leben; Nachfolger wurde sein Bruder Petar, Ehemann der Katarina Frankopan. Dessen Verhandlungen mit Frankreich zogen sich hin. 1668 erhielt er eine endgültige Absage, da Frankreich wegen des inzwischen erfolgten Vertrags mit Österreich über die spanische Erbfolge an einer Konfrontation mit dem Kaiser nicht mehr gelegen war. Versuche, die Venezianer gegen das Angebot der Unterstützung im Kandischen Krieg als Verbündete zu gewinnen, scheiterten ebenso, denn Venedig hatte gerade – allerdings unter Verlust von Kreta – mit dem Osmanischen Reich Frieden geschlossen. Pläne, dem neugewählten polnischen König Michael Wiśniowiecki (1669–73) die Stephanskrone anzubieten, erübrigten sich durch die habsburgisch-polnische Annäherung, die sich in der Eheschließung des Königs mit Eleonore, der Schwester Kaiser Leopolds, zeigte. So schien die Rebellionsbewegung aussichtslos, zumal zwei wichtige Förderer in Ungarn gestorben waren und der Wiener Hof über die Vorgänge Kenntnis gewonnen hatte.

Zwei Anlässe bewogen Petar Zrinski zu dem radikalen Schritt, sich an die Osmanen zu wenden. Er erlebte es als Kränkung, dass ihm Auslagen über 3000 Taler zwar erstattet wurden, jedoch mit dem Hinweis, diese Summe werde von seinem Gehalt abgezogen. Als er dann 1668 entgegen seinen Wünschen und Erwartungen nicht selbst zum Kommandanten der Militärgrenze in Karlovac ernannt wurde, vielmehr der österreichische General Johannes Joseph Herberstein dieses Amt erhielt, sandte er seinen Vertrauten Franjo Bukovački zu Sultan Mehmet IV. (1648–87) nach Saloniki und bot ihm die Anerkennung der türkischen Oberherrschaft an.

Die osmanische Seite sollte dafür Zrinski und seine Familie als erbliche Herrscher in den christlichen Gebieten unter osmanischer Oberhoheit, also in Ungarn und Kroatien, anerkennen und im Falle des Aussterbens der Familie die freie Königswahl gestatten. Die Osmanen hätten die ungehinderte Religionsausübung und eigene öffentliche Ämter zuzusichern, d. h. Autonomie zu gewähren. Als Höchstgrenze des Tributes waren 12.000 Taler festgeschrieben. Der Gesandte wurde vom Sultan freundlich empfangen, erhielt vom Wesir jedoch eine ausweichende Antwort, da ihm nicht an einem neuen Krieg mit den Habsburgern gelegen war: Zrinski werde eine Mitteilung über den bosnischen Pascha erhalten.

Aus einem Missverständnis heraus deutete Bukovački die Antwort als Zusage, so dass der Ban glaubte, mit den Aufstandsvorbereitungen beginnen zu können. Sein Schwager Fran Krsto Frankopan, Bruder von Katarina Frankopan, gewann die Bürger der Freistadt Gradec für den Aufstand; das Domkapitel von Zagreb verweigerte allerdings seine Zustimmung. Einzelne Aufstandsaktionen im Lande wurden von General Herberstein schnell niedergeschlagen.

Zrinski und Frankopan gelangten bald zur Einsicht, dass von den Osmanen keine Unterstützung zu erwarten war. Die Möglichkeit zur Flucht auf venezianisches Gebiet oder in das unter türkischer Oberhoheit stehende Siebenbürgen nutzten die beiden nicht. Sie beschlossen vielmehr, nach Wien zu reisen und beim Kaiser um Begnadigung zu bitten; zugleich wollte Petar für sich das Kommando im Generalat Varaždin verlangen.

Noch vor der Ankunft Zrinskis in Wien am 12. April 1670 hatte der Kaiser ihn als Ban abgesetzt und zum Hochverräter erklärt; der Hof wusste über die Verhandlungen mit den Osmanen deshalb Bescheid, weil der Dolmetscher des Sultans zugleich Agent des österreichischen Gesandten an der Pforte war, so dass dieser über die Verhandlungen nach Wien hatte berichten können.

Statt, wie erwartet, freies Geleit zu erhalten, wurden Zrinski und Frankopan auf ihrem Weg nach Wien festgenommen. Der Prozess gegen sie zog sich über ein Jahr hin. Ihre eigenen Aussagen und vor allem die ihres ehemaligen Mitverschwörers Tattenbach, Statthalter in der Steiermark, machten den Schuldspruch unvermeidlich. Gegen eine Begnadigung durch den Kaiser sprach sich vor allem der Kanzler, Fürst Wenzel Lobkowicz, aus, um vor weiteren ähnlichen Rebellionsversuchen abzuschrecken und die Macht der Familien dauerhaft zu brechen. Die Hinrichtung erfolgte am 30. April 1671 in Wiener Neustadt. Der große Besitz der Familien wurde aufgeteilt, ihr Handelsimperium, mit den Häfen Bakar und Novi als Zentren, zerschlagen.

Exkurs: „daß er sich auch meiner wird erbarmen“

Der Abschiedsbrief von Petar Zrinski

Schon in zeitgenössischen Publikationen fanden Rebellion und Hinrichtung von Zrinski und Frankopan lebhaften Widerhall. So erschien bereits 1671 eine deutschsprachige Dokumentation, die auch die Übersetzung des auf Kroatisch verfassten Abschiedsbriefs von Petar Zrinski an seine in Graz inhaftierte Frau Katarina aus dem Geschlecht der Frankopan enthält: „Mein liebes Hertz / du darffst dich über dieses mein Schreiben nicht bekümmern / und alteriren, der Göttlichen Verordnung nach morgen umb 10. Uhr / werden sy mir den Kopff abschlagen / und deinem Brudern zugleich / heut haben wir von ein // ander hertzlich Urlaub genommen / und derowegen / nimme ich auf dieser Welt auch von dir ein ewiges Valete, dich bittend / so ich dich in etwas beleidiget (welches ich weiß) verzeih mir: Gelobt sey GOtt / ich bin zum Tod wol disponirt, und ich entsetz mich nicht / ich hoff in GOtt dem Allmächtigen / welcher mich in die Welt gesetzt / daß er sich auch meiner wird erbarmen / und ich werde ihne bitten (zu welchen ich morgen zu kommen hoffe) daß wir uns vor seinen heiligen Thron in der ewigen Glory befinden / anderst weiß ich weder dem Sohn noch von andern Dispositionen unserer Armuth nichts zuschreiben / ich habe alles dem Göttlichen Willen anheimb gestellt / du wollest dich nicht betrüben / dann es also seyn müssen. In der Neustatt vor dem letzten Tag meines Lebens / den 29. April um 7. Uhr Abends // Anno 1671. GOTT wolle dich / sampt der Aurora Veronica meiner Tochter benedeyen.

Peter Graf von Zrin"

(Aus: Ausführliche und Warhafftige Beschreibung, wie es mit denen Criminal-Prozessen und darauf erfolgten Executionen, wider die drey Grafen Frantzen Nadaßdi, Peter von Zrin und Frantz Christophen Frangepan eigentlich hergangen, Nürnberg: Endter 1617, S. 68–69.)

Die zeitgenössische Übersetzung aus dem Kroatischen „anderst weiß [...] zuschreiben" des kroatischen Originals ist nicht korrekt. Es müsste heißen: „Ich weiß weder für Dich noch für den Sohn noch für jemanden anderen bis zur Beendigung unserer Armut [in Sinne von: unseres armen Lebens] etwas zu schreiben."

Im Geschichtsbild der kroatischen Nationalbewegung seit dem 19. Jh. ist die Rebellion in Übertragung politischer Gegensätze im späten Habsburgerreich als kroatischer Freiheitskampf gegen die deutsche Vorherrschaft gedeutet worden. Sie hat für die nationale Identifikation eine ähnliche Bedeutung erlangt wie die Schlacht am Weißen Berge 1620 mit der Niederlage der böhmischen Stände für die tschechische Nationalbewegung.

Die Gebeine von Zrinski und Frankopan wurden 1919 von Wiener Neustadt nach Zagreb überführt und dort in der Kathedrale beigesetzt. Die Erinnerung an die Rebellion diente als Beitrag zur Definition eines gemeinsamen historischen Erbes für den jungen jugoslawischen Staat – als hätten Zrinski und Frankopan sich für die nationale Sache aller Südslawen eingesetzt.

Blüte und Niedergang von Dubrovnik

Die Republik Dubrovnik stand im 16. Jh. auf dem Höhepunkt ihrer wirtschaftlichen Macht; sie nahm in Handel und Politik eine wichtige Vermittlerstellung zwischen Osmanischem Reich und den christlichen Mächten ein. Bis 1660 erreichten die gewaltigen Stadtbefestigungen ihr endgültiges, dem heutigen Betrachter vertrautes Aussehen. Sie dienten gleichermaßen der Verteidigung wie dem Prestige.

In Folge der Verlagerung und Ausweitung der internationalen Handelsräume auf die Ozeane und wegen der zunehmenden relativen Rückständigkeit Südosteuropas begann im 17. Jh. der allmähliche Niedergang der Stadt. Das Hinterland unter osmanischer Herrschaft büßte seine Rolle als Rohstofflieferant und kapitalkräftiger Absatzmarkt allmählich ein; der einst blühende Bergbau war verkümmert. Seit Venedig im 17. Jh. zudem versuchte, von Split aus Zugang zum Balkanhandel zu gewinnen, wurde diese Stadt zum spürbaren Handelskonkurrenten.

Die Rolle von Dubrovnik als Handelsmacht spiegelt sich im Netz der Konsulate wider, das im 16. Jh. auf die italienische Gegenküste konzentriert war und bis Spanien reichte. Mit der allgemein wachsenden Verbreitung dieser Form des politischen und wirtschaftlichen Interessenschutzes wuchs das Netz noch bis ins 18. Jh., es blieb allerdings, von Lissabon und Odessa abgesehen, auf den Mittelmeerraum beschränkt.

Bei einem Erdbeben 1667 erlitt die Gebäudesubstanz von Dubrovnik schwerste Schäden. Der schlichte Baustil der Hauptstraße Stradun geht auf den damaligen schnellen Wiederaufbau nach einheitlichem Plan zurück. Anstelle der romanischen Kathedrale entstand ein barocker Neubau, eines der wenigen Bauzeugnisse dieses Stils im Küstengebiet, waren doch das 17. und 18. Jh. für Dubrovnik wie auch die Städte unter venezianischer Herrschaft eine Zeit der Stagnation, die, von dem Anlass des Wiederaufbaus von Dubrovnik abgesehen, kaum große Bauvorhaben ermöglichte und erforderte.

Der geschlossene Kreis der Patrizierfamilien war in den vergangenen Jahrhunderten allmählich geschrumpft. Über den äußeren Eindruck der inneren Harmonie hinweg standen sich, ausgehend von einem Mordfall 1589, zwei konkurrierende, von Verwandtschaftsbeziehungen bestimmte Lager gegenüber, die im späten 18. Jh. von Aufklärern der Zeit eher scherzhaft mit Anspielung auf zwei als sehr konservativ geltende Universitäten *salamankezi* und *sorbonezi* (ital. *salamanchesi* und *sorbonesi*) genannt wurden. Um die aristokratische Verfassungsform aufrechterhalten zu können und den wirtschaftlichen Rückhalt des Patriziates abzusichern, wurden 1666 die Heiratsbeschränkungen gelockert. Nach dem Erdbeben durften sich zehn Familien in das Patriziat einkaufen und 1673 weitere fünf. Doch insgesamt blieb die im Spätmittelalter ausgebildete Verfassungsordnung bis zum Ende der Republik 1808 unverändert.

Kulturelles Leben

Die kroatischen Territorien sowohl im Binnenland als auch an der Küste waren eingebunden in das literarische Schaffen von Renaissance und Barock. Wie auch in anderen Regionen Europas der Frühen Neuzeit hatte das Latein neben der Schriftlichkeit in der Landessprache noch immer große Bedeutung als Sprache des literarischen und gelehrten Lebens. Der Mehrsprachigkeit der Textproduktion entsprach die frühe Entfaltung der Lexikographie. Faust Vrančić (1551–1617) veröffentlichte 1595 in Venedig ein lateinisch-italienisch-illyrisch-ungarisches Lexikon mit ungefähr je 5000 Einträgen. Der Name „illyrisch“ steht hier für das Kroatische.

Der Hvarer Patrizier Petar Hektorović (1487–1572), dessen Sommerpalast in Starigrad auf Hvar noch heute steht, verfasste 1555 *Ribanje i ribarsko prigovaranje*, „Fischen und Plaudern der Fischer". In die Rahmenerzählung, eine Fahrt mit den Fischern, sind mündliche Überlieferungen, Aphorismen und didaktische Texte eingebettet; das Werk erschien postum 1578 in Venedig. Hvar war die erste Stadtgemeinde in Europa, die einen festen Theaterraum erhielt; er wurde 1612 über der Halle des Arsenals eingerichtet.

Die Komödien des dem Dubrovniker Patriziat entstammenden Dramatikers Marin Držić (1508 –1567) gehören noch heute zum Standardrepertoire kroatischer Bühnen. Von der Familie zum Geistlichen bestimmt, studierte Držić ab 1538 Philosophie in Siena und stieg dort bis zum Prorektor der Universität auf. Ab 1545 hielt er sich wieder in Dubrovnik auf. 1546–47 stand er in Diensten eines österreichischen Adligen und kam mit ihm nach Wien und Konstantinopel. 1550 zum Priester geweiht, blieb Držić weiterhin zugleich im Verwaltungsdienst der Republik tätig. 1564 übernahm er das Amt des erzbischöflichen Kaplans in Venedig und richtete von hier aus Briefe an den Herzog der Toscana, Cosimo Medici, er möge ihn beim Sturz der derzeitigen Regierung von Dubrovnik unterstützen. Držić ist in Venedig in der Kirche Zanipolo begraben. Die meisten seiner Werke entstanden in den 50er-Jahren, unter ihnen am bekanntesten die nach ihrem Helden benannte Komödie *Dundo Maroje*. Držić stellte sich in die schon standardisierte kroatischsprachige literarische Tradition und griff zugleich Strömungen der damaligen europäischen Literatur auf.

Auch Ivan Gundulić (1589–1638) kam aus einer Patrizierfamilie in Dubrovnik. Seit 1608 gehörte er dem Großen, seit 1636 auch dem Kleinen Rat an und übte verschiedene Ämter in der Republik aus. Er begann als Autor von Melodramen, in denen er antike Stoffe bearbeitete. In den 20er-Jahren wandte er sich religiösen Themen zu. Unter seinen Dramen am populärsten ist sein patriotisch intoniertes und noch heute aufgeführtes Schäferspiel *Dubravka* von 1628. Sein in den 30er-Jahren begonnenes, unvollendet gebliebenes Epos *Osman* lässt sich als Zeitgemälde der Verhältnisse im Osmanischen Reich unter Sultan Osman II. (1618–22) und seiner Beziehungen zu den christlichen Nachbarn lesen.

Die Führer der Adelsrebellion 1666–70, Nikola und Petar Zrinski sowie Fran Krsto Frankopan, haben auch in der Literaturgeschichte ihren Platz gefunden: Im Sinne adligen Lebensstils im Barock verfassten sie lyrische Dichtungen in kroatischer, ungarischer und italienischer Sprache.

In der Frühen Neuzeit kam den geistlichen Orden besondere Bedeutung in der Bildungsarbeit zu. In dem um 1400 gegründeten Paulinerkloster Lepoglava im Hrvatsko Zagorje, nördlich von Zagreb, wurde 1683 ein Studium der Theologie und Philosophie eingerichtet, das bis zur Auflösung des Ordens 1786 Bestand hatte. Die Verleihung von Universitätsrechten 1669 an die 1662 gegründete Jesuitenakademie in Zagreb gilt als Gründungsakt der dortigen Universität. Nach Aufhebung des Ordens in den Ländern der Habsburgermonarchie 1773 verblieb eine Königliche Akademie mit juristischer und philosophischer Fakultät; die theologische Fakultät ging 1784 im Priesterseminar auf. Erst 1874 wurde die Universität wiedereröffnet.

Studenten aus den kroatischen Territorien sind in den frühneuzeitlichen Matrikelbüchern zahlreicher europäischer Universitäten nachgewiesen; beliebteste Studienorte waren Bologna, Wien, Graz und Trnava (dt. Tyrnau) im damaligen Oberungarn, in der heutigen Slowakei.

Zurückdrängung der Osmanen und Militarisierung der Grenze

Der Entsatz des von den Türken belagerten Wien mit Hilfe eines polnischen Heeres 1683 markiert den Wendepunkt im Kräfteverhältnis zwischen Osmanischem und Habsburgerreich: vom Gleichgewicht der Kräfte hin zum allmählichen Rückzug des Osmanischen Reiches. In der nachfolgenden Offensive verdrängten österreichische Truppen bis 1689 die Türken aus Ungarn und Slawonien, ebenso aus dem Hinterland der nördlichen Adriaostküste. Siebenbürgen stellte sich 1683 unter österreichischen Schutz und ging 1690 in habsburgischen Besitz über. Ein österreichisches Heer drang 1690 sogar bis ins Kosovo vor. Als es sich zurückzog, folgte ihm unter der Führung des Patriarchen Arsenije III. Crnojević ein großer serbischer Flüchtlingstreck, der, wie erwähnt, in Südungarn, Srijem und Slawonien, also in der heutigen Vovjodina und Ostkroatien, angesiedelt wurde und hier Glaubensfreiheit genoss.

Nach dem Sieg Prinz Eugens von Savoyen in der Schlacht von Zenta an der Theiß 1697 mussten die Türken im Frieden von Karlowitz (Sremski Karlovci) 1699 den Verlust von Ungarn und Slawonien anerkennen. Im Frieden von Požarevac 1718 erhielt Österreich zusätzlich einen Streifen südlich von Save und Donau einschließlich der Stadt und Festung Belgrad; im Frieden von Belgrad 1739 jedoch musste es die Gebiete südlich der beiden Flüsse einschließlich Belgrads wieder abtreten. Die Save blieb damit – und ist es bis heute – die Grenze zwischen Bosnien und Slawonien. Die bosnisch-kroatische Grenze im Westen erfuhr, von einer geringfügigen Vorverschiebung des kroatischen Territoriums im österreichisch-türkischen Frieden von Svištovo 1791 und kleinen Korrekturen westlich von Bihać im Zeitraum von 1946 bis 1957 abgesehen, seit 1699 keine Veränderungen mehr.

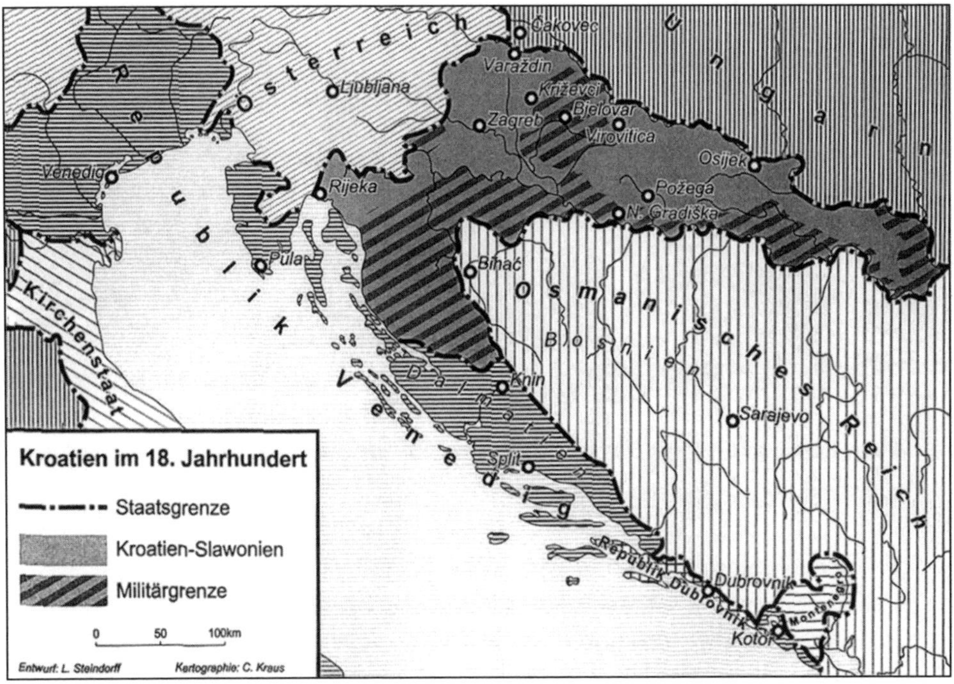

Karte 3. Kroatien im 18. Jh.

Ungefähr gleichzeitig mit den österreichischen Gebietsgewinnen schoben auch die Venezianer ihr Territorium in Dalmatien weiter ins Binnenland vor. 1686 eroberten sie die Festung Knin; die Grenzziehung von 1718 hat sich bis heute als Südwestgrenze von Bosnien gegenüber Dalmatien gehalten. Nur bei Neum gegenüber der Halbinsel Pelješac behielt das osmanische Bosnien-Herzegowina einen kleinen Ausgang zur Adria, da Venedig an keiner gemeinsamen Landgrenze mit der Republik Dubrovnik gelegen war. Auf dem venezianischen Territorium im Hinterland der Küstenstädte Dalmatiens siedelte sich ebenso wie in der österreichischen Militärgrenze teilweise vlachische Bevölkerung orthodoxen Bekenntnisses an, die sich im 19. Jh. national zum Serbentum bekennen sollte. Wie das Gesetz Grimani von 1756 für alle seit 1699 erworbenen Gebiete Dalmatiens verfügte, bestand für die dort lebende bäuerliche Bevölkerung nur ein Nutzungsrecht am Boden, das ausschließlich in männlicher Linie vererbbar war.

Bald nach der Gewinnung Slawoniens durch die Habsburger wurde auch hier, östlich an die alte Grenze anschließend, entlang der Save eine Militärgrenze errichtet; die größte, heute noch in Teilen erhaltene Festungsanlage entstand in Slavonski Brod. Die Grenze setzte sich nördlich der Donau und, nach Norden abschwenkend, auf dem Karpatenkamm bis nach Siebenbürgen fort. Obwohl der

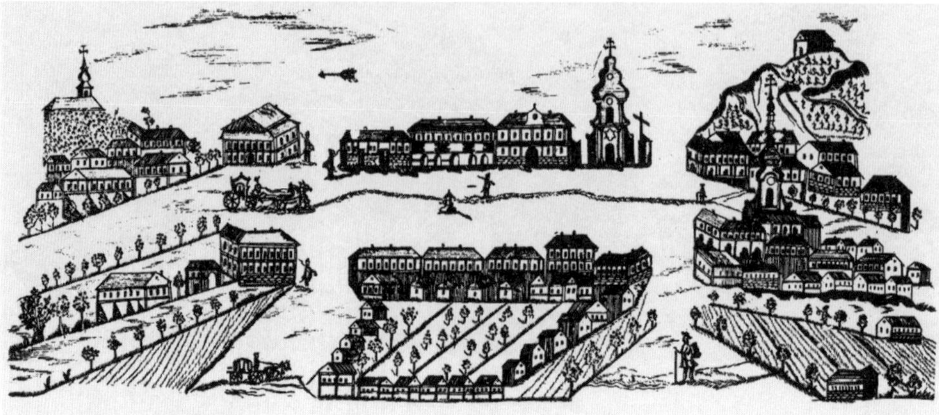

Militär-Kommunität Nova Gradiška in Slawonien. Ausschnitt aus einer Handwerkskundschaft von 1779

alte slawonische Teil der Militärgrenze bis an die Drau nun verteidigungstechnisch seine Funktion verloren hatte, blieb er innerhalb der Grenze. So war Provinzialkroatien, das Territorium in der Zuständigkeit von Landtag und Ban, zweigeteilt: in das alte Gebiet im Westen von der Drau bis an die Adria und in das neue Gebiet in Slawonien entlang der Drau; hier wurden 1745 die alten Gespanschaften Virovitica (jetzt mit Sitz in Osijek), Požega und Srijem erneuert.

Beim Wiederaufbau nach den Verwüstungen während der Rückeroberungskriege erhielten auch die älteren Städte in Ungarn und Slawonien, hier z. B. Požega und Vukovar, eine dominant barocke Prägung. Innerhalb der neuangelegten Festung von Osijek entstand eine barocke Planstadt. Viel bescheidener in ihren Dimensionen ist die 1748 begonnene Stadtanlage von Nova Gradiška (1748–50 unter dem Namen Friedrichsdorf), ca. 20 km nordöstlich der Festung Stara Gradiška, „Alt-Gradiška", die unmittelbar an der Save gegenüber dem einst osmanischen Bosanska Gradiška liegt. Das Patronat der alten katholischen Pfarrkirche St. Theresien in Nova Gradiška verweist auf die Herrscherin zur Gründungszeit, Kaiserin Maria Theresia (1740–80). Slavonski Brod, Nova Gradiška und andere Städte in der Militärgrenze erhielten den privilegierten Status von „Militär-Kommunitäten" und dienten als Handels- und Versorgungszentren für das Umland.

Bei der Rekolonisation Slawoniens außerhalb der Militärgrenze gelangte der größte Teil des Bodens in den Besitz von Adelsfamilien, die neu ins Land gekommen waren oder anderswo residierten. Um nur zwei zu nennen: Die Familie Pejačević stammte aus Bosnien und war 1689 in Ungarn in Dienste der Habsburger getreten; sie erwarb 1732 die Grundherrschaft Našice und errichtete dort ihren noch heute erhaltenen Palast. Karl Philipp von Eltz, Erzbischof von Mainz, kaufte 1737 die Grundherrschaft Vukovar. Hugo Philipp von Eltz (1742–1818) ließ sich dort selbst nieder und führte die Wirtschaft nach dem Muster des Familiengutes Eltville an der Mosel. Das Barockschloss der Grafen von Eltz wurde während der Belagerung von Vukovar 1991 schwer beschädigt und in den Jahren 2008–11 wiederaufgebaut.

Die Organisation in den nach 1700 neu gebildeten Abschnitten der Militärgrenze war von Anfang an stark militarisiert; in den alten Gebieten wurde die bisherige Selbstverwaltung gegen den teils erbitterten Widerstand der Bevölkerung aufgehoben und durch die militarisierte Ordnung ersetzt. Hauptziele waren eine möglichst hohe Rekrutierungsquote und die Selbstversorgung der Grenze: Gerechnet wurde, dass ein Drittel der Männer im Krieg stand – sei es gegen das Osmanische Reich, sei es an Schauplätzen in Mitteleuropa –, ein Drittel im Grenzschutz eingesetzt war und ein Drittel die Höfe bewirtschaftete.

Exkurs: Grenzermentalität

Zum „national-charakter der Croaten“

Unter den spezifischen Bedingungen der Grenz- und Kriegserfahrung, der zumindest in den Gebirgsgegenden schwierigen Lebensbedingungen und der Hauskommunion bildete sich eine besondere Grenzermentalität heraus, die bereits von den Zeitgenossen des 18. Jhs. als solche wahrgenommen wurde. – Der in österreichischen Diensten stehende Herzog Joseph-Friedrich von Sachsen-Hildburghausen (1702–87) verfasste 1737 ein Gutachten über die Militärgrenze und gab hier auch eine Beschreibung vom „national-charakter der Croaten“. Gemeint sind damit offensichtlich die „Bewohner der kroatischen Militärgrenze“, unabhängig von ihrer Zugehörigkeit zur römisch-katholischen, unierten oder orthodoxen Konfession. „Überall sahe ich ein kriegerisches tapferes volk, rohe kunstlose söhne der natur bei schlechter einfacher kost, unter arbeit und fatiquen zur ächten hohen figur des ersten mänergeschlechts, vereint und fest wie die eiche im wald, ohne wartung und cultur empor wachsen, gutherzig und wild, [...]. Und wenn ich bedenke, was die meisterhand eines monarchen, der dies volk schon zu gefährten in kriegsgefahren gehabt hat, aus seinem solchen stoff noch machen kann, so wird mir der wilde muth der Croaten auch dadurch noch schätzbar, dass sie erst durch ihre empörungen ihre beherscher genöthiget, sie kennen zu lernen.“ Der Autor stellt die Grenzer entsprechend den Ideen seiner Zeit geradezu als Vorgriff auf das Rousseausche Ideal von Natürlichkeit dar, und zugleich sieht er im Sinne absolutistischer Staatsziele die Chance, hier ohne Gebundenheit an alte ständische Strukturen die Bevölkerung für den Monarchen dienstbar zu machen.

Zur Sicherstellung dieser Zwecke wurde die Bevölkerung an ihre gegebenen Lebensformen gebunden. Ihr war jetzt der Handel verboten; die Grenzer durften sich nicht in den wenigen Städten des Gebietes niederlassen. Grundlegend für das Funktionieren der Wirtschaft war der Erhalt großer Familienverbände. So wurde das Leben in der „Hauskommunion", kroat. *zadruga*, gesetzlich sanktioniert. Hierbei handelte es sich um eine Form der *joint family*: Die Familien mehrerer Brüder blieben in einem Haushalt und einem Wirtschaftsverband zusammen. Dadurch erhielt zugleich der Vater auch gegenüber den erwachsenen Söhnen und innerhalb der Gesamtfamilie eine besonders starke Stellung.

Die *joint family* war innerhalb Südosteuropas ursprünglich vor allem für wandernde Hirtenverbände charakteristisch und kam deren Arbeitsbedingungen entgegen. Soweit erkennbar, steht die starke Verbreitung dieser Familienform auf den Territorien Kroatiens – sowohl innerhalb als auch außerhalb der Militärgrenze – in enger Verbindung mit den Wanderungs- und Siedlungsbewegungen der Frühen Neuzeit. Der große Solidarverband der Hauskommunion schränkte entsprechend den Intentionen der Militärverwaltung die Mobilität des einzelnen ein und ermöglichte eine besondere Flexibilität bei der Aufgabenverteilung innerhalb der Familie.

In der Geschichte der Militärgrenze vom Ende des 16. bis zum Ende des 18. Jhs. lassen sich einige Hauptentwicklungslinien erkennen: Die Gewichtung verlagerte sich von der bäuerlichen Wirtschaft mit Verteidigungspflicht zum Wehrdienst mit Selbstversorgung. Die Selbstverwaltung wurde von der militärischen Verwaltung verdrängt. Die wirtschaftliche Begründung der Hauskommunion trat hinter die Nutzung als Disziplinierungsmittel zurück. Eine Bevölkerungsgruppe mit sozialrevolutionärem Potenzial wurde zunehmend konservativ. Die ursprünglich ökonomisch günstige Stellung auf Grund der Freiheit von Feudallasten wandelte sich in Folge der Bindung an Grenze und Dienst zur Benachteiligung.

Zivilkroatien im 18. Jahrhundert

Im Sinne merkantilistischer Wirtschaftspolitik des Absolutismus war der Wiener Hof bestrebt, das *Litorale*, das Küstengebiet um Triest sowie zwischen Rijeka und Karlobag, ökonomisch besser zu erschließen und nutzbar zu machen. Ab 1717 wurden hierfür über die bestehende territoriale Gliederung hinweg besondere Behörden in Graz, Wien und an der Küste selbst eingerichtet.

Trotz aller Einzelerfolge in den Reformen erfüllten sich die Erwartungen eines großen Aufschwunges jedoch nicht. Zu unterschiedlich waren die wirtschaftlichen, sozialen und rechtlichen Gegebenheiten in den Teilbereichen; zu schlecht war die Anbindung an das Hinterland – trotz der 1728 fertiggestellten *Carolina*, der Straße von Rijeka nach Karlovac, und trotz der 1770 begonnenen, 1779 fertiggestellten *Josephina*, der Straße von Karlovac nach Senj. So wurden die gemeinsamen Einrichtungen 1776 aufgelöst. In den Jahren 1803–11 wurde an Stelle der *Carolina* die leichter zu befahrende *Louisiana* in privater Finanzierung angelegt.

Die Stadt Rijeka, eines der Zentren des *Litorale* und seit 1719 Freihafen, wurde laut Reskript der Kaiserin Maria Theresia von 1776 durch „Reinkorporation" aus dem Heiligen Römischen Reich deutscher Nation herausgelöst und an Kroatien angeschlossen. Wie früher erwähnt, waren die ostistrischen Gebiete des frühmittelalterlichen Kroatien um 1100 an das Reich gelangt. Seit 1465 gehörte Rijeka den Habsburgern.

Die Bezeichnung als an die ungarische Krone gebundenes *corpus separatum* in einem weiteren Reskript von 1779 bot der ungarischen Statthalterei, der obersten für Ungarn verantwortlichen Behörde, den Anlass, sich Rijeka unmittelbar zu unterstellen. Der Interessengegensatz in der Frage der Rechtsstellung von Rijeka erwies sich in Zukunft immer wieder als Belastung in den Beziehungen zwischen Ungarn und Kroatien.

Die kroatischen Stände hoben durch eine eigene Pragmatische Sanktion von 1712 ihre Eigenständigkeit gegenüber den ungarischen Ständen und dem Wiener Hof hervor. Sie billigten darin die weibliche Erbfolge für die Habsburger, denn es war abzusehen, dass Kaiser Karl VI. (1711–40; als ungar.-kroat. König Karl III.) ohne Sohn bleiben würde. Er bestätigte daraufhin alle Rechte der kroatischen Stände.

Im folgenden Jahre verkündete der Herrscher seinerseits die Pragmatische Sanktion über die Einführung der Primogenitur auch in weiblicher Erbfolge, um seiner Tochter Maria Theresia die Nachfolge zu sichern. An der Bestätigung durch den ungarischen Reichstag 1722 waren auch Gesandte des kroatischen Landtages beteiligt. Obwohl somit die kroatische Pragmatische Sanktion von 1712 durch die Beschlüsse von 1713 und 1722 überlagert war, gilt sie bis heute als einer der zentralen Akte des kroatischen Staatsrechtes.

Funktional in Entsprechung zur ungarischen Statthalterei wurde 1767 ein *Consilium regni Croatiae*, ein „Rat des Königreiches Kroatien" für die Gebiete außerhalb der Militärgrenze eingerichtet. Ihm gehörten der Ban und fünf vom Herrscher, also Maria Theresia, ernannte Ratgeber an. Der Rat hatte seinen Sitz in Varaždin, wohin das Gericht des Bans bereits 1755 übergesiedelt war. Nach dem dortigen Stadtbrand 1776 kehrten die Behörden in die traditionelle Hauptstadt Zagreb zurück.

Die kroatischen Stände sahen in der Bildung des *Consilium* einen Angriff auf die traditionellen Rechte des Landtages und bemühten sich, gestützt von den ungarischen Ständen, um die Wiederauflösung der Einrichtung. Diese erfolgte tatsächlich 1779; die Kompetenzen des *Consilium* gingen jedoch an die ungarische Statthalterei über, die sich kurz vorher Rijeka unterstellt hatte. So brachte die Neuregelung letztlich nur eine weitere Beschränkung der Eigenständigkeit Kroatiens.

KAPITEL 6

Das lange 19. Jahrhundert

Die Zeit der französischen Herrschaft

Die Französische Revolution von 1789 leitete eine Zeit der politischen und gesellschaftlichen Umbrüche ein, die sich bald auch auf die kroatischen Territorien auswirken sollten. Der Reichstag in Pressburg 1792, auf dem Franz I. (1792–1835) zum König gekrönt wurde, bewilligte die ungarischen und kroatischen Mittel für den Ersten Koalitionskrieg gegen das revolutionäre Frankreich, und Truppenkontingente aus der Militärgrenze kamen zum Einsatz.

Nachdem Preußen 1795 aus dem Krieg ausgeschieden war, um freie Hand für die Beendigung des Aufstandes in Polen und die Dritte Teilung Polens zu erhalten, verlagerte sich der Hauptschauplatz der Kriegsführung nach Oberitalien, wo die Österreicher gegenüber den französischen Truppen unter General Napoleon Bonaparte zunehmend in die Defensive gerieten.

Im Vorfrieden von Leoben, geschlossen am 18. April 1797, war vorgesehen, dass Österreich die habsburgischen Niederlande – also ungefähr das heutige Belgien – und das 1714 erworbene Herzogtum Mailand an Frankreich abtreten und dafür mit einem Teil des Territoriums der Republik Venedig entschädigt werden sollte. Venedig hatte sich während des Krieges neutral verhalten. Doch waren französische Truppen in das Gebiet einmarschiert, woraufhin in Venedig selbst revolutionäre Unruhen begannen.

Das Kompensationsgeschäft bildet einen Analogfall zur Ersten Teilung Polens 1772: Der Interessenausgleich zwischen zwei Mächten erfolgte zu Lasten einer dritten, neutralen Macht. Die Beschlüsse des Vorfriedens von Leoben wurden, in Einzelheiten zu Ungunsten Österreichs verändert, am 17. Oktober 1797 in Campo Formio sanktioniert; drei Monate später zogen die Österreicher in Venedig ein.

Schon nach dem Vorfrieden von Leoben hatten österreichische Truppen die venezianischen Besitzungen an der Adriaostküste eingenommen, sowohl Westistrien als auch Dalmatien und Venezianisch Albanien. Die Wiener Regierung ging nicht auf Bitten dalmatinischer Repräsentanten ein, Dalmatien mit

Kroatien-Slawonien zu vereinigen, d. h. die kroatisch-dalmatinische Einheit aus dem Mittelalter wiederherzustellen, wie sie noch immer in der Intitulatio des Kaisers erhalten war: „[...] König von Ungarn; König von Kroatien, Dalmatien und Slawonien; [...]." – Von einzelnen Reformen im Gerichtswesen abgesehen, bedeutete diese erste österreichische Herrschaft noch keinen Einschnitt in die traditionellen Strukturen der im Spätmittelalter ausgebildeten kommunalen Gesellschaften.

Nachdem das russische und das österreichische Heer in der Dreikaiserschlacht bei Austerlitz 1805 eine vernichtende Niederlage gegen Napoleon erlitten hatten, endete der Dritte Koalitionskrieg mit dem Frieden von Pressburg vom 26. Dezember 1805. Österreich musste nun die 1797 erhaltenen Gebiete der ehemaligen Republik Venedig an das 1805 gebildete, in Personalunion mit Frankreich stehende Königreich Italien abtreten.

Bei der Durchsetzung des Herrschaftsanspruches an der Adriaostküste sahen sich die Franzosen vor der Schwierigkeit, dass Zar Alexander I. (1801–25) als Verbündeter Österreichs ein Truppenkontingent entsandt hatte, welches gemeinsam mit Montenegrinern das Gebiet um die Bucht von Kotor, also das ehemalige Venezianisch Albanien, besetzt hielt; außerdem operierte von der Insel Korčula aus eine russische Flotte in der südlichen Adria. Um einen weiteren Ausbau der russischen Positionen zu verhindern, besetzten französische Truppen 1806 ungeachtet der Neutralität der Republik von Dubrovnik deren Territorium.

Erst nach der Normalisierung der französisch-russischen Beziehungen im Frieden von Tilsit 1807 zog sich die russische Flotte aus der Adria zurück, und die Franzosen konnten auch die südlichen Gebiete unter ihre Kontrolle bringen. In einem Dekret von 1808 hob der französische Oberbefehlshaber in Dalmatien, Marschall Auguste Marmont, die Republik Dubrovnik auf und inkorporierte ihr Territorium in das Königreich Italien. Der Akt ergab sich aus aktuellem Anlass und diente der territorialen Arrondierung, doch zugleich war er zeittypisch: Die Jahre der Napoleonischen Kriege brachten das Ende der im Mittelalter ausgebildeten Stadtrepubliken in Italien, der meisten Freien Reichsstädte in Deutschland und eben auch der Republik Dubrovnik.

In Dalmatien begann während der Zugehörigkeit zum Königreich Italien unter der Leitung des Providurs Vincenzo Dandolo (1758–1819) eine intensive Reformarbeit. Dem alten venezianischen Adelsgeschlecht der Dandolo entstammend, versah der Providur seinen Dienst für das Königreich Italien unter den Prämissen aufklärerischen Denkens. So wird Dandolos Wirken trotz seines Strebens nach Italienisierung des öffentlichen Lebens in Dalmatien auch in der kroatischen Historiographie durchgängig positiv gewürdigt. Insbesondere trägt hierzu die Erinnerung daran bei, dass der Providur ein parallel zweisprachig gedrucktes Amtsblatt herausgab: *Il regio Dalmata / kraglski Dalmatin*; es war die erste kroatischsprachige Zeitung.

Dandolo hob alle Sonderrechte und Privilegien der einzelnen Stadt- und Landgemeinden auf und ermöglichte so den Aufbau einer einheitlichen Verwaltung für ganz Dalmatien. Der Verwaltung des Providur in Zadar stand als Legislative der *Consiglio generale* zur Seite. Nach dem Grundsatz der Gewaltenteilung wurde die Unabhängigkeit der Gerichte gesichert. Folter und körperliche Züchtigung wurden abgeschafft, die Todesstrafe nach französischem Vorbild durch die Guillotine vollzogen. Im Rahmen der Gesundheitsfürsorge führte Dandolo die Pockenimpfung ein, ordnete das Friedhofswesen und eröffnete Krankenhäuser. Zur Förderung der Bildung gründete er in Zadar ein *lycée* mit Hochschulcharakter. Sieben Gymnasien und 19 Grundschulen für Jungen, 14 für Mädchen wurden eingerichtet.

Das „Gesetz Grimani“ von 1756 wurde annulliert; der Boden ging in das Eigentum der bisherigen Nutznießer über; die darauf liegende Naturalsteuer blieb allerdings erhalten. Ansonsten verfolgte die französische Verwaltung jedoch eine vorsichtige Politik in der Bodenfrage; das Kolonat wurde nicht angetastet. Verschiedene Maßnahmen, so die Aufhebung von Beschränkungen des Tabakanbaus, dienten der Wirtschaftsförderung. Zur Sicherung der Versorgung förderte Dandolo den Kartoffelanbau, initiierte Brunnen- und Straßenbau. Die unter der französischen Herrschaft begonnene Aufforstung fand in der österreichischen Zeit nach 1815 ihre Fortsetzung. Die das heutige Landschaftsbild von Festland und Inseln mitprägenden Waldungen gehen großenteils erst auf das 19. Jh. zurück.

Die Kirchenpolitik war vom Anspruch der Säkularisierung und der Gleichbehandlung der Konfessionen geleitet. Die meisten Bruderschaften wurden aufgelöst; die Führung der Standesbücher ging an die zivilen Behörden über. – Die orthodoxe Bevölkerung im Hinterland des venezianischen Territoriums war bis jetzt ohne eigene Kirchenorganisation gewesen. Die bestehende Jurisdiktion der katholischen Hierarchie über sie wurde 1808 aufgehoben; zwei Jahre später wurde eine Eparchie mit Sitz des Bischofs in Šibenik eingerichtet.

Die Reihe der Maßnahmen erinnert an die Modernisierungspolitik im revolutionären Frankreich selbst und in den deutschen Staaten jener Zeit. Eine ähnliche Reformpolitik betrieb auch der Präfekt Calafati in Istrien. Doch über alle positiven Ansätze hinweg erlebte die Bevölkerung die französische Herrschaft wegen der hohen Steuerbelastung, der Rekrutierungen und der kriegsbedingten wirtschaftlichen Not als Belastung und als Fremdherrschaft.

1809 riskierte Österreich den Fünften Koalitionskrieg, der mit einer erneuten Niederlage endete. Auch die begleitenden Aufstände gegen die Franzosen und ihre Verbündeten blieben erfolglos. So musste Österreich im Frieden von Schönbrunn erhebliche Gebietsverluste hinnehmen. Das westliche Kärnten, Krain einschließlich Görz und Ostistrien sowie die Gebiete Provinzialkroatiens und der Militärgrenze südlich der Save kamen an Frankreich. Westistrien und Dalmatien wurden nun aus dem Königreich Italien herausgelöst und mit den Neuerwerbungen zu den *Provinces illyriennes*, den Illyrischen Provinzen, zusammengefasst.

Gouverneur der Provinzen, die unmittelbar zum Kaiserreich Frankreich gehörten, wurde Marschall Auguste Marmont, der schon 1808 von Napoleon den Titel eines *duc de Raguse*, „Herzog von Ragusa", erhalten hatte. Hauptstadt und Verwaltungszentrum der Provinzen war Ljubljana. Marmont setzte die von Dandolo begonnene Reformpolitik in Schulwesen und Verwaltung fort. Er führte im Zivilrecht den 1808 verkündeten Code Napoléon ein. Für die kroatischen Gebiete sah er im regionalen Amtsverkehr Kroatisch – statt Latein und Deutsch – als Amtssprache vor; nur im Schriftverkehr mit den übergeordneten Behörden war Französisch vorgeschrieben.

Die Militärgrenze war für die französische Verwaltung als Rekrutierungsreservoir von größtem Nutzen; sie behielt deshalb auch innerhalb der Illyrischen Provinzen ihren besonderen Status, nur dass an die Stelle des österreichischen nun das französische Reglement trat.

Die französische Herrschaft 1805–13 war nach Jahren gerechnet nur eine kurze Episode in der Geschichte der kroatischen Territorien; viele der Reformen erlangten keine Wirksamkeit oder wurden rückgängig gemacht. So gelangte die Führung der Standesbücher nach 1815 wieder in die Hände der Pfarreien statt der Zivilbehörden. Dennoch öffnete die französische Zeit für Dalmatien und Istrien den Weg in die Moderne.

Als nach dem gescheiterten Feldzug Napoleons 1812 nach Moskau und der Völkerschlacht bei Leipzig 1813 das Ende der französischen Vorherrschaft in Europa abzusehen war, besetzten österreichische Truppen Dalmatien und Istrien. Auf dem Wiener Kongress 1815 wurde weder die Republik Venedig noch die Republik Dubrovnik wiederhergestellt; beide Territorien kamen an Österreich.

Aus Venezianisch Dalmatien, Dubrovnik und Venezianisch Albanien wurde nun die Provinz Dalmatien mit der Hauptstadt Zadar gebildet. Die provinzialkroatischen und österreichischen Gebiete der ehemaligen Illyrischen Provinzen blieben im Königreich Illyrien, das unmittelbar der Wiener Verwaltung unterstand, zusammengefasst. Erst auf Drängen des kroatischen Landtages und des ungarischen Reichstages wurden die kroatischen Gebiete aus dem Königreich Illyrien 1822 herausgelöst, Provinzialkroatien in seinem alten Umfang von der Drau bis an die Adria wiederhergestellt. Ohne je wirklich als Verwaltungseinheit funktioniert zu haben, wurde das seit 1822 auf die Gebiete innerhalb Österreichs reduzierte Königreich Illyrien 1849 aufgelöst.

Eine der ersten Reformen unter österreichischer Herrschaft betraf die in Abstimmung mit Rom durchgeführte Beseitigung der zersplitterten Kirchenorganisation im Küstengebiet; 1828 wurde eine Reihe kleiner Bistümer aufgehoben, das Bistum Kotor nun aus der Zugehörigkeit zur Kirchenprovinz Bari gelöst. Parallel zur Rolle als politisches Zentrum wurde Zadar kirchliche Metropole Dalmatiens; die Bistümer im Österreichischen Küstenland einschließlich Istrien unterstanden nun dem Erzbischof von Gorizia (dt. Görz).

Der Illyrismus und seine Vorgeschichte

Die Anfänge der kroatischen Nationalbewegung und der Ausbildung des modernen Nationalbewusstseins fallen in die erste Hälfte des 19. Jhs. und verschränken sich mit der Entwicklung der Sprachfrage. Im Vergleich zur deutschen historischen Erfahrung, die von der Gewissheit der Eigenheit der deutschen Sprache und ihres Namens „deutsch“ hat ausgehen können, ist die Sprache für die kroatische nationale Identität bis heute von ungewöhnlich großer Aktualität geblieben.

Die Stabilität der offiziellen, historisch gewachsenen Sprachpraxis in Ungarn und Kroatien wurde erstmals unter Kaiser Joseph II. (1780–90) aufgehoben: Im Geiste des aufgeklärten Absolutismus war er um Zentralisierung und Vereinheitlichung auch im sprachlichen Bereich bemüht; deshalb erließ er 1784 ein Gesetz über die stufenweise Einführung der deutschen Amtssprache anstelle des Lateins auch in den Ländern der Stephanskrone. Die Herstellung von Gleichheit erfolgte jedoch mittels Ungleichbehandlung: Nur eine Seite sollte sich an die andere Seite anpassen; Vorrang und Überlegenheit der deutschen Sprache waren impliziert.

Das Gesetz wurde zwar wie viele von Josephs Reformen nach seinem Tod 1790 zurückgenommen; doch nun war in Gegenreaktion das ungarische Sprachbewusstsein erstarkt. Franz I. musste 1792, um vom ungarischen Reichstag die Bewilligung der Mittel für den Ersten Koalitionskrieg zu erlangen, seine Einwilligung dafür geben, dass Ungarisch im ungarischen Schulwesen zum Pflichtfach, in Kroatien zum freiwilligen Fach wurde. In den folgenden Jahrzehnten war die ungarische Politik bestrebt, Ungarisch als offizielle Sprache in allen Ländern der Stephanskrone, also auch in Kroatien, durchzusetzen und die Rechte des kroatischen Landtages sowie des Bans weiter zu beschneiden; eine eigenständige kroatische Landesverwaltung gab es ja schon seit 1779 nicht mehr.

In der Sprachfrage war die kroatische Seite, hierin gestützt von Wien, an der Bewahrung des *status quo*, d. h. an der Beibehaltung des Lateins als Amtssprache für Ungarn wie Kroatien, interessiert. Um allerdings beim Stand der Dinge die Chancen von Kroaten im Staatsdienst zu verbessern, beschloss der Landtag 1827, Ungarisch zum Pflichtfach in kroatischen Schulen zu machen. Gerade weil der Beschluss auf die politische Affirmation Kroatiens gegenüber Ungarn abzielte, verweigerte der ungarische Reichstag 1830 die Sanktionierung. Erst allmählich entwickelte sich das Streben, Kroatisch selbst als offizielle Sprache einzuführen. 1843 hielt der später als Historiker bekannt gewordene Ivan Kukuljević-Sakcinski (1816–89) erstmals im Landtag eine Rede auf Kroatisch, und 1847 beschloss der Landtag den regelmäßigen Gebrauch dieser Sprache.

Die politischen Auseinandersetzungen in der Sprachfrage waren eng verbunden mit der „kroatischen nationalen Wiedergeburt" 1835–48, auch „Illyrismus" genannt. Träger der Bewegung waren durchweg junge Angehörige der bürgerlichen Intelligenz. Aus dem Adel kam allein Graf Janko Drašković (1770–1856), der schon an den Napoleonischen Kriegen teilgenommen hatte. 1832 veröffentlichte er seine an die zukünftigen kroatischen Abgeordneten im ungarischen Reichstag gerichtete *Disertatia*; hierin forderte er eine eigene Regierung für Kroatien und den offiziellen Gebrauch des Kroatischen. Als Fernziel proklamierte er die Schaffung eines „großen Illyrien", das neben Kroatien-Slawonien und Dalmatien auch die slowenischen Territorien und Bosnien umfassen sollte. Zur Gewinnung des Adels für die Ideen des Illyrismus verfasste er 1838 auf Deutsch *Ein Wort an Illyriens hochherzige Töchter*. Im selben Jahr gründete er die *Ilirska čitaonica*, die „Illyrische Lesegesellschaft". 1832–36 war er kroatischer Gesandter im ungarischen Reichstag.

Der Name „Illyrismus" für die Nationalbewegung knüpfte an die – historisch irrige – Vorstellung einer Kontinuität von den Illyrern zu den Slawen an und schuf eine Brücke zur Antike. Hiervon ausgehend, verfasste der aus einer in Zagreb ansässigen griechischen Kaufmannsfamilie stammende Dimitrije Demeter (1811–72) 1844 das Drama *Teuta*, gewidmet der illyrischen Königin Teuta. Darüber hinaus war der Name „illyrisch" traditionell in Literatur und Verwaltungssprache präsent; das illyrische Wappen mit Stern und Halbmond war bekannt. Die von Napoleon 1806 geschaffene politische Einheit der „Illyrischen Provinzen" hatte den Namen aufgenommen. Die gelehrte Bezeichnung der Sprache als „illyrisch" war seit der Zeit der Renaissance geläufig. Auch Shakespeare kannte die mediterrane Landschaft Illyrien, in der er seine Komödie „Was ihr wollt" spielen ließ. Schließlich war der Name nicht exklusiv: Im engeren Sinne diente er zur Bezeichnung der Kroaten, im weiteren schloss er alle Südslawen von den Slowenen bis zu den Bulgaren ein.

Das Geschichtsbild des Illyrismus finden wir in Ansätzen schon bei frühneuzeitlichen Autoren. Die Reihe beginnt mit dem Dominikaner Vinko Pribojević, der 1525 im Dominikanerkloster von Hvar eine – 1532 dann in Venedig gedruckte – Rede hielt, in welcher er die Illyrer als Vorfahren der Slawen in Südosteuropa sah und auf die Gemeinsamkeit der slawischen Völker abhob. Der aus Senj bei Rijeka stammende Pavao Ritter Vitezović hielt in seiner Schrift *Croatia rediviva* von 1700 den Namen der Kroaten für den ursprünglichen Oberbegriff für die slawischen Völker von der Ostsee bis an die Adria und das Schwarze Meer; auch hier war der Gemeinsamkeitsgedanke angelegt.

Als Beginn der illyrischen Bewegung setzt man zumeist die Herausgabe der Zeitung *Horvatske novine*, „Kroatische Zeitung", mit der Literaturbeilage *Danica*, „Morgenstern", durch Ljudevit Gaj (1809–72) ab 1835, umbenannt 1836 in *Narodne Ilirske novine*, „Illyrische Nationalzeitung", und *Danica Ilirska*, „Illyrischer Morgenstern".

In den folgenden Jahren entstanden die ersten Parteien in Kroatien: die konservative *Horvatsko-ugarska stranka*, „Kroatisch-ungarische Partei", deren Anhänger von ihren Gegnern abfällig *mađaroni* genannt wurden, und die *Ilirska stranka*. Da der Name „illyrisch" 1843 auf ungarisches Betreiben verboten wurde, weil es ein solches Territorium im ungarischen Reichsteil nicht gebe, wählte die Partei den neuen Namen *Narodna stranka*, „Nationalpartei", ohne dass sich an den Anliegen und am Selbstverständnis der Illyrier etwas änderte.

Wie gleichermaßen bei anderen Nationalbewegungen in Europa spielten bei den Illyriern Erweckungslieder eine große Rolle. In ihre Reihe gehört auch die heutige, nach ihrer ersten Zeile benannte kroatische Nationalhymne *Lijepa naša domovino*, „O schönes unser Heimatland". Der von Antun Mihanović (1796–1861) verfasste Text erschien 1835 unter dem Titel *Horvatska domovina*, „Kroatische Heimat", in der *Danica* und wurde ein Jahr darauf von Josip Runjanin (1821–78) vertont. Im selben Jahr wurde in Zagreb die erste Oper mit einem Libretto auf Kroatisch aufgeführt: *Ljubav i zloba*, „Liebe und Boshaftigkeit". Die romantische Handlung spielt im 16. Jh. im Patriziermilieu von Split. Das Libretto wurde von Dimitrije Demeter bearbeitet, Komponist war Vatroslav Lisinski (1819–54).

Bei den Wahlen zur Versammlung der Gespanschaft Zagreb am 29. Juli 1845 erlangten die *mađaroni* dank einer Manipulation der Wahlordnung den Sieg. Als Anhänger der Nationalpartei dagegen in der Oberstadt von Zagreb demonstrierten, schoss das Militär in die Menge, und es gab 13 Tote; die Bestattung drei Tage später geriet zur Massenkundgebung gegen die österreichische und ungarische Politik gegenüber Kroatien. Die „Juliopfer" wurden im kroatischen Nationalbewusstsein zu Märtyrern für die illyrische Bewegung.

Ziel der Illyrier war die Schaffung der kroatischen Nation durch Überwindung des Regionalbewusstseins in den einzelnen Territorien, durch Abmilderung der ständischen Abgrenzung von Adel, Bürgertum, Klerus und bäuerlicher Bevölkerung und schließlich mittels sprachlicher Standardisierung.

Das Dalmatien des Vormärz ist ein Beispiel dafür, wie in der Anfangszeit der Ausformung von Nationalbewegungen einer Vielzahl von Konzepten nebeneinander bestehen konnte: So konkurrierten hier das kroatische, das serbische, das südslawische, das slawo-dalmatinische und das italo-dalmatinische Konzept. Die ersten drei setzten sich, vom historischen Recht und von der Sprache ausgehend, für eine Vereinigung Dalmatiens mit Kroatien-Slawonien ein, während die anderen beiden Konzepte die Region als Raum ihrer Nation definierten. Auf die vereinfachte Konstellation in der 2. Hälfte des 19. Jhs. sei später eingegangen.

Die Sprachfrage im 19. und 20. Jahrhundert

Der kroatische Siedlungsraum ist auf drei Dialektgebiete verteilt, die in der Sprachwissenschaft nach der jeweiligen Lautung des Fragepronomens „was“ benannt sind. *Kajkavisch* (nach dem Fragepronomen *kaj*) wird im Nordwesten um Zagreb gesprochen; es hat, unabhängig von insgesamt klarer Abgrenzung, manche Gemeinsamkeiten mit dem im Westen angrenzenden Slowenischen. Auf *Čakavisch* treffen wir im nördlichen Küstengebiet einschließlich Istriens. *Štokavisch* ist die Sprache in Slawonien, am Ostrand des engeren Kroatien, im dalmatinischen Hinterland und bei den Kroaten in Bosnien und der Herzegowina, also in allen Gebieten, die in der Frühen Neuzeit oder auch noch im 19. Jh. unter osmanischer Herrschaft gestanden oder zur Militärgrenze gehört haben. So sind auch Serben, Montenegriner und Bosniaken Sprecher des *Štokavischen*. Die heutige Verteilung der Dialektgebiete ist Ergebnis der durch das Vordringen der Osmanen verursachten spätmittelalterlich-frühneuzeitlichen Migrationen.

Da alle drei Dialekte eine schriftsprachliche Tradition vorweisen konnten, stellte sich für die Nationalbewegung nun die Frage, was für ein Standard bei der sprachlichen Vereinheitlichung zugrunde zu legen sei. In den ersten Nummern der von Gaj herausgegebenen *Horvatske novine* erschienen die meisten Beiträge, entsprechend der Tradition im Raum des Erscheinungsortes, in kajkavischer Variante, daneben einige in Štokavisch. Doch noch im selben Jahr ging Gaj zur ausschließlichen Verwendung des Štokavischen als Standard über.

Der Weg zu dieser Entscheidung war letztlich längst vorgezeichnet. Auch im Raum des Čakavischen hatte sich das Štokavische, als Schriftsprache gefordert, schon früher durchgesetzt. Obwohl selbst von der Insel Pag im čakavischen Raum stammend, hatte der Jesuit Bartol Kašić (1575–1650) bereits 1604 mit dem Argument der größeren Verbreitung der Variante eine Grammatik auf der Basis des Štokavischen geschrieben; allgemein förderten katholische Geistliche eine Unifizierung in diesem Sinne, um damit alle Katholiken in Bosnien und der Herzegowina, Dalmatien und Kroatien-Slawonien gleichermaßen zu erreichen. Ebenso war, um nur ein weiteres Beispiel zu nennen, die erwähnte *Disertatia* von Graf Janko Drašković auf Štokavisch verfasst.

Exkurs: Eine gelungene Reformation

Die Rechtschreibung nach Ljudevit Gaj

Gaj verwendete in seiner Zeitschrift eine neue, von ihm selbst 1830 entworfene Rechtschreibung. An die Stelle der alten Orthographien, die an der Küste von der italienischen, im Binnenland von der ungarischen und deutschen Praxis beeinflusst waren, trat eine auf das kroatische Lautsystem ausgerichtete Rechtschreibung, in der generell einem Laut ein Buchstabe zugeordnet war. Hierfür nutzte Gaj nach tschechischem Vorbild die diakritischen Zeichen *č*, „tsch“, *š*, „sch“ und *ž* (ein Laut wie in „Garage“). Für den Laut „tch“ (ähnlich wie „tsch“, jedoch mit gestreckter, die Zähne berührender Zunge, stimmlos) setzte er *tj*; doch andere Illyrier verwendeten schon den heute noch gebräuchlichen, aus der polnischen Rechtschreibung entlehnten Buchstaben *ć*. Die stimmhafte Entsprechung zu *ć* wurde bei den Illyriern und in den folgenden Jahrzehnten mit *gj* oder *dj* wiedergegeben. Erst in der Rechtschreibung von 1892 wurde der Buchstabe *đ* für diesen Laut eingeführt; die Verwendung des *dj* ist bei Fehlen eines entsprechenden Zeichensatzes allerdings weiterhin üblich. – Im Vergleich zu den historisch gewachsenen Orthographien im Deutschen, Französischen oder Englischen ist die von Gaj entworfene Rechtschreibung sehr einfach und nach wenig veränderten Regeln bis heute gültig.

Von 1844 bis 1849 erschien in Zadar die Zeitschrift *Zora dalmatinska*, die „Dalmatinische Morgenröte“, herausgegeben von dem Arzt Ante Kuzmanić (1807–79). Die Autoren vertraten die Ideen des Illyrismus und setzten sich für die Vereinigung Dalmatiens mit Kroatien-Slawonien ein. In der Rechtschreibung allerdings verfolgte die Redaktion eine eigene Linie und schloss sich Gaj nicht an.

Die Sprachreformpolitik der Illyrier begegnete sich mit der Arbeit des serbischen Philologen Vuk Karadžić (1787–1864, seit 1813 meistens in Wien ansässig). Er arbeitete schon seit 1818 an einer Normierung und Modernisierung des Serbischen. Während die bis dahin geläufige Schriftsprache voll von archaischen Kirchenslawismen und Einflüssen des Russischen war, orientierte sich die neue Schrift- und Literatursprache an der mündlichen Volkssprache. Außerdem nahm Karadžić eine Rechtschreibreform für das Kyrillische vor, um es dem modernen Lautbestand des Serbischen anzupassen. Im Ergebnis waren die von ihm entworfene kyrillische Rechtschreibung und die etwas jüngere von Gaj entwickelte lateinische Rechtschreibung weitgehend isomorph, d. h. sie waren Buchstabe für Buchstabe austauschbar. Die 1850 von kroatischen und serbischen Philologen unterzeichnete „Wiener Absprache" bestätigte die sich gegenseitig ergänzenden Normierungen.

Was jedoch die ideologischen Konzeptionen betrifft, ist zwischen den Illyriern einerseits und Karadžić andererseits klar zu trennen. Der Illyrismus zielte, wie im offenen Namen angezeigt, auf eine sprachlich begründete kulturelle Verbindung und Kommunikation unter den Südslawen. Doch er stellte die historischen Abgrenzungen und staatsrechtlichen Gegebenheiten nicht in Frage: Die Verbundenheit Kroatiens mit Ungarn und die Herrschaft der Habsburger waren Prämissen; der Illyrismus setzte sich für die Gleichrangigkeit der kroatischen Nation gegenüber der ungarischen ein. Sein Anliegen war es, an die Stelle des im kulturellen Leben immer noch stark vertretenen Deutschen das Kroatische treten zu lassen.

Bei Karadžić hingegen verknüpften sich Sprachpolitik und nationale Vereinnahmung. Schon in der 1836 verfassten Schrift *Srbi svi i svuda*, „Serben alle und überall", ging Karadžić von der Prämisse aus, alle Štokavisch Sprechenden seien Serben; Katholiken und bosnische Muslime seien sich dessen lediglich nicht mehr bewusst. Allein in den Čakavisch Sprechenden sah er Kroaten; die kajkavischen Sprecher ordnete er den Slowenen zu. Entsprechend seinem Modell bezeichnete er seine Sammlungen der štokavischen mündlichen Literaturüberlieferung durchgängig als „serbisch", auch wenn Werke aus katholischem oder muslimischem Umfeld stammten.

Man sollte in Karadžić ein Kind seiner Zeit sehen, in der manche sich gegenseitig ausschließende nationale Visionen entstanden. So ist es kaum gerechtfertigt, Karadžić selbst schon als Initiator einer großserbischen, von Serbien ausgehenden Expansionspolitik anzusehen. Unbestritten ist jedoch die Instrumentalisierung seiner Konzepte dafür. Die Westgrenze des štokavischen Sprachraumes von Karlobag an der Küste über Karlovac und Sisak bis Virovitica an der Drau wurde als genuin serbisches Gebiet proklamiert; noch im Krieg 1991 nannten serbische Politiker und Militärs die Erlangung dieser Linie als Kriegsziel.

Die sprachliche Standardisierung bei Kroaten und Serben war bis zum Ende des 19. Jhs. abgeschlossen. Übergreifende Bezeichnungen für die kroatische und die serbische Variante wie „illyrisch" oder auch „jugoslawisch" setzten sich nicht durch. Schon vor 1918 wurde auch im amtlichen Gebrauch Österreich-Ungarns die gemeinsame Sprachbezeichnung „Serbokroatisch“ oder „Kroatoserbisch“ üblich. Als übergreifenden wissenschaftlichen Terminus findet man auch die Bezeichnung „Neuštokavisch“.

Unter dem Aspekt, dass sich Kroaten, Muslime, Serben und Montenegriner alle untereinander verständigen können, sprechen sie dieselbe Sprache. Doch jeder Sprecher und Schreiber ist an die Wahl einer der normierten Varianten gebunden, die dann mit großer Wahrscheinlichkeit auf das nationale Bekenntnis schließen lässt. Die Varianten unterscheiden sich durch das Schriftsystem: Kroaten, inzwischen auch Muslime-Bosniaken, schreiben durchgängig in Lateinschrift, Serben in der Regel kyrillisch. Sowohl die nationale Abgrenzung im letzten Vierteljahrhundert als auch die inzwischen gegebene Möglichkeit zur elektronischen Textverarbeitung auf Kyrillisch haben dessen Verwendung gegenüber den vergangenen Jahrzehnten in Serbien und in der Republika Srpska sogar wieder zunehmen lassen. Demgegenüber wird in Montenegro parallel zur Affirmation der staatlichen Unabhängigkeit in jüngster Zeit die Lateinschrift immer üblicher.

Die Lexik der kroatischen und serbischen Standardsprache unterscheidet sich gerade in manchen häufig gebrauchten Wörtern: kroat. *kruh*, serb. *hleb* für „Brot“, kroat. *vlak,* serb. *voz* für „Zug“. In der Phonologie liegt der Hauptunterschied in der verschiedenen Weiterentwicklung des altslavischen *ě*; der kroatische Standard ist die *Ijekavica* mit der Entwicklung zu *ije*, der serbische die *Ekavica*, z. B. *vrijeme* gegenüber *vreme*, „Zeit“. Während in der kroatischen Syntax der Infinitiv produktiv ist und Infinitivsätze geläufig sind, ist er im Serbischen zurückgedrängt; die Aussage wird durch „dass“-Nebensätze wiedergegeben.

Die gemeinsame Sprache war eine der Klammern des 1918 gegründeten jugoslawischen Staates. Das Projekt der vollkommenen sprachlichen Unifizierung durch einheitlichen Gebrauch der *Ekavica* und der lateinischen Schrift erwies sich als nicht realisierbar. Allerdings hat es während der ganzen Bestehenszeit des Staates nur formelle Gleichberechtigung der Varianten gegeben. Stets war die Tendenz gegeben, die serbische Variante als übergreifende „Staatssprache“ durchzusetzen und die kroatische Variante als Provinzialismus zurückzudrängen. Die Sprachpolitik entsprach der Ambivalenz des jugoslawischen Staates zwischen dem Erscheinen als Bund gleichberechtigter Nationen (bzw. der Idee einer einzigen „dreinamigen Nation“ der Serben, Kroaten und Slowenen) und als Rahmen für die Erfüllung großserbischer Ziele zu Lasten der anderen Nationen im Staat.

Die Problematik des gemeinsamen Doppelnamens „Serbokroatisch“ liegt darin, dass er das Fehlen einer nationalen Differenzierung zwischen Serben und

Kroaten suggerieren kann. Wie im Alltagssprachgebrauch im Lande selbst auch früher stets üblich – nur gegenüber Ausländern nannte man seine Sprache vielleicht „Serbokroatisch“ oder „Jugoslawisch“ –, ist deshalb die Bezeichnung der Sprache in Entsprechung zur Nationalität der Sprecher die beste Lösung: Kroatisch, Serbisch, Bosnisch, Montenegrinisch.

Seit der Auflösung Jugoslawiens ist die Sprachpolitik in Kroatien – wie ebenso bei den Bosniaken in Bosnien-Herzegowina – ein Mittel nationaler Affirmation geworden. Der in der Ära Tuđman geförderte extreme Sprachpurismus hat dabei manchmal kuriose Züge angenommen. Doch die Legitimität der politischen Entscheidung, die in den vergangenen Jahrzehnten gegebene Tendenz zur „serbokroatischen“ Unifizierung des Wortschatzes aufzuhalten und unterscheidende Merkmale gegenüber den anderen Varianten zu stützen, ist damit nicht grundsätzlich in Frage gestellt.

Im Bereich der Lexik wird diese Entwicklung durch die Transformation im politischen System, in Verwaltung, Recht und Wirtschaft begünstigt, werden doch hierfür neue Begriffe in großer Zahl benötigt. Gerade vor dem Hintergrund, dass die Erneuerung der bürgerlichen Rechtsordnung mit dem Wiederanknüpfen an die Rechtstraditionen aus der Zeit vor dem Sozialismus verbunden war, ergab sich geradezu zwangsläufig der fallweise Rückgriff auf historisch gewachsene ältere Terminologien. – So wird die gegenseitige Verstehbarkeit zwischen Kroaten, Serben, Bosniaken und Montenegrinern zwar gewiss erhalten bleiben, doch die Unterscheidbarkeit der Varianten dürfte weiter zunehmen.

Die Revolution 1848/49

Wie die liberale Bewegung des Vormärz in Deutschland gehört auch der Illyrismus in Kroatien schon zur Vorgeschichte der Revolution 1848/49. Als Zündfunke der revolutionären Bewegung in Europa wirkte die französische Februarrevolution 1848; es folgten die Erhebungen in Preußen und den anderen deutschen Staaten. Die Revolution in Kroatien war in ihrem Verlauf auf das Engste mit der Entwicklung in Ungarn, Wien und Prag verbunden. Viel stärker als in Deutschland wurde die Erinnerung an die Revolution 1848/49 in Kroatien wie auch Ungarn schon im 19. Jh. zum wichtigen Mittel nationaler Integration.

Über das Anliegen von Demokratisierung und Abbau ständischer Gliederungen hinaus verfolgten alle Revolutionen außer der in Frankreich das Ziel nationaler Emanzipation. Im Deutschen Bund bemühte sich die Versammlung in der Frankfurter Paulskirche um die nationale Einigung; im Habsburgerreich strebten die einzelnen Nationen nach Verselbständigung, ohne allerdings – von der späten Phase der ungarischen Revolution abgesehen – den Erhalt des gesamtstaatlichen Rahmens und die Dynastie der Habsburger in Frage zu stellen. Am ausgeprägtesten waren die Bewegungen bei Ungarn, Kroaten, Tschechen und bei den Serben in der Vojvodina.

Die Konstellation war dadurch konfliktträchtig, dass die ungarische Nationalbewegung zwar in Defensive gegenüber den konservativ-zentralistischen, deutsch dominierten Führungsschichten im Habsburgerreich stand, doch sich ihrerseits offensiv gegenüber den slawischen Nationalbewegungen in der ungarischen Reichshälfte verhielt. Die Nationalbewegung zeigte ambivalente Züge zwischen der Idee der Nation aus allen Bürgern Ungarns unabhängig von hergebrachten Sprachen und Traditionen einerseits und dem offensichtlichen Ziel auf der anderen Seite, die Dominanz der sprachlich-ethnisch definierten ungarischen Nation zu erreichen und die Entfaltung anderer Nationalbewegungen möglichst weitgehend einzuschränken.

Am 22. Februar 1848 hatte in Paris die Februarrevolution begonnen. Unter ihrem Eindruck hatte der ungarische Reichstag die Forderung nach einer Verfassung für Ungarn erhoben, die Kaiser Ferdinand I. am 15. März zusagte. Nun lag es im Interesse des Wiener Hofes wie auch der kroatischen Nationalbewegung, dass sich Ungarn politisch nicht allzu sehr emanzipierte. Ein Mittel hierzu war, die politische Stellung Kroatiens wieder aufzuwerten, das seit 1845 vakante Amt des Ban wiederzubesetzen und Kroatien neben dem Landtag eine eigene Regierung zu geben, hatten doch die Aufgaben der Exekutive seit 1779 bei der ungarischen Statthalterei gelegen.

Der Kaiser berief am 23. März Graf Josip Jelačić zum Ban. Jelačić, geboren 1801 in Petrovaradin bei Novi Sad, hatte bis dahin eine Karriere als Offizier in der Militärgrenze durchlaufen und war als Sympathisant der Illyrischen Bewegung sowie der aus ihr hervorgegangenen *Narodna stranka*, der „Nationalpartei“, bekannt. Zwei Tage später, am 25. März, wählte eine von Ljudevit Gaj und Ivan Kukuljević einberufene, unter dem Vorsitz von Graf Janko Drašković tagende Landesversammlung Jelačić per Akklamation zum Ban, sodass er doppelt legitimiert war. Jelačić selbst berief sich später stets nur auf die Ernennung durch den Kaiser.

Diese Landesversammlung nahm die *Zahtjevanja naroda*, einen Katalog mit „Forderungen der Nation“, im Namen der „slawischen Nation des dreieinigen Königreiches“ an, die dem Kaiser zur Bestätigung vorgelegt werden sollten. Neben dem klassischen Katalog der Freiheitsrechte sind hier die Vereinigung von Kroatien-Slawonien und Dalmatien, deren Regierung durch ein eigenes Ministerium und die Integration der Militärgrenze in die Verwaltungsstrukturen Kroatiens angesprochen. Der letzte der 30 Punkte bezieht sich auf die Aufhebung des Zölibates und „die Einführung der Volkssprache in der Kirche nach althergebrachtem kroatischem Recht und Gewohnheit“; hiermit nahmen die Forderungen auf die glagolitische Tradition Bezug.

Am 18. April schrieb der Ban Wahlen zum Landtag, zum *Sabor*, wörtlich „Versammlung“, aus; wahlberechtigt waren neben dem Adel Gelehrte, Beamte, Bürger mit Immobilienbesitz und die Dorfältesten; die Virilisten, d.h. hohe geistliche und weltliche Amtsträger und Vertreter einzelner Adelsfamilien, die traditionell einen ständigen Sitz im Landtag hatten, erhielten ihre Einladung. Um den Ungarn keine Gelegenheit zur Schaffung von *faits accomplis* zu geben und dem Landtag die Entscheidung über das Verhältnis zu Ungarn zu überlassen, verbot Jelačić am 19. April allen kroatischen Behörden jeden Kontakt zu ungarischen Instanzen.

Schon Joseph II. hatte 1785 die bäuerliche Hörigkeit, d.h. die personenrechtliche Bindung an den Grundherrn, aufgehoben. Nun verkündete Jelačić am 25. April das kaiserliche Dekret über die Abschaffung von Frondiensten und Abgaben an die Grundherren in Kroatien-Slawonien; damit fand auch hier das Zeitalter der „Zweiten Leibeigenschaft“ sein Ende.

Während die „Forderungen der Nation“ vom 25. März noch den Wunsch nach Verbleib „unter der ungarischen Krone“ enthalten hatten, ging der neugewählte Landtag, der am 5. Juni erstmals zusammengetreten war, hiervon ab. Im Sinne des Austroslawismus verlangte er die Umbildung der Monarchie in eine Föderation, in der Kroatien-Slawonien und Dalmatien einschließlich der Militärgrenze gemeinsam mit der serbischen Vojvodina und den slowenischen Territorien eine der föderalen Einheiten bilden würden.

Bis Juni 1848 nahm Wien eine schwankende Haltung ein, ob es die kroatische Eigenständigkeit gegenüber Ungarn stützen oder zu Lasten Kroatiens an Ungarn Zugeständnisse machen solle, um den österreichisch-ungarischen Konflikt abzumildern. Zur dauerhaften Entscheidung gegen letztere Option kam es nach dem 20. Juni. An diesem Tag hatte Jelačić, wie man ihn gebeten hatte, einen Aufruf an die in Oberitalien an der piemontesischen Front stehenden Soldaten aus der Militärgrenze gerichtet, sich nicht der Revolution zuzuwenden und weiter treu zum Kaiserhaus zu stehen. Als der Aufruf die erwünschte Beruhigung der Stimmung bei den Grenzern bewirkte, wurde Jelačić zum Hoffnungsträger der Konservativen und erhielt politische Unterstützung von Wien gegen die ungarische Bewegung.

Am 11. September schließlich marschierte ein von Jelačić geführtes Heer mit Billigung Wiens wie auch der kroatischen Nationalbewegung in Ungarn ein. Der Versuch, durch Zeigen der kaiserlichen statt der kroatischen Fahne die ungarische Bevölkerung für sich zu gewinnen, schlug fehl. Der Vormarsch auf

Buda wurde in der Schlacht von Pákozd und Velencze bei Székesfehérvár (dt. Stuhlweißenburg) am 29. September gestoppt; die Kriegsparteien schlossen einen dreitägigen Waffenstillstand.

Jelačić verzichtete darauf, eine Entscheidung in Ungarn zu erzwingen; stattdessen zog er nach Westen ab, um sein Heer in Österreich besser auszurüsten. Nachdem am 6. Oktober in Wien revolutionäre Unruhen ausgebrochen waren, beteiligten sich seine Truppen an der Belagerung der Stadt. Für die slawischen Nationalbewegungen war die Wiener Revolution deswegen suspekt, weil sie Österreich in einen großdeutschen Nationalstaat einbringen wollte. Seit dem 16. Oktober dem Oberbefehl von General Windischgrätz unterstellt, besiegte Jelačić am 30. Oktober bei Schwechat das ungarische Heer, das den Revolutionären in Wien zur Hilfe kommen wollte. Bis zum 31. Oktober hatten Windischgrätz und Jelačić die Wiener Revolution niedergeschlagen; in den folgenden Monaten kämpften sie gegen die revolutionären Truppen in Ungarn. Die Revolution wurde dort schließlich im August 1849 mit Hilfe russischer Interventionstruppen beendet.

Kaiser Franz Joseph (1848–1916), der nach der Abdankung von Kaiser Ferdinand Ende 1848 den Thron bestiegen hatte, oktroyierte am 8. März 1849 eine konservative Verfassung für Kroatien-Slawonien, die von Jelačić erst am 6. September durch Verkündigung in Kraft gesetzt wurde. Am 31. Dezember 1851 wurde auch diese Verfassung aufgehoben, und es begann die Zeit des Neoabsolutismus. Jelačić blieb unabhängig von seinen nun eingeschränkten Rechten bis zu seinem Tod 1859 im Amt als Ban.

Zwar war die kroatische Nationalbewegung seit 1849 weitgehend entmachtet; doch es erfolgte noch eine Reihe von Maßnahmen, die für die kroatische Nationsbildung wichtig wurden: 1850 wurden die historisch gewachsenen Jurisdiktionen des Stadtraumes von Zagreb in einer Stadtgemeinde vereint, und damit wurde der Grundstein zur urbanen Modernisierung gelegt. 1851 nahm ein kroatischsprachiges Theater in Zagreb seinen Betrieb auf.

Ban Jelačić konnte 1849 die Ernennung des liberal gesinnten Juraj Strossmayer (1815–1905) zum Bischof von Đakovo bewirken. Strossmayer war 1838 zum Priester geweiht, 1842 in Wien als Theologe promoviert worden. Seit Studententagen war er Anhänger der Ideen des Illyrismus gewesen. Strossmayer war von 1851 bis 1897 zugleich Apostolischer Vikar für die Katholiken in Serbien. Die Errichtung einer eigenen Kirchenprovinz für Kroatien-Slawonien und die damit verbundene Erhebung des Bistums Zagreb zum Erzbistum 1852 brachten die kirchenrechtliche Unabhängigkeit von Ungarn.

Jelačić befand sich während der Revolution 1848/49 in einer tragischen Rolle: Sein Anliegen, die kroatische Nationalbewegung gegen den ungarischen

Integralismus zu fördern, machte ihn zum Verbündeten der Reaktionäre am Wiener Hof und zum Gegner der demokratischen Bewegung in Wien und Ungarn. So positiv das Bild von Jelačić daher im kroatischen Geschichtsverständnis gezeichnet ist, so negativ ist es in Ungarn. Es war ein Indiz für den politischen Spielraum, aber auch für den fehlenden Konsens im Geschichtsbewusstsein der Völker im Habsburgerreich, dass es 1866 möglich war, in Zagreb auf dem Hauptplatz ein nach Norden gegen Ungarn blickendes Reiterstandbild von Jelačić aufzustellen. Der Platz selbst war schon am 23. Juni 1848 nach ihm benannt worden.

Da die Kommunisten in Jelačić vor allem den Bekämpfer der Revolution sahen und bestrebt waren, seine Rolle als nationale Identifikationsfigur zu mindern, wurde sein Denkmal, nachdem es vorher schon zu verschiedenen Anlässen durch Installationen mit sozialistischer Programmatik „verkleidet" worden war, 1947 entfernt und, in Einzelteile zerlegt, an verstecktem Ort in der Glyptothek in der Zagreber Unterstadt deponiert. Der Platz hieß fortan „Platz der Republik". Als eines der frühen Zeichen des politischen Umbruchs wurde das Denkmal im Oktober 1990 wieder aufgestellt, und der Platz erhielt seinen alten Namen zurück. Der Reiter blickt heute politisch neutral nach Süden.

Der Protagonist der Illyrier, Ljudevit Gaj, hatte sich schon im Sommer 1848 wegen eines Finanzskandals aus der Politik zurückziehen müssen. Er erreichte 1850 bei der Regierung, dass seine 1835 gegründete Zeitung *Horvatske novine*, nach mehrfachen Umbenennungen seit 1849 unter dem Namen *Narodne novine*, „Nationalzeitung", Amtszeitung für Kroatien-Slawonien wurde. 1868 ging das Blatt in das Eigentum der Landesregierung über. Über alle politischen Systeme hinweg sind die *Narodne novine* bis heute das Amtsblatt in Kroatien geblieben.

Der Neoabsolutismus

Der zum 1. Januar 1852 verkündete „Bachsche Neoabsolutismus" im Habsburgerreich, benannt nach dem damaligen Minister Alexander Bach, diente dazu, nach den revolutionären Bewegungen 1848/49 die Gesellschaft wieder fest an den Staat zu binden und die Nationalbewegungen möglichst weitgehend handlungsunfähig zu machen. Leitprinzipien des Neoabsolutismus waren Zentralisierung, Unifizierung und Germanisierung.

Legislative und Exekutive waren in den Händen der Wiener Zentralverwaltung zusammengefasst; die Landtage und der ungarische Reichstag blieben suspendiert. In Kroatien trat an die Stelle des 1849 als Landesregierung gebildeten Banalrates 1852 die Statthalterei als Vertretung der Zentralgewalt. Zum Zwecke der Unifizierung wurden österreichische Behördenorganisation und Gesetzgebung auf das ganze Reich übertragen; als einheitliche Behördensprache galt das Deutsche.

Deutsche und Deutsch sprechende Beamte, vor allem Tschechen und Slowenen, kamen in großer Zahl nach Kroatien. Zusammen mit einheimischen Beamten, die in der Zeit des Neoabsolutismus Karriere machten, bildeten sie im Volksmund die Schar der „Bachschen Husaren". Während die Abneigung gegen den Neoabsolutismus, der den Interessen aller Nationalbewegungen im Reiche entgegenstand, wuchs, schwand in Kroatien die 1848/49 entfaltete antiungarische Grundstimmung. Als positive Leistung des Neoabsolutismus sollte man den Modernisierungsschub in Justiz, Verwaltung und Schulwesen nicht übersehen.

Die historisch gewachsenen Rechte der einzelnen Reichsteile wurden im Neoabsolutismus nivelliert; so erhielt Ungarn den Status eines Kronlandes unter anderen. Die Vojvodina, die in der oktroyierten Verfassung von 1849 in Anknüpfung an 1848 erhobene revolutionäre Forderungen der dortigen serbischen Minderheit als autonomes Gebiet innerhalb Ungarns gebildet worden war, wurde ebenso wie Siebenbürgen aus Ungarn herausgelöst. An die Vojvodina war 1849 auch der vorher zu Kroatien-Slawonien gehörige östliche Teil von Srijem (dt. Syrmien) gelangt. Die Frage der Abgrenzung der Vojvodina hatte schon 1848 zu Spannungen zwischen Kroaten und Serben geführt und die gemeinsamen Interessen gegenüber Ungarn überlagert.

Kroatische Truppen unter Ban Jelačić hatten 1848 das Međimurje, das „Zwischenmurgebiet" zwischen den Flüssen Drau und Mur mit der Stadt Čakovec, besetzt und den Anschluss an Kroatien verkündet. Das Međimurje gehörte zwar nach historischem Recht zu Ungarn, war jedoch weitgehend kroatischsprachig und hatte seit dem Mittelalter stets in enger Verbindung mit Slawonien und Kroatien gestanden. Die Angliederung des Territoriums an Kroatien blieb in der Zeit des Neoabsolutismus bestehen. Auch in Rijeka waren im August 1848 kroatische Truppen einmarschiert; im Dezember hatte der Kaiser Ban Jelačić zum Gubernator von Rijeka und Dalmatien ernannt. Im Zuge der territorialen Neuordnung 1850 wurde Rijeka Kroatien angeschlossen und Zentrum einer Gespanschaft. Jelačić blieb bis zu seinem Tod 1859 in Personalunion auch Statthalter in Dalmatien, sodass die eine der „Forderungen der Nation" von 1848 zumindest in schwacher Form erfüllt war.

Nach der Bauernbefreiung von 1848 blieb die Grundentlastung zu regeln, d. h. die Entschädigung der Grundherren für verlorene Ansprüche auf Abgaben und Dienste sowie für den Verlust des Bodens, der in das Eigentum der bisher abhängigen Bauern übergegangen war. Hierzu erschienen nach mehreren vorläufigen Regelungen 1853 und 1857 zwei kaiserliche Patente. Die Grundherren erhielten verzinsliche Obligationen, die der Staat innerhalb von 40 Jahren zurückzahlen würde. Die Finanzierung der Grundentlastung erfolgte über eine Zusatzsteuer. Der Kapitalzufluss für die immer noch großen Güter war allerdings in der Regel zu gering, um größere Investitionen für die Agrarmodernisierung zu ermöglichen. Viele der nun freien Bauernstellen waren ihrerseits wirtschaftlich so schwach, dass sie kaum für den Markt produzieren konnten und fast ausschließlich der Selbstversorgung dienten.

Mit der Bauernbefreiung waren gleichermaßen Notwendigkeit und Chance zu größerer wirtschaftlicher Eigenverantwortung gegeben. Dies förderte die Neigung zur Auflösung der schwerfälligen *zadruga*, der „Hauskommunion". Die Regierung versuchte in den 50er-Jahren noch, die Hauskommunion als Form bäuerlichen Solidarverbandes zu erhalten, sodass die Teilungen einstweilen heimlich erfolgen mussten; erst in den 80er-Jahren wurden die gesetzlichen Grundlagen für die legale Auflösung geschaffen.

Vom Verfassungsoktroi 1861 bis zu den Ausgleichen

Als Österreich in Folge des sardinisch-österreichischen Krieges 1859 den Verlust der Lombardei in Oberitalien hinnehmen musste, gab dies den Anstoß zur Beendigung des Neoabsolutismus. Es galt, die ständischen Einrichtungen zwecks innerer Konsolidierung des Reiches wieder in die politischen Entscheidungsprozesse einzubinden. Im Oktoberpatent von 1860 kündete Kaiser Franz Joseph die Wiedereinführung der Verfassungsmäßigkeit an.

Ungarn wurde in seinen alten Grenzen wiederhergestellt, die Vojvodina aufgelöst. Das östliche Syrmien gelangte an Kroatien-Slawonien zurück, das Međimurje an Ungarn; Rijeka hingegen verblieb einstweilen bei Kroatien. Die staatsrechtliche Gleichrangigkeit Kroatiens mit Ungarn, wie sie im Neoabsolutismus geschaffen worden war, hatte weiterhin Bestand. Der Verfassungsoktroi vom Februar 1861 war allerdings immer noch stark vom Zentralismus geprägt. Auf der Ebene des Gesamtreiches wurde als gemeinsame Legislative der Erweiterte Reichsrat mit zwei Kammern geschaffen. Im Herrenhaus saßen die Virilisten von Amts wegen oder aufgrund von Ernennung. Das Abgeordnetenhaus setzte sich aus Delegierten der einzelnen Landtage und des ungarischen Reichstages zusammen. Die Befugnisse des Reichsrates blieben jedoch gering, da er keine Gesetzesinitiative hatte und die Minister ihm gegenüber nicht verantwortlich waren.

Die Parlamente der Kronländer nahmen ihre Arbeit wieder auf. Der kroatische Große Landtag von 1861 fasste unter dem Vorsitz des Bans Josip Šokčević (1811–96) einen Beschluss über die staatsrechtliche Eigenständigkeit Kroatiens; des Weiteren behandelte er noch offene Fragen der Grundentlastung und verlangte die Eröffnung einer Universität in Zagreb. Der Gründungsakt erfolgte allerdings erst 1869 nach Genehmigung durch den Monarchen; 1874 begann der Lehrbetrieb. Die Arbeit des Großen Landtages hatte programmatischen Charakter für die Politik der folgenden Jahrzehnte. Kroatischer Landtag wie auch ungarischer Reichstag boykottierten den Reichsrat und sandten aus Protest gegen den zentralistischen Charakter der Einrichtung keine Delegierten; daraufhin wurden beide vom Kaiser schon Ende 1861 wieder suspendiert.

Im preußisch-österreichischen Krieg 1866 erlitt Österreich in der Schlacht von Königgrätz eine schwere Niederlage. Der Sieg Preußens sicherte dessen Hegemonie in Norddeutschland. Mit der im Rahmen des Friedensschlusses erfolgten Auflösung des Deutschen Bundes und mit der Bildung des Norddeutschen Bundes – vom großen Staatenbund zum kleineren Bundesstaat – schwand jede Perspektive auf eine großdeutsche Lösung, d. h. auf die Bildung eines deutschen Nationalstaates unter Einbeziehung Österreichs. Die Lösung Österreichs aus seinen Bindungen in das alte Reichsgebiet stärkte das Gewicht der historischen ungarischen Reichshälfte.

Das 1860 geeinte Italien hatte sich mit Preußen verbündet und Österreich angegriffen. Doch in diesem Parallelkrieg zum preußisch-österreichischen Krieg erwies sich Österreich als überlegen. Das Heer errang in der Schlacht von Custozza bei Verona einen Landsieg; die österreichische Flotte unter dem Kommando von Admiral Wilhelm Tegetthoff besiegte am 28. Juli 1866 die italienische bei der mitteldalmatinischen Adriainsel Vis (ital. Lissa). Die Mannschaften der österreichischen Flotte bestanden zum Großteil aus Kroaten. Der Sieg in der Seeschlacht von Vis wurde später zu einem Symbol für die erfolgreiche Abwehr italienischer Ansprüche auf die adriatische Gegenküste.

Dank der Vermittlung Napoleons III. (1852–70) zugunsten Italiens musste Österreich im Frieden von Wien unabhängig von seinen Kriegserfolgen Venetien an Italien abtreten; die italienischen Kriegsziele Trient und Istrien blieben allerdings unerreicht.

Die Ausgleiche 1867 und 1868

Mit den Ergebnissen der Kriege von 1866 waren für die Monarchie klare Perspektiven gesetzt; Ziel konnte nur eine Reform von innen heraus sein. Unter den Alternativen schied die Stabilisierung durch Zentralismus aus; Versuche in diese Richtung waren im Neoabsolutismus und nach dem Februardiplom gescheitert. Eine trialistische Lösung unter Zugrundelegung der Gleichrangigkeit des deutschen, ungarischen und slawischen Elementes und eine entsprechende Föderalisierung waren geradezu utopisch. Das verspätete Angebot des kroatischen Landtags 1866 zu einem unmittelbaren österreichisch-kroatischen Ausgleich blieb in Wien unberücksichtigt. Verwirklicht wurde der Dualismus, der sich auf die 1713 verkündete Pragmatische Sanktion über die Erbfolge der Habsburger in ihren Ländern berief und zugleich von der historisch gewachsenen Gewichtung der Nationen im Reich ausging, d. h. die Dominanz des österreichischen Deutschtums in Cisleithanien und des Ungartums in Transleithanien festschrieb.

Der Dualismus erhielt im österreichisch-ungarischen Ausgleich von 1867 seine verfassungsrechtliche Form. Kern des Ausgleiches waren die Umbenennung des Gesamtstaates von „Kaisertum Österreich" in „Österreichisch-ungarische Monarchie" und die Aufteilung der Kompetenzen. Der gemeinsame Monarch, Kaiser und König, war für die Außenpolitik verantwortlich und oberster Kriegsherr. Für die gemeinsamen Angelegenheiten der Reichsteile gab es ein Ministerium – nach modernem Sprachgebrauch Kabinett – mit Außen-, Kriegs- und Finanzminister. Für alle anderen staatlichen Aufgaben waren die Reichsteile zuständig. Der Monarch ernannte die Ministerpräsidenten von Österreich und Ungarn; diese bildeten dann ihre Ministerien, in heutiger Terminologie Kabinette.

Eine Legislative gab es nur auf der Ebene der Reichsteile. Sowohl der ungarische Reichstag als auch der österreichische Reichsrat hatten zwei Kammern. Im Herrenhaus saßen Virilisten; die Wahlen zum Abgeordnetenhaus erfolgten nach einem Zensuswahlrecht. In Fragen der gemeinsamen Angelegenheiten bestimmten Reichsrat und Reichstag Delegationen, die schriftlich miteinander verhandelten und die erzielten Lösungen dann in den Parlamenten sanktionieren ließen.

Versuche von einzelnen kroatischen Politikern, einen gleichrangigen Ausgleich zu erlangen, blieben erfolglos. Die vom neu ernannten Ban Levin Rauch (1819–90) verfügten wahlrechtlichen Bestimmungen sicherten eine Mehrheit im Landtag für die Unionisten, deren Partei in der Tradition der Kroatisch-ungarischen Partei der *mađaroni* in der Zeit des Illyrismus stand. Mit ihren Stimmen wurde der ungarisch-kroatische Ausgleich 1868 angenommen.

Im Gegensatz zum streng symmetrischen österreichisch-ungarischen Ausgleich war der ungarisch-kroatische Ausgleich asymmetrisch aufgebaut. Regelungen der gemeinsamen Angelegenheiten im österreichisch-ungarischen Ausgleich galten automatisch auch für Kroatien. Es gab keine übergeordnete Instanz für gemeinsame Angelegenheiten; stattdessen wurden nur einzelne Kompetenzen von den ungarischen Staatseinrichtungen auf die kroatischen übertragen. Kroatien-Slawonien war selbst verantwortlich für Inneres, für Kultus – also die Stellung der Glaubensgemeinschaften –, Schulwesen und Justiz.

Als gemeinsame Angelegenheiten von Ungarn und Kroatien wurden Rekrutierung, Finanzen und Münze sowie Wirtschafts- und Gewerberecht definiert; wichtig war hier vor allem, dass das Eisenbahnwesen zu den gemeinsamen Angelegenheiten gehörte. Kroatien konnte über seine Delegierten im Reichstag und über den für Kroatien-Slawonien verantwortlichen Minister ohne Portefeuille im ungarischen Kabinett seine Interessen zur Geltung bringen, und die ungarische Regierung sollte mit der kroatischen Landesregierung Rücksprache halten; doch die letztliche Entscheidungskompetenz in den gemeinsamen Angelegenheiten lag bei den ungarischen Staatseinrichtungen.

Analog zum österreichisch-ungarischen Ausgleich kam der Regelung finanzieller Verpflichtungen große Bedeutung zu. Zur Finanzierung der gemeinsamen Angelegenheiten der Monarchie brachte die ungarische Reichshälfte 30 % auf; davon entfielen 93,6 % auf Ungarn mit Siebenbürgen und 6,4 % auf Kroatien. Diese Schlüssel änderten sich in den folgenden Jahrzehnten mit der Tendenz, den ungarischen Anteil gegenüber dem österreichischen und den kroatischen gegenüber dem ungarischen zu erhöhen. So lag 1906 der ungarische Anteil für die Monarchie bei 37 %, der kroatische für Transleithanien bei 8,2 %.

Für Aufgaben der kroatischen Landesregierung wurde im Ausgleich ein Betrag von 2,2 Mio. Forint jährlich für zehn Jahre im Voraus festgelegt. Dies entsprach 45 % der geschätzten Einnahmen aus direkten und indirekten Steuern, die anderen 55 % flossen in die gemeinsamen Aufgaben. Sollten die Einnahmen unter dem Festbetrag bleiben, würde dieser aus dem ungarischen Haushalt gedeckt; bei höheren Einnahmen flösse der Überschuss in den ungarischen Haushalt ein. – Dieses sehr starre System der Pauschale wurde 1873 aufgehoben; doch die so genannte Tangente von 55 % der Einnahmen, die an Ungarn abzuführen waren, blieb erhalten.

Die Selbständigkeit der Landesregierung war dadurch eingeschränkt, dass der Ban zwar wie die Ministerpräsidenten vom Monarchen ernannt wurde, doch auf Vorschlag und mit Bestätigung durch den ungarischen Ministerpräsidenten. Der Landtag, kroat. Sabor, wurde wie die anderen Parlamente nach Zensuswahlrecht gewählt, und der Ban war dem Sabor verantwortlich, was als deutlicher Fortschritt gegenüber dem Februardiplom von 1861 zu bewerten ist. Der Sabor delegierte nach alter Tradition Abgeordnete in den ungarischen Reichstag. Im Falle der Vereinigung der Militärgrenze mit Kroatien war die Zahl der kroatischen Abgeordneten zu erhöhen.

Ausführlich waren im Ausgleich Amtssprache, Wappen, Flaggen und Münzumschriften behandelt, also alle Hoheitszeichen, die zugleich als nationale Symbole fungierten.

Im Text des Ausgleiches wird von den „Königreichen Dalmatien, Kroatien und Slawonien" gesprochen. Zum einen entsprach diese Reihung einfach der Intitulatio des Herrschers seit 1105; zum anderen lag in der Formulierung der seit 1797 immer wieder erhobene Anspruch, Dalmatien aus dem österreichischen Reichsteil herauszulösen und an Kroatien-Slawonien anzuschließen. In der Revision des Ausgleiches 1873 stand, den realen Verhältnissen angemessener, sowohl in der Intitulatio als auch im weiteren Text die Reihenfolge „Kroatien, Slawonien und Dalmatien".

Das Ziel der Vereinigung Dalmatiens mit Kroatien-Slawonien erhielt im Ausgleich von 1867 ausdrücklich die ungarische Unterstützung; doch es blieb bis 1918 unerreicht. Weder war Österreich an einer Vergrößerung des ungarischen Reichsteils gelegen, noch entsprachen verbesserte Chancen für die kroatische Nationalbewegung dem ungarischen Interesse. Schließlich gab es in Dalmatien selbst die mit der kroatischen und der serbischen Nationalbewegung konkurrierenden Kräfte der Autonomisten, die sich für die Eigenständigkeit des Kronlandes einsetzten.

Während der Ausgleichsverhandlungen blieb der Status von Rijeka strittig; Kroatien und Ungarn gleichermaßen beanspruchten die Hafenstadt für sich. Die wirtschaftlich führenden Familien in Rijeka, die über das Zensuswahlrecht auch die Stadtregierung innehatten, setzten sich für die Bindung an Ungarn ein, da sie sich hiervon den baldigen Hafenausbau und einen Eisenbahnanschluss erhofften. Einstweilen kam man zu keiner Einigung und sah im Vertragstext zukünftige Verhandlungen vor. Als die kroatische Urkunde über den Ausgleich schon geschrieben war, gelang es der ungarischen Regierung durch Intervention in Wien, eine Änderung durchzusetzen. Ein Pergamentstück mit dem neuformulierten Artikel 66 des Ausgleichs, demzufolge Stadt und Hafen Rijeka ähnlich wie vor 1848 den Status eines „mit der ungarischen Krone besonders verbundenen Körpers" erhielten, wurde auf die Urkunde über die erste Fassung einfach aufgeklebt. In Anlehnung hieran entstand zur Bezeichnung der Rechtslage von Rijeka nach 1868 der bildliche Ausdruck *riječka krpica*, „Rijeka-Fetzen".

Kroatien war von Anfang an durch die Konstruktion des Ausgleiches Ungarn gegenüber in der Defensive; dazu wurde der gesetzliche Spielraum von Ungarn durchgängig restriktiv gehandhabt. Kroatischerseits stand der Vorwurf im Raum, die Mittel für die gemeinsamen ungarisch-kroatischen Angelegenheiten kämen real vor allem Ungarn zugute. So blieb der Ausgleich unabhängig von der

Verfassungsmodell nach den Ausgleichen 1867 und 1868

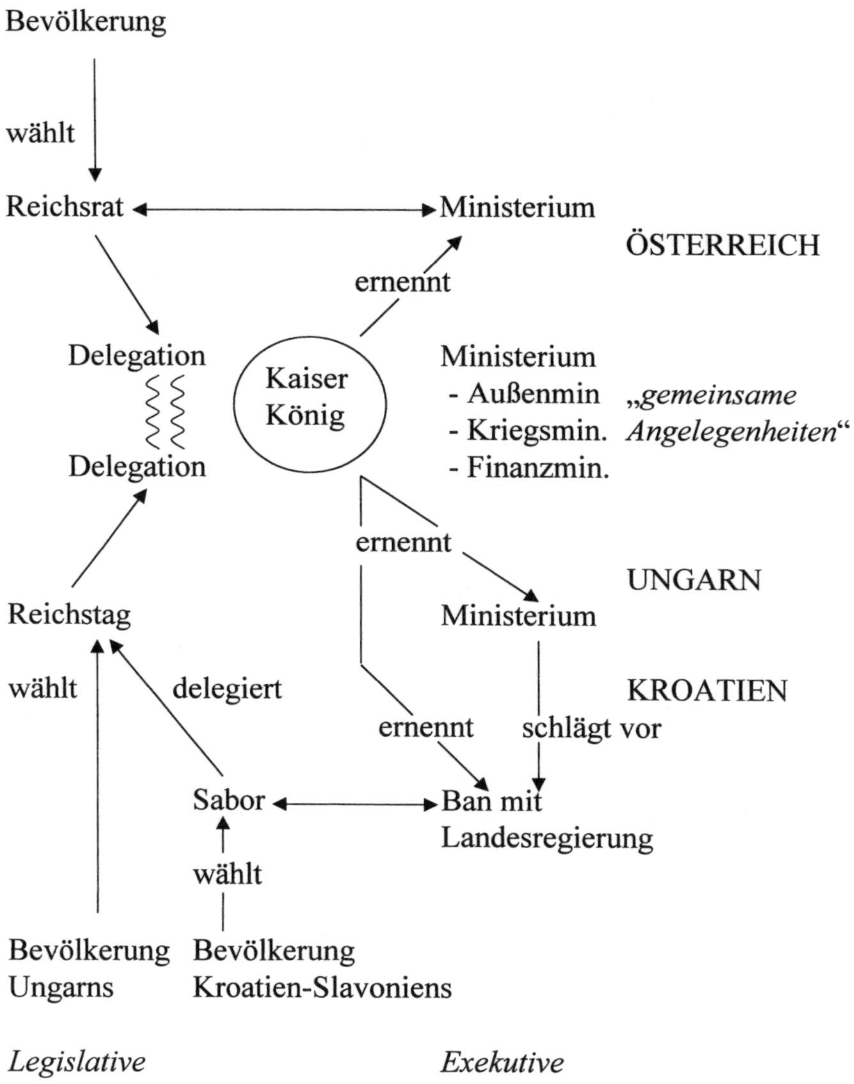

Grafik 1. Verfassungsmodell nach den Ausgleichen 1867 und 1868

Revision in zahlreichen Einzelbestimmungen Anlass zu latenter Unzufriedenheit, die sich zu einem der Gründe dafür entwickelte, dass die Habsburgermonarchie die militärische und politische Krise am Ende des Ersten Weltkrieges als Staat nicht überdauerte.

Während die Militärgrenze in Siebenbürgen schon nach der Revolution 1848/49 aufgelöst worden war, blieb die kroatisch-slawonische Militärgrenze noch länger erhalten. Sie entwickelte sich im Laufe des 19. Jhs. allmählich zu einer anachronistischen Einrichtung. Die Wirtschaftsstrukturen waren versteinert; auch von der Erschließung durch Eisenbahnen blieb das Gebiet ausgenommen. Verteidigungstechnisch war die Grenze wegen der Defensive des Osmanischen Reiches kaum noch von Wert; als Mannschaftspotenzial verlor sie seit Einführung der Wehrpflicht 1868 ihre Bedeutung. Schon der ungarisch-kroatische Ausgleich 1867 definierte das Territorium der Grenze – im Sinne des historischen Rechtes wie auch der nationalen Gegebenheiten – als Teil von Kroatien-Slawonien und erklärte die Einbeziehung in dessen Verfassungsordnung zum gemeinsamen Anliegen. So trat endlich 1871 ein ziviler Verwaltungsaufbau in der Grenze an die Stelle der Militärverwaltung, und 1881 verkündete der Monarch die Vereinigung der Grenze mit Kroatien-Slawonien; das Gebiet wurde auf die bestehenden Gespanschaften aufgeteilt.

Parteienbildung und nationale Programme in Kroatien-Slawonien

Modernisierung der Gesellschaft, nationale Integration und Ausbildung politischer Parteien waren in den Jahrzehnten nach Wiederherstellung der Verfassungsmäßigkeit 1861 eng miteinander verzahnt. Die Parteien unterschieden sich nach nationalen und sozialen Programmen, nach Nationalität oder sozialer Schicht des Wählerpotenzials. In der Parteienlandschaft Kroatien-Slawoniens, Dalmatiens, Istriens wie auch später von Bosnien-Herzegowina spiegelt sich die Entwicklung der kroatischen Nationalbewegung wider.

Das *Jugoslavenstvo*, die südslawische Orientierung in Fortsetzung des Illyrismus – nun allerdings ohne die antikisierende Komponente –, hatte ihre Führungspersönlichkeit im liberal gesonnenen Bischof Josip Juraj Strossmayer von Đakovo, für dessen Ernennung sich noch Ban Jelačić 1849 eingesetzt hatte. Die südslawische Orientierung betonte unter Zugrundelegung der Idee von der Sprachnation die Verbindungen und gemeinsamen Interessen der südslawischen Einzelnationen und setzte den Schwerpunkt auf die kulturelle Arbeit, die Kroaten und Serben sowie im Prinzip alle Südslawen vereinen sollte.

Vor allem dank der Initiative Strossmayers wurde 1866 die *Jugoslavenska akademija znanosti i umjetnosti*, die „Südslawische Akademie der Wissenschaften und Künste“, in Zagreb gegründet.

Gründungspräsident der Akademie wurde ein enger Mitarbeiter Strossmayers, der Geistliche und Historiker Franjo Rački (1828–94). 1852 hatte dieser in Senj die Priesterweihe empfangen. Nach der Promotion in Wien 1855 kehrte er nach Senj zurück. Die Zeit am Päpstlichen kroatischen Kollegium vom Heiligen Hieronymus in Rom ab 1857 nutzte er zugleich für Archivstudien. Seit 1861 saß er als Mitglied der Nationalpartei im Sabor; von 1863 bis 1867 war er Landesschulinspektor. Das Amt des Akademiepräsidenten hatte er bis 1886 inne. 1874 zog er sich aus der Politik zurück, 1877 wurde er Zagreber Domkapitular. Er gilt durch seine Forschungen und Quellenpublikationen als Begründer der modernen kroatischen Historiographie.

So wie in Deutschland die 1813 vom Freiherrn vom Stein begründeten *Monumenta Germaniae historica* mittelalterliche Geschichtsquellen zur „Erhaltung der Liebe zum gemeinsamen Vaterland und des Gedächtnisses unserer Vorfahren“ herausgaben, initiierte die Zagreber Akademie mehrere Reihen, unter ihnen 1868 die *Monumenta spectantia historiam Slavorum meridionalium*, „Denkmäler zur Geschichte der Südslawen“, und 1877 die *Monumenta historico-iuridica Slavorum meridionalium*, „Rechtsgeschichtliche Denkmäler der Südslawen“. Diese Reihen gehören noch heute zusammen mit dem 1904 von der Akademie begonnenen *Codex diplomaticus regni Croatiae, Dalmatiae et Slavoniae* zum Kernbestand an publizierten Quellen zur älteren Geschichte Kroatiens. Der Begriff „südslawisch“ bezog sich auf die teilweise enge Verflechtung der Geschichte der südslawischen Nationen und sie entsprach der national übergreifenden Programmatik der Akademie. Doch letztlich antizipierte die Verwendung des Begriffs zugleich die Idee einer südslawischen Staatsbildung. So hielt Strossmayer selbst eine föderativ aufgebaute „nationale und staatliche Gemeinschaft“ aller Südslawen einschließlich der Bulgaren unter dem Namen *Jugoslavija*, „Südslawien“, für ein denkbares Fernziel.

Strossmayer war zugleich führend in der liberalen Bewegung bei den Katholiken; er wandte sich auf dem Ersten Vatikanischen Konzil 1870 gegen die Verkündung des Unfehlbarkeitsdogmas durch Papst Pius IX. Im Sinne der konfessionsübergreifenden südslawischen Bewegung gehörte er zu den Anhängern der Idee einer neuen Kirchenunion von westlichem und östlichem Ritus. Er verfolgte das Vordringen der russischen Truppen im russisch-türkischen Krieg 1877/78 mit großer Sympathie, sah er doch in der osmanischen Herrschaft auf dem Balkan den größten Hinderungsgrund für die kulturelle und politische Emanzipation der Südslawen.

Gleichermaßen als Ausdruck der Frömmigkeit und als Beitrag zur nationalen Erweckung errichtete Strossmayer eine neue, die umgebenden Bauten weit überragende Kathedrale in Đakovo, einen Ziegelbau in neuromanischem Stil.

Bischof, Politiker und Mäzen. Juraj Strossmayer. – Porträt von J. F. Mücke, 1871

Eine Stifterinschrift in der Kirche fasst das Denken Strossmayers in wenigen Worten zusammen: *Slavi Božjoj / jedinstvu crkava / slozi i ljubavi naroda svoga / posvetio J. J. Strossmayer / godine 1866 počeo godine 1882 dočeo*: „Der Ehre Gottes, der Einheit der Kirchen, der Eintracht und Liebe seines Volkes hat J. J. Strossmayer [diesen Bau] gewidmet, ihn 1866 begonnen und 1882 vollendet."

Strossmayer engagierte sich in den 60er-Jahren in der *Narodna stranka*, der „Nationalpartei", die auf die Zeit des Illyrismus zurückging und deren Vertreter 1868 gegen den Ausgleich gestimmt hatten. Bei den Wahlen 1871 erlangten die *narodnjaci* einen klaren Sieg. Von ihren Zielen einer weitgehenden Revision des Ausgleiches verwirklichte die Partei nur die erwähnte Aufhebung des festgeschriebenen Budgets. Als Zeichen ihres politischen Gewichtes konnte sie die Ernennung von Ivan Mažuranić (1814–90) zum Ban 1873 verbuchen; es war zudem das erste Mal, dass ein Nichtadliger das Amt innehatte. Mažuranić, früher in der illyrischen Bewegung aktiv, hatte von 1849–66 hohe Ämter in der Wiener Zentralverwaltung ausgeübt. Nach zeitweiligem Aufbau einer eigenen „Selbständigen Nationalpartei" ab 1863 hatte er sich 1866 wieder der „Nationalpartei" angeschlossen. Mažuranić hat auch in der kroatischen Literaturgeschichte seinen festen Platz: 1842 veröffentlichte er gemeinsam mit Jakov Užarević ein *Deutsch-illyrisches Wörterbuch*, das erste moderne kroatische Wörterbuch. Sein literarisches Hauptwerk, das Epos *Smrt Smail Age-Čengića*, „Der Tod des Smail Aga-Čengić", über den Kampf der Montenegriner um ihre Freiheit, entstand bereits vier Jahre später. 1884 verfasste er eine Vollendung für das fragmentarisch gebliebene Epos *Osman* von Ivan Gundulić. Außerdem wirkte er mit an der Sammlung und Publikation von kroatischen Geschichtsquellen.

1873, während der Amtszeit Mažuranićs, wurde die bürgerliche und politische Gleichberechtigung der Juden in Kroatien-Slawonien sanktioniert. Sowohl in den Küsten- als auch den kontinentalen Städten stammen die frühesten Belege für jüdische Gemeinden aus dem 14. Jh.; während sich die Gemeinden in Dalmatien kontinuierlich gehalten hatten, waren seit dem 16. Jh. im Norden Kroatiens kaum noch Juden anzutreffen gewesen. Erst nach dem in Kroatien ab 1783 gültigen Toleranzpatent Josephs II. waren neue Gemeinden entstanden; 1860 erhielten die Juden das Recht auf Immobilienerwerb. In zahlreichen Städten erbauten sie Synagogen; die größte wurde 1867 in Zagreb ganz in der Nähe des zentralen Jelačić-Platzes, in der heutigen Praška ulica, errichtet. Seit der Zerstörung des Gebäudes unter dem Ustaša-Regime 1941 steht die Fläche noch immer leer und dient heute als Parkplatz.

Der Sieg der „Nationalpartei" 1871 und die Amtsübernahme von Mažuranić führten zur Auflösung der Partei der Unionisten, die für den Ausgleich 1868 gestimmt hatten. In den folgenden Jahren entwickelte sich nun ihrerseits die „Nationalpartei", der ein Teil der Unionisten beigetreten war, zum Träger des politischen *status quo*. Aus Protest gegen diese Linie gründete Bischof Strossmayer 1880 die „Unabhängige Nationalpartei".

Die andere große Richtung der Nationalbewegung neben der südslawischen Orientierung war die staatsrechtliche unter Führung von Ante Starčević (1823–96), der seit 1861 dem Sabor angehörte, und Eugen Kvaternik (1825–71). Sie ging nicht von einer sprachlich-kulturellen Identitätsstiftung der kroatischen Nation aus, sondern von der Kontinuität kroatischer Staatlichkeit seit dem Frühmittelalter, die unabhängig von der Bindung an Ungarn seit 1102 nie unterbrochen und durch Herrschaftsverträge immer wieder bestätigt worden sei. Die

Gründer der „Partei des Rechtes". Grabmal des Politikers und Publizisten Ante Starčević (1823–96) in Šestine

Staatsrechtler verstanden auch Bosnien-Herzegowina als historisches kroatisches Territorium und betrachteten die Muslime dort als Kroaten anderer Konfession. Die Slowenen waren für sie „Bergkroaten".

Starčević sah im Herrschaftsanspruch Österreichs und im Deutschtum die größte Bedrohung für das Kroatentum; er setzte sich für die Schaffung eines allenfalls noch durch die Person des Herrschers mit Ungarn und Österreich verbundenen südslawischen Staates ein, der neben Kroatien-Slawonien die Territorien von Bosnien-Herzegowina, Dalmatien, die slowenischen Gebiete und Istrien umfassen sollte. Ausgehend vom Staatsrechtskonzept, wäre es der Staat einer Staatsbürgernation nach französischem Muster geworden. Das Irritierende im Denken Starčevićs liegt in der gleichzeitigen Neigung zum ethnisch verstandenen großkroatischen Integralismus und in seinen antiserbischen Ressentiments. In Umkehrung großserbischer Ansätze, die kroatische Nationalität zu marginalisieren, wie schon bei Vuk Karadžić fassbar, bestritt Starčević den Serben fallweise eine eigene Nationalität und vereinnahmte sie als Kroaten: Fallweise grenzte er sie aus, indem er sie mit negativen Attributen verband. Es gebe die Deutung, ihr Name sei von *servus*, „Knecht" abgeleitet.

Die von Starčević 1861 begründete Rechtspartei verfolgte entsprechend ihrem Programm einen klaren Oppositionskurs gegenüber den Ausgleichen von 1867 und 1868. – Ohne das Wissen Starčevićs versuchte sein Anhänger Eugen Kvaternik 1871, mit Hilfe von ca. 400 Anhängern einen allgemeinen Aufstand zur Befreiung von der „deutsch-magyarischen Herrschaft" zu entfesseln; die Aufständischen sammelten sich in dem kleinen Ort Rakovica (nördlich der Plitvicer Seen) in der Militärgrenze an der Straße von Karlovac nach Korenica. Der Aufruf zum Kampf blieb jedoch bei der in diesem Gebiet zudem großenteils serbischen Bevölkerung ohne Widerhall und wurde nach wenigen Tagen unterdrückt; Kvaternik fand in einem von Verrätern aus den eigenen Reihen gelegten Hinterhalt am 11. Oktober 1871 den Tod. Das Scheitern des Aufstandes brachte die Arbeit der Rechtspartei weitestgehend zum Erliegen; erst seit 1878 erschien sie wieder als entschiedene Oppositionspartei auf der politischen Bühne.

Als wegen einer neuen Beschriftung von Schildern an Finanzbehörden in Kroatien-Slawonien 1883 antiungarische Demonstrationen begonnen hatten, wurde Ban Ladislav Pejačević (1880–83) abgelöst. Sein Nachfolger bis 1903, Graf Károlyi Khuen-Hédervány (1849–1918), stammte zwar aus Slawonien, hatte jedoch seine politische Karriere in Ungarn begonnen und vertrat explizit die Interessen der ungarischen Regierung. Sein Ziel war es, die kroatische Nationalbewegung politisch möglichst weitgehend auszuschalten und sie auf kulturelle Entfaltung zu beschränken. Es gelang ihm, die Nationalpartei handlungsunfähig zu machen und einzelne ihrer Vertreter an sich zu binden. Ein neues

Das Kroatische Nationaltheater in Zagreb. Der Bau wurde 1895 im Beisein von Kaiser Franz Joseph eröffnet.

Wahlgesetz, demzufolge gerade noch 2 % der Bevölkerung das Wahlrecht besaßen, sicherte der „Nationalpartei" 1884 den Sieg. Der neue Ban gewann auch serbische Politiker für sich; der „Serbische Klub" im Landtag trat 1884 der Nationalpartei bei.

Der Besuch des Kaisers und Königs Franz Joseph in Zagreb anlässlich der Eröffnung des Kroatischen Nationaltheaters 1895 war als Anerkennung der erfolgreichen „Pazifizierung" Kroatiens durch die Politik von Khuen-Hédervåry gedacht. Doch ein Vorfall störte das harmonische Bild: Eine Gruppe von Studenten aus dem Kreis der „Fortschrittlichen Jugend" verbrannte zum Zeichen des Protestes gegen die Regierungsformen des Bans eine ungarische Flagge auf dem Jelačić-Platz. Zu den Demonstranten gehörte auch der spätere Führer der Kroatischen Bauernpartei, Stjepan Radić (1871–1928). Einzelne Teilnehmer der Demonstration wurden zu Haftstrafen verurteilt. Eine Reihe relegierter Studenten, unter ihnen Radić, setzte das Studium in Prag fort und lernte dort die Ideen des späteren ersten tschechoslowakischen Staatspräsidenten Tomáš Garrigue Masaryk (1850–1937) kennen, der in der Verbesserung der Volksbildung und in aktiver Sozialpolitik eine entscheidende Möglichkeit zur Förderung der Nationalbewegungen sah.

Noch zu Lebzeiten von Starčević verblasste die ursprüngliche Programmatik der Rechtspartei; die Abwehrhaltung gegenüber dem Deutschtum schwand. Die neue Führungspersönlichkeit Josip Frank (1844–1911) setzte zunehmend auf die Gewinnung der Dynastie gegen den ungarischen Integralismus. Kurz nachdem das noch heute stehende Starčević-Haus gegenüber dem Zagreber Hauptbahnhof 1895 eröffnet worden war, führten primär die persönlichen Rivalitäten zwischen Frank einerseits und Fran Folnegović (1848–1903) andererseits zur Spaltung der Partei. Frank begründete zusammen mit Starčević die „Reine Rechtspartei". Starčević, der 1896 in Zagreb verstarb, ist neben der Pfarrkirche in Šestine nördlich von Zagreb am Fuß des Medvednica-Gebirges begraben. In das Grabmonument sind, symbolisch für die Rückführung der modernen Nation auf das frühmittelalterliche kroatische Reich, Inschriften aus jener Zeit integriert.

Die „Rechtspartei" unter Folnegović näherte sich nun Positionen der „Unabhängigen Nationalpartei" Strossmayers an, die das Regime von Khuen-Héderváry ablehnte, ohne das dualistische Staatsmodell an sich in Frage zu stellen. 1903 vereinigten sich die beiden Parteien zur „Kroatischen Rechtspartei". Die Partei Franks durchlief bis zum Ersten Weltkrieg weitere Spaltungen und Neuorganisationen. Er selbst wurde zum politischen Verbündeten Wiens gegen die 1905 gebildete „Kroatisch-serbische Koalition".

Das Verhältnis zwischen serbischer und kroatischer Nationalbewegung war durch die vergangenen Jahrzehnte hindurch ambivalent geblieben; es schwankte zwischen gegenseitiger Respektierung mit Betonung der gemeinsamen Interessen in Fortsetzung der jugoslawischen Orientierung auf der einen Seite und Momenten scharfer gegenseitiger Abgrenzung auf der anderen. Das Erscheinen des provokativen Artikels *Do vaše ili naše istrage*, „Bis zu eurer oder unserer Vernichtung", in dem die Unfähigkeit der Kroaten zur Nationsbildung und die Überlegenheit des Serbentums behauptet wurden, führte 1902 zu antiserbischen Ausschreitungen in Zagreb, an denen sich insbesondere die Anhänger Franks beteiligten.

Nach 20 Jahren als Ban trat Khuen-Héderváry 1903 von seinem Amt zurück, um entsprechend den Wünschen der Konservativen in Wien und Budapest ungarischer Ministerpräsident zu werden. Die Öffentlichkeit in Kroatien sah im Rücktritt eine Folge der regierungsfeindlichen Demonstrationen während der vergangenen Monate. Nachfolger als Ban wurde Teodor Pejačević (1855–1928).

Skizze 3: Parteienentwicklung in Kroatien-Slawonien (1861-1914)*

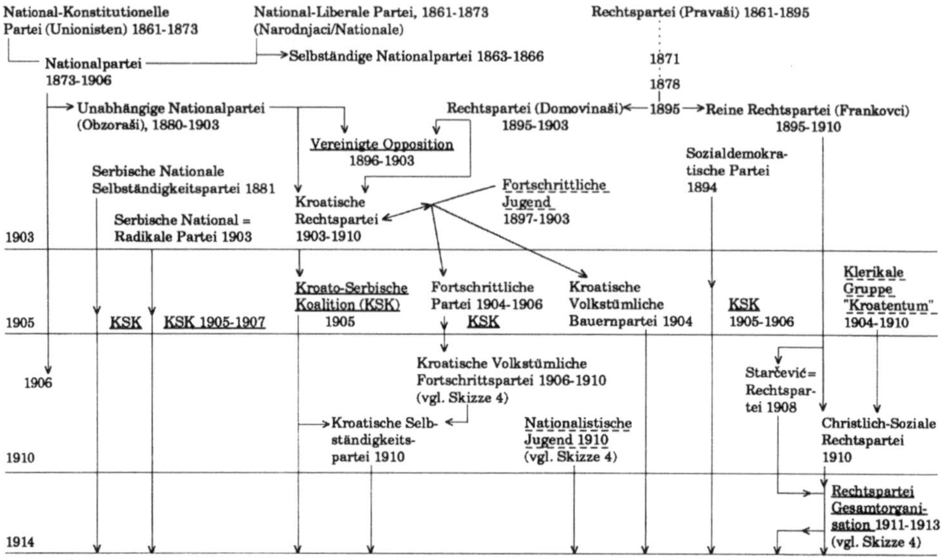

* Quelle: Šidak et al., Povijest Hrvatskog Naroda, S. 352 ff. (Anlage). Leicht verändert.
Abk.: ______ : Parteienbündnis _ _ _ _ : Politische Gruppe

Grafik 2. Parteien in Kroatien-Slawonien bis zum Ersten Weltkrieg

Das Ende der Ära Khuen-Héderváry gab dem politischen Leben neue Impulse. 1905 trafen sich Vertreter aller kroatischer Parteien aus Kroatien-Slawonien sowie Dalmatien und beschlossen in der „Resolution von Rijeka“ den „Neuen Kurs“, den kroatische Politiker aus Dalmatien, unter ihnen der Spliter Rechtsanwalt Ante Trumbić und der Publizist Frano Supilo, schon seit 1903 vorgedacht hatten. Trumbić (1865–1938) hatte 1890 in Jura promoviert. Seit 1890 saß er für die „Kroatische Rechtspartei“ im dalmatinischen Landtag, seit 1897 gehörte er auch dem Reichstag in Wien an. Supilo (1870–1917) war politisch und journalistisch für die „Rechtspartei“ zuerst in Dubrovnik engagiert. Ab 1900 gründete er in Rijeka die noch heute bestehende Zeitung *Novi list*.

Die Beförderer des Neuen Kurses wollten das Bestreben Ungarns nach einer weiteren Verselbständigung innerhalb des Gesamtstaates mittragen und sich mit den Ungarn gemeinsam gegen den deutsch-österreichischen Nationalismus schützen; als Gegenleistung erwartete man eine großzügigere Handhabung des ungarisch-kroatischen Ausgleiches durch Budapest und Unterstützung beim Streben nach Vereinigung Kroatien-Slawoniens und Dalmatiens. In der „Resolution von Zadar“ übernahmen Vertreter der serbischen Parteien das Programm. Die Befürworter des „Neuen Kurses“ erwarteten zudem, Kroatien-Slawonien und Dalmatien könnten wirtschaftlich davon profitieren, wenn für Transleithanien einschließlich Dalmatiens und Bosnien-Herzegowinas ein eigener Zollraum gebildet würde.

Erstmals am 11. Dezember 1905 stellte sich als Träger des „Neuen Kurses“ die „Kroatisch-serbische Koalition“ vor; ihr gehörten die „Kroatische Rechtspartei“, die 1904 gegründete, aus der Jugendbewegung der 90er-Jahre hervorgegangene „Fortschrittspartei“ und die schon 1881 nach Auflösung der Militärgrenze gebildete „Serbische selbständige Partei“ an. Zeitweilig arbeiteten in ihr die 1904 gebildete „Serbische nationale radikale Partei“ und die „Sozialdemokratische Partei“ mit. Letztere, 1894 gegründet, hatte das Erfurter Programm der deutschen Sozialdemokratie übernommen.

In der neuen Parteienlandschaft hatte die alte „Nationalpartei“ ihre Funktion verloren; sie löste sich 1906 auf. Die „Reine Rechtspartei“ von Josip Frank blieb wegen ihrer antiserbischen Ressentiments außerhalb der Koalition. Die Brüder Antun (1868–1919) und Stjepan Radić führten ihre 1904 gegründete „Kroatische volkstümliche Bauernpartei“ nicht in die Koalition, da sie an den Erfolgsaussichten des „Neuen Kurses“ zweifelten. Hauptziel der Brüder war es, auch die Landbevölkerung national zu mobilisieren und zugleich deren wirtschaftliche Interessen gegenüber der städtisch dominierten politischen Elite zu vertreten.

Die Hoffnungen, die man in Kroatien auf den „Neuen Kurs“ gesetzt hatte, zerschlugen sich spätestens, als der ungarische Reichstag 1907 gegen die Proteste der Vertreter der Koalition die „Eisenbahn-Pragmatik“ verabschiedete. Diese schrieb entgegen den Bestimmungen des Ausgleiches von 1868 vor, dass auch in Kroatien-Slawonien Ungarisch zur Dienstsprache im Eisenbahnbetrieb wurde. Unabhängig vom Scheitern des „Neuen Kurses“ blieb die politische Zusammenarbeit der kroatischen und serbischen Parteien bis in die Zeit des Ersten Weltkrieges eine Konstante; die Koalition hielt fast durchgängig die Mehrheit im Landtag.

Während der internationalen Krise 1808/9 um die Annexion von Bosnien-Herzegowina durch Österreich-Ungarn veranlasste der österreich-ungarische Außenminister Alois von Aehrenthal den „Hochverratsprozess“ in Zagreb; 53 Serben aus dem öffentlichen Leben Kroatien-Slawoniens wurden angeklagt, in Absprache mit Serbien und Montenegro einen Aufstand geplant zu haben. Nach einem verfahrenstechnisch unsauberen Prozess und trotz dürftigster Beweislage verhängte das Gericht im Oktober 1909 zahlreiche Haftstrafen. Die Verurteilten wurden, allerdings ohne Aufhebung des Schuldspruches, im nächsten Jahr amnestiert.

Zwecks Stimmungsbildung gegen Serbien in der Annexionskrise spielte das Außenministerium dem Wiener Historiker Heinrich Friedjung eine Serie von gefälschten Dokumenten zu, die angeblich hochverräterische Kontakte kroatischer und serbischer Politiker aus der Monarchie mit Serbien belegten. Ohne die Dokumente als Fälschungen zu erkennen, veröffentlichte dieser sie in der Presse. Der von den Verleumdeten angestrengte Zivilprozess in Wien 1909 gegen Friedjung geriet zur Blamage für den Außenminister.

Um Schlimmeres zu verhüten, entsandten Kronprinz Franz Ferdinand (1863–1914) und Aehrenthal einen Vertrauten zu Verhandlungen mit der Kroatisch-serbischen Koalition über einen Vergleich. Der Prozess wurde eingestellt; das Außenministerium verpflichtete sich, die Fälschungen nicht mehr zu verwenden. Der unbeliebte Ban Pavao Rauch (1865–1933), der ab 1908 weitgehend unter Ignorierung des Landtages regiert hatte, wurde 1910 durch Ban Nikola Tomašić (1864–1918) abgelöst; doch es gelang diesem nicht, die innenpolitischen Spannungen abzubauen.

Hochverrats- und Friedjung-Prozess fanden in der in- und ausländischen Presse weiten Widerhall; Masaryk setzte sich für die Betroffenen ein. Das in den Verratsvorwürfen gezeigte Misstrauen Wiens gegenüber Teilen der kroatischen und serbischen politischen Elite in der Monarchie war letztlich ein Indiz für das fehlende Selbstvertrauen des Systems in seine eigene Reformfähigkeit.

Der Anfang 1912 ernannte neue Ban Slavko Cuvaj (1851–1931) begann sogleich mit harten Maßnahmen gegen die Presse. Diesmal wurde die Jugend, mit der auch zahlreiche Künstler sympathisierten, Hauptträger des Protestes. Nach Demonstrationen von Oberschülern und Studenten im Februar 1912 wurde am 3. April das Kommissariat verkündet, d. h. der Landtag wurde suspendiert, und alle Gewalt lag beim Kommissar, zu dem Cuvaj ernannt wurde. Der Attentatsversuch eines aus Bosnien stammenden kroatischen Studenten, Luka Jukić, auf Cuvaj am 8. Juni verdeutlichte die Radikalisierung in den Formen der politischen Auseinandersetzung.

Gerade unter dem Eindruck des Ersten Balkankrieges 1912–13, während dessen die Sympathie in den kroatischen Territorien parteiübergreifend auf der Seite der jungen Nationalstaaten gegen das Osmanische Reich gelegen hatte, war Wien und Budapest an einer politischen Beruhigung in Kroatien-Slawonien gelegen. Dies ergänzte sich mit dem Streben der Kroatisch-serbischen Koalition nach Aufhebung des Kommissariats. Um den Preis einer nachgiebigeren Haltung in Fragen des Ausgleiches wollte sie den neuen Ban Ivan Skerlecz (1873–1951), der dieses Amt 1913–14 innehatte, für eine Zusammenarbeit mit ihr im Landtag gewinnen. Der neue ungarische Ministerpräsident István Tisza kam der Koalition 1913 durch Abmilderung der „Eisenbahn-Pragmatik“ entgegen: Bedienstete in unteren Rängen brauchten in Zukunft kein Ungarisch zu beherrschen. So schien kurz vor Beginn des Ersten Weltkrieges die innenpolitische Krisenzeit in Kroatien-Slawonien überwunden.

Überblickt man noch einmal die politische Entwicklung in Kroatien-Slawonien von der Zeit des Ausgleichs bis 1914, zeigt sich, dass die politische Modernisierung hier – wie auch in allen anderen Teilen des Reiches – nur in Ansätzen gelungen war. Es blieben Zensuswahlrecht, das Fehlen des Frauenwahlrechts und die Schwäche der Legislative gegenüber der Exekutive und Machtfaktoren wie der Armee und dem Hof. Die Parteien übernahmen noch nicht selbst Regierungsverantwortung. Speziell in Kroatien-Slawonien beschränkte die Asymmetrie des Ausgleichs die politischen Spielräume noch weiter. Im ganzen Reich blieben die Spannungen zwischen imperialstaatlicher Identität auf der einen Seite und nationalstaatlichen Zielvorstellungen auf der anderen. Die erstarrte Verfassungsordnung und die Ausklammerung grundlegender politischer Reformen trugen zum Scheitern des Reiches in der Krise des Ersten Weltkrieges bei.

Die kroatische Nationalbewegung in Dalmatien und Istrien

Die kroatische Nationalbewegung wirkte auch in den Siedlungsräumen der Kroaten außerhalb Kroatien-Slawoniens: in Istrien, Dalmatien und Bosnien-Herzegowina wie auch in den heutigen Gebieten der Vojvodina, damals Südungarn. Die einzelnen Bewegungen wuchsen allmählich zusammen und handelten unter gegenseitiger Beeinflussung.

Politischer Träger der Nationalbewegung in Dalmatien war die 1861 gegründete „Nationalpartei“, in der sich entsprechend der südslawischen Orientierung Kroaten und Serben gleichermaßen engagierten. Auf der anderen Seite stand die Partei der „Autonomisten“, die sprachlich-kulturell auf Italien orientiert waren und sich für die Autonomie Dalmatiens einsetzten; eine Vereinigung mit Kroatien-Slawonien lehnten sie strikt ab. Während der führende Denker der Nationalbewegung in Dalmatien, der Priester Mihovil Pavlinović (1831–87), in seinen frühen Schriften auf die Gemeinsamkeit der Südslawen abhob, setzte er sich in den 70er-Jahren für die jeweilige Eigenständigkeit der kroatischen, serbischen und bulgarischen Nation ein, ohne damit allerdings eine antiserbische politische Linie zu verfolgen.

Schon 1870 erlangte die „Nationalpartei“ die Mehrheit im Landtag. Nur in Zadar behielten die Autonomisten bis zum Ersten Weltkrieg die Stadtverwaltung in ihren Händen; in Dubrovnik übernahm die Nationalpartei 1869 die Stadtregierung, in Šibenik 1873, in Split 1882. Entsprechend setzte sich im öffentlichen Leben und in den Schulen das Kroatische als Sprache durch.

Nach verschiedenen Streitigkeiten innerhalb der Partei um Mandate und Programmfragen gründeten die serbischen Vertreter in der „Nationalpartei" 1879 eine eigene „Serbische Nationalpartei", die dann mit den Autonomisten zusammenarbeitete. Wir treffen also auf eine ähnliche Konstellation wie in Kroatien-Slawonien, wo der „Serbische Klub" seit 1884 die unionistische Politik von Ban Khuen-Hédervåry mittrug. Wie erwähnt, wurde der „Neue Kurs" gegenüber Ungarn einschließlich der Annäherung der kroatischen und serbischen Parteien ab 1903 gerade in Dalmatien vorbereitet.

In Istrien, seit 1861 innerhalb des österreichischen Reichsteiles eigenes Kronland mit Sitz des Landtages in Poreč, waren kroatische und slowenische Nationalbewegung eng miteinander verbunden; gemeinsam standen sie in Konkurrenz zur italienischen Nationalbewegung. Diese war dadurch bevorteilt, dass die italienischsprachige Bevölkerung vor allem in den Städten der Westküste lebte; Kroaten und im Norden Istriens Slowenen lebten fast ausschließlich in ländlichen Gebieten. Der Anteil der Slowenisch sprechenden Bevölkerung stagnierte in Istrien, der kroatische sank sogar ab, während der italienische wuchs. Die Hauptursache hierfür war, dass mit Verstädterung und sozialem Aufstieg ursprünglich kroatische Bevölkerung vielfach zur italienischen Sprachpraxis wechselte.

Einzige Trägerschicht zur Entwicklung des kroatischen Nationalbewusstseins war bis in die 1870er-Jahre die Geistlichkeit; die bedeutendste Gestalt war der mit Bischof Strossmayer verbundene Bischof Juraj Dobrila (1812–82). Aus einem Dorf bei Pazin stammend, hatte er in Wien Theologie studiert; seit 1857 war er Bischof von Poreč und Pula, ab 1875 von Triest und Koper. Seit 1861 gehörte er dem istrischen Landtag an, bis 1873 saß er auch im Wiener Reichsrat. Er förderte die kroatischsprachige Publizistik und setzte sich für die Verbesserung der Lebensbedingungen der bäuerlichen Bevölkerung und städtischen Unterschichten ein.

Seit 1896 propagierte Ivan Krstić (1869–1906) mit dem Wohlwollen der „Italienischen liberalen Partei" einen istrischen Regionalpatriotismus, der dem Ziel der kroatischen Nationalbewegung, Istrien im Rahmen einer trialistischen Staatsreform mit Dalmatien und Kroatien-Slawonien zusammenzuschließen, entgegenstand. Die Gegenagitation der „Kroatisch-slowenischen Nationalpartei" und die ablehnende Stellungnahme des Krker Bischofs Antun Mahnić (1850–1920) ließen die Arbeit von Krstić 1903 zum Erliegen kommen.

Mahnić war im Raum Kroatiens die führende Gestalt der Katholischen Bewegung, die sich am Ende des 19. und Anfang des 20. Jh. auch in anderen Ländern Europas gegen die Säkularisierungstendenzen in der Gesellschaft wandte, nach gestärktem Einfluss der katholischen Kirche im politischen Leben strebte und sich zugleich um eine Modernisierung der Formen kirchlicher Arbeit bemühte. Die in weiten Teilen der kroatischen Gesellschaft geläufige starke Betonung des Katholizismus als Element kroatischer Nationalidentität geht neben dem objektiven Sachverhalt der nationalen Abgrenzung entsprechend den alten Konfessionsgrenzen auch auf die Verschränkung von Katholischer Bewegung und Teilen der säkularen Nationalbewegung zurück.

Bis an den Anfang des 20. Jhs. war die „Kroatisch-slowenische Nationalpartei“ in Istrien schwächer als die italienischen Parteien. Bei den Wahlen zum Reichsrat, dem cisleithanischen Parlament, 1907 erlangte die „Nationalpartei“ jedoch mehr Stimmen als alle anderen Parteien in Istrien zusammen. Bei den Landtagswahlen 1914 behielt die „Italienische liberale Partei“ nur auf Grund des Wahlrechtes die Mehrheit der Sitze; nach Stimmenzahl war die „Nationalpartei“ am stärksten. In den Wahlergebnissen zeigte sich der Umschwung im Kräfteverhältnis der konkurrierenden Nationalbewegungen. Ungefähr seit der Jahrhundertwende blieb das Bekenntnis zum Kroaten- und Slowenentum auch bei sozialem Aufstieg und Verstädterung erhalten.

Stichwort: Der Kriegshafen Pula

Aufstieg einer Stadt in wenigen Jahrzehnten

Eine ungewöhnliche Bevölkerungskonstellation ergab sich in der Stadt Pula (ital. Pola), die - nach Blütezeiten in der Antike und im Hochmittelalter - in der Frühen Neuzeit immer mehr an Bedeutung verloren hatte. In diese Stadt mit ihrer hervorragenden Schutzlage am Ende einer Bucht wurde 1856 die Kriegsflotte der Monarchie aus dem national schon unruhigen Venedig verlegt. In den folgenden Jahrzehnten erlebte Pula dank seiner Rolle als Hauptkriegshafen des Reiches einen rasanten Aufstieg durch die Errichtung von Kaianlagen, Werften, repräsentativen öffentlichen Gebäuden und Wohnhäusern.

Mit dem Aufbau der Marine kamen immer mehr Deutschsprachige in die Stadt. In der Marine war zudem Deutsch die Dienstsprache. Bald entwickelte sich ein latentes Spannungsverhältnis zwischen der mehrheitlich italienischen Stadtbevölkerung, vor allem der politisch liberal orientierten Oberschicht unter dem von 1889 bis 1904 amtierenden Bürgermeister Lodovico Rizzi (1859–1945) auf der einen Seite und den deutsch-österreichisch dominierten Marinebehörden auf der anderen, sozusagen eine Konkurrenz von Nationalbewegung und Imperium. Allmählich wuchs auch der Einfluss von Vertretern der südslawischen Nationalbewegung auf das städtische Leben. Der kroatische Bevölkerungsanteil umfasste 1910 immerhin ein Viertel der Stadtbevölkerung. Fallweise versuchten die Marinebehörden, den italienisch-slawischen Interessengegensatz zu instrumentalisieren.

Unter anderem die Garnisonskirche, das ehemalige Kasino, der Marinefriedhof und die vielen Forts rund um die Stadt zeugen noch heute von der Ära Pulas als Kriegshafen der Monarchie und – trotz aller Spannungen – blühende Bürgergemeinde. Der im Stil der Secession errichtete Bau für das einstige Mädchenlyzeum beherbergt in der Gegenwart die Philosophische Fakultät.

Unabhängig von der ganz anderen Vorgeschichte – hier eine Stadt mit antiken Wurzeln, dort eine bescheidene hochmittelalterliche Kolonisationsgründung – zeigen Pula und Kiel, die heutige Hauptstadt des Landes Schleswig-Holstein, für die Jahrzehnte vor dem Ersten Weltkrieg erstaunlich viele strukturelle Parallelen: Kiel verdankte seinen schnellen, noch heute das Stadtbild vielerorts prägenden Ausbau der Rolle als Reichskriegshafen ab 1871, nachdem Preußen seine Flotte schon 1865 aus Danzig dorthin verlegt hatte. Und auch in der Zeit nach dem Ersten Weltkrieg haben Pula und Kiel gleichermaßen ihre Rolle als Flottenstützpunkte behalten, und Werften sind wechselnd Sorgenkinder und Hoffnungsträger im Wirtschaftsleben der Stadt.

Bosnien-Herzegowina nach 1878

Auf dem Berliner Kongress 1878 erhielt Österreich-Ungarn von den anderen Großmächten das Recht auf Okkupation und Verwaltung von Bosnien-Herzegowina zugesprochen; die nominelle türkische Oberhoheit blieb erhalten. Im weiterhin osmanisch verwalteten Sandžak Novi Pazar, dem „Riegel" zwischen Serbien und Montenegro, durfte die Monarchie Truppen stationieren. Die Okkupation diente als Kompensation für den verstärkten Einfluss Russlands auf der Balkanhalbinsel und für die Territorialgewinne der jungen Balkanstaaten zulasten des Osmanischen Reiches. Der Monarchie war an der Gewinnung von Bosnien-Herzegowina auch deshalb gelegen, da sie serbischen Ansprüchen zuvorkommen wollte. Schließlich lässt sich die Okkupation in das Streben der Imperialmächte einordnen, aus Prestigegründen und Wirtschaftsinteressen fremde Gebiete zu gewinnen; sie ließ sich bedingt mit dem Erwerb von Übersee-Kolonien oder der Expansion des Russischen Reiches nach Mittelasien vergleichen. 1908 annektierte die Monarchie Bosnien-Herzegowina; zum Ausgleich zog sie ihre Okkupationstruppen aus dem Sandžak Novi Pazar zurück und zahlte an das Osmanische Reich eine Ablösung.

Kaiser Franz Joseph wies das gleich 1878 vorgetragene Anliegen einer kroatischen Abordnung, die spätere Vereinigung der Neuerwerbung mit Kroatien-Slawonien vorzusehen, zurück. Stattdessen behielt Bosnien-Herzegowina einen Sonderstatus; für die Verwaltung war der Minister für die gemeinsamen Finanzen zuständig. Erst 1909, nach der Annexion, erhielt das Land eine Verfassung, und ein gewählter Landtag nahm seine Arbeit auf.

Wie im ganzen Osmanischen Reich war auch in Bosnien-Herzegowina die Konfession der maßgebliche Identifikationsfaktor gewesen: Ethnische Abgrenzungen waren verblasst. Nach Angaben von 1879, ein Jahr nach der Okkupation, lag der Anteil der Orthodoxen bei 43 %, der Muslime bei 39 % und der Katholiken bei 18 % bei einer Gesamtbevölkerung von 1,358 Mio. Einwohnern. Im 19. Jh., noch vor der Okkupation, entwickelten sich nun konkurrierende Konzeptionen der nationalen Vereinnahmung. Vuk Karadžić hielt die Gesamtbevölkerung für Serben verschiedener Konfession; der kroatische Historiker Vjekoslav Klaić (1849–1928) sprach 1878 von Kroaten dreier Konfessionen. Für Ante Starčević galten Katholiken und Muslime als Kroaten. Finanzminister Benjamin von Kállay versuchte während seiner Amtszeit 1884–1903, über die Konfessionen hinweg das bosnische Regionalbewusstsein zu stärken; er zielte damit gleichermaßen gegen die Ansprüche Serbiens wie gegen die Stärkung und Vereinheitlichung der südslawischen Bewegung innerhalb der Monarchie.

Keine dieser Konzeptionen hat sich durchgesetzt. Stattdessen blieb die Abgrenzung der Gruppen beim Übergang von der dominant konfessionellen zur dominant nationalen Identität erhalten: Orthodoxe bekannten sich als Serben, Katholiken als Kroaten. Mit deutlicher Verzögerung erfolgte ein analoger Prozess bei den Muslimen; die Ausbildung eines säkularen muslimisch-bosniakischen Nationsbewusstseins fand erst in den letzten vier Jahrzehnten ihren Abschluss.

Der Umwertungsprozess war bei den Katholiken in Mittelbosnien weniger ausgeprägt; hier traf man bis in den Krieg 1991–95 hinein auf die Selbstbezeichnung als „Katholik aus Bosnien“. Hingegen ist die kompakt siedelnde katholische Bevölkerung in der an Dalmatien grenzenden westlichen Herzegowina frühzeitig ausgesprochen kroatisch nationalbewusst geworden. Vergleichsweise hohe Geburtenraten und die schwierigen naturräumlichen Lebensbedingungen haben einen bis fast in die Gegenwart anhaltenden Abwanderungsdruck geschaffen, sodass in allen Landesteilen Kroatiens Menschen mit Herkunft aus der Herzegowina anzutreffen sind; auch im öffentlichen Leben Kroatiens sind sie zahlreich vertreten. Sowohl in der europäischen als auch in der Übersee-Diaspora haben sie einen hohen Anteil unter den Kroaten.

Vom Spätmittelalter über den Beginn der osmanischen Herrschaft bis zur Okkupation hatte sich nichts daran geändert, dass die geistliche Betreuung der Katholiken in Bosnien-Herzegowina ausschließlich in den Händen von Franziskanern lag; viele von ihnen sympathisierten mit den Ideen der Illyrier. Die aus der Herzegowina stammenden Franziskaner fühlten sich allerdings von ihren bosnischen Mitbrüdern majorisiert. Mit der 1844 erteilten Erlaubnis des Ordensgenerals gründeten sie zwei Jahre später das Kloster Široki brijeg westlich von Mostar. 1852 wurde für die Herzegowina eine eigene Franziskanerprovinz eingerichtet.

Sogleich nach der Okkupation 1878 unternahm die österreichisch-ungarische Regierung Schritte zur Klärung der Rechtsstellung der Religionsgemeinschaften. Parallel zu kroatischen Zielvorstellungen, Bosnien-Herzegowina politisch mit Kroatien zu vereinen, entstanden Pläne, die dortige katholische Kirchenorganisation an das Erzbistum Zagreb oder auch an das dalmatinische Erzbistum Zadar zu binden. Doch dies lag nicht im Interesse der Regierung. So erhielt Bosnien-Herzegowina aufgrund eines Konkordates zwischen der Monarchie und dem Heiligen Stuhl 1881 eine eigene Kirchenprovinz. Sarajevo wurde Sitz eines katholischen Erzbischofs; erster Amtsinhaber von 1881–1918 war Josip Stadler (1843–1918). Suffraganbistümer entstanden in Banja Luka und Mostar. Jesuiten übernahmen die Ausbildung eines Weltklerus. Um Irritationen bei Muslimen und Orthodoxen zu vermeiden, verhielt sich die Landesregierung gegenüber dem planvollen Ausbau des katholischen kirchlichen Lebens distanziert.

Die Franziskaner behielten auch nach 1881 einen Teil der Pfarren. Sie haben sich bis heute eine wichtige Rolle bei der geistlichen Betreuung der Katholiken in Bosnien-Herzegowina bewahrt; eine gewisse Rivalität zwischen Weltklerus und Orden ist geblieben. Während die Franziskaner aus der bosnischen Ordensprovinz, gewöhnt an das Leben in einer multikonfessionellen Umgebung, zumeist die bosnische Regionalidentität hervorheben, sind viele herzegowinische Franziskaner Vertreter eines konfessionell bestimmten kroatischen Nationalbewusstseins geworden.

Erst am Anfang des 20. Jhs. nahm die kroatische Nationalbewegung in Bosnien-Herzegowina politische Organisationsformen an. Mit Billigung der Okkupationsbehörden entstand 1907 die „Kroatische nationale Gemeinschaft" unter Leitung von Nikola Mandić (1869–1945). Offiziell diente die Organisation nur der wirtschaftlichen und kulturellen Arbeit; tatsächlich erhielt sie Züge einer politischen Partei. Als Erzbischof Stadler feststellte, dass die „Gemeinschaft" sich seinem Einfluss entzog und eine Konfessionalisierung ablehnte, gründete er 1910 die „Kroatische katholische Vereinigung", die allerdings bei den erstmaligen Wahlen im selben Jahr so schlecht abschnitt, dass Stadler sie 1912 nach einem Kompromiss mit der „Gemeinschaft" wieder auflöste. Mandić, der sich politisch der Landesregierung immer weiter angenähert hatte, wurde Anfang 1914 zu deren Stellvertretendem Chef berufen.

Analog zur Entwicklung in Kroatien-Slawonien und Dalmatien gab es auch in Bosnien-Herzegowina vor allem unter der kroatischen und serbischen Jugend viele Befürworter eines gemeinsamen Kampfes gegen die bestehenden politischen Strukturen. Zur Unterstützung der Zagreber Demonstrationen gegen Ban Cuvaj Anfang 1912 fanden auch in Sarajevo Demonstrationen der kroatischen und serbischen Jugend statt. Zu den Organisatoren gehörten Luka Jukić, der spätere Attentäter gegen Cuvaj, und Gavrilo Princip, der 1914 in Sarajevo die Schüsse auf Erzherzog Ferdinand abgab.

Bevölkerungsentwicklung und Urbanisierung

Das Bevölkerungswachstum in den Territorien des heutigen Kroatien verlief vom Ende des 18. bis ans Ende des 19. Jhs. weitgehend konstant. Die Einwohnerzahl – jeweils Baranja und Međimurje ausgenommen – betrug 1780 1,476 Mio. und 1850 2,075 Mio.; 1880 hatte sie 2,506 Mio. erreicht. Die demographische Transition – d. h. der Rückgang der Sterblichkeit aufgrund verbesserter Versorgung, medizinischer und hygienischer Bedingungen bei erst verzögerter Änderung des generativen Verhaltens und einstweilen weiterhin hohen Geburtsraten – setzte um 1880 ein, sodass die Bevölkerungszahl trotz der Auswanderungsbewegung nach Übersee in den folgenden Jahrzehnten sehr schnell anstieg; 1914 betrug sie 3,58 Mio. (Zahlen nach Jakov Gelo).

Exkurs: Die Übersee-Auswanderung

Via Hamburg in die Neue Welt

Auch die Gebiete des heutigen Kroatien wurden von der großen Auswanderungswelle in der zweiten Hälfte des 19. und im frühen 20. Jh. erfasst. Die wachsende Überbevölkerung der ländlichen Gebiete sowie die schlechten Einkommensverhältnisse auf der einen Seite und die Verheißungen besserer Chancen in Übersee auf der anderen Seite gaben erst einzelnen Personen und bald ganzen Familien den Anstoß zur Übersiedlung in die Neue Welt. Zudem trieb am Ende des Jahrhunderts die Krise im Weinbau in Dalmatien viele Menschen geradezu in die Auswanderung. Nachdem die Branche jahrzehntelang einen Boom erlebt hatte, wurde sie von zwei Faktoren hart getroffen: Seitdem Italien dank der „Weinklausel" von 1891 fast zollfrei Wein nach Österreich-Ungarn exportieren durfte, verlor der dalmatinische Wein an Konkurrenzfähigkeit, und 1894 erreichte die 1863 in Südfrankreich ausgebrochene Reblausplage auch Dalmatien. Nur einzelne Inseln blieben verschont.

Gerade für die nördlichen Gebiete des heutigen Kroatien war Hamburg ein wichtiger Auswandererhafen. Ein Denkmal an der Kaistraße in Hamburg-Altona erinnert laut Erläuterungstafel „an Millionen von Menschen, darunter auch an 400.000 kroatische Auswanderer, die sich über den Hamburger Hafen in die Neue Welt begaben". Es wurde von der Bildhauerin Ljubica Matulić 1989 in Holz geschaffen, 2009 als Bronzeskulptur erneuert.

Zu den Auswanderern gehörte auch Nikola Tesla, 1856 als Sohn eines orthodoxen

Priesters in Smiljan bei Gospić geboren. Er hatte am Technikum in Graz studiert und war nach Tätigkeit in Budapest und Paris 1884 in die USA ausgewandert, wo er mit Thomas A. Edison (1847–1931) zusammenarbeitete und 1943 verstarb. Er wurde durch seine zahlreichen Entdeckungen und Erfindungen im Bereich der Elektrotechnik weltbekannt. Sein ganzes Leben blieb er nach eigenen Worten „meinem serbischen Volk und meiner kroatischen Heimat“ verbunden. Teslas Geburtshaus ist heute als Museum hergerichtet. Sein Name lebt in der Gegenwart in den Elektrofahrzeugen der amerikanischen Firma Tesla höchst wirksam fort. Von ihm existiert ein einziges gemaltes Porträt, ein Werk von Vilma Fürstin Lwoff-Parlaghy (1863–1923) aus dem Jahr 1916. 1923 erwarb der New Yorker Diamantenhändler Ludwig Nissen dieses Gemälde und vermachte es als Teil seiner Sammlung seiner Heimatstadt Husum. Hier lag das Werk vergessen im Depot. Als Porträt von Nikola Tesla wurde das Gemälde erst 2007 mit Hilfe des Belgrader Nikola-Tesla-Museums identifiziert; 2009 wurde es erstmals im Nissen-Museum ausgestellt.

Auch in den Jahrzehnten vor der Jahrhundertwende blieben alle kroatischen Territorien noch weitgehend landwirtschaftlich geprägt; schnelles Städtewachstum betraf einstweilen nur die schon vorher größten Städte mit weitreichenden Zentralitätsfunktionen:

	Zagreb	Rijeka	Osijek
1869	20.400	17.900	17.200
1900	57.690	49.800	23.000

Die Einwohnerzahl von Split betrug am Anfang des 19. Jhs. gerade 6.000; sie stieg bis zur Mitte des 19. Jhs. auf 11.000 und erreichte 1910 22.000. Kleine Städte hingegen wuchsen kaum oder stagnierten. Sie nahmen zwar dörfliche Bevölkerung auf, doch gaben sie eigene Bevölkerung an die großen Städte ab. Die Tendenz zur Metropolenbildung hat sich in Kroatien bis heute gehalten; insbesondere die Agglomeration Zagreb (Stadt und Gespanschaft) mit 1,1 Mio. Einwohnern ist, was Ausbildung, Berufschancen und kulturelles Angebot betrifft, so viel attraktiver im Vergleich zur „Provinz“, dass eine Umkehr der Entwicklung nur schwer zu bewirken ist.

Die Urbanisierung förderte die nationale Integration. Politische Institutionen, Zeitungen, Theater, Bibliotheken und Schulen als Vermittler von Nationalbewusstsein waren vor allem an die größeren Städte gebunden. Auch der Städtebau selbst wurde zum Mittel der nationalen Selbstdarstellung, weitaus am deutlichsten fassbar im Falle von Zagreb. Der Weg zur urbanen Modernisierung der Hauptstadt von Kroatien-Slawonien wurde durch die erwähnte Bildung der einheitlichen Stadtgemeinde Zagreb 1850 klar begünstigt. Südlich des alten Stadtkerns entstand seit den 60er-Jahren in planmäßigem Ausbau die Unterstadt mit dem „grünen Hufeisen“; für die Durchhaltung des städtebaulichen Konzeptes war seit 1892 der Architekt Milan Lenuci (1849–1924) verantwortlich. Auf der östlichen Seite des „Hufeisens“ liegen von Norden nach Süden der durch Musikpavillon und Dichterbüsten verschönerte Park Zrinjevac mit anliegenden Gerichtsgebäuden, die Akademie der Wissenschaften und Künste mit einer Gemäldegalerie, deren Kernbestand auf eine Schenkung von Bischof Strossmayer zurückgeht, der Kunstpavillon für Ausstellungen und der Hauptbahnhof. Im Süden wurde der Botanische Garten angelegt. Auf der westlichen Seite reihen sich von Süden nach Norden das Jugendstilgebäude von alter Universitätsbibliothek (Name ab 1970: National- und Universitätsbibliothek) und Staatsarchiv, der ehemalige Turnsaal des Turnvereins *Sokol*, das Ethnographische Museum (bis 1919 Sitz der Handwerkskammer), Nationaltheater, Museum für Kunst und Gewerbe sowie das Hauptgebäude der Universität aneinander. So waren, wie hier aufgezählt, Bausteine und Symbole der Nation auf engstem Raum zusammengestellt.

Grüße aus Agram. Die 1887 von Hermann Bollé erbaute evangelisch-lutherische Kirche in Zagreb. - Postkarte, spätestens 1905.

Nur das politische Zentrum – Sitz des Bans und der Landesregierung sowie das Landtagsgebäude – blieb in der Oberstadt. Noch heute sind die *Banski dvori* im spätbarock-klassizistischen Stil Sitz des kroatischen Ministerpräsidenten. Das Landtagsgebäude, Sitz des Sabor, erhielt 1911 seine heutige neoklassizistische Gestalt. Schon damals war es wegen seiner Monumentalität innerhalb der umgebenden niedrigeren, barock geprägten Bebauung architektonisch umstritten. Doch schon wegen des nationalen Symbolwertes gilt es, das Gebäude eben als Teil des städtebaulichen Ensembles zu akzeptieren.

Am nördlichen Stadtrand entstand die monumentale Friedhofsanlage Mirogoj, deren Herz die „Halle der Illyrier“ ist. Architekt der Anlage wie auch zahlreicher repräsentativer Gebäude in der Unterstadt war der aus Köln stammende Hermann Bollé (1845–1926), den Bischof Strossmayer in Rom kennengelernt und nach Zagreb eingeladen hatte. Als die Zagreber Kathedrale beim

Erdbeben 1880 erhebliche Schäden erlitten hatte, führte Bollé deren Renovierung im neugotischen Stile durch; die Kirche erhielt an der Westseite zwei 105 m hohe Türme. Bollé gestaltete zudem die große, 1860 errichtete serbisch-orthodoxe Kirche in der Unterstadt um und erbaute 1887 die evangelische Kirche, war doch nach Aufhebung des Ansiedlungsverbotes für Protestanten in Kroatien-Slawonien 1859 eine kleine deutschsprachige lutherische Gemeinde in Zagreb entstanden.

Ausbau und Gestaltung der Stadt in der zweiten Hälfte des 19. Jhs. und bis zum Ersten Weltkrieg sind bis heute prägend für das Stadtbild von Zagreb geblieben; hierzu hat beigetragen, dass die Stadt von Kriegszerstörungen und radikalen Durchbrüchen im Zuge sozialistischen Städtebaus verschont geblieben ist.

Der Ausbau des Eisenbahnnetzes

Der Ausbau des Verkehrsnetzes, das seit dem zweiten Drittel des 19. Jhs. immer stärker von der Eisenbahn getragen wurde, war gleichermaßen Bedingung und Folge wirtschaftlicher und gesellschaftlicher Modernisierung. In Kroatien trafen mehrere Verzögerungsfaktoren für den Bahnbau zusammen: Der natürliche Riegel der Dinariden erschwerte ihn in technischer Hinsicht; weite Landesteile waren dünn besiedelt; Kapitalmangel behinderte einheimische Initiative; wirtschafts- und verkehrspolitische Interessen Österreichs und Ungarns standen Streckenführungen in Kroatien entgegen.

Zagreb erhielt 1862 durch die Eröffnung der Strecke Zidani most–Zagreb–Sisak Anschluss an die 1857 fertiggestellte Österreichische Südbahn, die von Wien über Graz und Ljubljana zum österreichischen Haupthafen Triest führte; die Getreide- und Wollausfuhr, die bisher über Rijeka abgewickelt worden war, richtete sich nun sofort auf Triest aus. 1865 eröffnete die Südbahn die Strecke Zagreb–Karlovac.

Die Ausgleiche von 1867 und 1868 sicherten Ungarn den Freiraum für eine eigene Eisenbahnpolitik. Nun lag es im ungarischen Interesse, den Verkehr wieder auf das zu Ungarn gehörende Rijeka zu lenken. Der ungarische Staat finanzierte den zügigen Bau der Strecke von Karlovac nach Rijeka, das 1873 erreicht war. 1880 kauften die Ungarischen Staatsbahnen der Österreichischen Südbahn die Strecke Zagreb–Karlovac ab; seit 1894 verfügten die Ungarischen Staatsbahnen über die kürzeste Verbindung zwischen Zagreb und Budapest.

Die Gesamtstrecke Budapest–Rijeka bildete einen Strahl des von Budapest ausgehenden Radialnetzes, in dem der Ausbau von Querverbindungen untergeordnete Bedeutung hatte. So wurde die verkehrstechnisch einfache di-

Noch ohne Hilfe von Baumaschinen. Der Eisenbahnbau Karlovac–Rijeka, 1869–73

rekte Strecke von Zagreb durch Slawonien bis Zemun gegenüber von Belgrad erst am Ende des 19. Jhs. fertiggestellt. Die Finanzierung erfolgte aus dem Verkauf von Wäldern in der ehemaligen Militärgrenze. Die Tarifpolitik der Ungarischen Staatsbahnen begünstigte den Transport auf Strecken über ungarisches Territorium, um die dortige verarbeitende Industrie zu stützen.

Ungarischerseits bestand kein Interesse an einem Anschluss des österreichischen Dalmatien an das ungarisch-kroatische Netz, denn damit hätte sich die Orientierung Kroatiens auf den ungarischen Wirtschaftsraum gelockert, und Split wäre Konkurrenz zu Rijeka geworden. Deshalb blieb es beim 1888 abgeschlossenen Bau einer Stichbahn von Split nach Knin mit Abzweigung nach Šibenik; die Bahn diente vor allem zur Erschließung der Kohlegruben bei Drniš. Dubrovnik und Metković (am Unterlauf der Neretva) erhielten Anschluss an das seit 1878 in Bosnien-Herzegowina errichtete Schmalspurnetz, das allerdings eine nur wenig leistungsfähige Verbindung mit dem Binnenland bot. Erst 1942 wurde der dalmatinische Hafen Ploče an das Schmalspurnetz angebunden.

Nach langen Verhandlungen konnte man endlich 1913 mit dem Bau der Lika-Bahn zum Anschluss der bestehenden Strecke bis Knin an die Linie Zagreb–Rijeka beginnen. Der Beschluss war nun nach dem Erstarken Serbiens in den Balkankriegen mindestens ebenso sehr militärstrategisch wie wirtschaftlich motiviert. Der Bau wurde jedoch erst nach dem Ersten Weltkrieg, im Jahr 1925, beendet. 1936 begann der Bau der Una-Bahn von Novi Grad in Nordbosnien nach Knin. Der Verkehr auf dieser kürzeren Verbindung wurde 1948 aufgenommen. 1967 schließlich erhielt auch Zadar von Knin aus Bahnanschluss.

Insgesamt war die verkehrstechnische Integration von Küste und Binnenland bis in die 90er-Jahre des 20. Jhs. nicht befriedigend gelöst, denn die bestehenden Eisenbahn- und Straßenverbindungen waren langsam und wenig leistungsstark. Erst dank dem zügigen Bau von Autobahnen nach Rijeka und Dalmatien in den Jahren nach 1995 sind die Straßenverkehrsverhältnisse nun entscheidend verbessert. Eine grundlegende Modernisierung der Eisenbahnverbindungen steht noch aus.

Istrien wurde durch eine 1876 eröffnete Stichbahn zum Kriegshafen Pula an den österreichischen Verkehrsraum angebunden, doch eine direkte Eisenbahnverbindung Istriens mit Rijeka ist bis heute nicht verwirklicht, und per Bahn ist Istrien nur über Slowenien zu erreichen. Eine gute Straßenverbindung wurde schon 1982 dank dem Bau des Tunnels durch das Učka-Gebirge zwischen Rijeka und Zentralistrien geschaffen.

Gedächtnisorte der jungen Nation

Unabhängig von den verschiedenen Visionen für die politische Zukunft der Nation formte sich im Laufe des „Langen 19. Jahrhunderts“ die kroatische Kulturnation aus und affirmierte sich auf vielfältige Weise: Der Bau der Nation erfolgte über die Standardisierung der Sprache im Illyrismus, über die Erfahrung des demokratischen Aufbruchs in der Revolution 1848/49, über die Entwicklung eines ausgeformten Narrativs der Nationalgeschichte und über die Grundlegung eines literarischen Kanons.

Ein zentraler Platz kommt hier den Werken von August Šenoa (1838–81) zu. Er entstammte einer aus Böhmen eingewanderten Handwerkerfamilie. Nach dem Jurastudium in Zagreb und Prag arbeitete er 1866–67 als Dramaturg am Zagreber Theater. Ab 1874 war er Redakteur der 1869 begründeten literarischen Zeitschrift *Vienac*, „Der Kranz“. Šenoa sah in der Literatur ein Mittel nationaler und sozialer Integration; seine Romane zur kroatischen Geschichte – darunter das im Zagreb des 15. Jhs. spielende *Zlatarevo zlato*, „Das Gold des Goldschmiedes“ – sind bis heute populär geblieben.

Dasselbe gilt für das Werk der um ein Vierteljahrhundert jüngeren Ivana Brlić-Mažuranić (1874–1938). Sie hatte sich in den 90er-Jahren politisch im

Kampf gegen Ban Khuen-Hédervároy engagiert. Nach Publikationen ab 1902 erschien 1913 der noch heute beliebte pikareske Roman *Čudnovate zgode šegrta Hlapića*, „Die wundersamen Abenteuer des Lehrlings Hlapić“. Am bekanntesten wurden die vielfach übersetzten *Priče iz davnine*, „Erzählungen aus alter Zeit“, in denen die Dichterin mythologische Motive und surrealistische Verfahren verband. Ihr Werk machte sie zum „kroatischen Andersen“. 1937 wurde Brlić-Mažuranić als erste Frau in die „Jugoslawische Akademie der Wissenschaften und Künste“ in Zagreb als Mitglied aufgenommen.

Musikschaffen und bildende Kunst folgten – ähnlich wie im Falle anderer Nationen – einerseits den internationalen Entwicklungen, waren Teil einer schon stark verflochtenen supranationalen Kultur; zugleich waren sie andererseits durch die Wahl von Themen und Motiven national konnotiert und wurden, ebenso wie die Folklore, als Teil des nationalen Erbes verstanden. Hierzu gehört auch das für den Einband dieses Buches verwendete Gemälde von Dragutin Weingärtner von 1885: Ban Jelačić ruft auf der Sitzung des Sabor vom 4. Juni 1848 die Abgeordeten zu Spenden für die Landesverteidigung auf. Als besonders expressives Beispiel sei auch der von Vlaho Bukovac (1855–1922) gemalte Bühnenvorhang „Kroatische Wiedergeburt“ von 1895 im Kroatischen Nationaltheater genannt. Er zeigt, wie die Größen des kulturellen Lebens des 19. Jhs., angeführt von Ljudevit Gaj, vor dem Renaissance-Dichter Ivan Gundulić aus Dubrovnik erscheinen.

Ähnlich wie im Falle anderer Nationen gerade in Ostmitteleuropa fiel dem Ausbau einer Metropole eine besondere Rolle bei der Sicherung der nationalen Identität zu. Diese Rolle übernahm Zagreb, die Hauptstadt von Kroatien-Slawonien und das seit dem Beginn des Illyrismus affirmierte Zentrum der kroatischen Nationalbewegung über die Grenzen der historischen Territorien hinweg. Wie erwähnt, waren insbesondere im Raum des „Grünen Hufeisens“ Symbole und Bausteine der Nation zusammengestellt. Der Name der Stadt, der Stadtraum als Ganzes wie auch die einzelnen Einrichtungen und Denkmäler wurden zu Gedächtnisorten der Nation. Modernitätsanspruch war ein Anliegen des nationalen Prestiges, das hierbei noch immer in Konkurrenz zum Prestige des alten Imperiums stand – ablesbar an der Ähnlichkeit der Architektur damals errichteter öffentlicher Gebäude im ganzen Habsburgerreich. Das im Alltag meistens durchaus erträgliche, doch immer spannungsreichere Nebeneinander der Konzepte von Imperium und Nation fand schließlich mit dem Ersten Weltkrieg und der Auflösung Österreich-Ungarns sein Ende.

KAPITEL 7

Erster Weltkrieg und Zwischenkriegszeit

Auslands- und Inlandsarbeit bis 1918

Schon vor dem Ersten Weltkrieg bestanden, wie im vorangegangenen Kapitel angesprochen, verschiedene Fernziele staatlicher Neuordnung für den Raum des späteren Jugoslawien, sei es durch Westexpansion Serbiens, sei es durch grundlegende Reformen der nationalen Beziehungen innerhalb Österreich-Ungarns. Doch erst im Laufe der Kriegsjahre nahmen die Perspektiven einer südslawischen staatlichen Einheit klarere Konturen an.

Die serbische Regierung unter Nikola Pašić (1845–1926) verkündete am 7. Dezember 1914 in Niš die Befreiung aller Serben, Kroaten und Slowenen von der österreichisch-ungarischen Herrschaft zum Kriegsziel Serbiens. Eine Gruppe kroatischer Emigranten unter Führung von Ante Trumbić und Frano Supilo setzte sich seit Kriegsbeginn bei den Entente-Mächten für einen gemeinsamen südslawischen Staat auf föderativer Basis ein. Beide hatten zu den Mitbegründern des „Neuen Kurses“ von 1905 gehört.

Die Emigranten organisierten sich im *Jugoslavenski odbor*, „Südslawischer Ausschuss“, der am 30. April 1915 seine Arbeit offiziell aufnahm. Sein erstes Anliegen war es, eine Revision des eigentlich geheimen, doch seinem Inhalt nach bald bekannten Londoner Vertrages vom 26. April 1915 zwischen den Entente-Mächten und Italien zu erreichen. Diesem Vertrag zufolge sollte Italien als Gegenleistung für den Kriegseintritt auf der Seite der Entente Südtirol, das Trentin, Triest, Görz, Istrien und Mitteldalmatien mit Zadar und Šibenik und allen Inseln außer Rab, Krk und Brač erhalten.

Am 16. August des Jahres übergaben die Botschafter der Entente-Mächte der serbischen Regierung ein Memorandum, das als Kompensation für die Zusagen an Italien eine erhebliche Westerweiterung Serbiens vorsah, jedoch mit den Zielsetzungen des Südslawischen Ausschusses unvereinbar war. Serbien würde die Bačka – also den Teil der heutigen Vojvodina westlich der Theiß –,

Bosnien-Herzegowina und das südliche Dalmatien bis einschließlich Split, dazu eventuell Slawonien erhalten. Im Übrigen gingen Londoner Vertrag und Memorandum noch vom Weiterbestehen eines allerdings verkleinerten Österreich-Ungarn aus, in dem sowohl die slowenischen Territorien als auch das engere Kroatien verbleiben würden.

Nachdem österreichisch-ungarische und bulgarische Truppen 1915 das ganze Staatsgebiet Serbiens besetzt hatten, hielt sich die serbische Regierung unter Ministerpräsident Pašić im Exil auf der Insel Korfu auf. Erst im Mai 1917 war sie bereit, Vertreter des Südslawischen Ausschusses zwecks eines Abkommens dorthin einzuladen. Die nach mehrwöchigen Gesprächen am 7. Juli verabschiedete Deklaration von Korfu definierte Serben, Kroaten und Slowenen als „dreinamiges Volk, dasselbe nach Blut, gesprochener und Schriftsprache, nach dem Gefühl der Einheit, nach Kontinuität und Ganzheit des Territoriums, auf dem es untrennbar lebt". Die Herstellung eines gemeinsamen Staates erschien demzufolge als ein Akt nationaler Einigung, vergleichbar der Schaffung Italiens 1860 oder des Deutschen Reiches 1871. Die Deklaration sah neben der Einführung gemeinsamer neuer Symbole die gleichberechtigte Beibehaltung der alten Symbole vor. Die gemeinsame Verfassung wäre mit einer „qualifizierten" Mehrheit anzunehmen, wobei unklar gehalten blieb, ob damit eine einfach mehr als absolute oder eine Zweidrittelmehrheit gemeint war.

Neben der Auslandsarbeit des Südslawischen Ausschusses und der serbischen Regierung entwickelte sich aus der Inlandsarbeit innerhalb der Doppelmonarchie ein weiterer Strang, der auf die gemeinsame Staatsbildung hinführte. Südslawische Abgeordnete im österreichischen Reichsrat forderten in der Maideklaration vom 30. Mai 1917 die Umgestaltung der Monarchie auf der Grundlage des Trialismus; in der Zagreber Resolution vom 3. März 1918 erklärten Vertreter kroatischer und slowenischer Parteien schon die Unabhängigkeit zum Ziel.

Das Nebeneinander und spätere Ineinanderwirken von Auslands- und Inlandsarbeit weist viele Parallelen mit der Vorbereitung der Staatsbildung Polens und der Tschechoslowakei auf. Polnische, tschechische, slowakische, rumänische und südslawische Aktivisten der Auslandsarbeit trafen sich am 8. April 1918 zum „Kongress der unterdrückten Völker" in Rom und forderten die Auflösung der Doppelmonarchie. Allerdings waren bei den Gesprächen die Interessengegensätze zwischen Vertretern des Südslawischen Ausschusses einerseits und denen der Italiener andererseits in der Frage der zukünftigen Zugehörigkeit Istriens und Dalmatiens offensichtlich.

Vom „Staat der Slowenen, der Kroaten und Serben" zum „Serbisch-kroatisch-slowenischen Staat"

Drei Tage, nachdem die deutsche Heeresleitung der Entente den Waffenstillstand angeboten hatte und damit das Kriegsende absehbar wurde, bildete sich am 6. Oktober 1918 in Zagreb ein „Nationalrat der Slowenen, Kroaten und Serben". In ihm saßen die Abgeordneten des kroatischen Landtages, die südslawischen Abgeordneten aus dem Reichsrat und aus den Landtagen der österreichischen Kronländer; dazu war für je 100.000 Einwohner der südslawischen Gebiete ein Vertreter zu wählen; *de facto* wurden diese von den Parteien bestimmt.

Der Nationalrat umfasste insgesamt ca. 150 Personen. Präsident wurde Anton Korošec (1872–1940) von der Slowenischen Volkspartei, Stellvertreter waren der Kroate Ante Pavelić (1869–1938) – nicht identisch mit dem gleichnamigen späteren Ustaša-Führer – von der Starčević-Rechtspartei und der Serbe Svetozar Pribićević (1875–1936) als Repräsentant der Serbisch-kroatischen Koalition im kroatischen Landtag seit 1905. Diese hatte sich bis zur Bildung des Nationalrates von der offensiven Inlandsarbeit ferngehalten, um Konflikte mit den noch herrschenden Strukturen zu vermeiden. Doch nun erlangte Pribićević schnell die Führungsrolle im Nationalrat.

Kaiser Karl I. (1916–18), der Großneffe und Nachfolger des 1916 verstorbenen Franz Joseph I., verkündete am 16. Oktober 1918 ein Manifest, in dem er eine föderale Neuordnung der österreichischen Reichshälfte ankündigte. Da sich das Manifest nicht auf Transleithanien bezog, wies es der Nationalrat als irrelevant zurück, denn es verhieß weder eine Neuordnung der ungarisch-kroatischen Beziehungen, noch beinhaltete es die Vereinigung von Kroatien-Slawonien und Dalmatien.

Am 29. Oktober, einen Tag nach der Proklamation des tschechoslowakischen Staates, verkündete der Nationalrat die Herauslösung aus der Doppelmonarchie und die Bildung des „Staates der Slowenen, Kroaten und Serben", kroat. *Država Slovenaca, Hrvata i Srba,* abgekürzt *Država SHS*. Dieser wurde *de facto* von der Wiener Regierung anerkannt; sie unterstellte ihm am 31. Oktober die in Pula liegende Flotte. Der Staat der Slowenen, Kroaten und Serben beanspruchte die Staatsgewalt über Kroatien-Slawonien und Bosnien-Herzegowina, über die Vojvodina, dazu über die südslawisch besiedelten Gebiete der österreichischen Reichshälfte, also Dalmatien, Istrien, Görz, Krain, die südliche Steiermark und Teile von Kärnten.

Kurz nach dem Abschluss des Waffenstillstandes zwischen den Entente-Mächten und Österreich-Ungarn am 3. November nahmen Vertreter der serbischen Regierung und des Zagreber Nationalrates am 6. November in Genf

Verhandlungen auf, um die Pläne eines gemeinsamen südslawischen Staates weiter zu konkretisieren. Im Ergebnis stand die Genfer Deklaration vom 9. November über den Beschluss zur Bildung eines „Staates der Serben, Kroaten und Slowenen", unabhängig von der Umstellung der Nationsnamen abgekürzt ebenso *Država SHS*. Die Deklaration ging davon aus, Montenegro werde dem neuen Staat beitreten.

Noch vor der Proklamation des gemeinsamen Staates beschloss eine Versammlung in Podgorica am 26. November ihrerseits die Absetzung von König Nikola I. (1910–18) und den Anschluss an Serbien. Diese Versammlung war seitdem im jugoslawischen Geschichtsbild klar positiv konnotiert. Erst mit der Verselbständigung Montenegros 2006 ist diese Sichtweise zunehmend in Frage gestellt worden. Am 30. November 2018, ziemlich genau 100 Jahre später, erklärte die Mehrheit des Parlamentes von Montenegro die Entscheidung von 1918 für nichtig.

Die Genfer Deklaration sah das Weiterbestehen der Regierung des Königreiches Serbien und des Nationalrates in Zagreb vor. Als gemeinsame Angelegenheiten wurden Außenpolitik, Heereswesen, die Friedensverhandlungen, Kriegs- und Handelsmarine definiert. Die Minister des gemeinsamen Ministeriums (Kabinetts) würden je zur Hälfte von beiden Seiten gestellt.

Die weitere Regelung des Staatsaufbaus sollte der Entscheidung einer Konstituante, einer verfassungsgebenden Versammlung, vorbehalten bleiben. Über den Entscheidungsmodus wurde allerdings im Unterschied zur Deklaration von Korfu gar nichts gesagt. – Die strenge Symmetrie des einstweiligen Staatsaufbaus erinnert an den österreichisch-ungarischen Ausgleich; ein großer Unterschied bestand jedoch darin, dass es kein gemeinsames Staatsoberhaupt geben sollte.

Die Genfer Beschlüsse wurden jedoch nie umgesetzt und von der Entwicklung schnell überholt. Bei der politischen Elite in Serbien bestand kein Interesse an einer Gleichrangigkeit des jungen Nationalrat-Staates mit dem Königreich Serbien; so zog auch der serbische Ministerpräsident Pašić seine Unterschrift unter das Genfer Abkommen wieder zurück. Die serbische Regierung sah sich nach der Rückeroberung des serbischen Staatsgebietes mit Hilfe der großen Entente-Mächte auf der Siegerseite, während man den Nationalrat der Verliererseite zurechnete.

Der Zagreber Nationalrat war machtlos gegen das Vorrücken der Italiener im Nordwesten und kaum fähig, im Lande die Ordnung aufrechtzuerhalten. Viele Soldaten waren beim Zusammenbrechen der Fronten desertiert und hatten sich zu den „grünen Kadern" geschlagen, die gerade in Slawonien marodierend durch das Land zogen. Unter diesen Umständen bat der Nationalrat

Anfang November um die Entsendung serbischer Truppen in das Territorium des SHS-Staates.

Am 24. November fiel im Nationalrat der Beschluss, dem serbischen Prinzregenten Aleksandar Karađorđević, dem späteren König Aleksandar I. (1921–34), die Herrschergewalt anzutragen und damit – im Unterschied zu den Absichten der Genfer Deklaration – sogleich ein gemeinsames Staatsoberhaupt anzuerkennen. Aleksandar übte die Regentschaft in Serbien bereits seit Juni 1914 aus, da sich sein Vater, König Petar, aus innenpolitischen Gründen ganz aus der Politik hatte zurückziehen müssen.

Die nach Belgrad zu entsendende Deputation erhielt Verhandlungsanweisungen darüber, dass ein gemeinsamer Staatsrat als Legislative zu bilden sei. In der gemeinsamen Regierung waren neben den Fachministern Vertreter der einzelnen historischen Territorien vorgesehen. Die Landesregierungen sollten erhalten bleiben. Die Konstituante würde mit Zweidrittelmehrheit über den Staatsaufbau entscheiden.

Einziger entschiedener Gegner des Beschlusses war Stjepan Radić, Führer der *Hrvatska pučka seljačka stranka*, der „Kroatischen bäuerlichen Volkspartei". Wie er in seiner Rede ausführte, fehlte dem Nationalrat die demokratische Legitimation zu einer so weitreichenden Entscheidung. Radić sorgte sich vor einem neuen Zentralismus unter der Dynastie der Karađorđevići. Er warnte vor der Geringschätzung der eigenen historischen Tradition und zeigte sich skeptisch gegenüber einer naiven Einheitsbegeisterung. Das Ziel eines gemeinsamen staatlichen Rahmens für Slowenen, Kroaten und Serben stellte allerdings auch er nicht in Frage.

Noch bevor die Deputation des Nationalrates sich auf den Weg nach Belgrad machte, trat eine Nationalversammlung der Vojvodina, in der seit dem Waffenstillstand vom 3. November serbische Truppen standen, in Novi Sad zusammen. Sie beschloss am 25. November unabhängig vom Zagreber Nationalrat den Anschluss der Vojvodina an das Königreich Serbien.

Die Deputation des Nationalrates überreichte am 1. Dezember 1918 dem Prinzregenten Aleksandar eine Adresse, die im Vergleich zu den Instruktionen sehr viel allgemeiner gehalten war; vor allem fand der Modus bei der Abstimmung über die zukünftige Verfassung keine Erwähnung. Besonders wurde Aleksandar um Hilfe gegen das italienische Vorrücken und bei der Abwehr der Ansprüche Italiens aus dem Londoner Abkommen von 1915 gebeten. Der Prinzregent verkündigte daraufhin die „Vereinigung Serbiens mit den Ländern des Unabhängigen Staates der Slowenen, Kroaten und Serben" und schloss mit dem Ruf: „Es lebe das ganze serbisch-kroatisch-slowenische Volk!" Zur inneren Organisation des neuen Staates enthielt die Proklamation keine Aussagen.

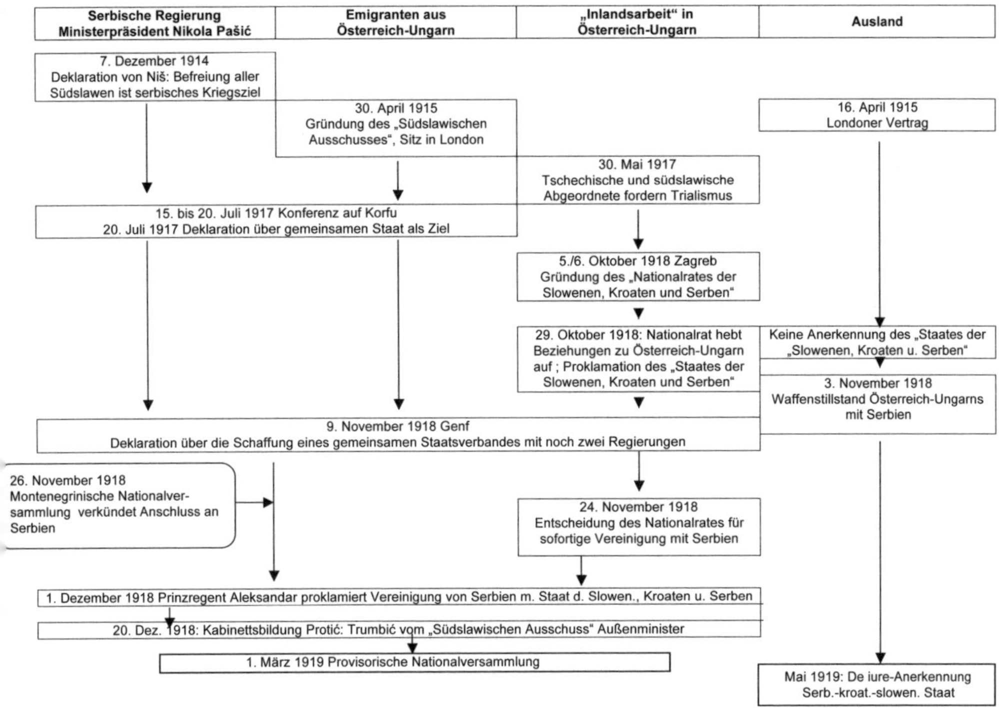

Grafik 3. Die Stufen der jugoslawischen Staatsbildung

Die verbreitete Unzufriedenheit über die eilige Proklamation eines gemeinsamen Staates ohne jede plebiszitäre Legitimation kam am 5. Dezember 1918 am dramatischsten zum Ausdruck. An diesem Tag demonstrierten zwei Landwehr-Regimenter und Bürger auf dem Jelačić-Platz in Zagreb. Trotz der anfangs friedlichen Stimmung nahmen Soldaten und Freiwillige unter dem Kommando des neueingesetzten Zagreber Polizeichefs Budislav Grga Anđelinović die Versammlung unter Feuer und töteten 13 Menschen, unter ihnen vier Zivilisten. Bald sprach man von den *prosinačke žrtve*, den „Dezemberopfern", in Anspielung auf die „Juliopfer" von 1845.

Die Ambivalenz der Staatsbildung zwischen Vereinigung der Südslawen und Vergrößerung Serbiens ist sehr schön erfasst im ersten Satz des Heftes *Jugoslavien*, das 1927 in der Reihe *Osteuropäische Länderberichte* in Breslau erschien: „Als Ergebnis des Weltkrieges entstand aus Serbien das seiner Bevölkerungszahl und seinem Territorium nach bedeutende Königreich der Serben, Kroaten und Slovenen (Jugoslavien). Die Bildung des Staates erfolgte auf Grund der freiwilligen Vereinigung jener drei Zweige des jugoslavischen Volkes, die einst, im VI. Jahrhundert, aus dem Karpathengebiet auf die Balkanhalbinsel gekommen waren."

Die alten Landesbehörden arbeiteten einstweilen weiter; der Ban für Kroatien-Slawonien wurde nun vom Prinzregenten ernannt. Am 20. Dezember erfolgte die Bildung eines Kabinettes für den Gesamtstaat. Die Parteien hatten sich auf Nikola Pašić als Ministerpräsidenten geeinigt; doch da Prinzregent Aleksandar dessen Ernennung aus persönlichen Gründen ablehnte, erhielt Stojan Protić (1857–1923), ein Parteifreund von Pašić, das Amt. Außenminister wurde Ante Trumbić vom Südslawischen Ausschuss, Innenminister Svetozar Pribićević von der Zagreber kroatisch-serbischen Koalition. Am 1. März 1919 nahm die aus Delegierten der einzelnen historischen Territorien zusammengesetzte „Provisorische Volksvertretung" als gemeinsame Legislative ihre Arbeit auf.

Die bäuerliche Bevölkerung in Kroatien-Slawonien war während des ganzen Jahres 1919 wegen Steuerwillkür und Rekrutierungen in Unruhe und identifizierte sich mit der Forderung von Radić nach einer kroatischen Bauernrepublik; er selbst war zeitweilig in Haft. Als im Herbst 1920 die in Serbien zwar übliche, doch in Kroatien bis dahin unbekannte behördliche Brandmarkung des Zugviehs eingeführt wurde, fürchteten die Bauern, der Akt bereite die Requirierung vor. Ungefähr im Dreieck Zagreb – Sisak – Bjelovar begann ein offener Aufstand, den erst Militär und Gendarmerie gewaltsam niederschlagen konnten.

Die Währungsumstellung in den ehemals österreichisch-ungarischen Gebieten verursachte große Unzufriedenheit. Bei der Markierung der alten, noch im Umlauf befindlichen Banknoten als „jugoslawisch" Anfang 1919 wurden – offiziell als Mittel der Inflationsbekämpfung – nur 80 % der Beträge wieder ausgehändigt. Die Regierung nutzte das Geld zur Abtragung von Staatsschulden. Während das Verhältnis von Dinar zu Krone Ende 1918 noch 1:2 betragen hatte, erfolgte die Währungsvereinigung in der ersten Jahreshälfte 1920 zum Kurs von einem Dinar für vier Kronen.

Irritierend wirkte auch, dass Offiziere und Unteroffiziere aus der serbischen Armee automatisch in die Armee des Königreiches übernommen wurden, ehemalige k. u. k. Dienstgrade hingegen nur auf Antrag im Einzelfall; auch waren sie bei Beförderungen und Besoldung benachteiligt. In äußerem Erscheinungsbild und Reglement stand die Armee ganz in der Kontinuität zum Königreich Serbien. Im Offizierskorps dominierten Serben; der Anteil an Kroaten betrug 1938 gerade 10 %.

Die Friedensverträge 1919/20

Die meisten Außengrenzen des neuen Staates wurden in den Vorortsverträgen der Pariser Friedenskonferenzen geregelt. Der Vertrag von Saint-Germain am 10. September 1919 mit Österreich bestimmte, dass die Zugehörigkeit des südlichen Kärnten durch Volksabstimmungen zu regeln sei. Deren Ergebnis bestätigte die schon von US-Präsident Wilson vorgeschlagene Karawanken-Grenze. Laut Vertrag von Neuilly am 27. November 1919 musste Bulgarien kleinere Gebiete an Jugoslawien abtreten. Entsprechend dem Vertrag von Trianon vom 4. Juni 1920 mit Ungarn erhielt der „Serbisch-kroatisch-slowenische Staat“, wie er bis 1921 hieß, die südlichen Teile der Baranja, die aus Teilen der Bačka und des Banates gebildete Vojvodina, außerdem das Međimurje mit Čakovec und das heute zu Slowenien gehörige Übermurgebiet mit Murska Sobota als Zentrum. Ansonsten blieb die historische Drau-Grenze erhalten.

Keine Einigung ließ sich während der Pariser Friedenskonferenz mit Italien erzielen. Eine besondere Situation ergab sich bereits dadurch, dass hier zwei Siegermächte miteinander verhandelten. Italien beharrte auf der Erfüllung des Londoner Abkommens; Jugoslawien ging von den historischen Territorien aus, die der Staat der Slowenen, Kroaten und Serben am 29. Oktober 1918 übernommen hatte. Die vom US-Präsidenten vorgeschlagene Teilung Istriens war für beide Seiten inakzeptabel.

Noch während die Verhandlungen liefen, schuf der als glühender Nationalist bekannte italienische Dichter und Kriegsflieger Gabriele D'Annunzio (1863–1938) ein *fait accompli*. Er besetzte mit tausend *legionari* am 12. September 1919 die Stadt Rijeka und errichtete dort ein Regime, dessen Auftreten manchmal einem künstlerischen Happening glich.

Die Friedenskonferenz überließ die Regelung der italienisch-jugoslawischen Grenzziehung schließlich bilateralen Verhandlungen. Im Vertrag von Rapallo vom 12. November 1920 erhielt Italien, wie gefordert, Istrien, die Inseln Cres und Lošinj und die küstenfernen, strategisch wichtigen Adriainseln, verzichtete jedoch auf Dalmatien, außer auf Zadar. Als Kompensation verblieb Rijeka, auf das Italien im Londoner Vertrag 1915 gar keinen Anspruch erhoben hatte, außerhalb des jugoslawischen Staates; analog zu Danzig erhielt es den Status eines Freistaates. Obwohl Außenminister Ante Trumbić den Vertrag mitunterzeichnet hatte, war er wegen des Verlustes slowenischer und kroatischer Territorien so verbittert, dass er von seinem Amt zurücktrat.

Am 12. Dezember 1920 schlossen italienische Truppen das noch immer von D'Annunzio kontrollierte Rijeka ein; nach Kämpfen gerade um die Weihnachtszeit zog der *Commandante* unter Mitführung reicher Kriegsbeute am 16. Januar 1921 ab. Der nun etablierte Freistaat Rijeka hielt sich nur kurz: Am 3. März 1922, also noch vor der Machtübernahme der Faschisten in Italien selbst am 28. Oktober 1922, besetzte eine faschistische Gruppe die Stadt. Sie erbat am 15. September die Annexion durch Italien, die durch die Einsetzung eines italienischen Militärgouverneurs *de facto* erfolgte. Am 27. Januar 1924 akzeptierte Jugoslawien schließlich gegen geringe italienische Zugeständnisse die Auflösung des Freistaates Rijeka. Zugleich schlossen die beiden Staaten im Zeichen der Annäherung den Adriapakt; er entsprach Italiens Streben, den starken Einfluss Frankreichs in Jugoslawien zu unterlaufen. Erst ab 1927, nachdem Mussolini seine Macht im Inneren stabilisiert hatte und zu einer offensiveren Außenpolitik überging, erhielt diese eine konstant antijugoslawische Ausrichtung.

Da der bis zum Ersten Weltkrieg für Kroatien wichtigste Seehafen Rijeka nun außerhalb des Staatsgebietes lag, wurde in der mit Rijeka eigentlich längst zusammengewachsenen Nachbarstadt Sušak ein eigener Hafen errichtet.

Die Nationalitätenpolitik Italiens gegenüber der kroatischen Bevölkerung in Rijeka und Istrien sowie gegenüber den Slowenen in Nordistrien, Triest und Görz war intolerant und vom Ziel der durchgängigen Assimilierung oder Abdrängung gekennzeichnet. Vor allem katholische Geistliche hielten das kroatische und slowenische Nationalbewusstsein wach.

Der Aufbau des gemeinsamen südslawischen Staates

Nach der Staatsbildung und der Schaffung provisorischer Institutionen für den Gesamtstaat Ende 1918/Anfang 1919 blieb die Aufgabe, eine Verfassung zu erarbeiten. Am 28. November 1920 fanden die Wahlen zur Konstituante statt.

Die beiden Regierungsparteien gingen als Sieger aus den Wahlen hervor: die 1919 von Svetozar Pribićević und Ljubo Davidović (1863–1940) gegründete „Demokratische Partei" (DS) und die „Radikale Partei" (RS), die beide vor allem serbische Wähler sowohl in Serbien und Montenegro als auch in den ehemals österreichisch-ungarischen Gebieten ansprachen und zentralistische Programme vertraten. Sie erhielten 92 bzw. 90 der insgesamt 419 Sitze; es folgten die Kommunisten mit 58 Sitzen und die von Stjepan Radić geführte „Kroatische volkstümliche Bauernpartei", nach den Wahlen umbenannt in „Kroatische Republikanische Bauernpartei" (HRSS), mit 50 Sitzen. Nach mehrfachem Regierungswechsel in den vergangenen beiden Jahren übernahm Nikola Pašić Anfang 1921, kurz nach Eröffnung der Konstituante, das ihm 1918 verwehrte Amt des Ministerpräsidenten.

Die verfassungsgebende Versammlung wählte einen engeren Ausschuss, der über die Entwürfe zu beraten hatte. Dabei war dem zentralistisch konzipierten Regierungsentwurf im Voraus eine Vorrangstellung gesichert. Entsprechend den Vorgaben durch die Regierung fiel im Ausschuss die Entscheidung, für die

Annahme der Verfassung sei die absolute Mehrheit notwendig und nicht, wie in den Instruktionen für die Delegierten vom November 1918 festgelegt, eine Zweidrittelmehrheit. Nur mit diesem Verfahren konnte die Regierungskoalition darauf rechnen, einen zentralistischen Staatsaufbau durchzusetzen.

Die HRSS verweigerte den vorweg geforderten Eid der Abgeordneten auf den König und boykottierte, wie später auch andere Parteien, die Mitarbeit in Plenum und Ausschuss; damit begab sie sich allerdings auch der Möglichkeiten konstruktiver Opposition, denn bei ihrer Mitarbeit hätten die Vertreter föderal orientierter Parteien im Ausschuss über die Mehrheit verfügt.

Die „Bauernpartei" stellte ihrerseits in Zagreb einen eigenen Verfassungsentwurf über die Bildung einer Kroatischen Bauernrepublik auf dem Territorium von Kroatien-Slawonien und Međimurje vor, welche sich dann mit den anderen Territorien innerhalb des 1918 geschaffenen Staatsgebietes konföderieren könnte. Dalmatien sollte in einem Plebiszit über den Anschluss an die Bauernrepublik entscheiden. Der Vertrag von Rapallo mit Italien wurde für nichtig erklärt; man erwartete vielmehr den Anschluss von Rijeka und Istrien an die Republik. Was die territorialen Verfügungen betraf, antizipierte der Verfassungsentwurf weitestgehend die Grenzen Kroatiens nach 1945.

Die Abstimmung über die Verfassung erfolgte am 28. Juni 1921, am Veitstag, an dem 1389 die Schlacht auf dem *Kosovo polje*, dem Amselfeld, und 1914 das Attentat in Sarajevo stattgefunden hatten. Die Wahl des Tages war ein eindeutiger Hinweis auf das Bestreben, das Selbstverständnis des neuen Staates vor allem in die geschichtliche Tradition der Serben einzubinden. – Die Verfassung wurde mit 223 : 35 Stimmen angenommen. 161 Abgeordnete, die große Mehrheit der Vertreter aus Kroatien-Slawonien und Dalmatien, waren der Abstimmung ferngeblieben.

Das „Königreich der Serben, Kroaten und Slowenen", wie der Staat ab jetzt hieß, wurde in der Verfassung als „erbliche, parlamentarische und konstitutionelle Monarchie" definiert. Der König erhielt eine starke Stellung, da er wie die *Skupština*, das Parlament, über das Recht auf Gesetzesinitiative verfügte. Er hatte ein Vetorecht und konnte durch sein Promulgationsrecht die Verkündung von Gesetzen verzögern. Des Weiteren bestellte er die Regierung, die an das Vertrauen nicht nur des Parlamentes, sondern auch des Königs gebunden war.

Im Sinne der zentralistischen Staatsordnung wurden die historischen Territorien in 33 *oblasti*, „Gebiete", mit jeweils maximal 800.000 Einwohnern aufgeteilt. Die Umsetzung dieser Verwaltungsgliederung begann allerdings erst 1924. Der Zentralismus des Staatsaufbaus diente der Durchsetzung des jugoslawischen Unitarismus und begünstigte die serbische Hegemonie. Verfassungsrechtlich folgte der Zentralismus in Jugoslawien wie auch in den gleichfalls neuen Staaten Tschechoslowakei und Polen dem Vorbild der zentralistisch ausgerichteten französischen Staatsnation; die *oblasti* entsprachen der Gliederung Frankreichs in Départements.

Die Zeit des Parlamentarismus

Dem Anspruch nach präsentierte sich das Jugoslawien der Zwischenkriegszeit als Nationalstaat, in dem die große Mehrheit der Bevölkerung zur serbisch-kroatisch-slowenischen Staatsnation gehörte. In der Realität jedoch war es ein multinationaler Staat, in dem die serbische Nation die Führungsrolle beanspruchte. – Entsprechend der Multinationalität des Staates waren die meisten Parteien primär national und erst sekundär weltanschaulich definiert. Auch hier zeigen sich Parallelen insbesondere zur Tschechoslowakei.

Nur die Kommunistische Partei, hervorgegangen aus den sozialdemokratischen Parteien der Vorkriegszeit in den einzelnen Territorien, war in ihrem Selbstverständnis ausdrücklich übernational. Auch in Jugoslawien war es wie in anderen Ländern zu einer Spaltung der Linken gekommen; doch die gemäßigte Sozialdemokratie verkümmerte bald, da ihr Wählerpotential sich für die nationalen Parteien entschied. Die Kommunisten mussten ab Ende 1920 in der Illegalität arbeiten.

Ein kämpferischer Patriot und Pazifist. Stjepan Radić, führender kroatischer Politiker in den 20er-Jahren

Die Parteienkonstellation in den kroatischen Gebieten veränderte sich gegenüber der Zeit vor 1918 nicht nur durch die neue Staatsbildung, sondern auch durch die Einführung des allgemeinen Wahlrechtes für Männer. Der schnelle Aufstieg der HRSS unter Stjepan Radić wurde erst dadurch möglich, dass sie sich auf eine vor 1918 weitestgehend vom Zensuswahlrecht ausgeschlossene breite Bevölkerungsgruppe, das Bauerntum, stützen konnte. Wegen ihrer Programmatik in der nationalen Frage gewann die Partei jedoch bald auch weite Teile der bürgerlichen kroatischen Wählerschichten und erlangte den Charakter einer institutionalisierten Nationalbewegung. Ziel der HRSS war nicht die Auflösung des Staates, sondern seine Umgestaltung auf föderativer Grundlage. Die Partei wechselte dabei mehrfach ihre Taktik und suchte neue Verbündete; unabhängig von seiner manchmal scharfen Wortwahl und seinen überraschenden Kurswechseln blieb Radić dem Prinzip der Gewaltfreiheit stets treu.

Während die „Bauernpartei" bei den Wahlen zur Verfassungsgebenden Versammlung 1920 nur in Kroatien-Slawonien kandidiert hatte, stellte sie für die Parlamentswahlen im März 1923 auch in Dalmatien und Teilen von Bosnien-Herzegowina Kandidaten auf und verdoppelte ihre Wählerzahl. Im Parlament, das jetzt nicht mehr 419 Abgeordnete wie in der Konstituante umfasste, sondern nur noch 315, stieg die Zahl ihrer Sitze von 50 auf 70. Zusammen mit der „Slowenischen Volkspartei" (SLS) und der „Jugoslawischen muslimischen Organisation" (JMO), die für die Muslime in Bosnien-Herzegowina sprach, bildete sie innerhalb des Parlamentes den „Föderativen Block". Als die gewählten Abgeordneten der „Bauernpartei" von ihrer Boykottlinie abgingen und ihre Mandate zur Verifizierung vorlegten, drohte der aus „Radikalen" und DS gebildeten Regierung Pašić der Verlust der Mehrheit im Parlament.

Zudem spaltete sich die DS Anfang 1924. Da Svetozar Pribićević die gegenüber dem „Föderativen Block" versöhnliche Haltung seines bisherigen Partners Davidović ablehnte, gründete er die „Unabhängige Demokratische Partei" und bildete mit den „Radikalen" unter Pašić die Regierung. Als die Mandate der Abgeordneten von der „Bauernpartei" trotz aller Verzögerungstaktiken schließlich ratifiziert waren, beauftragte Aleksandar – nach dem Tod seines Vaters seit 17. August 1921 König – entsprechend den neuen Mehrheitsverhältnissen Davidović mit der Regierungsbildung. Seine „Demokratische Partei" bildete im Sommer eine von der „Bauernpartei" unterstützte Koalition mit der SLS und der JMO.

Seit Sommer 1923 hielt sich Radić fast ein Jahr lang in Paris und London auf. Vergeblich versuchte er, die dortigen Regierungen für die Unterstützung einer Verfassungsrevision in Jugoslawien zu gewinnen. Auf der Rückreise nach Moskau eingeladen, unterzeichnete er hier am 1. Juli 1924 den Beitritt seiner Partei zur Bauerninternationale. Im August kehrte er ins Land zurück.

König Aleksandar stellte sich gegen die Versuche von Davidović, die ihrem Programm nach noch immer republikanisch gesonnene „Bauernpartei" in die Regierung einzubinden. Deshalb verlangte er seinen Rücktritt und berief im November 1924 erneut Pašić zum Ministerpräsidenten. Dieser ging wieder eine Koalition mit Pribićević ein und verfügte Ende Dezember die Auflösung der HRSS wegen ihrer Zugehörigkeit zur Bauerninternationale. Radić und andere HRSS-Politiker kamen in Haft. Doch für die 1925 ausgeschriebenen vorzeitigen Wahlen durfte die HRSS Kandidaten aufstellen; wider Erwarten gewann sie trotz der organisatorisch erschwerten Bedingungen 67 Mandate.

Unter diesen Umständen entschloss sich der König zum Angebot eines Arrangements mit Radić, auf das dieser vom Gefängnis aus einging: Die HRSS erkannte die Monarchie und die Verfassung an und entfernte das Attribut „republikanisch“ aus ihrem Namen. Seitdem hieß sie „Kroatische Bauernpartei“ (HSS). Anstelle der „Unabhängigen Demokraten“ unter Pribićević wurde nun im Juli 1925 die HSS Koalitionspartner der Radikalen unter Pašić und übernahm erstmals Regierungsverantwortung; Radić selbst wurde Unterrichtsminister. Nach dem Rücktritt Pašićs wegen einer Korruptionsaffäre Ende März 1926 – er starb im Dezember desselben Jahres – übernahm sein Parteifreund Nikola Uzunović (1873–1954) das Amt. Die Zusammenarbeit der ungleichen Partner gelang nicht. Anfang 1927 verließen die HSS-Minister das Kabinett; dafür traten die SLS unter Korošec und etwas später auch die „Demokraten“ sowie die JMO unter Mehmed Spaho (1883–1939) in die nun von Velja Vukičević (1871–1930) geführte Regierung ein.

Bei den vorgezogenen Wahlen im September 1927 zeigte sich, dass viele Wähler die zeitweilige Zusammenarbeit der HRSS mit den Radikalen nicht gebilligt hatten; die Partei erhielt statt bisher 67 nur noch 61 Sitze im Parlament. Unerwartet fand Radić Ende 1927 einen neuen Verbündeten in Svetozar Pribićević. Dieser hatte sich in den ersten Jahren nach der Staatsgründung entschieden für Zentralismus und Unitarismus eingesetzt und die „Bauernpartei“ politisch bekämpft; doch jetzt war er enttäuscht über die chronische Benachteiligung und Zurücksetzung der *prečani*, „der Leute auf der anderen Seite [von Donau und Drina]“. Gemeint war damit die Bevölkerung in den ehemals habsburgischen Landesteilen unabhängig von der Nationalität; denn Steuerrecht, Wirtschaftspolitik und Machtverteilung im Staatsapparat begünstigten offensichtlich die Gebiete des ehemaligen Königreiches Serbien.

So verkündeten Radić und Pribićević am 11. November 1927 die Bildung der „Bäuerlich-demokratischen Koalition“ (SDK) und stimmten ihre Oppositionspolitik aufeinander ab; auch Pribićević verlangte nun eine Verfassungsrevision. Parlamentsdebatten und Pressekampagnen nahmen in den folgenden Monaten einen immer aggressiveren Stil an.

Während der Parlamentssitzung am 28. Juni 1928 tötete ein Abgeordneter der „Radikalen“, der Montenegriner Puniša Račić (1886–1944), zwei Abgeordnete der HSS durch Schüsse und verletzte drei, unter ihnen Stjepan Radić, der schließlich am 8. August in Zagreb an den Folgen des Attentates starb. Sein Begräbnis nahm den Charakter einer Demonstration an; das Grab von Radić auf dem Zagreber Mirogoj-Friedhof wurde zu einer nationalen Wallfahrtstätte.

Der neu berufene Ministerpräsident Korošec von der „Slowenischen Volkspartei“ – zum ersten und einzigen Mal in der Geschichte des Zwischen-

Trauerfeier als Demonstration. Begräbniszug für Pavle Radić und Jure Basariček, weiteren Opfern des Attentates, am 23. Juni 1928 über den Jelačić-Platz in Zagreb

kriegsjugoslawien kein Serbe in diesem Amt – scheiterte mit seinem Föderalisierungsplan bereits innerhalb der Koalition aus SLS, „Demokraten", „Radikalen" und JMO. Die „Bäuerlich-demokratische Koalition" unter der Führung von Pribićević und Vladko Maček (1879–1964) blieb der Parlamentsarbeit fern und zog die Anerkennung der zentralistischen Veitstag-Verfassung zurück, stellte Monarchie und staatliche Einheit allerdings nicht in Frage.

Maček, 1879 in Jastrebarsko südwestlich von Zagreb geboren, war nach dem Jurastudium als Amtsrichter und dann als Anwalt tätig. Im Ersten Weltkrieg diente er an verschiedenen Frontabschnitten. Seit 1905 gehörte er der von Radić geführten Bauernpartei an, 1920 wurde er stellvertretender Parteivorsitzender, und seitdem war er als Parlamentarier aktiv. Nach dem Tod von Radić übernahm er die Führung der HSS.

Königsdiktatur und autoritärer Staat

Korošec trat Ende 1928 zurück; Gespräche des Königs mit den Vertretern der einzelnen Parteien einschließlich Maček und Pribićević am 4. und 5. Januar

1929 brachten kein Ergebnis. In dieser Pattsituation verkündete König Aleksandar am 6. Januar die Königsdiktatur; das Parlament wurde aufgelöst und die Verfassung suspendiert. Die national definierten Parteien wurden verboten. Alle Wahlbeamten in den Gemeinden und in den *oblasti* wurden abberufen und durch ernannte Beamte ersetzt. General Petar Živković (1879–1953), Chef der königlichen Garde, übernahm die Regierung; in sein Kabinett traten auch einzelne kroatische Politiker ein.

Die Königsdiktatur ist als Reaktion auf die jugoslawische Staatskrise zu erklären, doch darüber hinaus steht sie im großen Zusammenhang der allgemeinen Tendenz in vielen europäischen Staaten der Zwischenkriegszeit, den Parlamentarismus durch autoritäre Regierungsformen abzulösen. Der Autoritarismus war die Reaktion auf den Eindruck des Versagens parlamentarischer Mechanismen – in die im Übrigen der König selbst oft genug eingegriffen hatte –, auf nationale Konflikte und auf wirtschaftliche Schwierigkeiten.

In der nationalen Frage trat der König die „Flucht nach vorne" an. Der Staat erhielt laut Gesetz vom 3. Oktober 1929 offiziell den Namen „Königreich Jugoslawien". Die dekretierte Einheitsnation sollte den konkurrierenden Nationalismen den Raum nehmen. An die Stelle der 33 *oblasti* traten neun *banovine*, „Banschaften", die ihre Namen nach Flüssen bzw. der Lage am Meer erhielten. Die Bezeichnung der Institution selbst entstammte aus der kroatischen Verfassungstradition. Die Hauptstadt Belgrad blieb eine eigene Verwaltungseinheit. Die Banschaften hatten, von der alten slowenisch-kroatischen Grenze zwischen Drau- und Save-Banschaft abgesehen, kaum Gemeinsamkeiten mit den Grenzen der historischen Territorien. In der Save- und der Küsten-Banschaft bildeten die Kroaten die Mehrheit, in der Drau-Banschaft die Slowenen; die anderen sechs Banschaften waren so geschnitten, dass die Serben die Mehrheit erhielten. So gab es weder eine Banschaft mit muslimischer noch eine mit albanischer oder makedonischer Mehrheit.

Die Königsdiktatur traf im In- und Ausland in den ersten Monaten durchaus auf Sympathie, da man von ihr einen Abbau der nationalen und regionalen Gegensätze erhoffte. Doch da Lösungsansätze in dieser Richtung nicht zu erkennen waren und Willkür an der Tagesordnung blieb, setzten schnell Ernüchterung und Distanzierung ein. Auf der Grundlage des „Gesetzes über den Staatsgerichtshof" vom 8. Januar 1929 wurden ca. 1500 Haftstrafen verhängt; Maček selbst kam Ende 1929 für sechs Monate in Haft. Als Polizeiagenten im Februar 1931 den regimekritisch eingestellten kroatischen Historiker Milan Šufflay (* 1879) erschlugen, protestierten dagegen auch Albert Einstein und Heinrich Mann. Bei dem Versuch, Kontakte mit Politikern in Serbien herzustellen, wurde Pribićević verhaftet; nach einem Hungerstreik durfte er auf Fürsprache des tschechoslowakischen Staatspräsidenten Masaryk Anfang 1931 emigrieren.

Unter dem Druck der Ablehnung im Lande und, um das Ansehen des Staates im Ausland wiederherzustellen, beschloss der König die Rückkehr zur Verfassungsmäßigkeit. Am 3. September 1931 verkündete er durch Oktroi eine neue autoritäre Verfassung. Der Monarch erhielt in ihr eine noch stärkere Stellung als in der Verfassung von 1921. Die Mitglieder der neugeschaffenen zweiten Kammer, des Senates, wurden teils vom König ernannt, teils von Wahlmännern gewählt. Die Wahlen zur *Skupština* waren nicht mehr geheim. Das Wahlrecht ließ den traditionellen regional oder national definierten Parteien keine Chance, mit eigenen Listen anzutreten, da jede Liste in allen Wahlkreisen des Staates Kandidaten aufstellen und für diese jeweils 200 Unterschriften einholen musste. Die Liste mit der relativen Mehrheit an Wählerstimmen erhielt im Parlament drei Fünftel der Sitze. Bei den Wahlen 1931 kandidierte nur die Liste der von General Živković begründeten „Jugoslawischen radikalen Bauerndemokratie". Sie integrierte jedoch nur dem Namen nach die traditionellen Parteien zu einer gemeinsamen Bewegung; 1933 wurde sie umgetauft in „Jugoslawische Nationalpartei" (JNS). Da alle alten, nun illegal wirkenden Parteien zum Wahlboykott aufgerufen hatten, war die Wahlbeteiligung 1931 minimal.

Nach Wiederherstellung des Konstitutionalismus wagten Maček und andere Persönlichkeiten der SDK, die Neuordnung des Staates nach dem Grundsatz der Gleichberechtigung föderaler Einheiten zu verlangen. Die im November 1932 vorgelegten, den Forderungskatalog enthaltenden „Zagreber Punktationen" waren von Ante Trumbić, der sich 1931 der HSS angeschlossen hatte, ausformuliert. Auch die anderen Parteien verwarfen daraufhin in eigenen Erklärungen das undemokratische Regime und forderten Reformen. Maček wurde wegen seines Mitwirkens an den Zagreber Punktuationen zu drei Jahren Haft verurteilt, bedeuteten doch diese Forderungen letztlich den Abschied vom Konzept des Staates einer gemeinsamen jugoslawischen Nation. Erst 1934 machte König Aleksandar verschiedene Andeutungen über sein Interesse an einem offenen Dialog mit Maček und anderen Politikern; doch dazu kam es nicht mehr: Während eines Staatsbesuches in Frankreich fiel der König am 9. Oktober 1934 einem Attentat in Marseille zum Opfer.

Anstifter und Organisator war die kroatische Exilgruppe der *Ustaša*, die von Italien und Ungarn gefördert wurde. Der Attentäter selbst gehörte zur makedonischen Bewegung VMRO, die den Rückhalt Bulgariens genoss. Die gemeinsame Feindschaft gegenüber dem Staat Jugoslawien führte zur fallweisen Zusammenarbeit der beiden Gruppen. Auf die *Ustaša* wird im folgenden Kapitel näher einzugehen sein.

Da Aleksandars Sohn Petar (1934–45) noch minderjährig war, wurde entsprechend dem Testament des Königs ein Regentschaftsrat eingesetzt, in dem

Aleksandars Vetter Prinz Pavle (1893–1976) die Führungsrolle übernahm. Er amnestierte Maček und schrieb für Mai 1935 vorzeitige Neuwahlen aus; die Bedingungen für die Zulassung von Listen wurden etwas erleichtert. SDK, Demokraten, JMO und der in Serbien verankerte Bund der Landwirte kandidierten gemeinsam als „Vereinigte Opposition"; die SLS beteiligte sich nicht an den Wahlen. Die 1933 aus der „Jugoslawischen radikalen Bauerndemokratie" hervorgegangene „Jugoslawische Nationalpartei" (JNS) unter der Führung des von Prinz Pavle ernannten Ministerpräsidenten Bogoljub Jevtić (1886–1960) errang in den Wahlen 60,6 % der Stimmen und damit dank dem Wahlrecht 303 von 370 Sitzen, also fast 82 %! Die „Vereinigte Opposition" erhielt mit 37,4 % der Stimmen nur 67 Sitze.

In die Regierung des neuen Ministerpräsidenten Milan Stojadinović (1888–1961) traten Vertreter der „Radikalen", der SLS und der JMO ein. Sie begründeten an Stelle der zerfallenden JNS die „Jugoslawische radikale Gemeinschaft" (JRZ) als Regierungspartei. Stojadinović erkannte das Bestehen der „kroatischen Frage" an, doch über die Formulierung verschiedener Entwürfe zur Neuordnung Jugoslawiens gelangte man noch nicht hinaus.

Ein Indiz für die instabilen Verhältnisse im Land war die Bildung von zwei mit der HSS verbundenen paramilitärischen Formationen: Nach Anfängen loser Organisation ab 1932 wurde 1936 die *Hrvatska seljačka zaštita*, „Kroatische Bauernwehr", gegründet, 1938 folgte die vor allem in Zagreb aktive *Hrvatska građanska zaštita*, „Kroatische Bürgerwehr". Sie dienten dem Schutz der Dorfbevölkerung vor Polizeiwillkür und vor serbisch dominierten paramilitärischen Gruppen. Sie sollten die Stellung der HSS gegenüber der konkurrierenden *Ustaša* stärken und waren als Kern einer zukünftigen eigenen kroatischen Heeresorganisation innerhalb des Königreiches Jugoslawien gedacht.

Bereits 1935 hatten die jugoslawische Regierung und der Vatikan ein Konkordat unterzeichnet; gegen den heftigen Protest der orthodoxen Kirche brachte Stojadinović 1937 die Ratifizierung in der *Skupština* durch, doch verzichtete er auf die Vorlage im Senat, als die orthodoxe Kirche mit der Exkommunikation der Befürworter drohte. So blieben die verschiedenen Regelungen aus der Zeit vor 1918 für die Gebiete im ehemaligen Österreich-Ungarn und das Konkordat mit Serbien von 1914 weiterhin nebeneinander in Kraft. Die kroatische Öffentlichkeit wie auch die katholische Kirche im Lande reagierten auf die Konkordatskrise wie auf eine innerserbische Angelegenheit. Weder gab es einen unmittelbaren Bezug zur Frage der Staatsreform, noch war die Stellung der katholischen Kirche in der Gesellschaft davon betroffen. Dennoch trug das Scheitern des Konkordates zur weiteren Entfremdung von Teilen der kroatischen Bevölkerung gegenüber dem Staat Jugoslawien bei.

Die Banschaft Kroatien

Die Stellung von Stojadinović wurde dadurch geschwächt, dass die JRZ bei den Wahlen nur noch 54 % der Stimmen erhielt. Zudem argwöhnte Prinz Pavle, Stojadinović entwickle einen Führerkult um seine eigene Person; er veranlasste deshalb den Rücktritt mehrerer Minister, so dass Stojadinović seinerseits demissionierte. Als Nachfolger ernannte der Prinz am 6. Februar 1939 Dragiša Cvetković (1893–1969), der ebenso aus der Tradition der „Radikalen Partei“ stammte und bereits dem Kabinett Stojadinović angehört hatte.

Er nahm nach dem Willen von Prinz Pavle Verhandlungen mit Vladko Maček auf, und nun gelangte man zu einer Lösung. Am 26. August 1939 wurde der *Sporazum*, das Abkommen Cvetković – Maček über die Bildung einer autonomen *Banovina Hrvatska*, „Banschaft Kroatien“, geschlossen. Die Autonomie umfasste Sozial- und Wirtschaftspolitik, Justiz und Bildungswesen. Die Banovina würde über einen gewählten *Sabor*, „Landtag“, als eigenes Parlament

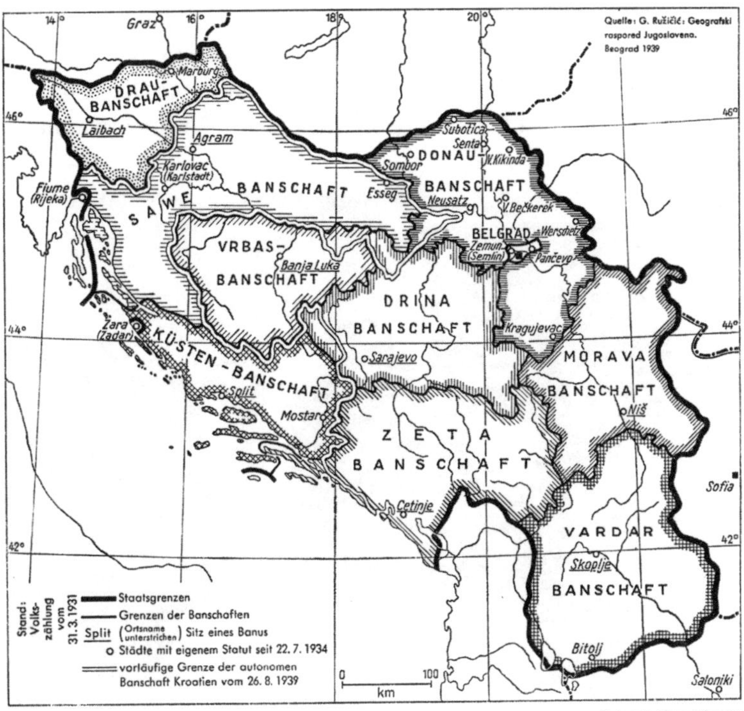

Entwurf: Hans Schwalm

Karte 4. Die Einteilung Jugoslawiens in Banovine (Stand 1931) und die Bildung der Banovina Kroatien 1938

verfügen. Maček übernahm das Amt des stellvertretenden Ministerpräsidenten im Kabinett Cvetković; erster Ban Kroatiens wurde Ivan Šubašić (1892–1955), ein Politiker der HSS.

Die neue Banschaft umfasste die bisherige Save-Banschaft, die Küstenbanschaft und Teilgebiete mehrerer anderer Banschaften, beschrieben in den Territorien der Zeit vor 1918:

- Kroatien-Slawonien ohne das östliche Srijem (Syrmien) und ein kleines Gebiet westlich von Dvor an der Una,
- das Međimurje,
- Dalmatien bis zur Halbinsel Prevlaka am Ausgang der Bucht von Kotor, nicht jedoch die vor 1918 zu Dalmatien gehörigen Gebiete um die Bucht und bis Budva,
- Teile von Bosnien-Herzegowina: die kroatischen Mehrheitsgebiete in der westlichen Herzegowina einschließlich Mostar, in Mittelbosnien bis Travnik und Bugojno wie auch in der Posavina, der Ebene südlich der Save.

Die Abgrenzung der Banovina orientierte sich in erster Linie am Siedlungsraum der Kroaten; zugleich war das seit dem Anfang des 19. Jhs. immer wieder angestrebte Ziel der Vereinigung von Kroatien-Slawonien und Dalmatien zu einer gemeinsamen politischen Einheit verwirklicht.

Das Abkommen Cvetković – Maček wurde nur in Ansätzen verwirklicht; vor allem fanden die Wahlen zum Sabor nicht statt. Die angespannte interna-

Eine Chance für Jugoslawien und Kroatien zugleich? Das Cvetković-Maček-Abkommen 1939: Vladko Maček legt seinen Amtseid als stellvertretender Ministerpräsident ab, links neben ihm: Dragiša Cvetković tionale Lage nach Beginn des Zweiten Weltkrieges, der mit dem deutschen Angriff auf Polen nur fünf Tage nach Abschluss des Abkommens begonnen hatte, lähmte das innenpolitische Leben. Zudem gab es in serbischen Kreisen Widerstand gegen die Umsetzung des Abkommens. Man sah in der asymmetrischen Föderation einen Verrat an serbischen Interessen und lehnte die Einbeziehung auch serbischer Siedlungsräume, so um Knin und in der ehemaligen Militärgrenze, in die Banschaft Kroatien ab. Vielen Kroaten wiederum ging die Autonomie nicht weit genug.

Der Druck der Achsenmächte auf Jugoslawien verstärkte sich seit 1940. Schließlich entschloss sich Prinz Pavle zum Beitritt Jugoslawiens zum Dreimächtepakt, dem neben den Gründermächten Deutschland, Italien und Japan inzwischen auch Ungarn, Rumänien, die Slowakei und Bulgarien angehörten. Doch auf die Vertragsunterzeichnung am 25. März 1941 folgte zwei Tage später der von Großbritannien begrüßte und im Stillen geförderte Putsch einer Gruppe serbischer Offiziere unter Führung des Generals Dušan Simović (1882–1962). Aleksandars Sohn, Kronprinz Petar, wurde vorzeitig für volljährig erklärt; damit war Prinz Pavle entmachtet. Die neugebildete Regierung, der auch Maček noch angehörte, gab bekannt, sie werde den Beitritt zum Dreimächtepakt nicht im Parlament zur Ratifizierung vorlegen, ihn allerdings auch nicht kündigen. Doch bereits am Tag des Putsches hatte Hitler beschlossen, die schon vorbereitete Aggression gegen Griechenland mit dem Angriff auf Jugoslawien zu verbinden.

Wirtschaft und Gesellschaft in der Zwischenkriegszeit

Nach der Gründung Jugoslawiens hatte die Wirtschaft Kroatien-Slawoniens, weniger Dalmatiens, durchaus günstige Ausgangsbedingungen für die weitere Entwicklung. Im Rahmen Österreich-Ungarns hatten die kroatischen Territorien zu den wirtschaftlich rückständigsten gehört. Innerhalb der neuen Grenzen waren sie zusammen mit den slowenischen Gebieten am stärksten industrialisiert. Die Kapitalakkumulation war weiter fortgeschritten als in den anderen Landesteilen; der Finanzmarkt verfügte über bessere internationale Verbindungen. Durch die Zollgrenzen geschützt, profitierte die Industrie des Nordwestens von den Absatzmöglichkeiten auf dem neu geschaffenen Binnenmarkt. In den 20er-Jahren bevorzugten ausländische Investoren die slowenischen und kroatischen Gebiete des Staates. Mehrere der heute bedeutendsten Industriebetriebe Kroatiens sind fast gleichzeitig im Jahr 1921 entstanden, so die chemisch-pharmazeutische Fabrik *Pliva* und der Elektrokonzern *Končar* in

Zagreb sowie die Waggonfabrik „Đuro Đaković“ in Slavonski brod. Die jetzigen Firmennamen stammen erst aus der Zeit des Sozialismus; die beiden Benennungen nach Kommunisten aus der Partisanenbewegung sind längst zu Trägern der Firmenidentität geworden und haben deshalb die Transformation nach 1990 überdauert.

Nicht nur die 1929 einsetzende Weltwirtschaftskrise, von der sich Jugoslawien erst ab 1935 deutlich erholen sollte, verschlechterte die Chancen für die industrielle Entwicklung; darüber hinaus wurde die Kontrolle des jugoslawischen Kapitalmarktes seit Ende der 20er-Jahre planvoll auf in Belgrad ansässige Banken konzentriert. Die staatliche Investitionspolitik vernachlässigte die nordwestlichen Landesteile und legte ihren Schwerpunkt auf Altserbien.

Das Jugoslawien der Zwischenkriegszeit war noch immer ein Agrarland; 80 % der Bevölkerung lebten 1921 von der Landwirtschaft; auf dem Territorium des heutigen Kroatien betrug der Anteil 72 %, er sank in den folgenden beiden Jahrzehnten nur geringfügig. Bezogen auf die Anbauflächen waren die Dörfer stark übervölkert, insbesondere in Dalmatien. Des Weiteren bedingten sich Zersplitterung des Landbesitzes, Kapitalmangel und technologischer Rückstand gegenseitig und erschwerten die Agrarmodernisierung. Die zur Vermeidung bäuerlicher Unruhen 1919 angekündigte Agrarreform verlief schleppend. 1920 mussten Großgrundbesitzer, viele von ihnen österreichische oder ungarische Staatsbürger, Landanteile zur Pacht zur Verfügung stellen, 1925 erhielten die Pächter das Recht zum Kauf durch Abzahlung auf Raten. Ohne den Großgrundbesitz dabei aufzulösen, wurden erst 1929 umfangreiche Enteignungen verfügt, für die der Staat die Entschädigungen zahlte. Die Agrarreform verband sich mit Kolonisationspolitik; vor allem Kriegsfreiwillige, die im Ersten Weltkrieg auf serbischer Seite gekämpft hatten, erhielten Landbesitz. Als offensichtlich politisch gewollte Folge davon wuchs zugleich der Anteil serbischer Bevölkerung in Ostslawonien und in der Vojvodina.

Die Befindlichkeit der kroatischen Territorien und der kroatischen Bevölkerung im Zwischenkriegsjugoslawien ist in der geschichtlichen Erinnerung der kroatischen Gesellschaft ziemlich negativ gezeichnet. Gefördert wurde dies schon durch die Historiographie zur Zeit des sozialistischen Jugoslawien in eigener Abgrenzung von der Ära des Königreiches. Dabei sind das äußerst fruchtbare kulturelle Leben und architektonische Errungenschaften aus jener Zeit weitgehend aus der Erinnerung verdrängt. Erst die Ausstellung „Art deco in Kroatien“ im Jahr 2011 im Zagreber Museum für Kunst und Gewerbe hat die Augen der Öffentlichkeit für die Bedeutung dieses Erbes etwas weiter geöffnet.

Stark geprägt von der Bautätigkeit der Zwischenkriegszeit in Zagreb sind vor allem die geschlossene Bebauung östlich der alten Unterstadt und die Villenviertel, vielfach im Stil der Moderne. Als markanteste Bauwerke seien das 1927 fertiggestellte Gebäude der Zagreber Börse, heute Sitz der Nationalbank, und der von Ivan Meštrović konzipierte, 1938 fertiggestellte Rundbau des Hauses der bildenden Künste genannt.

Stichwort: Ivan Meštrović

Bauen an der Nation

Die erstmals 1961 noch zu Lebzeiten des Künstlers veröffentlichten Memoiren von Ivan Meštrović (1883–1962) *Uspomene na političke ljude i događaje*, „Erinnerungen an Politiker und politische Ereignisse", lassen sich als Zeitgemälde vom Anfang des Jahrhunderts bis kurz nach dem Ende des Zweiten Weltkrieg lesen. Meštrović wuchs in dem Dorf Otavice bei Drniš in Dalmatien auf. Ein Förderer, der seine bildhauerische Begabung erkannt hatte, ermöglichte ihm 1897 eine Steinmetzlehre in Split. 1901–04 studierte er an der Wiener Kunstakademie und erlangte dort auf der Ausstellung der Wiener Secession 1903 erstmals internationale Aufmerksamkeit. 1907–09 lebte er in Paris und nahm an Ausstellungen teil. Statt, wie politisch so gewünscht, im österreichisch-ungarischen Pavillon auf der Weltkunstausstellung in Rom 1911 auszustellen, zeigte er, schon damals für die Idee jugoslawischer Gemeinsamkeit begeistert, seine Werke im serbischen Pavillon.

In den Jahren vor dem Ersten Weltkrieg hielt er sich in Italien auf, siedelte aber, als noch lange vor dem Kriegseintritt Italiens die italienische Irredenta-Propaganda einschließlich des Anspruches auf Dalmatien immer stärker wurde, Anfang 1915 nach Paris über und reiste von dort aus öfters nach London. Über seine eigene Tätigkeit im Südslawischen Ausschuss und über die Interessen der verschiedenen politischen Akteure in der Frage der zukünftigen italienisch-jugoslawischen Grenze berichtet er höchst anschaulich in seinen Memoiren. Er verstand sein künstlerisches Schaffen sehr wohl als Bauen an der Nation, doch trennte er klar zwischen Kunst und Politik. 1919 ließ er sich in Zagreb nieder und wurde dort Professor und Rektor der Akademie der bildenden Künste. Er begrüßte die Gründung des jugoslawischen Staates, doch war er schnell enttäuscht von der Realität nationaler Spannungen und der Intoleranz mancher serbischen Politiker. Während der Planungsphase für das von ihm zu gestaltende Denkmal für den unbekannten Helden auf dem Berg Avala südlich von Belgrad wurde Meštrović zu einem engen Vertrauten König Aleksandars, an dessen persönlicher Integrität er nie zweifelte.

Nach kurzer Zeit in einem Ustaša-Gefängnis in Zagreb durfte er 1942 mit seiner Familie nach Italien und weiter in die Schweiz emigrieren. Er war zwar vom Erfolg der Partisanen fasziniert, lehnte die Einladung zur Rückkehr nach Zagreb jedoch ab, da er um die Massengewalt auch seitens der Partisanen bei Kriegsende und um die Demokratiedefizite des neuen Staates wusste. Er wanderte schließlich 1947 in die USA aus. 1959 kam er noch einmal zur Regelung von Vermögensangelegenheiten nach Zagreb und Split. 1962 starb er in South Bend, Indiana. Begraben ist er in der von ihm erbauten Familiengruft im Heimatdorf Otavice. Unter seinen zahlreichen Werken besonders bekannt sind der „Brunnen des Lebens“ vor dem Nationaltheater in Zagreb (1905), das Denkmal für Gregor von Nin in Split (1929), die Skulptur „Geschichte der Kroaten“ (1932) vor der Zagreber Universität, das Denkmal für den unbekannten Helden auf dem Berg Avala bei Belgrad (1938) und eben auch das Haus der bildenden Künste in Zagreb.

Insgesamt weisen die Belastungen für das wirtschaftliche, gesellschaftliche und politische Leben Jugoslawiens viele Gemeinsamkeiten mit den anderen Staaten Ostmittel- und Südosteuropas in der Zwischenkriegszeit auf. Beim Blick auf die Geschichte Jugoslawiens in diesen gut zwei Jahrzehnten registriert man zuerst die chronischen Spannungen, staatliche Willkür, fehlende Konsensbereitschaft, das gegenseitige Misstrauen der Nationen, die unterschiedlichen Erwartungen und Hoffnungen und die sich gegenseitig ausschließenden Programme. Doch sollte man nicht übersehen, dass die politischen Gegner immer wieder den Dialog aufgenommen haben und dass die politische Elite, wenn auch mit großer Verspätung, durch die Teilföderalisierung von 1939 zu grundlegenden Reformen im Verfassungsaufbau fähig und bereit gewesen ist. Der im Abkommen Cvetković–Maček eingeschlagene Weg ist – so gefährdet er von Anfang an war – doch von außen, durch den Angriff NS-Deutschlands 1941, abgebrochen worden.

KAPITEL 8

Der Krieg in Kroatien 1941–1945

Die Bildung des Unabhängigen Staates Kroatien

Der Angriff der deutschen Wehrmacht und ihrer Verbündeten auf Jugoslawien begann mit der Bombardierung Belgrads am 6. April 1941. Die deutschen Truppen rückten zuerst von Bulgarien, die italienischen von Albanien aus vor. Am 10. April erfolgte der Einmarsch vom Norden her; am selben Tag noch erreichten die deutschen Truppen Zagreb. Zwei Tage später war Belgrad in deutscher Hand.

Der militärische Erfolg war noch schneller eingetreten als erwartet. Wie sich jetzt zeigte, hatte das jugoslawische Offizierskorps die Einsatzfähigkeit der Armee während der vergangenen Jahre stark überschätzt, sodass die Modernisierung von Ausbildung und Bewaffnung unterblieben war. Trotz des offensichtlichen Risikos der Kriegsverwicklung hatte man auf konkrete Vorbereitungen verzichtet. Schließlich fehlte bei vielen Soldaten die Bereitschaft zum Kampf für einen Staat, mit dem sie sich nur wenig identifizierten.

Am 17. April wurde der Waffenstillstand geschlossen. König Petar und die meisten Minister hatten das Land bereits verlassen. Über Athen und Kairo gelangten sie schließlich nach London ins Exil; hier nahm eine serbisch dominierte Exilregierung ihre Tätigkeit auf.

Schon in Verbindung mit der Entscheidung zum Angriff hatte Hitler beschlossen, Jugoslawien aufzulösen und auf einem Teilgebiet einen kroatischen Staat herzustellen. Ein Sonderbeauftragter nahm am 1. April Kontakte zu Vladko Maček, dem Führer der „Kroatischen Bauernpartei“, auf und fragte an, ob er bereit sei, mit den Deutschen zusammenzuarbeiten. Doch Maček verhielt sich gegenüber dem Staat Jugoslawien loyal; entsprechend war er ja auch in das Kabinett von General Simović eingetreten. – So bestand für die Achsenmächte die „Notwendigkeit“, sich auf die von Italien geförderte Ustaša zu stützen.

Stichwort: Die Ustaša

Geburt als Terrororganisation

Ustaša bedeutet „Aufständischer", metonymisch auch „Aufstandsbewegung". Gründer derselben war Ante Pavelić (1889–1959); er bezeichnete sich als ihr *Poglavnik*, „Oberhaupt". Pavelić war von Beruf Rechtsanwalt; zeitweilig saß er für die weit rechts stehende HSP, die „Kroatische Partei des Rechtes", als Abgeordneter im Belgrader Parlament. Nach Verkündung der Königsdiktatur war er in die Emigration nach Italien gegangen; hier gründete er 1930 die Ustaša. Im folgenden Jahr erhielt die Bewegung eine zweite Niederlassung in Ungarn unter dem ehemaligen k. u. k. Offizier Gustav Perčec. Die Ustaša versuchte 1932 vergeblich, einen Aufstand in der Lika, der Landschaft zwischen Plitvicer Seen und Velebit-Gebirge, zu entfesseln. Auch nach der „Machtergreifung" der Nationalsozialisten 1933 erfuhr sie seitens des Deutschen Reiches keine Förderung. Zur Vermeidung von Spannungen mit Jugoslawien wurde ihre Tätigkeit im Reich 1934 sogar verboten. 1934 organisierte sie, wie erwähnt, zusammen mit der Innermakedonischen revolutionären Organisation das Attentat auf König Aleksandar in Marseille. Daraufhin wurde Pavelić in Italien in Haft gesetzt, 1937 wurden die Ausbildungslager der Ustaša aufgelöst. Ohne dass der Name der Organisation in Jugoslawien selbst erscheinen durfte, verfügte sie dort über ein Netz von Sympathisanten, unter ihnen der ehemalige k. u. k. Offizier Slavko Kvaternik (1878–1947) und der Schriftsteller Mile Budak (1889–1945), der 1938 aus der Emigration zurückgekehrt war.

Am 10. April 1941, am Gründonnerstag des Jahres, proklamierte Slavko Kvaternik kurz vor dem Einmarsch deutscher Truppen in Zagreb im Namen des *Poglavnik* den „Staat Kroatien". Erst im Nachhinein erfuhr Pavelić selbst von diesen Ereignissen und traf nach längeren Zwischenaufenthalten und Verhandlungen mit den Deutschen endlich am 15. April in Zagreb ein; am selben Tag erkannten Italien und das Reich den Staat an. Am 16. April ernannte Pavelić die Regierung der *Nezavisna drzava Hrvatska*, abgekürzt NDH (dt. „Unabhängiger Staat Kroatien", USK). – Auf Drängen des deutschen Sonderbeauftragten hatte Maček bereits am 10. April kurz nach der Proklamation von Kvaternik die Bevölkerung „zur Unterwerfung unter die neue Staatsgewalt" aufgefordert.

Die am 20. April begonnenen italienisch-deutschen Verhandlungen über die Aufteilung Jugoslawiens für die Gebiete außerhalb des USK zogen sich bis Ende Mai hin. Der Norden Sloweniens kam an das Großdeutsche Reich, der Süden einschließlich der Stadt Ljubljana an Italien. Ungarn erhielt die Gebiete zwischen Drau, Donau und Theiß zurück. Der Südosten Jugoslawiens fiel an Bulgarien. Montenegro wurde einem italienischen Gouverneur unterstellt. Italien annektierte das Gebiet um die Bucht von Kotor und den östlichen Teil der

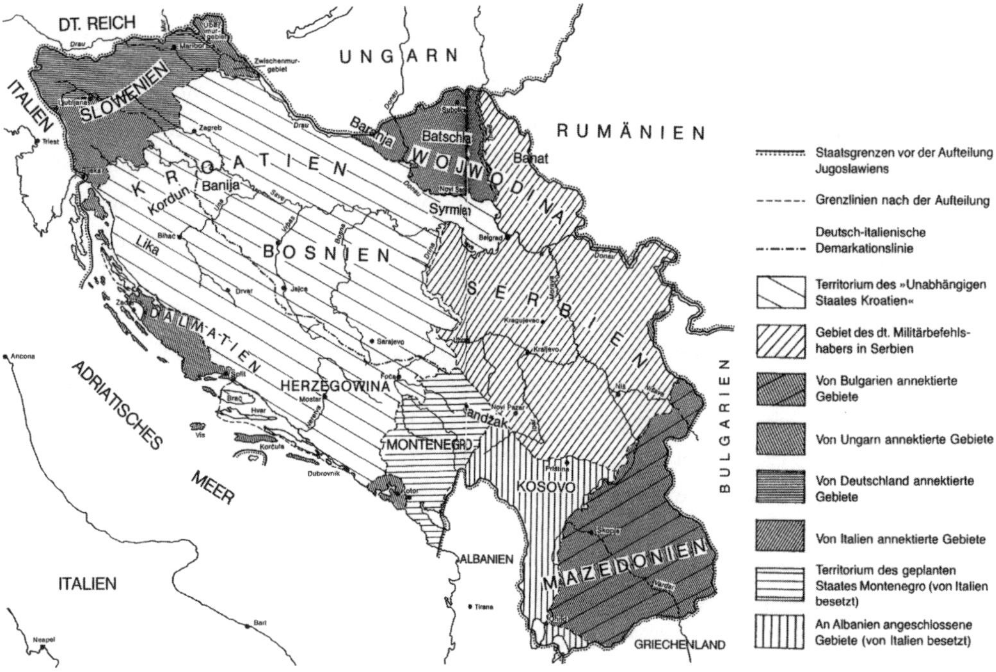

Karte 5. Die Aufteilung Jugoslawiens 1941

Landschaft Konavli südöstlich von Dubrovnik. Das Kosovo und der westliche Teil des heutigen Makedonien wurden Albanien zugeschlagen, das in Personalunion mit Italien stand und politisch von diesem völlig abhängig war. Das Banat östlich der Theiß gelangte unter deutsche Militärverwaltung, ebenso ein Gebiet, das ungefähr Serbien in den Grenzen von 1878 entsprach. Hier nahm im Herbst 1941 eine serbische Kollaborationsregierung unter dem General Milan Nedić ihre Arbeit auf.

Am 25. April begannen Italien und die USK ihre Verhandlungen über die Grenzziehungen. Prämisse hierbei waren frühere heimliche Absprachen zwischen Mussolini und Pavelić über die Abtretung von Dalmatien als Preis für die politische Unterstützung der Ustaša durch Italien. Die italienischen Maximalforderungen umfassten das gesamte Dalmatien im Umfang von vor 1918; gegen die Bereitschaft Kroatiens, sich politisch eng an Italien zu binden, wurden die Forderungen reduziert. In den Römischen Verträgen vom 18. Mai verzichtete Kroatien auf alle Inseln außer Pag, Brač und Hvar; zudem musste es Italien einen Festlandgürtel von Nin nordwestlich von Zadar bis Split einschließlich überlassen. Auch die Hafenstadt Sušak und die Bucht von Bakar südöstlich von

Rijeka wurden an Italien angeschlossen. So blieb der USK ohne einen einzigen Seehafen von Bedeutung.

Die Verträge sahen die Errichtung eines Königreiches Kroatien unter einem König aus der italienischen Dynastie vor. Aimone von Savoyen (1900–48), dem die Krone angeboten wurde, sollte mit der „erneuerten Krone Zvonimirs" als Tomislav II. gekrönt werden. Der Name von Krone und König hätte den gegenwärtigen Staat zumindest symbolisch in die Kontinuität zum frühmittelalterlichen Kroatien stellen sollen; doch wurde die Errichtung der Monarchie nie verwirklicht.

Die Römischen Verträge und der Umstand, dass Pavelić vorher durch sein Bestreiten von Zugeständnissen an Mussolini offensichtlich ein falsches Spiel getrieben hatte, brachten dem neuen Regime gleich einen erheblichen Vertrauensverlust bei der Bevölkerung ein. Ebenso enttäuschend war, dass Ungarn das Međimurje mit der Stadt Čakovec besetzt hielt und im Dezember 1941 annektierte.

Die Souveränität des Staates war von Anfang an durch die Präsenz deutscher und italienischer Truppen beschränkt. Die deutsch-italienische Demarkationslinie verlief ungefähr von Nordwesten nach Südosten, sodass Zagreb und Sarajevo in der deutschen Zone lagen. Der italienische Bereich war in mehrere Zonen eingeteilt: Zur Zone I gehörten die annektierten Gebiete an der Küste; die Zone II war „demilitarisiert"; hier durfte kein kroatisches Militär stehen. Nach dem Ausbruch von Aufständen übernahmen die Italiener im August 1941 hier auch die Zivilgewalt. In der III., am weitesten landeinwärts gelegenen Zone waren die Italiener bestrebt, den Bewegungsraum kroatischer Truppen einzuschränken.

Erst nach der Kapitulation Italiens am 8. September 1943, der Entwaffnung der in Kroatien stehenden italienischen Truppen und dem Einrücken deutscher Einheiten auch in die ursprünglich italienischen Zonen gelangten die von Italien 1941 annektierten Inseln und Küstengebiete Dalmatiens an den USK. Versuche der USK-Regierung, auch Rijeka und Teile von Istrien zu erhalten, scheiterten an der Ablehnung durch die deutsche Führung, die stattdessen die Verwaltungseinheit „Adriatisches Küstenland" errichtete.

Innerer Aufbau des USK-Staates

Der „Unabhängige Staat Kroatien" umfasste in den Grenzen von 1941 102.000 km^2 und setzte sich aus den historischen Territorien Kroatien-Slawonien – ohne Sušak und Bakar –, aus Bosnien-Herzegowina und Teilen Dalmatiens zusammen. Die innere Verwaltungsgliederung in 22 *velike zupe,* „Großgaue", nahm auf historische Grenzen keine Rücksicht.

Wie auch im Staatsnamen kenntlich gemacht, war der USK im Anspruch Nationalstaat der Kroaten; real war er ein Nationalitätenstaat. Von den geschätzt 6,3 Mio. Einwohnern 1941 waren 3,3 Mio. Kroaten, 1,9 Mio. Serben und 0,9 Mio. Muslime. Die 120.000 Deutschen auf dem Staatsgebiet erhielten entsprechend den Forderungen des Reiches weitgehende Autonomierechte.

Der USK-Staat wies nach Aufbau und Selbstverständnis zahlreiche Parallelen mit dem NS-Staat und dem faschistischen Italien auf. Der Führerkult war auf die Person von Ante Pavelić konzentriert; um den *Poglavnik* herum stand eine enge Gruppe von „Getreuen", die miteinander rivalisierten. So ist die ganze kurze Geschichte der USK durch chronische Machtkämpfe innerhalb der Ustaša-Führung charakterisiert. 1942 schaltete Pavelić zur eigenen Machtsicherung Slavko Kvaternik und dessen Sohn Eugen, genannt Dido (1910–62), aus; dieser hatte sich zudem auch in den Augen deutscher Vertreter als Chef der Ustaša-Polizei durch eine nur Unruhe schaffende Brutalität kompromittiert.

Zu den Charakteristika des Systems gehörten die starke innere Homogenisierung durch das Einparteiensystem bzw. eher die Bewegung, die Gleichschaltung gesellschaftlicher Institutionen und die Kontrolle der Wirtschaft. Diese war zusätzlich belastet durch die Abhängigkeit von der deutschen Wirtschaftspolitik, der es um die Ausschöpfung der Rohstoffressourcen ging. Die kroatische

Poglavnik des Unabhängigen Staates Kroatien. Ante Pavelić eröffnet am 23. Februar 1942 den Sabor.

Kuna, die den jugoslawischen Dinar bei unverändertem Kurs gegenüber der Reichsmark abgelöst hatte, verlor bald an Wert. Den ersten Schub dazu gab die Verpflichtung der kroatischen Banken, das von den deutschen Okkupationstruppen gedruckte Geld, die „Okkupationsmark", ab August 1941 in Kuna einzutauschen und dadurch den Umlauf durch ungedecktes Geld zu erhöhen.

Die Bewegung der Ustaša war von einem aggressiven Nationalismus getragen. In der Tradition von Ante Starčević und der „Kroatischen Partei des Rechtes" vereinnahmte sie die Muslime als Kroaten; doch zugleich blieb die hergebrachte Verbindung von Kroatentum und Katholizismus im Selbstverständnis des USK wirksam. Zur Betonung der Gleichstellung der Muslime ließ das Regime den von Ivan Meštrović errichteten Kunstpavillon am Ostrand des Zentrums von Zagreb zu einer Moschee umwandeln und mit drei Minaretten umgeben. Im Alltag allerdings sahen sich die Muslime vielfach als Bürger zweiter Klasse behandelt und wandten sich nach anfangs wohlwollender Erwartungshaltung gegenüber dem USK von ihm ab.

Im Sinne der Rassenideologie gab es Versuche, nicht nur auf das Ariertum der Kroaten zu verweisen, sondern in Abgrenzung vom Slawentum die eigene Abstammung von den Goten herzuleiten. Der Antisemitismus war in der Ideologie der Ustaša fest verwurzelt. Die Juden wurden enteignet, diskriminiert und in Lager deportiert, Synagogen zerstört. Von den 34.000 Juden, die 1941 auf dem Territorium der USK lebten, kamen 19.000 in Lagern des USK zu Tode; 7000 starben in deutschen Lagern.

Die antiserbische Politik der Ustaša zeigte sich mit zwei Gesichtern. Auf der einen Seite standen Diskriminierung, Vertreibung und physische Vernichtung der „Fremden". Auf der anderen Seite bestritt das Regime den Serben ihre Nationalität und sah in ihnen „Prawoslawen", also Orthodoxe kroatischer Nationalität. Die Prawoslawen seien vielfach ethnische Kroaten, die in der Frühen Neuzeit unter Druck vom Katholizismus zur Orthodoxie übergetreten seien. 1941–42 kam es, vom Staat initiiert, zu einer Welle von Zwangskonversionen; manche Serben erklärten sich sogar aus eigener Initiative zum Übertritt zum Katholizismus bereit, um weiteren Drangsalierungen zu entgehen. Wenn man von einzelnen mit dem Ustaša-Regime offen sympathisierenden Klerikern absieht, distanzierte sich die katholische Kirche unter Erzbischof Alojzije Stepinac (1898–1960) vom erzwungenen Konfessionswechsel; vor allem verwarf sie die Fälle von Zweittaufen als nicht kanonisch. Doch unterband sie die Konversionen auch nicht, gerade da sie manchen Serben einen gewissen Schutz boten.

Erst 1942 ließen die Serbenverfolgungen auf deutsche Intervention hin nach. Für die Deutschen galt es, den Flüchtlingsstrom von Serben in das Nedić-Serbien zu bremsen, denn die Flüchtlinge verschärften dort die Versorgungskrise und waren ein Unruhefaktor. Nun erhielt die orthodoxe Kirche in Kroatien wieder die Erlaubnis zur Tätigkeit, allerdings unter ganz neuen Rahmenbedingungen. Im Sinne der nationalen Vereinnahmung der „Prawoslawen“ als Kroaten wurde 1943 eine Kroatische Orthodoxe Kirche unter dem Metropoliten Germogen Maksimov (1861–1945), einem Exilrussen, errichtet; ihr blieb die kanonische Anerkennung durch die anderen orthodoxen Kirchen allerdings versagt.

Die Ustaša pflegte, ähnlich der „Blut und Boden“-Ideologie des Nationalsozialismus, eine gewisse Agrarromantik. Die Kroaten seien ein Bauernvolk; fast jeder Kroate könne auf bäuerliche Vorfahren zurückblicken. Allerdings fand die Ustaša ihre Trägerschichten gerade nicht auf dem Lande. In der Führungsgruppe dominierten Juristen, ehemalige k. u. k. Offiziere, Intellektuelle und Angehörige klerikaler Vereinigungen. Die Basis rekrutierte sich vor allem aus der städtischen Unterschicht.

Das USK-Regime war wie andere faschistische Regimes durch seine Gewaltbereitschaft charakterisiert. Diese war schon angelegt im Gründungsprogramm der Bewegung, die als Terror-Organisation angefangen hatte. Vor allem während der ersten Herrschaftsmonate lebte sich die „wilde Gewalt“ der Basis so weit aus, dass sie fallweise der Kontrolle durch die Staatsführung entglitt. Das Vorgehen der bandengleichen Gruppen traf vielfach auch die kroatische Bevölkerung selbst. Allmählich setzte dann die „organisierte Gewalt“ ein, die sich gezielt gegen unliebsame Individuen und Gruppen, vor allem eben Juden und Serben, richtete und den Mantel scheinbarer Legalität trug. Auch die Einrichtung des Konzentrationslagers Jasenovac am Südufer der Save östlich von Sisak gehört in diesen Zusammenhang.

Im September 1945 nannte die „Landeskommission Kroatiens zur Feststellung der Verbrechen der Okkupatoren und ihrer Helfer“ die Zahl von 500.000 bis 600.000 in Jasenovac Umgekommenen. Spätere jugoslawische Publikationen gingen am häufigsten von 700.000 aus, sogar eine Million wurde genannt. Nachdem schon Franjo Tuđman (1922–99), damals als Direktor des „Institutes für die Geschichte der Arbeiterbewegung in Zagreb“, in den 60er-Jahren diese hohen Zahlen angezweifelt hatte, gelangte der kroatische Statistiker Vladimir Žerjavić (1912–2001) Ende der 80er-Jahre zu einer heute weitgehend akzeptierten Zahl von ca. 85.000 Opfern in Jasenovac. Die Berechnungen fügen sich ein in die von Žerjavić ermittelten, später zu besprechenden Gesamtopferzahlen für Jugoslawien.

Der USK war wie NS-Deutschland ein typischer Maßnahmen-Staat. Grundsätze der Rechtsstaatlichkeit waren vielfach durchbrochen. Rechtssicherheit bestand nur formell; willkürliches, seinem Wesen nach illegitimes Vorgehen erhielt eine juristische Form. Bereits am 17. April 1941 wurde das „Gesetz zum Schutz von Volk und Staat“ verkündet. Wer „Ehre und Lebensinteressen des kroatischen Volkes“ verletzte, musste mit der Todesstrafe rechnen; die Offenheit des Straftatbestandes ließ der Willkür freien Raum. Das Staatsbürgerschaftsgesetz vom 30. April 1941 band die Staatsbürgerschaft an arische Abstammung. Entsprechend dem Führerprinzip gab es keine Gewaltenteilung und keine gewählten repräsentativen Körperschaften. Der Sabor, das Parlament, dessen Mitglieder ernannt waren, trat nur in den Monaten Februar und März 1942 insgesamt acht Male zusammen; über klare Kompetenzen verfügte er nicht. Die Unabhängigkeit der Justiz war durch die Befugnisse der Ustaša-Behörden vielfach untergraben.

Zu den Gemeinsamkeiten mit dem NS-System und dem italienischen Faschismus gehörte die „Versäulung“. Neben dem Staatsapparat bildete sich auf allen Ebenen eine Parallelstruktur der Ustaša einschließlich einer eigenen Polizei heraus; 1942 wurde die gesamte Polizei in die Ustaša-Strukturen integriert. Sowohl die Einheiten des regulären *Domobranstvo,* der „Heimwehr“, als auch die der Ustaša übernahmen militärische Aufgaben. Erst Ende 1944 wurden sie als *Hrvatske oružane snage*, „Kroatische bewaffnete Kräfte“, vereint. Innerhalb der Ustaša-Bewegung konkurrierten Unterorganisationen und Personengruppen um Macht und Einfluss. Die Beziehungen in dieser Polykratie entbehrten rechtlicher Verankerung und waren von Willkür geprägt.

Der USK-Staat trug seit seiner Gründung an einer Reihe von Hypotheken: Zwar begrüßte die überwältigende Mehrheit der Kroaten die gewonnene Eigenstaatlichkeit; aber die den Staat beherrschende Ustaša hatte nur geringen Rückhalt in der Bevölkerung. Sie war von außen, mit Hilfe der Besatzungsmächte eingesetzt; ihre Machtergreifung beruhte nicht auf einer vorbereitenden sozialen Bewegung im Lande. Das Ustaša-System war durch Machtmissbrauch und Gewalt kompromittiert. Auf Grund der ideologischen Prämissen der Ustaša waren große Teile der Staatsbevölkerung von einem positiven Verhältnis zum USK ausgeschlossen. Die offensichtliche Abhängigkeit des Staates vom Deutschen Reich und bis 1943 auch von Italien schwächte sein Prestige. Schließlich war der USK militärisch wie auch wirtschaftlich durch den Krieg belastet; kroatische Truppen kamen als Verbündete der Wehrmacht an der Ostfront, unter anderem vor Stalingrad, zum Einsatz. Nur dem Staatsnamen nach war er „unabhängig“.

Diese Faktoren in ihrer Gesamtheit schufen günstige Bedingungen für die Entwicklung von Gegenkräften; die Staatsgewalt des USK war zu keiner Zeit auf dem ganzen Territorium durchgesetzt.

Exkurs: Diana Budisavljević

Eine Heldin in ihrer Zeit

In dieser düsteren Zeit erweist sich die „Aktion Diana Budisavljević" als ein leuchtendes Beispiel von Zivilcourage. Die aus Innsbruck stammende Diana Budisavljević, geb. Oberexer (1891–1978), war mit dem in Zagreb tätigen serbischen Arzt und Medizinprofessor Julije Budisavljević (1882–1981) verheiratet. Sie erfuhr im November 1941 vom Lager für Frauen und Kinder in Loborgrad, einem alten Schloss nordöstlich von Zagreb. Hier durften zwar Jüdinnen Hilfe von der Jüdischen Gemeinde erhalten, serbische Frauen blieben jedoch ohne jede Unterstützung von außen. Es gelang Diana Budisavljević, einen Kreis von Helferinnen und Helfern einschließlich eines wohlwollenden leitenden Beamten in der Fürsorge-Direktion zu gewinnen und eine Hilfsaktion aufzubauen. Erstaunlich viele Menschen waren bereit, Spenden zu geben.

Budisavljević gab den Anstoß zur Rettung der *kozaračka djeca*, der „Kinder von der Kozara", einem serbisch besiedelten Mittelgebirge in Nordwestbosnien. Die Männer waren nach einer Säuberungsaktion, wenn nicht getötet, in Lager gebracht worden. Die Frauen schickte man zum Arbeitseinsatz nach Deutschland, und die Kinder hatte man im Lager Stara Gradiška sich selbst überlassen. Dank der Fürsprache zweier deutscher Offiziere, die Budisavljević für ihr Anliegen hatte gewinnen können, gab die Führung des USK im August 1942 die Genehmigung, die Kinder in Zusammenarbeit mit der Caritas und anderen Hilfsorganisationen zu evakuieren. Für über 3.000 Kinder kam die Hilfe zu spät, sie waren schon zu sehr geschwächt. Doch an die 12.000 Kinder wurden auf diese Weise gerettet. Sie wurden in Heimen untergebracht, oder Familien nahmen sie auf und adoptierten sie schließlich.

Um Eltern und Kinder später hoffentlich wieder zusammenführen zu können, führte Budisavljević zusammen mit einer Helferin sorgfältigst eine immer weiter wachsende Kartothek. Die Aufgabe war dadurch weiter erschwert, dass viele kleine Kinder wenig oder gar nichts über sich und ihre Familie sagen konnten.

Budisavljević war bitter enttäuscht, als die neue Staatsgewalt Ende Mai 1945 die Kartothek ins Ministerium für Arbeit abtransportierte und deren beste Kennerin von der weiteren Bearbeitung der Suchanfragen ausschloss. Mit ihrem Mann zog sie 1972 wieder nach Innsbruck und verstarb hier 1978.

Im offiziösen Narrativ des sozialistischen Jugoslawien wurde die Rettung der Kinder von der Kozara, anknüpfend an eine Einzelepisode, vor allem den Partisanen zugeschrieben. Etwas bekannter wurde Diana Budisavljević dadurch, dass ihr Name in den 60er-Jahren vielfach in der Rubrik „Arena sucht Ihre Liebsten" in der Zagreber Zeitschrift *Arena* genannt war. Doch in ihrem ganzen Ausmaß an Zivilcourage wirklich erfassbar wurde die „Aktion Budisavljević" erst, als das auf Deutsch geführte Tagebuch der Hauptakteurin, von ihrer Enkelin im Nachlass gefunden und ins Kroatische übersetzt, 2003 in Zagreb publiziert wurde. 2019 erschien der inzwischen mehrfach preisgekrönte Film Dnevnik Diane Budislavljević, „Das Tagebuch von Diana Budislavljević", in Regie von Dana Budisavljević, der Spielsequenzen, Interviews mit in der Aktion Geretteten und zeitgenössische Aufnahmen aus den Lagern miteinander verbindet. Die Regisseurin, nur sehr weitläufig mit Diana Budisavljević verwandt, hatte erst 2010 zufällig von deren Hilfsaktionen erfahren und sich gleich des Themas angenommen.

Von der noch weiter genutzten Kartothek verliert sich in den späten 70er-Jahren die Spur. Ob sie noch versteckt erhalten ist, ist ungeklärt.

Exkurs: Schauplatz in Frankreich

Die Revolte der Kroaten in Villefranche-de-Rouergue

Im Rahmen der deutschen Bemühungen, die ganze muslimische Welt für sich zu gewinnen, entstand der Plan, eine besondere Einheit aus bosnischen Muslimen zu schaffen. So wurde im Sommer 1943 eine SS-Division gebildet, in die allerdings auf Drängen der deutschen Seite auch Kroaten aufgenommen wurden. Im Offiziers- und im Unteroffizierskorps dominierten Deutsche aus dem USK selbst; hier gab es nur wenige Kroaten und Muslime. Nach der Grundausbildung im Reich wurde die Division nach Zentralfrankreich, in das Städtchen Villefranche-de-Rouergue, ungefähr auf einem Drittel des Weges von Toulouse nach Clermont-Ferrand, und in benachbarte Orte verlegt.

In Villefranche brach am 17. September 1943 ein Aufstand unter Führung des Leutnants Ferid Džanić aus. Einige deutsche Offiziere wurden festgesetzt und getötet. Ziel war, sich der französischen Widerstandsbewegung, der *Résistance*, anzuschließen. Aber da die Kontaktaufnahme nicht rechtzeitig gelang, gab die Mehrheit der Soldaten auf Zureden des die Einheit begleitenden Imam Malkoč und eines deutschen Truppenarztes bald auf, und herangeführte SS-Truppen beendeten die Revolte. Es folgten 18 Hinrichtungen und weitere Bestrafungen. Nur wenige konnten fliehen und sich zu Leuten der Résistance durchschlagen. Džanić wurde auf der Flucht getötet. Man nimmt im Übrigen an, dass er sich im Auftrag und als Sympathisant der Partisanen für die Division gemeldet hatte.

Die Division wurde nach diesen Ereignissen nach Deutschland zurückgeführt und reorganisiert, jetzt ausschließlich mit muslimischem Personal. Erst seit Mai 1944 hieß sie „Division Handžar". Sie wurde im Kampf gegen die Partisanen in Syrmien und Nordbosnien eingesetzt, doch zerfiel sie faktisch schon im Herbst 1944 wegen Massendesertion.

In Übereinstimmung mit der damaligen Terminologie, dass die bosnischen Muslime Kroaten seien, hat sich in Frankreich eingebürgert, von der *Révolte des Croates* zu sprechen und diese als Teil des Widerstandes gegen die deutsche Besatzungsmacht in Frankreich zu deuten. Die Ausfallstraße von Villefranche-de-Rouergue heißt in Erinnerung an das Ereignis *Avenue des Croates*. Heute finden am Jahrestag des Aufstandes Gedenkveranstaltungen mit offiziellen Vertretern aus Frankreich, Kroatien und Bosnien-Herzegowina statt.

Zur Erinnerung an das Ereignis hatte der Zagreber Bildhauer Vanja Radauš (1904–75) 1952 zwei Skulpturen mit je zwei im Kampf fallenden Männern geschaffen. Doch damals gelangten die Figuren nicht nach Frankreich. Sie wurden stattdessen 1955 in das noch heute erhaltene Denkmal für die nationale Befreiung am Hafen von Pula in Istrien integriert. Kopien der Skulpturen bilden seit 2006 einen Teil des Denkmals in Villefranche-en-Rouergue.

Widerstandsbewegungen

Der serbisch-nationale Widerstand gegen die deutsche Besatzungsmacht organisierte sich in der Bewegung der *Četnici*. Der Name, schon seit der 2. Hälfte des 19. Jhs. für serbische paramilitärische Gruppen gebräuchlich, ist abgeleitet von *četa*, „Schar". Den Oberbefehl hatte General Draža Mihailović (1893–1946), dessen Hauptquartier sich in Serbien im Gebiet der Ravna gora befand; er war von der jugoslawischen Exilregierung als ihr Repräsentant im Land anerkannt und gehörte formell dem Kabinett an. Über den Anspruch hinaus, für die Wiederherstellung Jugoslawiens zu kämpfen, vertraten die Četnici ein intolerantes großserbisches Programm mit stark antikroatischen und antimuslimischen Ressentiments.

Četnik-Gruppen entwickelten in Reaktion auf die Bildung des USK und auf das Vorgehen der Ustaša ihrerseits einen Gegenterror, unter dem die kroatische Bevölkerung vor allem in der Lika und in Südwestbosnien schwer zu leiden hatte. Ebenso wurden Muslime in Bosnien-Herzegowina in großer Zahl Opfer von Massakern der Četnici. Die bis 1943 in Kroatien präsenten italienischen Besatzungsbehörden duldeten das Agieren der Četnici, weil es die Position des USK gegenüber Italien schwächte.

Aus dem Kampf gegen die deutsche Besatzungsmacht zog Mihailović seine Einheiten bald zurück, um Kräfte zu schonen für die Zeit, wenn die Achsenmächte schon in der Defensive wären. Hauptziel der Četnici wurde es allmählich, den in der Partisanenbewegung entstandenen Rivalen zu bekämpfen. Hierfür waren sie auch zur Kollaboration mit dem italienischen und deutschen Militär bereit; in der späten Kriegsphase suchte Mihailović sogar Kontakte zur Ustaša.

Am 22. Juni 1941 bildete eine Gruppe von Kroaten in einem Dorf bei Sisak die erste kleine Partisaneneinheit und unterbrach am Folgetag eine Eisenbahnstrecke. Der 22. Juni wird heute als einer der Staatsfeiertage begangen. Im sozialistischen Kroatien hat man erst den 27. Juli, den Tag der Einnahme des Städtchens Srb in der Lika durch die kommunistischen Partisanen, als Beginn des Aufstandes gefeiert, denn der 22. Juni lag vor dem 4. Juli, dem Datum, an dem das Politbüro der Kommunistischen Partei unter dem Vorsitz von Tito entsprechend einem Aufruf der Komintern, der „Kommunistischen Internationalen", den offiziellen Beschluss zum bewaffneten Aufstand in Belgrad gefasst hatte. Solange die Besatzungsmacht und die Sowjetunion noch im Bündnis standen – bis zum deutschen Angriff am 22. Juni –, hatte die kommunistische Führung eine abwartende Haltung bewahrt.

Im Jugoslawien der Zwischenkriegszeit waren die Kommunisten schwach gewesen. Schon seit Ende 1920 verboten, hatten sie nur in der Illegalität agieren können. In der Einstellung zur nationalen Frage hatten sie ihre Haltung mehrfach geändert; anfangs hatten sie die unitaristische Linie und die Idee einer einheitlichen jugoslawischen Nation vertreten. Entsprechend den Vorgaben der Komintern, der an einer Schwächung des *Cordon sanitaire* gegen die Sowjetunion gelegen war, setzten sie sich ab 1925 für die Auflösung Jugoslawiens ein. Ab 1937 plädierten sie in Übereinstimmung mit den Zielvorstellungen der bürgerlichen Opposition für eine Reform Jugoslawiens auf föderativer Basis; innerhalb der KP Jugoslawiens wurden eigene Kommunistische Parteien Kroatiens und Sloweniens gegründet.

Generalsekretär der Partei war seit 1939 Josip Broz Tito (1892–1980). In Kumrovec nordwestlich von Zagreb geboren, beendete er 1910 in Sisak eine Schlosserlehre und arbeitete dann an verschiedenen Orten in Österreich-Ungarn und in Deutschland, bevor er 1913 zum Militärdienst einberufen wurde und 1915 in Galizien in russische Kriegsgefangenschaft geriet. Während der Februarrevolution freigekommen, schloss er sich der revolutionären Bewegung im Russischen Reich an. 1920 kam er nach Zagreb und trat gleich der bis Jahresende noch legal arbeitenden KP bei; eine Funktion übernahm er erst 1927. Unter dem Vorwurf illegaler Arbeit und des unerlaubten Waffenbesitzes wurde er 1928 im „Bombenprozess“ zu fünf Jahren Haft verurteilt. Bald nach der Freilassung, Ende 1934, wurde er ins Politbüro der Partei berufen; in dieser Zeit nahm er den Beinamen Tito an. Den Säuberungen in Moskau, wo er sich seit 1935 immer wieder bei der Komintern aufgehalten hatte, entkommen, wurde er Anfang 1939 von der Komintern mit der Führung der KPJ beauftragt. Innerhalb der Partei konnte er seine Position bald festigen, 1940 wurde er offiziell Generalsekretär des Zentralkomitees der KPJ. Sein großer Aufstieg ist aber erst mit der Rolle als Führer der kommunistisch dominierten Partisanenbewegung ab 1941 verbunden.

Kurzfristig konnten die Partisanen unter kommunistischer Führung in Westserbien um die Stadt Užice ein größeres Gebiet unter ihre Kontrolle bringen; doch die Bewegung wurde hier schon im November 1941 von deutschen Truppen weitestgehend aufgerieben, die Reste wurden nach Bosnien abgedrängt. In der Folgezeit hatten die Partisanen in Serbien bis 1944 kaum Rückhalt.

Im ersten Jahr des Krieges hatten die Partisanen ihre Position mittels besonderer Brutalität zu stärken gesucht; insbesondere Angehörige der alten örtlichen Führungsschichten wurden Opfer ihrer Gewalt. Die Parteiführung verurteilte dieses Verhalten im April 1942 in Foča an der Drina als „linke Abweichung"; in Zukunft bemühte man sich, möglichst alle sozialen Bevölkerungsschichten zu gewinnen. *Narodnooslobodilački odbori,* „Nationale Befreiungsausschüsse", übernahmen die örtliche Zivilverwaltung. Ihrer Funktion nach, alle legislativen und exekutiven Aufgaben in einer Institution zusammenzufassen, entsprachen sie einem russischen Sowjet der Revolutionszeit 1917.

Durch die neue versöhnliche Politik sicherten sich die Partisanen eine stabilere Versorgungs- und Rekrutierungsbasis. Die von ihnen kontrollierten Gebiete, 1942 und 1943 auf Kroatien und Bosnien-Herzegowina konzentriert, gewannen allmählich an Ausdehnung. Nachdem in den Anfängen vor allem Serben aus Kroatien zu den Partisanen gegangen waren, stießen bald auch immer mehr Kroaten zu ihnen. Angesehene Personen aus dem öffentlichen Leben der Vorkriegszeit schlossen sich ihnen an, so der kroatische Dichter Vladimir Nazor (1876–1949) und der Geistliche und Gelehrte Svetozar Rittig (1873–1961), 1917–41 Pfarrer an der Markuskirche in der Oberstadt von Zagreb. 1944–54 amtierte er als Vorsitzender der staatlichen Kommission für religiöse Angelegenheiten und trat in manchen Fällen erfolgreich als Fürsprecher für die Religionsgemeinschaften bzw. deren einzelne Vertreter gegenüber dem neuen Regime auf.

Es gelang den Partisanen, in ihren Gebieten ein bescheidenes Wirtschaftsleben in Gang zu halten und eine funktionstüchtige Verwaltung aufzubauen. Sogar deutsche Beobachter sprachen mit Respekt von dieser Leistung. Die „Nationale Befreiungsarmee" der Partisanen nahm dabei in Aufbau und Befehlsstruktur allmählich die Züge einer regulären Streitmacht an. Im letzten Jahr des Krieges liefen ganze Einheiten des kroatischen Domobranstvo und der serbischen Četnici zu den Partisanen über.

Die Alliierten rechneten immer weniger auf Mihailović wegen seiner Passivität und Kollaboration und, weil das großserbische Programm der Četnici keine integrative Wirkung hatte; dementsprechend lieferten sie seit 1943 Waffen an die Partisanen. Bei der Eroberung Belgrads, der nördlichen Gebiete Serbiens und des Nordostens Kroatiens Ende 1944 leistete die Rote Armee Unterstützung. Hieran erinnert noch heute ein vor kurzem erneuertes Denkmal in der Stadt Ilok an der Donau im äußersten Osten Kroatiens. Insgesamt aber war es auch für das spätere Selbstverständnis der jugoslawischen Kommunisten von großer Bedeutung, dass die Zerschlagung der von den Achsenmächten geschaffenen Ordnung und die Befreiung des Landes weitestgehend aus eigenen Kräften erfolgt waren.

Der militärische Sieg der Partisanen im innerjugoslawischen Krieg war das Ergebnis einer Reihe von Faktoren. Er wurde möglich durch die Niederlage der Achsenmächte sowie den Sieg der Alliierten auf dem Gesamtkriegsschauplatz des Zweiten Weltkrieges und entsprach dem Willen der Alliierten. Er war das Ergebnis eigener militärischer Leistung und Führungsfähigkeit, sodass es immer wieder gelang, Einkreisungen zu entkommen und großräumige Bewegungen mit Verlagerung der Aktionsräume durchzuführen. Bei der gegebenen Konstellation boten nur die Partisanen einen Ausweg aus der Konfrontation zwischen den verschiedenen Nationen im Raum Jugoslawiens. Während Ustaša und Četnici sich als Sprecher jeweils nur einer Nation proklamierten und sich gegenüber den anderen Nationen ausgrenzend verhielten, richteten sich die Partisanen mit ihrem Programm an alle Nationen Jugoslawiens gleichermaßen und konnten Anhänger gerade in der jüngeren Generation gewinnen.

Das politische Programm der Partisanen

In Konkurrenz zur Exilregierung, zum USK und dem Nedić-Regime in Serbien bauten die Partisanen ihre eigene politische Organisation auf. Am 26./27. November 1942 fand in Bihać in Nordwestbosnien die Erste Sitzung des *Antifašističko vijeće narodnog oslobođenja Jugoslavije* (abgekürzt AVNOJ), des „Antifaschistischen Rates der nationalen Befreiung Jugoslawiens“, statt. In der Tradition der Volksfrontpolitik war der Rat zwar kommunistisch dominiert, doch politisch und gesellschaftlich übergreifend zusammengesetzt; so wirkten dort auch einzelne Vertreter der „Kroatischen Bauernpartei“ mit. Der Rat wählte nach sowjetischem Vorbild ein Exekutivkomitee als kontinuierlich arbeitenden Ausschuss.

Die Zweite Sitzung des AVNOJ am 29. November 1943 in Jajce in Zentralbosnien galt später als die Geburtsstunde des sozialistischen Jugoslawien; der 29. November war als „Tag der Republik“ der höchste Staatsfeiertag. In Jajce beschloss das AVNOJ die Wiedererrichtung und Neuordnung Jugoslawiens auf föderativer Grundlage. König Petar erhielt Rückkehrverbot ins Land, und die Exilregierung wurde für nicht kompetent erklärt. Ein „Nationalkomitee zur Befreiung Jugoslawiens“ unter dem Vorsitz von Tito übernahm Regierungsaufgaben. Gerade für die Sowjetunion waren diese Beschlüsse provozierend, da sie die Exilregierung anerkannt hatte und sonst überall der kommunistische Widerstand unter sowjetischer Kontrolle stand.

Schon im Juni 1943 war das *Zemaljsko antifašističko vijeće narodnog oslobođenja Hrvatske* (ZAVNOH), der „Antifaschistische Landesrat der nationalen Befreiung Kroatiens“ gebildet worden. Das ZAVNOH billigte auf seiner 3. Sitzung am 8. und 9. Mai 1944 in Topusko (50 km südlich von Zagreb) die

Entscheidungen des AVNOJ. Es proklamierte den „Föderalen Staat Kroatien" sowie dessen Beitritt zum gemeinsamen Staat Jugoslawien und erklärte sich selbst zum *Sabor,* „Landtag"; damit stellte es sich in die historische Tradition kroatischer Staatlichkeit. Doch zugleich orientierte sich der neue Sabor am Vorbild der Räteverfassung, indem er unter Verzicht auf eine Gewaltenteilung in sich Legislative und oberstes Organ der Exekutive vereinte.

Der Führer der 1941 vom Ustaša-Regime sofort verbotenen „Kroatischen Bauernpartei", Vladko Maček, hatte keinen Anteil an den Entscheidungen des ZAVNOH. Die USK-Behörden hatten ihn im Oktober 1941 für sechs Monate im KZ Jasenovac eingesperrt; danach stand er erst auf seinem Hof in Kupinec bei Jastrebarsko, später in Zagreb unter Hausarrest. Die erzwungene Isolation, aber auch das Beharren auf dem Kurs des Abwartens, um Opfer zu vermeiden, beraubten Maček seiner politischen Einflussmöglichkeiten. Der rechte Flügel seiner Partei hatte sich mit der Ustaša arrangiert, der linke suchte die Mitarbeit im ZAVNOH und gründete die Partei neu unter dem Namen „Kroatische Republikanische Bauernpartei" (HRSS). In der Erwartung, dass die Kommunisten ihn als Verräter, Feind und Rivalen behandeln würden, ging Maček bei Kriegsende in die Emigration. Nach Zwischenstation in Paris lebte er bis zu seinem Tod 1964 in Washington und wirkte im „Amerikanischen Nationalausschuss für ein freies Europa" mit. 1957 erschienen seine Memoiren. Seine Gebeine wurden 1996 aus Washington auf den Zagreber Friedhof Mirogoj überführt.

Für die Bildung des ZAVNOH 1943 hatte sich vor allem Andrija Hebrang (1899–1949), seit Ende 1942 Sekretär des Zentralkomitees und damit Chef der Kommunistischen Partei Kroatiens, eingesetzt. Gelernter Kaufmann, war er seit 1919 Mitglied der KPJ, ab 1925 gehörte er dem Zagreber Parteikomitee an. Anfang 1929 wurde er wegen seiner Tätigkeit für die KP zu zwölf Jahren Haft verurteilt. Nach der Freilassung 1941 übernahm er wieder Funktionen in der KP, bis er von der Ustaša im Februar 1942 verhaftet wurde. Zusammen mit anderen Kommunisten wurde er im September 1942 gegen zwei bei den Partisanen gefangene Ustaša-Funktionäre ausgetauscht und trat sogleich auf das Partisanengebiet über.

Um in der kroatischen Bevölkerung stärkere Sympathien für die Partisanen zu gewinnen, stellten sich die kroatischen Kommunisten unter Hebrang als die nun führenden Sprecher der kroatischen Nationalbewegung innerhalb Jugoslawiens dar und beanspruchten damit die Rolle, die vor 1941 die „Kroatische Bauernpartei" eingenommen hatte. Gegenüber den kooperationsbereiten Vertretern der „Bauernpartei" verhielt sich Hebrang entgegenkommend und vermied radikale Reformen in den kontrollierten Gebieten. Die langfristigen Ziele des Machtmonopols für die Kommunisten und der Errichtung des sozialistischen

Ein Kommunist für Kroatien. Andrija Hebrang, Opfer des Kominform-Konflikts, wurde 1992 rehabilitiert.

Gesellschaftssystems dürften dabei auch für ihn außer Zweifel gestanden haben. Doch die KP Jugoslawiens betrachtete die Eigenständigkeit der Politik Hebrangs mit Argwohn; nach mehreren Verwarnungen erklärte ihn das Politbüro Anfang Oktober 1944 für abgesetzt.

Nachfolger im Amt des ZK-Sekretärs der KP Kroatiens wurde Vladimir Bakarić (1912–83). Er hatte Jura studiert und war bis 1941 als Anwalt und Publizist tätig. 1933 war er der KP beigetreten, 1935 wurde er Sekretär des Bundes der kommunistischen Jugend Jugoslawiens. Ab 1941 war er politischer Kommissar im obersten Stab der Partisanen in Kroatien. 1943 gehörte er zu den Mitbegründern des ZAVNOH.

Spätestens seit der Zweiten Sitzung des AVNOJ bestand für die Exilregierung in London die Gefahr, jeglichen Einfluss auf die weitere Entwicklung zu verlieren. Deshalb strebte der britische Premierminister Winston Churchill nach einem Ausgleich zwischen Partisanen und Exilregierung. Auf britischen Druck hin entließ König Petar das Kabinett, das sich für die Četnici eingesetzt hatte, und ernannte als neuen Ministerpräsidenten den Kroaten Ivan Šubasić von der HSS, der 1939–41 Ban der Banovina Kroatien gewesen war. Am 16. Juni 1944 kam das Abkommen von Vis zwischen Tito und Šubasić zustande. – Tito war im Mai 1944, als deutsche Fallschirmspringer bei Drvar in Südwestbosnien gelandet waren, nur knapp der Gefangennahme entgangen. Nachdem ihn ein sowjetisches Flugzeug von Kupres aus zuerst nach Bari ausgeflogen hatte, brachte ihn ein britisches Kriegsschiff auf die von den Briten gehaltene Adriainsel Vis, wo er sich in den folgenden Monaten aufhielt.

Im Abkommen von Vis verpflichtete sich die Exilregierung, Unterstützung für die „Nationale Befreiungsarmee“ zu organisieren. Über die Staatsform war nach Kriegsende in einem Referendum zu entscheiden. Kollaborateuren und Verrätern sollte der Prozess gemacht werden; implizit wurde auch Mihailović hierzu gerechnet. Spätestens ab jetzt war die Bewegung der Četnici als Faktor in der Neuordnung chancenlos geworden. Mihailović tauchte 1945 unter; er wurde im März 1946 entdeckt und im Juli desselben Jahres hingerichtet.

Das zweite Abkommen zwischen Tito und Šubašić, am 1. November schon in Belgrad geschlossen, schuf nur scheinbar ein Gleichgewicht. Der König würde bis zum Referendum über die Staatsform nicht ins Land zurückkehren; vorgesehen war die Bildung einer gemeinsamen Regierung aus Vertretern des AVNOJ und des Londoner Exils. Doch nun versuchte König Petar, die Umsetzung des Abkommens hinauszuzögern. Erst nachdem die Alliierten auf der Konferenz von Jalta darauf gedrängt hatten, ernannte er am 3. März 1945 einen Regentschaftsrat, der am 7. März Tito mit der Regierungsbildung beauftragte. Der serbische Exilpolitiker Milan Grol von der „Demokratischen Partei“ wurde stellvertretender Ministerpräsident, Šubašić für die „Kroatische Bauernpartei“ Außenminister. Andrija Hebrang erhielt das Industrieministerium und wurde Vorsitzender der Zentralen Planungskommission. So bedeutsam diese Posten auch waren, so hielten sie Hebrang doch von der Politik vor Ort in Kroatien fern.

In Split, in das die Truppen der „Nationalen Befreiungsarmee“ schon am 27. Oktober 1944 eingezogen waren, bildete der kroatische KP-Chef Vladimir Bakarić am 14. April die Regierung der „Nationalen Front“ Kroatiens. Je ein Stellvertreter gehörte der „Kroatischen Republikanischen Bauernpartei“ und der „Serbischen Demokratischen Partei“ an.

Das Kriegsende

Die Alliierten hatten sich seit 1941 durchgehend für eine Wiederherstellung des jugoslawischen Gesamtstaates ausgesprochen. Die späten Versuche von Vertretern des USK, analog zu Italien einen Seitenwechsel zu den Alliierten vorzunehmen und den Staat zu erhalten, waren aussichtslos. Im August 1944 boten die Minister Ante Vokić (1909–45) und Mladen Lorković (1909–45) Vertretern der „Kroatischen Bauernpartei“ die Regierungsübernahme an und nahmen Kontakte zu den Briten auf; allerdings reagierten diese äußerst zurückhaltend. Zu weit waren die Vorentscheidungen in andere Richtungen gefallen; zu stark war der USK längst kompromittiert. Die Minister hatten zudem Pavelić über ihr Vorhaben informiert, und dieser ging nicht auf den Plan ein. Er setzte zuerst den deutschen Gesandten davon in Kenntnis, dann das kroatische Kabinett. Eine Verhaftungswelle folgte. Wahrscheinlich auf Anordnung von Pavelić wurden Vokić und Lorković kurz vor Kriegsende im Zuchthaus Lepoglava umgebracht.

Noch am 4. Mai 1945 richtete Pavelić an die westlichen Alliierten ein Memorandum über die Notwendigkeit, den USK zu erhalten. Dieser Staat sei nicht faschistisch; er habe stets nur einen Verteidigungskrieg geführt. Der Brief blieb jedoch ohne Antwort. Pavelić floh am 7. Mai aus Zagreb. Wie anderen Größen des USK gelang es ihm, ins Exil zu entkommen; er starb 1959 in Madrid.

Am 8. Mai marschierten die Partisanen in Zagreb ein, ohne auf Widerstand zu treffen. Kurz vorher hatte Erzbischof Stepinac den deutschen und den Ustaša-Befehlshaber überzeugen können, auf die Sprengung von zentralen Objekten zu verzichten.

Die Tage nach Kriegsende brachten die Abrechnung der Partisanen mit echten und vermeintlichen Gegnern: Wehrmachtsangehörige, kroatische Einheiten, slowenische Weißgardisten, die auf deutscher Seite gegen die Partisanen gekämpft hatten, und kleinere Gruppen von Četnici waren auf der Flucht vor den Partisanen auf österreichisches Gebiet übergewechselt, um sich in britische Gefangenschaft zu begeben; auch Zivilisten befanden sich in dem Treck von mindestens 100.000 Menschen. Doch der britische Feldmarschall Harold Alexander gab den Befehl zur schubweisen Auslieferung an die Partisanen, wobei fraglich ist, ob er mit den folgenden Massakern rechnete. Erst am 29. Mai, als das Ausmaß der Gewalt bekannt geworden war, wurden die Auslieferungen eingestellt. Den größeren Teil der übergebenen Gefangenen führten die Partisanen auf einem vielfach qualvollen Marsch, dem „Kreuzweg“, in Lager im Landesinneren Jugoslawiens.

Die Massentötungen bei Bleiburg und Kočevje wie auch der „Kreuzweg“ wurden in der offiziellen Historiographie des sozialistischen Jugoslawien bis Ende der 80er-Jahre strikt als Tabuthema behandelt. In der kroatischen Exilpublizistik erfuhr die Anzahl der Opfer demgegenüber eine Aufbauschung; von bis zu 500.000 Opfern war dort die Rede. Folgt man den Berechnungen des schon genannten Vladimir Žerjavić, kamen in Bleiburg und auf dem „Kreuzweg“ wahrscheinlich 45.000 bis 55.000 Kroaten und Muslime ums Leben. Schätzungsweise 8.000 slowenische Weißgardisten wurden im Gebiet um Kočevje (Gottschee) getötet, ihre Leichen in Höhlen geworfen. – Wie die in den vergangenen 30 Jahren aufgefundenen und untersuchten Massengräber zeigen, dürften diese 1989 ermittelten Zahlen keinesfalls zu hoch angesetzt sein.

Die Frage der Kriegsopferzahlen

Die schon angesprochene Frage, wie viele Menschen im KZ Jasenovac ums Leben gekommen sind, und die Ermittlung der Opferzahlen von 1945 stehen in engstem Zusammenhang mit den Berechnungen, wie viele Kriegsopfer es insgesamt auf dem Territorium Jugoslawiens gegeben hat. Kurz nach Kriegsende nannte Tito ohne nähere Begründung in einer Rede die Zahl von 1,7 Mio. Kriegstoten. 1946 erhielt ein junger Mathematiker im Belgrader Amt für Statistik den Auftrag, für Zwecke der jugoslawischen Delegation auf der Pariser Friedenskonferenz mit statistischen Methoden die demographischen Verluste zu berechnen, also die Verluste einschließlich von Geburtenausfällen und Auswanderung. Er gelangte – in Summe! – ebenfalls zu einer Zahl von 1,7 Mio.; doch diese Zahl wurde durch ein Missverständnis als Zahl der Kriegstoten bekannt gegeben und, nachdem nun einmal genannt, in diesem Sinne offiziell festgeschrieben. Neuere Berechnungen von 1964, welche die Unhaltbarkeit der Zahl von 1,7 Mio. Kriegstoten ergaben, blieben unter Verschluss.

Erst die unabhängig voneinander begonnenen und sich gegenseitig bestätigenden Berechnungen des in Paris lebenden Serben Bogoljub Kočović von 1985 und von Vladimir Žerjavić haben eine Versachlichung der Diskussion um die Zahl der Gewaltopfer im Raum Jugoslawiens während des Zweiten Weltkrieges ermöglicht und zugleich Zahlen bestätigt, die man im Westen schon früher schätzungsweise genannt hatte. Beide Forscher sind von der Volkszählung 1931 ausgegangen, haben die bei einer friedlichen Entwicklung 1948 zu erwartende Bevölkerungszahl hochgerechnet und diese Zahl mit den Ergebnissen der Volkszählung von 1948 verglichen. Zwecks Gegenkontrolle hat Žerjavić außerdem Dokumentationen über Opferzahlen in bestimmten Gebieten und zu einzelnen Vorgängen herangezogen. Žerjavić nennt:

	Jugoslawien	Kroatien
Kriegsverluste	1,027 Mio. (5,9 %)	0,259 Mio. (7,3 %) davon Serben: 0,131 Mio.
Demographische Verluste	2,022 Mio. (11,6 %)	0,502 Mio. (12,4 %)

Innerhalb Kroatiens lagen die Kriegsverluste der Serben mit 17,3 % am weitaus höchsten; doch bezogen auf Gesamtjugoslawien ist der Anteil der muslimischen Opfer mit 8,1 % am größten. Die Höhe der demographischen Verluste ist, wie im folgenden Kapitel näher zu erläutern, durch Flucht und Vertreibung der deutschen Minderheit mitbedingt.

Alle diese Zahlen beziehen sich auf das Territorium Jugoslawiens in den Grenzen bis 1941. – Für die nach dem Zweiten Weltkrieg an Jugoslawien gelangten Territorien hat Žerjavić eine getrennte Berechnung angestellt. Nimmt man für Kroatien die angeschlossenen Gebiete – der größere Teil Istriens, Rijeka, Zadar, die Inseln Cres, Lošinj und Lastovo – hinzu, steigen die demographischen Verluste wegen der Emigration von zumeist italienischer Bevölkerung von 12,4 % auf 14,1 %. Die Kriegsverluste hingegen liegen wegen der geringen Kampfintensität in den ehemals italienischen Gebieten bei nur 6,7 %.

Die gegenüber früheren Schätzungen niedrigeren Zahlen bedeuten keine Verharmlosung der Kriegsgräuel und keine Entlastung von individueller Schuld; sie führen auch zu keiner Neubewertung des Ustaša-Systems. Wichtig ist vielmehr, dass sich ein kritischer öffentlicher Diskurs weitgehend durchgesetzt hat, denn dessen Verhinderung im sozialistischen Jugoslawien mit der schablonenhaften Festschreibung der Bilder von Helden, Märtyrern und Verrätern hat die Aufarbeitung der Kriegstraumata stark erschwert. In den Jahren der wachsenden nationalen Spannungen seit Mitte der 80er-Jahre ließ sich deshalb die Erinnerung an die Jahre 1941–45 als wirksames Mittel zur Mobilisierung von Feindbildern verwenden.

KAPITEL 9

Kroatien im sozialistischen Jugoslawien

Die Machtsicherung der Kommunisten

Der Aufbau der sozialistischen Staats- und Gesellschaftsordnung vollzog sich in Jugoslawien noch schneller als in den Staaten im sowjetischen Einflussbereich. Die jugoslawischen Kommunisten waren im Gegensatz zu den Genossen in anderen Ländern Ostmittel- und Südosteuropas aus eigener Kraft an die Macht gekommen und brauchten keine Rücksichten auf Zugeständnisse der Sowjetunion an die Westalliierten zu nehmen. Ein Vorteil für die jugoslawischen Kommunisten bestand auch darin, dass die Sozialdemokratie im Jugoslawien der Zwischenkriegszeit bedeutungslos geblieben war. So musste die KP nicht wie in anderen Ländern erst die Bildung einer sozialistischen Einheitspartei durchsetzen, um die Konkurrenz innerhalb der Linken auszuschalten.

Zwar hatten sich entsprechend dem zweiten Abkommen zwischen Tito und Šubašić vom 1. November 1944 die traditionellen Parteien neu konstituieren dürfen; doch soweit sie nicht bereit waren, in die *Narodna fronta*, die „Volksfront", einzutreten, wurden sie in ihrer Arbeit ständig behindert. Die Volksfront, in der neben den Parteien auch die Massenorganisationen zusammengefasst waren, stand unter der Kontrolle der Kommunisten, auch wenn die KP nach außen hin noch wenig in Erscheinung trat. Vertreter der Kroatischen Bauernpartei trafen sich im September 1945 in Zagreb; die Mehrheit lehnte den Vorschlag von Šubašić ab, sich mit der HRSS zu vereinigen und in der Volksfront mitzuarbeiten. Anfang Oktober traten Šubašić wie auch sein Kollege Grol vom Ministeramt zurück.

Für die Wahlen im November 1945 zur Verfassungsgebenden Versammlung stellten die Parteien außerhalb der Volksfront aus Protest gegen die Schikanen keine Kandidaten auf und verschwanden danach von der politischen Szene. Vielen Bürgern war das Wahlrecht entzogen. Die Wähler konnten, ohne dass Geheimhaltung gegeben war, nur zwischen zwei Urnen entscheiden, in die sie ihre Kugel warfen: in die für die Volksfront oder in die dagegen. So errang die Volksfront 90,4 % der Stimmen für den direkt gewählten Bundesrat und 88,4 % der Stimmen für den von den einzelnen föderalen Einheiten beschickten Nationalitätenrat. Bis auf die „Kommunistische Partei" gingen die Parteien der Volksfront 1947 alle in ihr auf. Klar positiv bei den Wahlen 1945 war nur die Neuerung, dass jetzt auch Frauen das Wahlrecht hatten.

Am 29. November 1945, am zweiten Jahrestag der Konferenz von Jajce, hob das neugewählte Parlament die Monarchie auf und proklamierte die „Föderative Volksrepublik Jugoslawien". Am 20. Januar 1946 erhielt der Staat eine Verfassung nach sowjetischem Vorbild. Der föderale Aufbau griff zugleich auf die Konzepte der Opposition in der Zwischenkriegszeit zurück.

Exkurs: Föderale Einheiten und ihre Grenzen

Die sechs Republiken

Slowenien, Kroatien, Bosnien-Herzegowina, Serbien, Montenegro und Makedonien standen im Verhältnis der symmetrischen Föderation zueinander; innerhalb Serbiens bestanden die autonomen Gebiete Vojvodina und Kosovo-Metohija (später umbenannt zu Kosovo). Von Bosnien-Herzegowina abgesehen, war jede Republik einer Nation innerhalb Jugoslawiens zugeordnet, bzw. jede Nation konnte eine Republik als ihre Heimatrepublik ansehen. Die Grenzen der Republiken folgten, wie man sehr schön beim Vergleich mit Karten des 19. Jhs. erkennen kann, überwiegend historischen Grenzen. Die Teilrepublik Kroatien, deren Grenzen auch nach der Verselbständigung 1991 ihre Gültigkeit behalten haben, stand zwar durch die Zusammenfassung von Dalmatien und Kroatien-Slawonien in der Tradition der 1939–41 bestehenden Banovina Kroatien; doch der längste Teil der Außengrenzen der Republik war durch Grenzen aus der Zeit vor 1918 bestimmt. Zum modernen Kroatien gehören:

Kroatien-Slawonien ohne den größeren Teil von Srijem; hier wurde die Grenze nach ethnischen Kriterien zugunsten der zu Serbien gehörigen Vojvodina nach Westen verschoben, ungefähr so weit, wie die 1849–60 innerhalb des Kaiserreiches Österreich bestehende Vojvodina gereicht hatte.

Die Baranja: das Gebiet zwischen Drau, Donau und ungarischer Grenze mit dem Hauptort Beli Manastir, also der südliche Teil der historisch zu Ungarn gehörigen Baranja, der 1918 an Jugoslawien gekommen war. Die Baranja war 1939 nicht in die Banovina Kroatien einbezogen worden und hatte 1941–45 noch einmal zu Ungarn gehört.

Das Međimurje, „Zwischenmurgebiet", zwischen Drau, Mur und slowenischer Grenze mit der Stadt Čakovec, das 1918 an Jugoslawien gekommen war und, abgesehen von den Jahren 1785–89 und 1848–61, seit 1720 zu Ungarn gehört hatte.

Dalmatien: aus den ehemaligen Gebieten des venezianischen Dalmatien und der

Republik Dubrovnik bis zur Halbinsel Prevlaka am Eingang zur Bucht von Kotor, d. h. so weit nach Süden wie die Banovina Kroatien 1939.

RIJEKA und der südliche, größere Teil von ISTRIEN.

Die Grenzfrage in Istrien

In Istrien hatte die Partisanenbewegung gegen das faschistische Italien Mitte 1942 begonnen; sie war zwar nicht explizit national geprägt, doch kroatisch und slowenisch dominiert. Bei der Kapitulation Italiens am 8. September 1943 entstand ein Machtvakuum, das einen großen Aufschwung der Bewegung ermöglichte. Eine Versammlung am 13. September 1943 in Pazin verkündete den Anschluss Istriens an Kroatien; eine Woche später billigte das ZAVNOH den Beschluss.

Wegen des Eingreifens deutscher Truppen befanden sich die Partisanen bis Ende 1944 wieder in der Defensive; erst im April 1945 zog die Wehrmacht ab. Ihr nachrückend, besetzte die jugoslawische „Nationale Befreiungsarmee" neben Istrien auch Triest; unter dem Druck der Briten und Amerikaner musste sie sich Anfang Juni wieder aus Triest zurückziehen.

Auf der Pariser Friedenskonferenz 1946/47 wurden verschiedene Vorschläge zur Grenzziehung unterbreitet. Neben der Argumentation mit den ethnisch-nationalen Verhältnissen kamen die Rivalitäten zwischen den Siegermächten zum Tragen. Die sowjetischer- und jugoslawischerseits vorgesehene Linie lag am weitesten westlich. Sie wäre knapp östlich von Udine verlaufen; Triest wäre an Jugoslawien gefallen. Demgegenüber hätte nach britischem Vorschlag Jugoslawien nur Ostistrien erhalten. – Zur jugoslawischen Delegation in Paris gehörte auch der istrische katholische Geistliche Božo Milanović (1890–1980) als Kenner der örtlichen Verhältnisse; er hatte sich in der Zwischenkriegszeit im Widerstand gegen die italienische Assimilierungspolitik engagiert und 1945 bei den neuen jugoslawischen Behörden die Wiedereröffnung des kroatischsprachigen kirchlichen Gymnasiums in Pazin erreicht.

Die Konferenz in Paris fand in der Grenzfrage eine Kompromisslösung: Das Gebiet östlich von Gorizia und Istrien ohne seinen Nordwesten kamen an Jugoslawien; damit wurden die provisorischen Verhältnisse sanktioniert. Zudem sah man die Bildung eines Freistaates Triest vor, der von Duino nordwestlich von Triest bis nach Novigrad an der Westküste Istriens reichen und einem Gouverneur mit UN-Mandat unterstehen sollte. Doch der Freistaat wurde nie verwirklicht, da sich die Parteien nicht auf die Besetzung des Gouverneurspostens einigen konnten. So hielt sich das Provisorium: In der Zone A von Duino bis südlich von Triest blieb die alliierte Verwaltung erhalten; die südliche, größere Zone B stand unter jugoslawischer Verwaltung. – Die an der Westküste Istriens konzentrierte italienische Bevölkerung siedelte in den Jahren nach 1945 zu großen Teilen nach Italien aus, ebenso manche Kroaten und Slowenen, die dem sozialistischen System entgehen wollten.

Gerade in Istrien war die Durchsetzung der Macht der Kommunisten und zugleich neuen Staatsordnung von Gewalt und Schikanen begleitet. Der am 24. August 1947 im Dorf Lanišće nördlich von Lupoglav getötete Priester Miroslav Bulešić (* 1920) wurde 2013 seliggesprochen.

Als die Westalliierten 1954 die Stationierung von italienischen Truppen in Triest ankündigten, drohte Jugoslawien zuerst mit militärischer Intervention. Dann einigte man sich: Die Zone A kam mit kleinen Korrekturen zugunsten Jugoslawiens *de facto* an Italien, die Zone B an Jugoslawien. Erst 1975 sanktionierte der jugoslawisch-italienische Staatsvertrag von Osimo die Demarkationslinie als Staatsgrenze. – Das jugoslawische Gebiet des ehemaligen Freistaates wurde 1954 – wie schon vorher der Nordosten Istriens – nach ethnisch-sprachlichen Kriterien zwischen den Republiken Kroatien und Slowenien aufgeteilt.

Industrialisierung und Agrarpolitik

Die wirtschaftliche Transformation Jugoslawiens nach Kriegsende schritt schnell voran. In Kroatien wurde 1945 ungefähr die Hälfte aller Unternehmen unter dem Vorwurf der Kollaboration mit dem Besatzungsregime konfisziert. Ein Gesetz vom Dezember 1946 verfügte die Nationalisierung aller größerer Industriebetriebe und von ungefähr 30 % der Handelsfirmen; im April 1948 folgten alle Handelsunternehmen und 1.095 Produktionsbetriebe meist mittlerer Größe. 1947–51 lief der unter der Leitung von Andrija Hebrang erarbeitete Erste Fünfjahresplan, der entsprechend dem sowjetischen Vorbild, zuerst die Schwerindustrie zu fördern, das Hauptgewicht auf deren Ausbau legte. Die Industrieproduktion in Kroatien lag schon 1948 deutlich über dem Vorkriegsniveau.

Die Agrarpolitik vermied radikale Schritte. In der Agrarreform vom August 1945 wurde das Bodenmaximum je nach Region auf 25–35 ha festgelegt. In Kroatien gelangten 390.510 ha (7,5 % des Territoriums), davon 160.960 ha Wald (8,4 % der gesamten Waldfläche), durch Nationalisierung in den Bodenfonds. Von der nationalisierten Fläche verteilten sich 31,0 % auf konfiszierte deutsche Höfe, 14,1 % auf Boden im Besitz von Banken und Kapitalgesellschaften, 13,1 % auf Großgüter und 12,4 % auf kirchlichen Landbesitz. Regional konzentrierte sich die Nationalisierung auf die Gebiete um Osijek und Slavonski Brod.

61,7 % des Bodenfonds in Kroatien, davon fast der gesamte Wald, blieben im Staatsbesitz. 24,1 % gelangten an örtliche Interessenten, 12,1 % an Kolonisten, die in erster Linie konfiszierte deutsche Höfe übernahmen. Nach Ostslawonien kamen zumeist Kroaten aus dem landwirtschaftlich übervölkerten Nordwesten der Republik und aus dem Hinterland Dalmatiens. – Serben aus wirtschaftlich rückständigen Gebirgsgebieten Kroatiens trugen die Kolonisation in der westlichen Vojvodina.

Aussiedlung der Deutschen

In Reaktion auf die deutsche Besatzungsherrschaft und auf die Loyalität großer Teile der deutschen Minderheit gegenüber dem USK und der Besatzungsmacht während des Krieges, aber auch aus eigener nationaler Intoleranz hatte das AVNOJ schon 1944 die pauschale Enteignung der deutschen Minderheit beschlossen. Deren ländliche Siedlungsschwerpunkte lagen in der Vojvodina, in Syrmien und im östlichen Slawonien; außerdem lebten Deutsche vor allem in den Städten Nordkroatiens und Sloweniens. Soweit die deutsche Bevölkerung nicht schon bei Kriegsende geflohen war, wurde sie bis zu ihrer Abschiebung großenteils in Lagern gehalten, denn die Alliierten weigerten sich zuerst, auch diese Vertriebenen in ihren Besatzungszonen aufzunehmen. Man rechnet, dass in den Lagern bis zu 50.000 Menschen an Hunger und Krankheiten verstorben sind. Viele Internierte wurden erst entlassen, nachdem sie sich verpflichtet hatten, bei beschränkter Freizügigkeit eine Mindestzeit in Jugoslawien zu arbeiten, bevor man sie nach Österreich oder Deutschland ausreisen lassen würde.

Laut Volkszählung 1931 lebten 497.000 Deutsche in Jugoslawien. Bei der Zählung 1948 ergab sich statt der hochgerechneten 536.000 eine Zahl von 54.000. Die Kriegsverluste selbst betrugen nur 28.000; der Rest entfiel auf Flucht, Vertreibung und Assimilation. Auf dem Territorium der Republik Kroatien lebten 1948 statt der zu erwartenden 109.000 Deutschen – gegenüber 99.000 im Jahr 1931 – nur noch 10.000.

Mit dem weitgehenden Exodus der Deutschen verlor auch die evangelische Kirche auf dem Gebiet Kroatiens die meisten ihrer Gläubigen. Der Zagreber evangelische Bischof Philipp Popp wurde Ende Juni 1945 unter dem Vorwurf der Kollaboration hingerichtet. Das evangelische Kirchenleben hat sich in bescheidenem Rahmen ab 1946 erneuert, nun allerdings unter fast ausschließlicher Verwendung des Kroatischen.

Die Kirchenpolitik

Zur Durchsetzung des neuen Systems in Jugoslawien gehörte auch die Marginalisierung und Diskriminierung der Religionsgemeinschaften. Als potentiell stärkste Kraft war die katholische Kirche besonderem Druck ausgesetzt; ca. 500 Kleriker kamen kurz vor und nach Kriegsende durch „spontane“ Gewalt ums Leben.

Obwohl Erzbischof Stepinac am 18. März 1945, also noch vor Kriegsende, in Zagreb eine gegenüber dem Verhalten und Programm der Kommunisten scharf ablehnende Predigt gehalten hatte, bestand in den ersten Monaten der neuen Regierung noch ein erträglicher *modus vivendi* zwischen Staat und katholischer Kirche, zumal ja auch einzelne katholische Geistliche im AVNOJ mitgewirkt hatten.

Die Konfrontation begann, als Erzbischof Stepinac sich weigerte, entsprechend der Forderung Titos eine von Rom unabhängige kroatische Nationalkirche zu gründen. Die Kirche sah sich durch die Agrarreform geschädigt, weil sie dadurch einen bedeutenden Anteil ihrer Einkünfte verlor. Sie protestierte gegen die Abschaffung der obligatorischen Teilnahme am Religionsunterricht und gegen die immer weiter reichenden Einschränkungen des kirchlichen Schulwesens. Offiziell wurde der Religionsunterricht erst 1952 aus den Schulen verbannt, die Theologische Fakultät aus der Zagreber Universität ausgegliedert.

Offensichtlich zur politischen Disziplinierung der Kirche wurde im September 1946 ein Prozess gegen Stepinac eröffnet. Der Staatsanwalt Jakov Blažević, der bis in die 70er-Jahre einer der führenden Politiker in Kroatien werden sollte, beschuldigte Stepinac der Kollaboration, der Duldung der Verbrechen des Ustaša-Regimes und der Hilfe für untergetauchte Ustaša-Leute nach Kriegsende.

Tatsächlich hatten einzelne Kleriker das Regime offen unterstützt. Stepinac hatte zwar – so wie die große Mehrheit des Klerus – die Staatsgründung des USK begrüßt, dabei jedoch gegenüber dem Regime selbst stets Distanz gewahrt. Eine radikale Konfrontation vermied er, allein um die Handlungsfähigkeit der kirchlichen Hierarchie zu erhalten; doch in vielen Einzelfällen intervenierte er zu Gunsten von Bedrohten und Verfolgten und verurteilte Vorgehensweisen des Regimes.

Der von einer Pressekampagne gegen den Angeklagten begleitete Prozess 1946 endete im strafrechtlichen Sinne mit einem Fehlurteil. Stepinac wurde zu 16 Jahren Zwangsarbeit verurteilt; 1951 wurde er zum Hausarrest in seinem Heimatort Krašić bei Karlovac begnadigt. Dort erreichte ihn 1953 die Nachricht über die Ernennung zum Kardinal. Nach dem Tod Stepinacs am 10. Februar 1960 bestanden die Behörden zuerst auf dem Begräbnis am Verbannungsort.

Doch zumal sich Krašić sonst mit Sicherheit zum Wallfahrtsziel entwickelt hätte, erlaubten sie dann doch die feierliche Bestattung in der Zagreber Kathedrale.

Insgesamt entspannte sich das Verhältnis zwischen Staat und katholischer Kirche ab Ende 1953 allmählich, und aufgrund des Belgrader Protokolls von 1966 normalisierten der Vatikan und Jugoslawien die seit 1952 abgebrochenen diplomatischen Beziehungen. – Die Stellung der katholischen Kirche im sozialistischen Kroatien zeigt manche Gemeinsamkeiten mit der Stellung in Polen. Die Kirche blieb ein Träger kroatischer nationaler Identität. Sie profitierte von ihrer eigenen festen Organisation einschließlich der Einbindung in die Gesamtkirche. Die erzwungene Ausgrenzung durch das System bewirkte eine im Vergleich zu westlichen Ländern viel größere innerkirchliche Geschlossenheit.

Der 1981 begonnene Kult um die Marienerscheinungen in Međugorje westlich von Mostar, der von den dortigen Franziskanern geistlich betreut wird, ist gewiss als genuin religiöse Bewegung entstanden und wendet sich an Gläubige beliebiger Nationalität. Doch mittelbar hat er in den 80er-Jahren auch dem kroatischen Nationalbewusstsein in der Herzegowina Rückhalt gegeben. Während der Vatikan ebenso wie der Ortsbischof von Mostar gegenüber dem neuen Pilgerkult lange Zeit eine skeptische Haltung eingenommen hat, erlaubte Papst Franziskus II. im Mai 2019 offiziell organisierte Wallfahrten nach Međugorje, ohne allerdings damit zugleich die Marienerscheinungen als wahr anzuerkennen.

Der Kominform-Konflikt und der Fall Hebrang

Im Unterschied zu den anderen Staaten Südost- und Ostmitteleuropas war Jugoslawien nach 1945 zu einer eigenständigen Außenpolitik fähig. Es baute zuerst noch mit Duldung durch die Sowjetunion eine eigene Hegemonialsphäre auf; geplant waren der Anschluss Albaniens an Jugoslawien und eine Föderation mit Bulgarien. Doch allmählich entstanden Spannungen im sowjetisch-jugoslawischen Verhältnis. Ohne Rückfrage in Moskau beschloss die jugoslawische Regierung die Stationierung von zwei Divisionen in Albanien, um im griechischen Bürgerkrieg der prokommunistischen Seite strategische Rückendeckung zu sichern. Zu dieser Zeit hatte Stalin schon beschlossen, den Sieg der griechischen Monarchisten und die Einbindung Griechenlands in die westliche Einflusssphäre hinzunehmen.

Als der bulgarische Parteichef Georgi Dimitrov am 17. Januar 1948 eine Föderation aller südost- und ostmitteleuropäischen Länder, also der ganzen Staatengruppe auf dem Weg zum Sozialismus, vorgeschlagen hatte, mussten sich eine bulgarische und eine jugoslawische Delegation am 10. Februar deswegen von

Stalin strengen Tadel gefallen lassen; Dimitrov übte sofort Selbstkritik. Auf die Forderung Stalins, nun stattdessen sofort eine bulgarisch-jugoslawische Föderation zu bilden, gingen die jugoslawischen Kommunisten nicht ein. Erstmals auf ihrer ZK-Sitzung am 1. März 1948 äußerten sie offene Kritik an der Bevormundung durch die Sowjetunion und an den nachteilhaften Wirtschaftsverträgen; sie verlangten Gleichberechtigung der einzelnen kommunistischen Parteien.

Der Konflikt eskalierte durch den Abzug sowjetischer Wirtschaftsberater und durch einen scharfen Briefwechsel zwischen den Parteiführungen, in dem die außenpolitischen Gegensätze durch ideologisch begründete Vorwürfe der sowjetischen Seite und Rechtfertigungen jugoslawischerseits verbrämt wurden. Schließlich weigerten sich die jugoslawischen Kommunisten, an der Konferenz des „Kommunistischen Informationsbüros", des Kominform, im Juni 1948 in Bukarest teilzunehmen, denn sie wären hier in der Rolle der Angeklagten erschienen. Das Kominform bildete die 1947 gegründete Nachfolgeorganisation der 1943 aufgelösten Komintern. So verurteilten die in Bukarest vertretenen Parteien – darunter aus dem Westen die französische und die italienische KP – am 28. Juni die Haltung der jugoslawischen Kommunisten und schlossen sie aus dem Kominform aus. Es folgten Wirtschaftsblockade und politische Isolierung.

Einstweilen setzte in Jugoslawien sogar eine Verhärtung des Kurses ein, um zu zeigen, dass unabhängig von den außenpolitischen Differenzen das Ziel des Sozialismus nach sowjetischem Vorbild nicht in Frage stand. Nachdem die Sowjetunion im Briefwechsel der Parteien die jugoslawische Landwirtschaftspolitik als zu zögerlich kritisiert hatte, wurde jetzt eine Kampagne zur Kollektivierung eingeleitet.

Zugleich begann eine Säuberung der Partei, die sich gegen „Kominform-Anhänger" richtete, eher aber die Züge eines innerparteilichen Machtkampfes trug – ungefähr zur selben Zeit wie die ersten großen Säuberungswellen in den Ländern der sowjetischen Hegemonialsphäre. Viele der Verurteilten kamen in das neu errichtete Straflager mit dem sprechenden Namen Goli otok. Die „Kahle Insel" zwischen Krk und Rab wurde zusammen mit dem Gefängnis in den Kasematten der alten Festung Stara Gradiška zum wichtigsten Symbol der Repression gegen politische Gegner des Systems. Seit Mitte der 50er-Jahre als Jugendstrafanstalt genutzt, wurde das Lager auf Goli otok 1988 geschlossen.

Unter den Opfern der Säuberungen befand sich auch Andrija Hebrang. Er hatte 1945 die neue serbisch-kroatische Grenzziehung in Srijem (Syrmien) und den Umtauschkurs der USK-Kuna in den neuen Dinar kritisiert. Ihm wurde vorgeworfen, er habe in der Wirtschaftspolitik Kroatien bevorteilt. Den Anlass zum Ausschluss aus dem Politbüro im April 1946 unter dem Vorwurf der Fraktionsbildung bot ein Brief, in dem Hebrang Tito persönlicher Animosität bezichtigte.

In der Folgezeit verlor er auch alle sonstigen Funktionen außer dem Vorsitz in der Bundesplanungskommission. – In dem Konflikt ging es im Übrigen nicht nur darum, wie weit die Vertretung der Interessen einer einzelnen Republik gehen durfte; es handelte sich gewiss auch um einen Konflikt der Generationen, denn Hebrang (* 1899) war zwar jünger als Tito (* 1892), doch um zehn Jahre älter als alle sonstigen Angehörigen des engsten Führungskreises um Tito.

Als im Februar 1948 der offene Konflikt mit den sowjetischen Kommunisten begann, ließ Tito Hebrang verhaften, denn er wollte einem eventuellen Versuch Stalins vorbeugen, unter Stützung auf Hebrang die jugoslawische KP zu spalten. Jetzt erschien die enge wirtschaftspolitische Zusammenarbeit Hebrangs mit sowjetischen Genossen 1945/46 als Verdachtsmoment für Verrat. Außerdem hieß es, er habe sich, als er 1941–42 bis zum erwähnten Gefangenenaustausch im Ustaša-Gefängnis saß, zur Kollaboration verpflichtet und sei damit später von der Sowjetunion erpresst worden. Laut offizieller Mitteilung beging er noch vor Prozessbeginn im Gefängnis in Belgrad 1949 Selbstmord; nach heutigem Wissen war es ein als Freitod inszenierter Mord. Bis Mitte der 80er-Jahre lag in der jugoslawischen Öffentlichkeit der Mantel des Schweigens über dem Fall. 1992 wurde Hebrang durch Beschluss des kroatischen Parlamentes rehabilitiert; Straßen tragen nun seinen Namen.

Der jugoslawische Sonderweg

In Folge des Ausschlusses aus dem Kominform suchte Jugoslawien eine vorsichtige Annäherung an die Westmächte und nahm auch Hilfe aus dem Marshall-Plan an. Nach Stalins Tod 1953 besserten sich die Beziehungen zur Sowjetunion wieder, ohne dass sich Jugoslawien in den Ostblock eingliederte. Tito nahm 1955 an der Konferenz in Bandung teil, die den Weg zur Blockfreienbewegung wies. Im folgenden Jahr empfing er die Staatschefs von Indien und Ägypten, Jawaharlal Nehru und Gamal Abdel Nasser, in seiner Residenz auf der Insel Brijuni. Seit der 1. Gipfelkonferenz 1961 in Belgrad nahm Jugoslawien in der Blockfreienbewegung eine Führungsrolle ein.

Ebenso zeichnete sich ab Anfang der 50er-Jahre im Inneren ein Kurswechsel ab, der die Abgrenzung gegenüber der sowjetischen Hegemonialsphäre auch ideologisch kenntlich machen sollte. 1950 wurde die betriebliche „Arbeiterselbstverwaltung“ als erste Abkehr vom Prinzip des „demokratischen Zentralismus“ eingeführt. Der 1952 beschlossene Namenwechsel der Partei in „Bund der Kommunisten Jugoslawiens“ diente dazu, sich vom Muster der zentralistisch geführten Kaderpartei abzugrenzen. Die bisherige „Volksfront“ hieß von jetzt

Unhinterfragte Autorität. Marschall Josip Broz Tito bei einer Rede, 1953

an, weiterhin Partei und Massenorganisationen umfassend, „Sozialistischer Bund des werktätigen Volkes".

1953 wurde die Kollektivierung gestoppt; die meisten Bauern nahmen das Angebot zum Austritt aus den bereits gebildeten Genossenschaften an. Der private Landbesitz wurde allerdings, über die Bestimmungen von 1945 hinausgehend, je nach Region nun auf 10–20 ha beschränkt; der so neugeschaffene Landfonds diente zum Ausbau von großen Betrieben in gesellschaftlichem Eigentum. Das geringe Maximum für Privatbetriebe erschwerte deren Modernisierung und verfestigte die Benachteiligung des Dorfes gegenüber der Stadt. Nachdem das Maximum schon seit Mitte der 80er-Jahre stillschweigend ignoriert worden war, gehörte seine Aufhebung 1990 zu den ersten Schritten der wirtschaftlichen Transition. Allerdings ist der Agrarsektor Kroatiens noch immer stark geprägt von der jahrzehntelangen Festschreibung der Betriebsgrößen und fehlender Flurbereinigung.

Durch den Ausbau des Selbstverwaltungssozialismus erhielten die Unternehmen bedingte Selbständigkeit in ihren Entscheidungen; die Preisregulierung für Güter und Dienstleistungen erfolgte teilweise über Marktmechanismen. Der Privatsektor erreichte gerade im Dienstleistungsbereich einen größeren Anteil. So war die Versorgungslage mit Konsumgütern in den Republiken Jugoslawiens, wenn man auf andere sozialistische Länder blickt, erstaunlich gut. Allerdings war der einzelne Betrieb als „gesellschaftliches Eigentum" kein handelbarer Wert, so dass ähnlich wie in planwirtschaftlich organisierten sozialistischen Staaten unrentable Betriebe „durchgetragen" wurden und eine Neigung zu auch unrentablen, aber politisch prestigeträchtigen Investitionen bestand.

In Ablösung vom sowjetischen Modell des Staatssozialismus verfolgten die jugoslawischen Kommunisten das Ziel, die Rolle des Staates zu mindern. Öffentliche Aufgaben z.B. im Gesundheits- und Bildungswesen gingen an „Selbstverwaltete Interessengemeinschaften" *(Samoupravna interesna zajednica, SIZ)* über, die eng mit der Wirtschaft verzahnt waren und weitgehend von ihr finanziert wurden. Doch über alle Entstaatlichung hinweg blieb die Stellung des Parteiapparates als Entscheidungsträger der Politik unangetastet.

Der „jugoslawische Sonderweg“ hat sich auch auf das Stadtbild vor allem der Großstädte ausgewirkt. In der Sowjetunion und den Staaten in ihrer Hegemonialsphäre wurde ab Anfang der 50er-Jahre ein monumentaler, neoklassizistischer Baustil propagiert. Ein Beispiel ist die ehemalige Stalinallee in Ostberlin. Zeugen dieser Stilphase findet man weder in Kroatien noch in anderen jugoslawischen Nachfolgestaaten. Stattdessen ging die Architektur gleich zur Moderne über, in Zagreb am planmäßigsten im Bereich südlich von Unterstadt und Bahn entlang der *Ulica proleterskih brigada*, „Straße der sozialistischen Brigaden“ (bis 1947 *Varaždinska ulica*, bis 1951 *Moskovska ulica*), der heutigen *Ulica grada Vukovara*, „Straße der Stadt Vukovar,“ in Erinnerung an die Belagerung und Zerstörung von Vukovar 1991.

Seit Ende der 60er-Jahre konnten die Bürger Jugoslawiens in der Regel ungehindert Auslandsreisen unternehmen. Gerade hierdurch wurde die Abschottung gegenüber westlichen Lebensformen und westlicher Mode im Vergleich zu anderen sozialistischen Ländern viel geringer. Die dank den offenen Grenzen ermöglichte Arbeitsemigration entlastete den einheimischen Arbeitsmarkt; durch die Überweisungen der Gastarbeiter gelangte Kapital ins Land. Die Abwanderungsquote lag in den Republiken Kroatien und Bosnien-Herzegowina am höchsten, innerhalb der kroatischen Siedlungsgebiete in der westlichen Herzegowina. Nicht nur ländliche Bevölkerung aus wenig entwickelten Gebieten fand den Weg in die Arbeitsemigration, auch beruflich höherqualifizierte Stadtbevölkerung versprach sich bessere Verdienstmöglichkeiten in den westlichen Industriestaaten. Nicht zuletzt dienten die offenen Grenzen als Mittel der politischen Pazifizierung: Dem Dissidenten war der Weg in die Emigration gewiesen.

In den ersten zwei Jahrzehnten trug der jugoslawische Föderalismus entsprechend dem sowjetischen Vorbild formellen Charakter und war überlagert durch die zentralistischen Strukturen in Staatsverwaltung, Partei und Armee. Erst als die Partei auf den Anspruch verzichtete, mittelfristig eine jugoslawische Einheitsnation in Analogie zur Sowjetnation und zum Unitarismus des Zwischenkriegsjugoslawien zu schaffen, wurde der Weg zu einer – in der Reihe der sozialistischen Staaten singulären – echten Föderalisierung geöffnet. Tito entschied sich im innerparteilichen Machtkampf zwischen Konservativen und Reformern für Letztere. Die Ausschaltung des für einen großserbisch geprägten Zentralismus stehenden Innenministers und Geheimdienstchefs Aleksandar Ranković (1909–83) 1966 verdeutlichte den Kurswechsel. Im folgenden Jahr erhielten die Vojvodina und das Kosovo durch Verfassungsergänzungen erweiterte Autonomierechte. Anstelle der früheren Erwartung, die Muslime in Bosnien-Herzegowina würden sich national als Serben oder Kroaten erklären, erhielten sie, wie 1968 in der Bundesverfassung festgeschrieben, die Anerkennung als säkulare Nation.

Der Kroatische Frühling

Innere Liberalisierung und erweiterter Föderalismus öffneten den Freiraum für die soziale Bewegung des „Kroatischen Frühlings" 1967–71. In ihm wirkten die Aufbruchsstimmung der weltweiten Studentenbewegung, gestärktes kroatisches Nationalbewusstsein und die Nutzung des erweiterten politischen Spielraums zusammen. Trägergruppen waren die Studenten, die Kulturorganisation der *Matica hrvatska* und der Reformerflügel innerhalb des SKH, des „Bundes der Kommunisten Kroatiens". Der „Kroatische Frühling" weist, wie schon in der Namensanalogie zum „Prager Frühling" kenntlichgemacht, strukturelle Gemeinsamkeiten mit anderen sozialen Bewegungen in Ländern des realen Sozialismus auf.

Als Einleitung zur Bewegung gilt die von einer Gruppe von Sprachwissenschaftlern verfasste „Deklaration über die Bezeichnung und Stellung der kroatischen Literatursprache" vom 17. März 1967. Sie erhob den – durchaus berechtigten – Vorwurf, die Gleichberechtigung der serbischen und der kroatischen Variante der gemeinsamen Sprache werde nicht eingehalten; stattdessen bestehe die Tendenz zur Nivellierung auf Basis der serbischen Variante. Die Unterzeichner der Deklaration verlangten, in der Bundesverfassung Serbisch und Kroatisch als zwei eigene Staatssprachen neben Slowenisch und Makedonisch zu nennen sowie Bundesgesetze und -verordnungen nicht nur auf Serbisch, sondern ebenso auf Kroatisch zu veröffentlichen. Auch der weitaus bekannteste, zudem mit Tito persönlich befreundete kroatische Schriftsteller Miroslav Krleža unterzeichnete die Deklaration und gab ihr durch sein Prestige noch mehr Gewicht.

Stichwort: Miroslav Krleža

Zentrale Gestalt des literarischen Lebens

Miroslav Krleža (1898–1981) besuchte nach dem Abitur 1908 in Zagreb die Kadettenschule in Pécs und die Militärakademie in Budapest. Sein Vorhaben Anfang 1913, als Freiwilliger in der serbischen Armee in den Balkankriegen zu dienen, scheiterte am Misstrauen der serbischen Behörden. Seine Erfahrungen aus der Zeit des Militärdienstes an der galizischen Front 1916 flossen in sein späteres literarisches Werk ein.

Ab den 20er-Jahren und bis zu seinem Tod war Krleža eine zentrale Gestalt im kulturellen Leben Kroatiens. Während des durch die neue sowjetische Kulturpolitik unter Stalin angestoßenen „Konfliktes in der Linken" in Jugoslawien in den 30er-Jahren wehrte er sich gegen die dogmatische Einforderung des Sozialistischen Realismus. 1941–45 blieb er in Zagreb, trotz seiner politischen Orientierung vom USK-Regime geduldet. Ab 1950 baute er das Lexikographische Institut in Zagreb auf und initiierte die landeskundliche *Enciklopedija Jugoslavije*. Er hinterließ ein umfangreiches, vielfach auch übersetztes und bis heute rezipiertes Werk in allen literarischen Gattungen, darunter das Drama *Die Herren Glembay* (1928), den Roman *Die Rückkehr des Filip Latinovicz* (1932) und die *Balladen des Petrica Kerempuh* (1936).

Die Parteiführung auf Bundesebene verurteilte sowohl die kroatische Deklaration als auch eine serbische Gegendeklaration; das Interesse, eine Diskussion über die Beziehungen zwischen den Nationalitäten zu unterbinden, war offensichtlich. Doch es trat keine Beruhigung ein. In der von der Kulturorganisation *Matica hrvatska* herausgegebenen Zeitschrift *Kritika* erschienen Artikel über die Lage der Kroaten in den anderen Republiken; vor allem sorgte man sich wegen einer möglichen Marginalisierung der Kroaten in Bosnien-Herzegowina, seit die Muslime dort als Nation anerkannt waren.

Ende 1969 veröffentlichte die Parteizeitung *Borba* eine Artikelserie gegen angebliche Gefahren eines kroatischen Nationalismus. Autor war Miloš Žanko (1915–2000), rigider Kultusminister in Kroatien während der ersten Nachkriegsjahre und seit 1967 von der Republik delegierter stellvertretender Vorsitzender des Bundesparlamentes. Das Zentralkomitee des SKH entband Žanko auf seiner Sitzung vom 15.–17. Januar 1970 aller Funktionen und verurteilte die Artikel: Die gesellschaftliche Entwicklung in Kroatien trage keine Anzeichen einer nationalistischen Bedrohung; Gefahr gehe vielmehr vom Unitarismus aus. Die Haltung im Fall Žanko brachte der kroatischen Parteiführung einen großen Sympathiegewinn in der Öffentlichkeit der Republik. Žanko lebte seit seiner Entmachtung zurückgezogen in Belgrad.

Während des Kroatischen Frühlings ging es nicht nur um die Pflege kultureller und sprachlicher Tradition als Ausdruck kroatischer Identität. Wirtschaftliche Modernisierung und verkehrstechnische Integration des Landes wurden zum Anliegen nationaler Selbstbestätigung; starke Symbolkraft hatte der Plan einer Nordkroatien und Dalmatien verbindenden Autobahn von Zagreb nach Split. Fertiggestellt wurden damals nur die ersten 40 km von Zagreb bis Karlovac. Verbesserte Verdienstmöglichkeiten sollten die Arbeitsemigration bremsen. Ein Kritikpunkt in der Öffentlichkeit war die überproportionale Vertretung von Serben in Leitungsfunktionen. Das gesellschaftliche System des Selbstverwaltungssozialismus wurde dabei in den Reformdebatten nicht in Frage gestellt.

Das „Triumvirat“ während des Kroatischen Frühlings. Savka Dabčević-Kučar, Mika Tripalo und Pero Pirker mit Tito, 1968

Die Änderungen der Bundesverfassung vom Januar 1971, die im Juni in Kraft traten, bekräftigten den föderalen Charakter des Staates. Sie förderten zugleich die Aufbruchstimmung in Kroatien, belegten sie doch die Machbarkeit von Veränderungen und erzeugten neue Wünsche sowie Forderungen.

Am exponiertesten unter den Reformern innerhalb der Partei wirkte ein „Triumvirat“ von drei Persönlichkeiten: Savka Dabčević-Kučar (1923–2009), Wirtschaftswissenschaftlerin, war 1967–68 Präsidentin des Exekutivrates des Sabor, des kroatischen Parlaments. 1968 wurde sie Vorsitzende des Zentralkomitees des SKH und 1969 zugleich Mitglied des Präsidiums des SKJ. Der Jurist Ante Miko Tripalo (1926–1995), war 1966–69 Sekretär des Exekutivkomitees des SKH und übernahm dann Ämter in der Föderation: Ab 1969 war er Mitglied des Exekutivbüros des Präsidiums des SKH. 1970 wurde er Vertreter Kroatiens im neugeschaffenen kollektiven Staatspräsidium der SFRJ. Pero Pirker (1927–1972), ebenso Jurist, war 1963–67 Bürgermeister von Zagreb und Vorsitzender des Zagreber Stadtkomitees des SKH. 1969 wurde er Sekretär des Exekutivkomitees des Zentralkomitees des SKH. Pirker und Tripalo waren beide noch bei den Partisanen gewesen.

Deutlich wird die Verflechtung der Karrieren des „Triumvirates“ in Staat und Partei, in Republik und Föderation. Nicht die Laufbahnen waren das Neue, sondern die Überzeugungen und politischen Ziele. Das „Triumvirat“ sah sich bald gefangen zwischen seiner Popularität und dem Gegensatz zu den Konservativen in der Partei; seine Befindlichkeit war mit der von Alexander Dubček und seinen Anhängern in der Tschechoslowakei 1968 zu vergleichen.

Die Bewegung erlebte ihren Höhepunkt in der zweiten Jahreshälfte 1971. Miko Tripalo prägte damals, noch ganz in Tradition der sozialistischen Terminologie, den Ausdruck des *masovni pokret*, der „Massenbewegung".

Erst sekundär entwickelten sich jetzt über die kulturellen und wirtschaftlichen Zielsetzungen hinaus politische Forderungen. Der Wehrdienst, bei dem die Praxis der möglichst heimatfernen Stationierung galt, sollte zukünftig zu drei Vierteln der Zeit in der Heimatrepublik abgeleistet werden, die militärische Ausbildung in der Landessprache erfolgen. – Eine zentrale Forderung war die Veränderung des Schlüssels zur Aufteilung von Deviseneinnahmen: Diese gingen fast vollständig an die Zentralbank; den Unternehmen wurde der Gegenwert in Dinaren gutgeschrieben. Kroatien sah hierin eine Benachteiligung, da seine Deviseneinnahmen wegen der Konzentration des Tourismus auf die kroatische Adriaküste weit über denen der anderen Republiken lagen.

Nachdem serbische Vertreter verlangt hatten, in einer Ergänzung zur gültigen kroatischen Verfassung von 1963 Kroatien nicht nur als „Staat der kroatischen Nation", sondern auch der „serbischen Nation in Kroatien" zu definieren, legte die *Matica hrvatska* ihrerseits einen Verfassungsentwurf vor, der von der Souveränität der kroatischen Nation ausging und Kroatien ausschließlich als „Nationalstaat der kroatischen Nation" bezeichnete, die sich mit den anderen Völkern im Staat Jugoslawien assoziiert habe.

Es wurde vorgeschlagen, Kroatien solle einen eigenen Sitz in den Vereinten Nationen erhalten – was im Übrigen eine Analogie im UN-Sitz der Sowjetrepubliken Weißrussland und Ukraine gehabt hätte. Diskussionen über die Möglichkeit, die südwestlichen Gebiete der Republik Bosnien-Herzegowina mit ihrer kompakten kroatischen Bevölkerung Kroatien anzuschließen, stellten schon die historische Legitimation der Republikgrenzen und den Verfassungskonsens in Frage.

Titos Haltung zur Bewegung in Kroatien blieb lange Zeit ambivalent. Im Juli 1971 drohte er, notfalls mit Hilfe der Armee Ordnung herzustellen. Anfang September äußerte er sich zufrieden über die Entwicklung; es seien keine nationalistischen Abweichungen erkennbar. Er war offensichtlich bestrebt, unter Einsatz seiner unbestrittenen Autorität die Bewegung einzubinden. Seine Person erfuhr dadurch einen neuen Popularitätsschub; sein Name wurde zur Legitimation der Bewegung.

Am 15. November 1971 baten die Konservativen in der kroatischen Parteiführung Tito, gegen die gesellschaftliche Bewegung Schritte zu unternehmen.

Da dieser schon länger eine Reise nach Rumänien geplant hatte, zögerte sich sein Vorgehen hinaus. Am Abreisetag, am 22. November, begannen die Studenten in Zagreb einen Streik und erklärten im Streikbeschluss ihre Bewegung als „revolutionär und progressiv". Sie sicherten Tito und den Liberalen in der Partei ihre Unterstützung zu und lehnten es ab, aus einzelnen Inzidenten in Kroatien den allgemeinen Vorwurf des Nationalismus abzuleiten. Ihre einzige Forderung bezog sich auf die Reform der Devisenverteilung.

Am 29. November traf sich Tito mit der kroatischen Parteiführung in dem Jagdschloss Karađorđevo in der Vojvodina, am Folgetag versammelte sich dort das ganze Bundespräsidium der Partei. Jetzt sprach Tito das Machtwort: Er sehe in Kroatien Chauvinismus und Nationalismus am Wirken; fauler Liberalismus ermögliche das Wirken der Konterrevolution. So setzte die Autorität, die den Kroatischen Frühling mitgetragen hatte, ihm auch das Ende. Über die Sitzungen erschien nur ein knappes Kommuniqué; die Protokolle der Sitzungen wurden erst 1994 veröffentlicht.

Die kroatischen Parteiführer, gegen die sich die Vorwürfe richteten, kehrten, ohne in der Öffentlichkeit Stellung zu nehmen, sogleich in ihre Privatwohnungen zurück. Die Studenten brachen ihren Streik ab; die Demonstrationen der nächsten Tage, von der Miliz niedergeknüppelt, waren nur noch ohnmächtiger Protest. Auf der Sitzung des Präsidiums des Zentralkomitees des SKH am 12. und 13. Dezember erklärten Savka Dabčević-Kučar und Miko Tripalo ihren Rücktritt. Die Studentenführer, unter ihnen Dražen Budiša (* 1948), wurden am 12. Dezember verhaftet. Die Tätigkeit der *Matica hrvatska* wurde bis auf den Verlagsbetrieb verboten. Bis Mitte 1972 erfolgten ca. 550 Festnahmen. Insgesamt wurden ca. 2000 Menschen verurteilt; eine viel größere Zahl erlitt dauerhafte berufliche Nachteile.

Der Kroatische Frühling ist zwar in seinen eigenen Anliegen und Zielen ebenso gescheitert wie andere Bewegungen in den sozialistischen Ländern, doch die Erinnerung an die Bewegung und an die Opfer ist hier wie dort identitätsstiftend für ein Gegenbewusstsein zum offiziellen Weltbild geworden und hat damit zur Vorbereitung der Systemüberwindung beigetragen. Die Themen des Kroatischen Frühlings waren alle in der Aufbruchsphase seit 1989 wieder aktuell; doch jetzt standen sie nicht mehr unter der Prämisse einer „Reparatur" des Sozialismus – es ging um dessen Ablösung.

Die Situation in Kroatien beruhigte sich nach 1971 schnell; es begann die Zeit der *hrvatska šutnja*, des „kroatischen Schweigens". Der versuchte Generationswechsel in der politischen Führung Kroatiens war fehlgeschlagen, die Stellung von Vladimir Bakarić, seit 1944 Chef der Kommunisten in Kroatien, war stärker denn je. Doch auch wenn er die Entmachtung des „Triumvirates" mitbetrieben hatte, blieb er ein konsequenter Verfechter des Föderalismus und sah in einer Rückkehr zum Zentralismus die größte Gefahr für das System.

Unabhängig von der ideologischen Verhärtung in ganz Jugoslawien, der auch eine Gruppe liberaler Politiker in Serbien im Herbst 1972 zum Opfer fallen sollte, gingen die Zugeständnisse an das Eigenbewusstsein der Republiken weiter. So wurde im Januar 1972 der Devisenschlüssel verbessert; anstelle von 12 % behielten Touristikunternehmen nun 45 %, Exportfirmen 20 % ihrer Deviseneinnahmen zur eigenen Verfügung.

Die bis zum Ende der Sozialistischen Föderativen Republik Jugoslawien gültige Bundesverfassung von 1974 sanktionierte die seit Mitte der 60er-Jahre eingeleitete Stärkung der einzelnen Republiken und der Autonomen Provinzen, die zunehmend selbständig ihre Wirtschafts- und Infrastrukturpolitik betrieben. Der Staat lebte nicht mehr vom Primat der Föderation, sondern vom Konsens der Republiken wie auch von der unhinterfragten Stellung der „siebten Republik", nämlich der Jugoslawischen Volksarmee.

Die Verfassung diente in ihrer Intention dem Ausgleich möglicher nationaler Spannungen; zugleich schuf sie, wie aus der Rückschau erkennbar, die Rahmenbedingungen dafür, dass sich die Republiken im Moment der Staatskrise leicht als handlungsfähige selbständige Staaten konstituieren konnten. Kroatien erhielt 1974 eine der Bundesverfassung konforme neue eigene Verfassung.

Die Schulreform

Eines der Themen, das die kroatische Öffentlichkeit in den späten 70er- und frühen 80er-Jahren am meisten bewegte, war die Reform des Schulwesens. Initiator war der 1974–82 amtierende kroatische Kultusminister Stipe Šuvar (1936–2004), zugleich einer der führenden jüngeren Ideologen im „Bund der Kommunisten". Ziel der Reform war es, ein möglichst differenziertes und durchlässiges System des *usmjereno obrazovanje*, der „ausgerichteten Bildung" oder, freier übersetzt, „Profilbildung", an den Oberschulen (Klasse 9–12) und Hochschulen zu schaffen und auf möglichst vielen Stufen berufsqualifizierende Ausbildungsabschlüsse zu ermöglichen. Konkret zeigte sich die Reform in der Abschaffung der traditionellen Schultypen einschließlich des Gymnasiums; an ihre Stelle traten „Zentren", die zukünftigen Berufsfeldern zugeordnet waren. Für die Klassen 9–10 aller Zentren galt ein einheitlicher Lehrplan, danach begann die Spezialisierung.

Die Kritik an der Reform richtete sich vor allem gegen Nivellierung und Absenkung der Anforderungen in den allgemeinbildenden Fächern und gegen die obligatorische frühzeitige Berufsorientierung. Die Reform benachteiligte zudem die ländlichen Regionen wegen der geringeren Auswahlmöglichkeiten für die Schüler. Weite Kreise der Gesellschaft Kroatiens sahen in der „ausgerichteten Bildung“ eine Benachteiligung gegenüber den anderen jugoslawischen Republiken, in denen ähnlich weitreichende Reformen ausblieben. Die Wiederherstellung der traditionellen Schultypen in Kroatien 1990/91 war nicht nur pädagogisch begründet; sie diente zugleich der Demontage eines spezifisch kroatischen Symbols für den späten Selbstverwaltungssozialismus.

Die Staatskrise Jugoslawiens

Wenn man nach einer Zäsur fragt, die den Beginn der Staatskrise Jugoslawiens kennzeichnet, lässt sich am ehesten der Tod Titos im Alter von fast 88 Jahren am 4. Mai 1980 nennen. Solange er lebte, war seine Autorität öffentlich unantastbar geblieben, und die Berufung auf seine Person wirkte als Integrationsfaktor über alle Partikularinteressen hinweg. Die große Mehrheit der Bevölkerung in sämtlichen Republiken hatte Tito als geachteten und manchmal gefürchteten „Landesherrn“ akzeptiert. Sein monarchengleicher Lebensstil hatte zu diesem Bilde beigetragen.

Gerade der Personenkult um ihn und das Fehlen eines allgemein anerkannten, deutlich jüngeren Nachfolgers in Staats- und Parteiführung verschärfte zugleich die Zäsur nach seinem Tode. Die Parole *I poslije Tita s Titom*, „Auch nach Tito mit Tito“, war weniger Programm als Ausdruck der Ratlosigkeit. Wie in der Verfassung vorgesehen, wurde das von Tito ausgeübte Amt des Staatspräsidenten abgeschafft. Das achtköpfige Staatspräsidium mit je einem Vertreter aus allen Republiken und autonomen Provinzen wurde zum kollektiven Staatsoberhaupt; der Vorsitz rotierte nach fester Abfolge. So brauchte die Frage nach Titos Nachfolger nicht gestellt zu werden; zudem entsprach die Regelung dem Ziel der möglichst weitgehenden Föderalisierung. Anfang der 80er-Jahre konnte man im Übrigen noch vermuten, früher oder später werde sich die Führungsposition wieder an eine einzelne Person binden.

Titos Tod war zugleich symbolisch für den Generationswechsel: Die ältere Generation der Kriegs- und frühen Aufbaujahre trat allmählich ab; ihre Werte verblassten. Die Jüngeren stellten den Erinnerungskult um den „Nationalen Befreiungskrieg“, die Verklärung der eigenen Seite und die Dämonisierung des damaligen Gegners zunehmend in Frage. Das Genre des Partisanenfilms lockte immer weniger Leute ins Kino. Das Netz der Privilegien unter Berufung auf alte Verdienste erschien immer fragwürdiger.

Im März 1981 brachen Unruhen unter den Albanern im Kosovo aus; über den Anlass der schlechten materiellen Lage der Studenten hinaus erhob sich die politische Forderung *Kosova –republika!* Das Kosovo sollte zur gleichberechtigten Teilrepublik innerhalb Jugoslawiens werden. Durch das harte Eingreifen von serbischer Polizei und Bundesarmee fanden die Unruhen ein schnelles Ende; auch Wehrpflichtige aus Kroatien kamen zum Einsatz. In einer Welle von Prozessen wurden hohe Haftstrafen gegen Aktivisten der Protestbewegung verhängt. Der kroatische Parteichef Vladimir Bakarić lehnte im Übrigen damals die gewaltsame Pazifizierung des Kosovo, dessen autonomer Status allerdings noch unangetastet blieb, als langfristig verhängnisvollen politischen Fehler ab.

Ungefähr gleichzeitig mit den sozialistischen Staaten in der sowjetischen Hegemonialsphäre geriet Jugoslawien seit Ende der 70er-Jahre in eine chronische Wirtschaftskrise, deren Ursachen in Auslandsüberschuldung, mangelnder Innovationsfähigkeit und Effizienz der Betriebe sowie in der Schwerfälligkeit der Verwaltung von Selbstverwaltungseinrichtungen und Staat lagen. Die Krise zeigte sich für den einzelnen Privathaushalt zuerst in wechselnden Versorgungsengpässen. Als Folge dirigistischer Maßnahmen zur Währungsstabilisierung fehlten z.B. Kaffee, Speiseöl, Waschmittel und Zitronen häufig im Warenangebot. Ab 1983 verbesserte sich die Versorgungslage wieder; doch dafür nahmen die Inflation und die Entwertung des Dinar gegenüber den Hartwährungen ihren Lauf.

Exkurs: Lichtblicke aus einer schwierigen Zeit

Sport und Kultur

Über alle Sorgen und Verunsicherungen hinweg sind die 80er-Jahre in der Rückschau nicht nur als Krisenzeit zu verorten. Was die Olympischen Winterspiele 1984 für Sarajevo, die Hauptstadt von Bosnien-Herzegowina, an Modernisierungsimpulsen gebracht hatten, leisteten für Zagreb die Sommer-Weltuniversitätsspiele 1987 mit Teilnehmerinnen und Teilnehmern aus 122 Ländern. Aus Anlass der *Univerzijada* entstanden zahlreiche neue Sportanlagen und Gebäudekomplexe in Zagreb, darunter der nach dem Basketballklub benannte Cibona-Turm. In Verbindung mit der Anlage einer Strecke für die Ruderregatten gestaltete man aus einem wüsten Gelände von Baggerseen hinter dem Save-Deich das noch heute beliebte Naherholungsgebiet Jarun.

Das 1913 errichtete Jugendstil-Gebäude der National- und Universitätsbibliothek in Zagreb einschließlich des hier ebenso untergebrachten Staatsarchivs genügte über allen seinen Charme hinweg allmählich immer weniger modernen Ansprüchen an Technik und Kapazitäten. Deshalb begann mit starkem Rückhalt des Kultusministers Stipe Šuvar die Planung eines Neubaus südlich des historischen Zentrums in der Nähe einer Reihe von Fakultätsgebäuden. Die Grundsteinlegung erfolgte im Jahr 1988. Fertiggestellt und eröffnet wurde der Bau erst 1995, schon in der Zeit der Selbständigkeit Kroatiens. Das alte Gebäude ist gründlich renoviert worden und dient heute nur noch als Sitz des Staatsarchivs.

Anfang der 80er-Jahre begann in Intellektuellenkreisen vorrangig der Republiken Serbien und Slowenien eine Diskussion, bei der immer mehr der bisherigen Gewissheiten des jugoslawischen Systems in Zweifel gerieten; selbst die historische Rolle Titos blieb nicht ausgespart. Um dem weiteren Untergraben der ideologischen Grundlagen Einhalt zu gebieten, veröffentlichte Stipe Šuvar, inzwischen Mitglied des Präsidiums des Zentralkomitees des SKH, ein „Weißbuch" der politisch inakzeptablen Äußerungen im künstlerischen Schaffen und organisierte hierzu am 23. Mai 1984 eine Tagung. Das politische Zagreb erschien unter diesen Umständen gegenüber Belgrad und Ljubljana als Hort des Dogmatismus, der sich allerdings auf Bundesebene nicht mehr durchsetzen konnte.

Die Diskussion in der serbischen Öffentlichkeit verband sich mit der Entfaltung eines Bildes von der Benachteiligung Serbiens innerhalb Jugoslawiens und von der Bedrohtheit der Serben im Kosovo durch die Albaner. Diese Stimmungslage fand ihre konsequenteste Ausformulierung im „Memorandum" der Serbischen Akademie der Wissenschaften und Künste vom September 1986. Konkret wurde eine Verfassungsreform mit Stärkung der Zentralgewalt verlangt, da die derzeitige föderative Ordnung nur im Interesse Sloweniens und Kroatiens liege. Zur Verhinderung eines „Genozid" am serbischen Volk müsse das Kosovo seinen jetzigen, einer Republik ähnlichen Status verlieren.

Seit dem Aufstieg von Slobodan Milošević (1941–2006), der 1986 Parteichef des „Bundes der Kommunisten Serbiens", drei Jahre später Staatspräsident Serbiens wurde, stellte die serbische Politik den Verfassungskonsens der Föderation offen in Frage; planvoll förderte und instrumentalisierte sie latent vorhandene Feindbilder, vor allem gegen die Albaner. Damit war der Weg zu Gewalteskalation und Krieg vorgezeichnet.

Milošević entmachtete zuerst seine innerparteilichen Gegner in Serbien und schaltete die Medien gleich. Im Oktober 1988 verlor die Vojvodina im Zuge der „Joghurt-Revolution" ihre Autonomie. In Montenegro brachte Milošević mittels der „Antibürokratischen Revolution" im Januar 1989 seine Gefolgsleute an die Macht. Im März 1989 setzte er die Aufhebung der Autonomie für das Kosovo durch und errichtete dort ein von Willkür und Entrechtung geprägtes Polizeiregime. Man kann die Vorgänge 1989 auch als verspäteten Generationswechsel innerhalb der Partei Serbiens betrachten, kurz bevor in Staaten wie Polen und Ungarn bereits die Ablösung des sozialistischen Systems eingeleitet wurde. In

Serbien blieben stattdessen die alten Strukturen erhalten, nur, dass an die Stelle der Ideologeme des jugoslawischen Sozialismus der serbische Nationalismus als Integrationsfaktor trat.

Nachdem die anderen Republiken schon seit 1988 mit wachsendem Argwohn auf die Politik von Milošević geblickt hatten, leistete die slowenische Regierung Ende 1989 zum ersten Mal offenen Widerstand, als sie die Durchführung eines von Serbien aus organisierten „Meeting der Wahrheit" am 1. Dezember in Ljubljana verbot und ankündigte, sie werde die Republikgrenzen für die aus Serbien anreisenden Teilnehmer schließen. Das Meeting wurde daraufhin abgesagt, doch rief Milošević nun zum Boykott slowenischer Waren auf.

Auf dem außerordentlichen 14. Parteikongress des „Bundes der Kommunisten" versuchte Milošević, die Rezentralisierung der Parteiorganisation durchzusetzen. Als die slowenische Delegation unter Führung von Milan Kučan den Parteitag am 22. Januar 1990 aus Protest verließ, wollte Milošević die Arbeit einfach fortsetzen, woraufhin auch die kroatische Delegation unter Ivica Račan

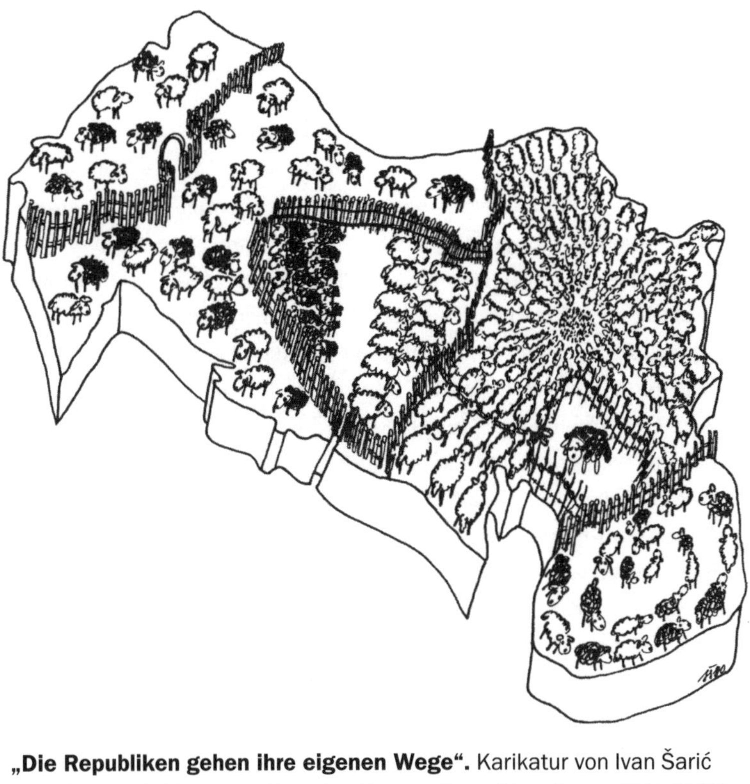

„Die Republiken gehen ihre eigenen Wege". Karikatur von Ivan Šarić ohne Unterschrift aus der Zagreber Tageszeitung *Vjesnik* vom 27.1.1990 zur Lage in Jugoslawien nach dem 14. Parteitag des SKJ

(1944–2007) die weitere Teilnahme verweigerte. Die Vertagung des Kongresses am selben Abend kam dem Zerfall der Partei auf Föderationsebene gleich.

Fast gleichzeitig gab es Anzeichen für Chancen erfolgreicher Reformpolitik im Gesamtrahmen Jugoslawiens: Schritte zur nun als wünschenswert angesehenen Privatisierung von Unternehmen im gesellschaftlichen Eigentum wurden vorbereitet. Es gelang dem Bundesexekutivkomitee, also der Regierung, die Währung zu stabilisieren und die Inflation einzudämmen. Die Währungsreform ist vor allem mit dem Namen von Ante Marković (1924–2011) verbunden, der nach einer Karriere als Direktor des Zagreber Elektrokonzerns „Končar“ 1982 die Regierung in Kroatien übernommen hatte und seit März 1989 Vorsitzender des Bundesexekutivkomitees war. Als die serbische Regierung im Dezember 1990 die Nationalbank zwang, ihr ungedeckte Dinare im Wert von über 3 Mrd. Mark zur Verfügung zu stellen, untergrub sie damit nicht nur das wirtschaftliche Reformprogramm der Bundesregierung, sondern beging zugleich einen schweren Vertrauensbruch gegenüber den anderen Republiken. – Zu diesem Zeitpunkt hatten in Slowenien, Kroatien, Bosnien-Herzegowina und Makedonien bereits Regierungswechsel in freien Wahlen stattgefunden.

Sichtweisen auf die Ära des Sozialismus

Ähnlich wie in anderen postsozialistischen Staaten ist die gegenwärtige Gesellschaft Kroatiens geradezu gespalten in der Frage, wie die Ära des Sozialismus in Kroatien in der eigenen Geschichte zu verorten ist. Die nicht immer unbedingt eindeutige Antwort des Einzelnen, der Einzelnen ergibt sich oft auch aus der eigenen Familiengeschichte und persönlichen Biographie.

Für die eine Sichtweise war das Regime in Blut geboren. Wegen seiner unbestreitbaren Gewalttaten bei Kriegsende und wegen seiner ideologischen Intoleranz war es trotz aller späteren Milderung von Anfang an ein Irrweg gegen die Interessen der kroatischen Nation. Die Freiheitsrechte waren nie zuverlässig gesichert, das System neigte zu Willkür und Diskriminierung von Unliebsamen. Auch in Jugoslawien war wie in allen anderen sozialistischen Staaten ein Geheimdienst unter wechselnden Namen, seit 1966 als *Služba državne sigurnosti* (kroat.) bzw. *Služba državne bezbednosti* (serb.), „Staatssicherheitsdienst“, als Akteur stets wirksam. Jugoslawien war ein Einparteienstaat, der eine politische Willensbildung jenseits dieses Rahmens kaum ermöglichte. Trotz der Lösung vom sowjetischen Modell der zentral gesteuerten Planwirtschaft litt auch das jugoslawische Wirtschaftssystem an Ineffizienz, mangelnder Innovationsbereitschaft und hypertropher Bürokratisierung. Viele Menschen wurden in die Arbeitsemigration gedrängt. Die Religionsgemeinschaften wurden nach Möglichkeit marginalisiert und mit administrativen Mitteln gegängelt; kirchliches Engagement und eine höhere Position in Staat und Wirtschaft schlossen sich bis zum Ende der sozialistischen Ära aus. Um Tito bildete sich schon in der Partisanenzeit ein für undemokratische Systeme charakteristischer Personenkult aus. – Wichtig bleibt dabei, dass eine kritische Sichtweise auf die Ära des Sozialismus wie auch auf die des jugoslawischen Staates ab 1918 keinesfalls mit einer Aufwertung des Unabhängigen Staates Kroatien 1941–45 als eine gescheiterte angeblich positive Alternative und mit einer Relativierung der Verbrechen des Ustaša-Regimes verbunden sein darf.

Für die andere Sichtweise ist die sozialistische Ära mit dem unter großen Opfern weitgehend aus eigenen Kräften errungenen Sieg über den Faschismus einschließlich des Ustaša-Regimes verbunden. Die Schaffung der Teilrepublik Kroatien innerhalb Jugoslawiens war, vor allem auch dank der Gewinnung Istriens, eine annehmbare Lösung der nationalen Frage. Das System war lern- und wandlungsfähig, und mit dem Selbstverwaltungssozialismus wurden mehr Freiräume für das Aushandeln von politischen Entscheidungen, selbstverständlich unter Wahrung der ideologischen Prämissen, geschaffen. Kein Staatsführer eines sozialistischen Staates hat auch über seinen Tod hinaus im Lande und international ein solches Ansehen genossen wie Tito. Im Vergleich zu den Staaten der sowjetischen Hegemonialsphäre war die Versorgung mit Konsumgütern und Dienstleistungen deutlich zuverlässiger. Es gab mehr Freiraum für private wirtschaftliche Initiative. Der Pluralismus im kulturellen Leben einschließlich der Medien war seit den 60er-Jahren vergleichsweise groß. Und vor allem genossen die Bürgerinnen und Bürger des Landes seit den späten 60er-Jahren Reisefreiheit, so wie sich Touristen fast ohne Beschränkungen frei im Land bewegen konnten. Das System hat einen großen Modernisierungsschub in Wirtschaft und Gesellschaft gebracht.

Beide aus verschiedenen Erinnerungen, Erfahrungen und weltanschaulichen Orientierungen abgeleiteten Sichtweisen auf die Ära des Sozialismus sind möglich und jede für sich doch unvollständig. Es mag eine Frage der Zeit und auch des Generationenwechsels sein, bis das gegenseitige Verständnis für die andere Sichtweise wächst und an die Stelle konfrontativer Geschichtsbilder eine für alle gleichermaßen akzeptable, verschiedene Sichtweisen aufnehmende Geschichtserzählung tritt.

KAPITEL 10

Die Verselbständigung Kroatiens (1990–1999)

Von den freien Wahlen bis zur Unabhängigkeitserklärung

Betrachtet man den Verlauf der politischen Transition in Slowenien und Kroatien herausgelöst aus dem jugoslawischen Kontext, ergeben sich deutliche Parallelen mit Ungarn. Die Reform wurde aus der Partei heraus eingeleitet, noch bevor sich ein starker gesellschaftlicher Druck entwickelt hatte.

Die jahrzehntelang überragende Persönlichkeit im SKH, Vladimir Bakarić, war 1983 gestorben. Bereits bei den innerparteilichen Wahlen in Kroatien 1986 hatten die meisten Politiker der „alten Garde“ ihre Ämter verloren. Im Laufe des Jahres 1989 entstanden, von den Kommunisten geduldet, neue Parteien. Am 10. Dezember fand in Zagreb auf dem Platz der Republik eine von Kerzen erleuchtete Demonstration mit einer gemeinsamen Unterschriftenaktion aller neuen Parteien mit der Forderung nach freien Wahlen statt.

Für die Versammlung auf dem Platz der Republik ist im Nachhinein der Begriff der „Kerzenrevolution“ geprägt worden. Er hat allerdings im kroatischen Geschichtsbewusstsein keinen festen Platz gefunden. Aus Sicht der Sozialdemokraten war der Reformwille der Kommunisten das Entscheidende; im Geschichtsbild der HDZ ist das Ereignis marginal geblieben, weil hier nicht Franjo Tuđman im Vordergrund stand.

Noch während die Demonstration lief, fasste das ZK-Präsidium einen Beschluss über die Durchführung freier Wahlen. Der außerordentliche Parteitag des SKH am Folgetag billigte die Entscheidung. Neuer Parteichef wurde Ivica Račan. Nach einem Jurastudium war er seit 1972 im Exekutivkomitee des Zentralkomitees des SKH tätig; 1986 war er Mitglied des Präsidiums des SKH geworden.

Die Partei ergänzte ihren Namen um *Stranka demokratskih promjena*, „Partei der demokratischen Veränderungen“, abgekürzt SDP; seit 1994 steht die Abkürzung für den neuen Namen *Socijaldemokratska partija Hrvatske*.

Die ersten freien Wahlen in Kroatien am 22. April 1990. Die Urnen zeigen noch das Wappen des sozialistischen Kroatien.

Bei den Wahlen in Kroatien, die in zwei Wahlgängen Ende April und Anfang Mai 1990 stattfanden, begünstigte das Wahlrecht den Sieger: Es wurde möglich, im Sabor, im Parlament, schon mit relativer Mehrheit eine absolute Mehrheit zu erringen. Die Hoffnung der Reformkommunisten, auf diese Weise vielleicht die Macht zu behalten, erfüllte sich jedoch nicht. Stattdessen ging die konservative „Kroatische demokratische Gemeinschaft" (HDZ) unter Franjo Tuđman mit 42 % der Stimmen als stärkste Partei aus den Wahlen hervor und sicherte sich damit in der wichtigsten der drei Parlamentskammern 55 von 80 Sitzen. Die Reformkommunisten erhielten 35 % der Stimmen und 20 Sitze. Unerwartet schlecht schnitt die liberale *Koalicija narodnog sporazuma*, „Koalition der nationalen Übereinkunft", ab, obwohl hier Protagonisten des Kroatischen Frühlings von 1967–71, unter ihnen Savka Dabčević-Kučar, Miko Tripalo und Dražen Budiša, kandidierten. Der am 30. Mai 1990 neu konstituierte Sabor wählte noch gemäß der Verfassung von 1974 Tuđman zum Vorsitzenden des Staatspräsidiums Kroatiens.

Stichwort: Franjo Tuđman

Historiker und Staatsmann

Unter den ersten Staatsoberhäuptern der postsozialistischen Staaten nimmt Franjo Tuđman (1922–99) durch seine Biographie eine Sonderstellung ein. Älter als alle anderen, hatte er als einziger bereits aktiv am Zweiten Weltkrieg teilgenommen.

Gleich 1941 schloss er sich den Partisanen an; nach dem Krieg durchlief er eine Karriere als Berufsoffizier in der Jugoslawischen Volksarmee und wurde 1960 zum jüngsten General der Armee befördert. Nachdem er auf eigenen Wunsch 1961 aus dem Dienst ausgeschieden war und im Fach Geschichte promoviert hatte, baute er in Zagreb das „Institut für die Geschichte der Arbeiterbewegung Kroatiens" auf. Es wurde 1990 umbenannt in „Institut für Zeitgeschichte", 1996 erhielt es ein breiteres Profil unter dem Namen „Institut für kroatische Geschichte". Doch fiel Tuđman unter anderem wegen seiner Forschungen zu den Zahlen der Kriegsopfer in Ungnade und wurde 1967 von seinen Funktionen entbunden. 1972 war er im Zuge der juristischen „Aufarbeitung" des Kroatischen Frühlings in Haft und erneut 1981–84, diesmal wegen eines Interviews mit ausländischen Zeitungen. 1989 gründete er die HDZ, die sich als nationale Sammelbewegung mit konservativen Wertvorstellungen verstand; Tuđman bemühte sich frühzeitig auch um die Unterstützung durch die kroatische Diaspora, deren Vertreter er auf den ersten Parteitag am 24. Februar 1990 einlud. Der Rückhalt durch die Diaspora erwies sich für Tuđmans Aufstieg als großer Vorteil.

Die politische Transformation innerhalb Kroatiens erhielt durch die am 22. Dezember 1990 vom Sabor angenommene, mit einigen wichtigen Veränderungen noch heute gültige Verfassung ihre Sanktionierung. In der von Tuđman selbst verfassten Einleitung sind die historischen Grundlagen kroatischer Eigenstaatlichkeit seit dem Mittelalter aufgezählt. Die Proklamation des USK 1941 ist zwar erwähnt, doch der Text stellt die Republik von 1991 ausdrücklich nur in die Kontinuität der Beschlüsse des ZAVNOH und der Verfassungen Kroatiens im sozialistischen Jugoslawien. Die Republik ist in der Verfassung als „Nationalstaat des kroatischen Volkes und Staat der Angehörigen anderer Völker und Minderheiten, die ihre Staatsbürger sind", definiert.

Unter Zuschnitt auf die Person Tuđmans erhielt Kroatien ein semipräsidentielles Regierungssystem; der vom Volk alle fünf Jahre direkt gewählte Präsident hatte eine starke Stellung inne. Die Regierung war nicht nur dem Parlament, sondern auch dem Präsidenten verantwortlich, Ernennung wie auch Entlassung des Ministerpräsidenten lagen in seinen Händen. Er konnte an Kabinettssitzungen teilnehmen und hatte dann den Vorsitz inne. Ihm zur Seite stand als Beratungsorgan der Präsidialrat, dessen Mitglieder er selbst ernannte. Die Verfassung ging noch von der Prämisse des Verbleibens innerhalb Jugoslawiens aus: „bis zu einem neuen Abkommen der jugoslawischen Republiken oder, bis das Parlament der Republik Kroatiens anders entscheidet." – Von hohem Symbolwert war die Entfernung der sozialistischen Emblematik aus Wappen und Flagge. An die Stelle des roten Sterns in der Flagge trat das neue, im Einleitungskapitel schon beschriebene Wappen.

Erste und zweiter Präsident der Republik Kroatien. Franjo Tuđman und Stipe Mesić, damals noch politische Verbündete, nach dem Wahlsieg 1990

Die nationale Aufbruchstimmung bei den Kroaten und deren offensichtliche Weigerung, die Machtbeziehungen innerhalb Jugoslawiens in der alten Form weiterhin zu akzeptieren, verunsicherte die serbische Bevölkerung vor allem in den ländlichen Siedlungsräumen Kroatiens. Gewöhnt an das Selbstverständnis als Angehörige der größten und dominierenden Nation innerhalb Jugoslawiens, sahen sie sich jetzt als Minderheit in Kroatien. Manche provokative Rede kroatischerseits und Maßnahmen wie z. B. die Abnahme kyrillischer Bahnhofsschilder oder die Einforderung von Loyalitätserklärungen verstärkten die Unruhe.

Gefährlich wurde die Verunsicherung dadurch, dass sie in Verbindung mit der nationalen Mobilisierung in Serbien selbst aggressive Züge trug und von Belgrad aus instrumentalisiert und angeheizt wurde. Schon im August 1989, noch lange vor den freien Wahlen in Kroatien, waren auf einer Feier in Knin anlässlich des 600. Jahrestages der Schlacht auf dem Amselfeld Rufe ertönt: „Dies ist Serbien!" Die Jugoslawische Volksarmee duldete 1990 die Selbstbewaffnung der Serben. Hingegen beschlagnahmte sie im Mai die Waffen der kroatischen Territorialverteidigung; den Slowenen gelang es, einen Teil ihrer Waffen dem Zugriff der Armee zu entziehen.

Am 17. August 1990 begann die *balvan revolucija*, die „Baumstamm-Revolution", im Gebiet um Knin. Serben blockierten mit Duldung der Armee die direkten Straßenverbindungen zwischen Nordkroatien und Dalmatien durch Barrikaden und unterbrachen die einzige Eisenbahnlinie. Die traditionell serbisch kontrollierten Polizeibehörden in diesem Gebiet verselbständigten sich. Auf Druck der Armee verzichtete die kroatische Regierung darauf, durch die Entsendung von Hubschraubern der Polizei einzugreifen. So war schon seit dieser Zeit das Kerngebiet der späteren „Krajina“ der kroatischen Staatsgewalt weitgehend entzogen. In Gegenreaktion begann die kroatische Regierung mit Verstärkung und schwererer Bewaffnung der Polizei und baute seit Frühjahr 1991 die aus Freiwilligen gebildete paramilitärische Nationalgarde auf.

Schon in der ersten Jahreshälfte 1991 kam es zu einzelnen Gewaltakten; so vertrieben Anfang März serbische Polizisten ihre kroatischen Kollegen aus der Polizeistation Pakrac. Als kroatische Polizei am 31. März, am Ostersonntag, die Kontrolle über die Polizeistation an den Plitvicer Seen übernehmen wollte, geriet sie in einen Hinterhalt; ein Mann wurde erschossen. Anfang Mai wurden neunzehn kroatische Polizisten bei einem Einsatz in Borovo Selo bei Vukovar getötet.

Drei Hauptfaktoren politischen Handelns in Jugoslawien lassen sich in diesen Monaten erkennen: die Jugoslawische Volksarmee, die serbische Führung unter Milošević und die Regierungen Sloweniens und Kroatiens. Die Bundesregierung unter Ante Marković hatte, obwohl vom Ausland gestützt, Anfang 1991 ihren Einfluss und ihre Handlungsfähigkeit bereits weitestgehend eingebüßt. Die Armee setzte sich für die Einheit des Staates und die alten Werte der sozialistischen Zeit ein; für dieses Ziel hatte Verteidigungsminister Veljko Kadijević im Herbst 1990 auch eine neue Partei, den „Bund der Kommunisten – Bewegung für Jugoslawien“, gegründet.

Die Politik von Milošević schwankte zwischen mehreren Optionen: Durch eine Stärkung der Zentralgewalt wäre die Dominanz Serbiens und der serbischen Nation im Staat zu sichern. Eine weitergehende Föderalisierung Jugoslawiens oder gar eine Auflösung wäre nur hinnehmbar unter Revision der innerjugoslawischen Grenzen nach nationalen Kriterien, d.h. vor allem durch Herauslösung der serbischen Mehrheitsgebiete aus Kroatien und Bosnien-Herzegowina. Die Republik-Grenzen von 1945 seien, wie es hieß, nur „administrativen Charakters“; ihre historische Legitimation wurde geflissentlich übersehen. Aus dem 1994 veröffentlichten Tagebuch des serbischen Politikers Mirko Jović wissen wir, dass Milošević bereits im Juli 1990 an den „Hinauswurf“ Sloweniens und Kroatiens aus Jugoslawien unter Amputation großer Teile des kroatischen Territoriums dachte.

Kroatien und Slowenien, deren Interessenlagen bis Sommer 1991 weitestgehend übereinstimmten, strebten nach einer schnellen Öffnung Richtung Westen zwecks wirtschaftlicher Modernisierung. Sie verlangten zudem seit Oktober 1990 die Umwandlung Jugoslawiens in einen „Bund unabhängiger Staaten“, eine Konföderation, deren Glieder nur durch gemeinsame Währung, Verteidigungs-

und Außenpolitik miteinander verbunden wären. Doch diese, letztlich in der Kontinuität der Verfassungsentwicklung seit den 60er-Jahren stehende Option war weder für die serbische Führung noch für die Armee akzeptabel.

Die Volksabstimmung über die Souveränität und den Unabhängigkeitsanspruch Sloweniens im Dezember 1990 wirkte zu diesem Zeitpunkt noch als Mittel zur Schaffung von Verhandlungspositionen; doch schrittweise wurde auch die vollständige Lösung aus dem Staatsverband vorgedacht, wobei die slowenische Führung deutlich entschlossener als die kroatische auf diese Option setzte. In der Eskalation des Misstrauens, einzelner Gewaltakte und gescheiterter Verhandlungen gerieten Slowenien und Kroatien allmählich in „Zugzwang", die angekündigte Verselbständigung umzusetzen. Beim Plebiszit im Mai 1991 befürworteten 94 % der Abstimmenden die Souveränität Kroatiens; der serbische Bevölkerungsteil war der Abstimmung allerdings mehrheitlich ferngeblieben.

Letzter Anlass für den Schritt zur Unabhängigkeitserklärung war die Weigerung des serbischen Vertreters im jugoslawischen Staatspräsidium, Mirko Jović (* 1959), den Vorsitz turnusgemäß an den kroatischen Vertreter Stipe Mesić (* 1934) abzutreten. Mesić hatte Jura studiert und wurde 1966 Abgeordneter im Sabor. Wegen seines Engagements während des „Kroatischen Frühlings" wurde er 1972 zu zwei Jahren Haft verurteilt. 1989 gehörte er zu den Mitbegründern der HDZ. Nach den ersten freien Wahlen 1990 wurde er Vertreter Kroatiens im Staatspräsidium.

Die Kriege in Slowenien und Kroatien

Am 25. Juni 1991 erklärten Slowenien und Kroatien ihre Unabhängigkeit, beide beriefen sich auf das Scheitern aller Verhandlungen über die Bildung einer Union unabhängiger Staaten. Zwei Tage später rückten Einheiten der Jugoslawischen Volksarmee aus, um die Kontrolle der Außengrenzen zu übernehmen. Das Eingreifen der Armee in Slowenien war zu zögerlich, um den unerwartet entschlossenen und gut organisierten Widerstand der slowenischen Territorialverteidigung brechen zu können, aber zu hart, um die Aktion nachträglich als symbolischen Akt darstellen zu können. So erreichte die Armee ihre militärischen Ziele nicht, doch kompromittierte sie sich politisch in einer Weise, dass nun auch jede konföderale Lösung für Slowenien und Kroatien als Ziel ausschied.

Am 7. Juli handelten Vertreter der Europäischen Gemeinschaft mit den Konfliktparteien ein dreimonatiges Moratorium aus, währenddessen man nach einer politischen Lösung suchen würde. In dieser Zeit sollten Slowenien und Kroatien keine weiteren Schritte zur staatlichen Verselbständigung unternehmen; Stipe Mesić konnte den Vorsitz im Staatspräsidium übernehmen. Elf Tage später, am 18. Juli, fasste das Staatspräsidium in Übereinstimmung mit der Armeeführung den Beschluss über den sofortigen Abzug aller Truppen der Jugoslawischen Volksarmee aus Slowenien; nur der kroatische Vertreter Stipe Mesić stimmte dagegen, denn der Abzug bedeutete die Hinnahme der faktischen Verselbständigung von Slowenien, während die Ansprüche auf Kroatien als Teil Jugoslawiens aufrechterhalten blieben.

Seit Mitte Juli eskalierte die Gewalt in Kroatien durch Aktionen serbischer Freischärler. Die Armee trat zuerst noch mit dem Anspruch des Schlichters auf; seit September stand sie offen auf Seite der serbischen Milizen; der ursprünglich teilweise bestehende Interessengegensatz zwischen Milošević und der Armeeführung war nun aufgehoben.

Während des Krieges gelangte ungefähr ein Drittel des kroatischen Staatsgebietes unter serbische Kontrolle. Der größte Teil der dort lebenden nicht-serbischen Bevölkerung, ungefähr 245.000 Menschen, floh oder wurde vertrieben. An zahlreichen Stellen der langen Frontlinie brachen immer wieder Kämpfe aus. Unter den vielen Schauplätzen erlangten Dubrovnik und Vukovar den größten Bekanntheitsgrad in den Medien. Dubrovnik, die zum Weltkulturerbe gerechnete Stadt an der Adria, wurde monatelang von serbischen und montenegrinischen Truppen belagert, ausgehungert und von den umliegenden Bergen beschossen, das Umland geplündert. Zum Glück waren die Schäden an der Gebäudesubstanz der Altstadt vergleichsweise gering, blieb das Gesamtbild unversehrt. Anders verlief die Belagerung der am Donauufer gelegenen Barockstadt Vukovar in Westsyrmien; die Stadt war bei der Einnahme am 18. November weitestgehend durch Beschuss zerstört. Im Zusammenhang mit der Einnahme von Vukovar kam es zum ersten großen Massaker während der jugoslawischen Nachfolgekriege: Ungefähr 260 Patienten aus dem Krankenhaus von Vukovar wurden nach Ovčara, auf das Gelände eines Viehzuchtbetriebes östlich der Stadt, gebracht und dort getötet.

Autobahn und Eisenbahnhauptstrecke in der Save-Ebene waren in Westslawonien seit August 1991 durch einen serbischen Brückenkopf um Okučani unterbrochen, der wiederum durch die Save-Brücke bei Bosanska Gradiška mit den serbischen Mehrheitsgebieten in Bosnien-Herzegowina verbunden war. Die kroatisch kontrollierten Gebiete östlich von Okučani konnte man nur über die Verbindungen durch die Drau-Ebene erreichen; die dicht an der östlichen Frontlinie gelegene Großstadt Osijek an der Drau geriet immer wieder unter Beschuss. Des Weiteren hielten die Serben Ostslawonien, also in älterer Terminologie Westsyrmien, einschließlich der Baranja.

Das größte serbisch kontrollierte Territorium in Kroatien entstand in einem breiten Streifen entlang der Grenze zu Bosnien-Herzegowina von Karlovac

Gruž in Flammen. Der neue Hafen von Dubrovnik nach einem serbischen Angriff am 18. November 1991

bis ins Hinterland von Split; Zentrum der so entstandenen „Krajina“ war die Stadt Knin. Serbische Einheiten gelangten bis an den Stadtrand von Zadar; Dalmatien war nach der Zerstörung der Maslenica-Brücke am Eingang zum Meer von Novigrad am 21. November 1991 auf dem Landweg nur noch zugänglich, indem man mit der Fähre auf die Insel Pag übersetzte, die durch eine Brücke mit dem Festland weiter südöstlich verbunden war.

Ziel der serbischen Kriegsführung in Kroatien war es anscheinend, alle serbischen Siedlungsgebiete aus Kroatien herauszulösen und großzügig zu arrondieren. Die Grenzlinie wäre ungefähr von Karlobag an der Küste über Karlovac und Sisak nach Virovitica an der Drau verlaufen und hätte damit der kroatischen Ostgrenze im 17. Jh. bzw. der osmanischen Westgrenze zu dieser Zeit entsprochen. Doch weder gelang es den serbischen Freischärlern und der Volksarmee, Slawonien und Dalmatien vollkommen abzutrennen, noch ließen sich die Verbindungen zwischen Zagreb und Rijeka längerfristig unterbrechen. In Westslawonien waren kroatische Truppen seit Dezember in die Offensive gegangen. Die von der Versorgung abgeschnittenen Garnisonen der Jugoslawischen Volksarmee in den von der kroatischen Armee gehaltenen Gebieten wurden bis November 1991 sukzessive, meist auf Grund von Verhandlungen, geräumt. Einen beträchtlichen Teil ihres Waffenarsenals gewann die kroatische Armee durch die Übernahme von Beständen der Volksarmee.

Die internationale Anerkennung

Während eine Vielzahl von Waffenstillstandsvereinbarungen in den Vormonaten folgenlos geblieben war, hatte das am 2. Januar 1992 geschlossene Abkommen Bestand. Dies war offensichtlich die Folge der erreichten militärischen Pattsituation und der veränderten außenpolitischen Konstellationen. Nach langem Zögern hatte die Europäische Gemeinschaft die Anerkennung der Unabhängigkeit Sloweniens und Kroatiens in ihren alten Grenzen in Aussicht gestellt. Die deutsche Bundesregierung vollzog den Schritt bereits am 23. Dezember 1991; als die anderen Staaten der Europäischen Gemeinschaft am 15. Januar folgten, hatte schon eine Reihe weiterer Staaten einschließlich des Vatikans die Anerkennung ausgesprochen.

Die immer wieder geäußerte Ansicht, die Anerkennung sei verfrüht erfolgt, beruht auf der Prämisse, auf diese Weise sei die Aushandlung einer Gesamtlösung für die Beziehungen zwischen allen jugoslawischen Republiken verhindert worden. Doch spätestens dadurch, dass im Dezember 1991 auf den besetzten Gebieten Kroatiens ein eigener Staat „Republik Serbische Krajina“ mit der Hauptstadt Knin ausgerufen worden war, hatte die serbische Seite selbst ihre Ablehnung jeglichen Kompromisses festgeschrieben. Die Nicht-Anerkennung Kroatiens nach einem halben Jahr Krieg wäre einer Legitimation der serbischen Politik gleichgekommen.

Es bleibt die Frage: War die Auflösung Jugoslawiens zwangsläufig? Ohne in kontrafaktische Geschichtsschreibung abzugleiten, darf man davon ausgehen, dass Jugoslawien Ende der 80er-Jahre auch unter anderen Konstellationen in den inneren Beziehungen ebenso wie die sozialistischen Länder in der zerfallenden sowjetischen Hegemonialsphäre einen tiefen politisch-gesellschaftlichen Umbruch erlebt hätte und dass damit eine weitere Lockerung der staatlichen Einheit verbunden gewesen wäre – ebenso wie sich die Sowjetunion zur „Gemeinschaft unabhängiger Staaten" umbildete und sich die Tschechoslowakei drei Jahre nach dem Umbruch in die Staaten Tschechien und Slowakei aufteilte.

Doch waren die vier jugoslawischen Nachfolgekriege – 1991 in Slowenien und Kroatien, 1992–95 in Bosnien-Herzegowina, 1999 im Kosovo – unvermeidbar, hätten sich die Fluchtbewegungen und Vertreibungen verhindern lassen? Warum war es nicht möglich, unter Auflösung des Staatsverbandes die sonstigen Kommunikationen in Verkehr, Wirtschaft und Kultur aufrechtzuerhalten? Dass dieser Weg, den ja Slowenien und Kroatien von Mitte 1990 bis Mitte 1991 durch die Vorschläge zur Konföderierung anstrebten, für Jugoslawien zum Scheitern verurteilt war, ist in allererster Linie die Folge des „serbischen Sonderweges", der mit der Machtübernahme von Milošević begann. Seine Politik und seine Sprache nationaler Intoleranz wiesen ab 1987 den Weg zu Gewalt und Krieg.

Zwischen Stillstand und Reformen

Der im Januar 1992 geschlossene Waffenstillstand für Kroatien beruhte auf dem Vance-Plan, benannt nach dem als Vermittler tätigen ehemaligen US-Außenminister Cyrus Vance. Zur Verhinderung des Ausbruches neuer Kämpfe wurden in den Gebieten entlang der Frontlinien UN-Truppen stationiert. Flüchtlinge sollten die Möglichkeit zur Rückkehr erhalten; die Freizügigkeit des Verkehrs über die Demarkationslinien hinweg war sicherzustellen. Doch letztere beiden Ziele wurden nicht umgesetzt, da hierzu auf der Seite der „Krajina" nicht das geringste Interesse bestand. Die UN-Truppen wurden zum Beschützer des *status quo*, so dass Regierung und Öffentlichkeit in Kroatien dem Mandat immer skeptischer gegenüberstanden.

Die folgenden Jahre waren für die Republik Kroatien mit erheblichen Belastungen verbunden: Eine große Armee war zu unterhalten sowie in Ausbildung und Ausrüstung zu modernisieren. Im Lande gab es Hunderttausende von Flüchtlingen. Die verkehrstechnische Isolierung von Dalmatien und Slawonien brachte auch wirtschaftliche Nachteile, allein schon wegen der hohen Transportkosten. Der weitgehende Zusammenbruch des Tourismus schon in der Saison 1991 erhöhte die Arbeitslosigkeit; Deviseneinnahmen blieben aus.

Dennoch kehrte zumindest in den von Kriegsschäden und Frontnähe nicht unmittelbar betroffenen Gebieten eine gewisse Normalität des Alltages zurück, so dass ähnlich wie in anderen postsozialistischen Staaten der Prozess der Transformation fortgeführt werden konnte. Die Unternehmen in „gesellschaftlichem Eigentum", also der dominanten Eigentumsform im jugoslawischen Modell des Sozialismus, erhielten gemäß dem Gesetz über die *pretvorba*, die „Umwandlung", in seiner ersten Fassung vom 21. August 1991 Rechtsformen mit einem klar bestimmten Eigentümer. Die großen gesellschaftlichen Unternehmen wurden in der Regel in Aktiengesellschaften, die kleineren in Gesellschaften mit beschränkter Haftung umgewandelt. Banken und Versicherungsgesellschaften waren einstweilen ausgenommen. Eigentümer der Gesellschaft war bis zur Privatisierung der Staat. Der Wert des jeweiligen Betriebes ergab sich aus der Höhe des Eigenkapitals. Die Privatisierung sollte durch Verkauf von Anteilen an Betriebsangehörige mit einem Nachlass von 20 % oder an andere Interessierte erfolgen.

Noch fast während der ganzen Kriegszeit 1991 war der jugoslawische Dinar in Kroatien weiterhin im Umlauf geblieben; an seine Stelle trat erst in der letzten Woche des Jahres 1991 der *Hrvatski dinar*, der „Kroatische Dinar" zum Kurs 1:1. Nachdem die Inflation im Herbst 1993 weitgehend zum Stillstand gekommen war, wurde der Kroatische Dinar am 30. Mai 1994 im Verhältnis 1.000 : 1 von der Kuna abgelöst. Der Kurs der Kuna, der damals gegenüber der Deutschen Mark ca. 3,50 : 1 betrug, ist bis 2000 um ca. 8 % gefallen und ist seitdem gegenüber der Mark und dann dem Euro bei ca. HRK 7,40 : € 1 mit nur geringen Schwankungen stabil geblieben. Die Vorbereitungen zur Aufnahme in die Eurozone rücken näher. Nach der generationenlangen Erfahrung der schnellen Geldentwertung ist die Stabilität der Währung psychologisch von großer Bedeutung. Doch ist Kroatien wegen der nach Ansicht von Experten zu hohen Bewertung der Kuna zu einem relativ teuren und dadurch auch exportschwachen Land geworden.

Die schon in der Verfassung von 1990 vorgesehene Verwaltungsreform wurde 1992 umgesetzt. An die Stelle der insgesamt 117 *općine*, „Kommunen", mit 4083 *mjesne zajednice*, „Ortsgemeinschaften", traten zwanzig *županije*, „Gespanschaften", innerhalb derer Städte und Gemeinden Selbstverwaltungsrechte genießen. Die Stadt Zagreb ist einer Gespanschaft gleichgestellt. Natürlich ließ sich die Reform einstweilen nur in den nicht besetzten Gebieten Kroatiens verwirklichen. Lediglich der Name der neuen Verwaltungseinheit ist eine historische Reminiszenz; in der Gebietsgliederung selbst sind keine älteren Traditionen wiederzuerkennen.

Bis zur Revision der Verfassung im Jahr 2001 bestand als zweite Kammer des kroatischen Parlamentes das Gespanschaftenhaus, in das die Bürger der einzelnen Gespanschaften je drei Vertreter wählten; der Präsident der Republik ernannte fünf weitere Mitglieder nach eigenem Ermessen. Vorgesehen war, dass der Präsident nach Ende seines Mandates Mitglied des Gespanschaftenhauses auf Lebenszeit würde. Die Hauptaufgabe dieser Kammer bestand in der Initiative zu Gesetzen, über die dann das Repräsentantenhaus zu entscheiden hatte.

Nachdem sich die Ende Juli 1991 gebildete, allerdings klar von der HDZ dominierte Allparteienkoalition der *Vlada demokratskog jedinstva*, der „Regierung der demokratischen Einheit“, aufgelöst hatte, fanden im August 1992 Parlaments- und Präsidentschaftswahlen statt. Die HDZ hielt ungefähr ihren Anteil an Stimmen (44,7 %) und Sitzen. Die Sozialliberale Partei erlangte 17,7 % der Stimmen. Die 1990 aus dem „Bund der Kommunisten“ hervorgegangene SDP, „Partei der demokratischen Veränderungen“, fiel auf einen Stimmenanteil von gerade 5,5 %.

In den Augen weiter Teile der kroatischen Bevölkerung dürfte der Besuch von Papst Johannes Paul II. im September 1994 das überragende Ereignis dieses Jahres gewesen sein. Anlass war die 900-Jahr-Feier der Bistumsgründung in Zagreb, doch hatte der Besuch darüber hinaus große symbolische Bedeutung für die Selbstbestätigung der katholisch geprägten Gesellschaft. In seinen Ansprachen stellte der Papst die Aufforderung zur Aussöhnung und die Mahnung zum Frieden in den Vordergrund. Der eigentlich unmittelbar vorher geplante Besuch des Papstes im noch immer belagerten Sarajevo musste aus Sicherheitsgründen abgesagt werden; erst drei Jahre später wurde er nachgeholt. 1998 war der Papst noch einmal in Kroatien, diesmal aus Anlass der Seligsprechung von Kardinal Alojzije Stepinac. Ein weiterer Besuch Johannes Pauls II. folgte 2003. Sein Nachfolger Benedikt XVI. kam im Jahr 2011 in das Land.

Der Krieg in Bosnien-Herzegowina

Das öffentliche Leben in Kroatien stand seit 1992 im Schatten des Krieges in Bosnien-Herzegowina. – Bei den ersten freien Wahlen in dieser Republik im November 1990 war der weitaus größte Teil der Stimmen den national definierten Parteien der Bosniaken (Muslime), Serben und Kroaten zugefallen – der „Partei der demokratischen Aktion“ (SDA) unter Alija Izetbegović, der „Serbischen demokratischen Partei“ (SDS) und der „Kroatischen demokratischen Gemeinschaft“ (HDZ) unter Stjepan Kljuić. Die drei Parteien hatten eine Koalitionsregierung gebildet, und das Parlament hatte Izetbegović zum Präsidenten gewählt. Doch die SDS unter Radovan Karadžić zog sich seit Sommer 1991 allmählich von der Mitarbeit in Parlament und Regierung zurück. Die bosnisch-herzegowinische Regierung hatte bereits im Herbst 1991 die Kontrolle über die serbischen Mehrheitsgebiete der Republik verloren. Die im September gebildeten fünf „Serbischen autonomen Gebiete“ schlossen sich am 9. Januar 1992 zur *Republika Srpska,* „Serbischen Republik“, zusammen.

Beim Plebiszit am 29. Februar und 1. März 1992 sprachen sich 99 % der Abstimmenden für die Souveränität aus. Doch nur 64 % der Bevölkerung, zumeist Kroaten und Bosniaken, beteiligten sich an dem Verfahren; die SDS hatte ihre Anhänger zum Boykott aufgerufen. Am 26. März erklärte die „Serbische Republik“ ihre Unabhängigkeit.

Am 6. April erkannten die EU-Staaten und die USA die Unabhängigkeit von Bosnien-Herzegowina an; zu dieser Zeit hatten serbische Einheiten im Nordosten um Bijeljina bereits mit „ethnischen Säuberungen“ gegen die Muslime begonnen. Der Krieg eskalierte im Mai. Sarajevo wurde eingeschlossen; die Serben kontrollierten dank ihrer militärischen Überlegenheit bald 70 % des Territoriums und vertrieben von dort die nicht-serbische, großteils muslimische Bevölkerung unter vielfach grauenhaften Umständen. Die Flüchtlings- und Vertriebenenwelle erreichte auch Westeuropa. Die größte Gruppe, über 300.000 Menschen, kam nach Deutschland.

Ab Herbst 1992 stabilisierten sich die Frontlinien zwischen Serben einerseits sowie Bosniaken und Kroaten andererseits. Nach Überwindung des Überraschungsvorteils für die Serben hatte sich die militärische Organisation auf Seiten der legalen Regierung gefestigt. Die Anwesenheit von UN-Truppen schränkte die Bewegungsmöglichkeiten der Kriegsparteien ein. Doch die Belagerungsringe und Blockaden der Serben wurden nicht aufgebrochen; ihre Taktik der Aushungerung setzte sich fort.

Wenn man auf die Interessenlage der drei Konfliktparteien blickt, so war diese bei den Serben am klarsten: Da ein Verbleiben von ganz Bosnien-Herzegowina in Jugoslawien nun als ausgeschlossen erschien, waren die serbischen Gebiete des Landes unter möglichst großzügiger Arrondierung und unter ethnisch-nationaler Homogenisierung herauszulösen. Darüber hinaus wurden immer wieder die Vereinigung der „Serbischen Republik“ mit der „Krajina“ in Kroatien wie auch ihr gemeinsamer Anschluss an Rest-Jugoslawien ins Gespräch gebracht.

Izetbegović setzte sich für eine übernationale bosnisch-herzegowinische Regionalidentität und den Erhalt des Gesamtstaates ein. Doch zunehmend zeigte sich bei den Bosniaken (Muslimen) die Tendenz, sich selbst als Mehrheits- und Staatsnation zu verstehen, während sie in Kroaten und Serben Minderheiten sahen.

In der kroatischen Politik waren sowohl in Bosnien-Herzegowina als in Kroatien selbst zwei konkurrierende Strömungen zu beobachten; Tuđman und die HDZ-Regierungen legten sich niemals vollständig auf eine der Optionen fest. Die Vertreter der einen Strömung, gesammelt um den aus der Herzegowina stammenden, bis 1990 in den USA lebenden Verteidigungsminister Gojko Šušak (1937–98), wollten die möglichst enge Anbindung oder gar den Anschluss der kroatischen Mehrheitsgebiete in Bosnien-Herzegowina an Kroatien. Sie übersahen dabei, dass damit der Anspruch Kroatiens auf die Legitimität der eigenen historischen Republikgrenzen seine Glaubwürdigkeit verlor.

Die andere Gruppe um Stjepan Kljuić (* 1939) unterstützte den Erhalt des Gesamtstaates Bosnien-Herzegowina aus der Einsicht heraus, dass eine Teilung zu ethnischer Homogenisierung führen und zu Lasten der Kroaten in Mittelbosnien gehen würde. Sie strebte nach einer engen Kooperation mit der Regierung in Sarajevo und gemeinsamer Frontstellung gegen die Serben. In den ersten Monaten des Krieges war diese Linie dominant; gemeinsam schlugen kroatische und bosniakische Einheiten den von Osten her erfolgenden serbischen Angriff auf Mostar zurück.

In Bosnien-Herzegowina hatten sich Anfang 1992 mehrere kroatische militärische Formationen gebildet, am wichtigsten unter ihnen die „Kroatischen Verteidigungskräfte“ (*Hrvatske obrambene snage*, HOS), die eng mit bosniakischen Einheiten zusammenarbeiteten, klar in der Tradition des USK das radikale Ziel eines kroatischen Staates bis an die Drina verfolgten, und das HVO *(Hrvatsko vijeće obrane)*, der von der kroatischen Armee offen unterstützte „Kroatische Verteidigungsrat“, der pragmatisch auf die Kontrolle der Mehrheitsgebiete setzte. Im Machtkampf zwischen den beiden Organisationen wurde der Kommandeur der HOS, Blaž Kraljević, im September 1992 in einem Hinterhalt umgebracht. Soweit die Einheiten der HOS sich nicht auflösten, wurden sie in das HVO eingegliedert.

Im Spätsommer 1992 setzte in den kroatisch-bosniakischen Beziehungen ein Umschwung ein. Sprecher des neuen, von der Zagreber Regierung gebilligten Kurses war Mate Boban (1940–97), seit Februar 1992 Vorsitzender der HDZ in Bosnien-Herzegowina. Bei Teilen der kroatischen Bevölkerung ließen sich antimuslimische Ressentiments wecken. In der Zusammenarbeit mit der Regierung in Sarajevo sah man sich benachteiligt und in die Unterordnung gedrängt. Doch umgekehrt betrachteten sich auch die Bosniaken ihrerseits als von den Kroaten bevormundet. Bei der aktuellen militärischen Lage schien ein Arrangement der bosnischen Kroaten mit den überlegenen Serben zu Lasten der Bosniaken Vorteile zu versprechen.

In Analogie zur „Serbischen Republik“ wurde am 28. August 1992 die „Kroatische Republik Herceg-Bosna“ ausgerufen; sie sollte die westliche Herzegowina und Mittelbosnien umfassen. Wappen, Flagge und Autokennzeichen lehnten sich am Vorbild Kroatiens an. Neben der Mark und anderen Devisen war die kroatische Währung, erst der Kroatische Dinar, später die Kuna, Zahlungsmittel. – Die Möglichkeit der Aufteilung von Bosnien-Herzegowina in eine kroatische und eine serbische Interessensphäre war seit längerem vorgedacht; Tuđman und Milošević hatten sie bereits bei einer Begegnung in Karađorđevo in der Vojvodina am 21. März 1991, also noch mehr als drei Monate vor dem Beginn des Krieges in Slowenien, angesprochen.

Nach Ausbruch der kroatisch-bosniakischen Kämpfe im April 1993 gerieten die Kroaten in Mittelbosnien bald in die Defensive. Die Stadt Mostar wurde durch eine Frontlinie mitten durch das moderne Zentrum etwas westlich des Neretva-Ufers geteilt. Die Altstadt auf dem Ostufer war in bosniakischer Hand, die modernen Viertel westlich der Front in kroatischer. Erst in Folge des kroatisch-bosniakischen Konfliktes gelangten kroatische Flüchtlinge in größerer Zahl aus Bosnien-Herzegowina nach Deutschland.

Auch dieser „Krieg im Krieg" war von Kriegsverbrechen und Vertreibungen begleitet, ohne allerdings die Dimensionen der „ethnischen Säuberungen" serbischerseits 1992 zu erreichen. Am stärksten in der Erinnerung verankert ist die Ermordung von 116 bosniakischen Zivilisten durch eine HVO-Einheit unter dem Befehl von Dario Kordić im Dorf Ahmići in Zentralbosnien am 16. April 1993.

Weitgehend unabhängig vom Kriegsgeschehen verliefen die internationalen Vermittlungsbemühungen unter Führung der Europäischen Union. Der ehemalige britische Außenminister David Owen legte gemeinsam mit Cyrus Vance Anfang 1993 einen Plan vor, der von der Siedlungsverteilung 1991 ausging und die Aufteilung von Bosnien-Herzegowina in zehn weitgehend autonome Kantone vorsah; faktisch wären je drei davon unter kroatische und unter serbische Kontrolle gekommen, vier unter muslimische. Die kroatische Regierung und die Vertreter von Herceg-Bosna akzeptierten den Plan als erste; im Umfang der kroatischen Kantone, die sich über die Herzegowina, Mittelbosnien und Gebiete am Südufer der Save erstreckten, erkannte man die Grenzen der 1939 gebildeten Banovina Kroatien wieder. Als letzter unterschrieb Radovan Karadžić auf Drängen von Milošević für die bosnischen Serben am 2. Mai 1993 den Vertrag, doch das Parlament der „Serbischen Republik" lehnte ihn ab und führte ein Referendum durch, in dem der Vertrag ebenso zurückgewiesen wurde. Obwohl der Vance-Owen-Plan von den Serben verlangte, einen erheblichen Teil ihrer Gebietsgewinne aufzugeben, waren keine Druckmittel zu seiner Umsetzung vorgesehen. So war der Plan zum Scheitern verurteilt.

Der nachfolgende Owen-Stoltenberg-Plan vom Juli 1993 sah die Bildung dreier national definierter Teilrepubliken innerhalb von Bosnien-Herzegowina vor. Ergänzend hierzu wies ein Plan der Europäischen Union den Serben 49 %

der Gebiete, den Muslimen 33,5 % und den Kroaten 17,5 % zu. Doch auch diese Pläne waren nicht konsensfähig.

Eine Veränderung der Konstellationen trat erst ein, seit sich die USA nach langer Zurückhaltung ab Februar 1994 stärker im Bosnien-Konflikt engagierten. Anlass hierfür war ein Massaker auf dem Marktplatz von Sarajevo durch eine von den serbischen Stellungen abgefeuerte Granate. Unter Androhung von Bombardements setzten die USA den Rückzug der serbischen Artillerie um Sarajevo durch; zugleich bestanden sie auf bosniakisch-kroatischen Verhandlungen, die zum Washingtoner Abkommen vom 18. März führten. Dieses beinhaltete eine Zweiteilung des Staatsgebietes in eine bosniakisch-kroatische „Föderation Bosnien-Herzegowina" und in die „Serbische Republik"; der Plan implizierte die Auflösung der „Kroatischen Republik Herceg-Bosna". Ungeklärt blieb die Umsetzung des Abkommens vor dem Hintergrund der Diskrepanz zwischen den Grenzen auf dem Plan und der militärischen Lage. Die Serben beanspruchten – ungefähr den aktuellen Frontlinien entsprechend – 70 % des Territoriums; die Föderation forderte, ausgehend von der Siedlungsverteilung vor Kriegsbeginn, 58 % für sich. Die internationale Kontaktgruppe aus Vertretern der USA, Russlands und der EU legte im Juli 1994 einen Teilungsplan vor, demzufolge die Föderation nach dem Schlüssel des EU-Planes von 1993 51 % erhalten sollte.

Anfang 1995 war absehbar, dass die serbische Kriegsführung ohne das Einwirken zusätzlicher Faktoren weitere Ziele erreichen würde. Die Einnahme der bosniakischen Enklave Bihać im Nordwesten und der von den Vereinten Nationen als „Schutzzonen" proklamierten Enklaven Srebrenica, Žepa und Goražde in Ostbosnien war nur noch eine Frage der Zeit. Bei Gewinn von Bihać wären die Gebiete der „Serbischen Krajina" in Kroatien und der „Serbischen Republik" in Bosnien-Herzegowina durchgängig miteinander verbunden gewesen; die Gesamtposition der serbischen Seite hätte noch einmal eine erhebliche Stärkung erfahren. Erst die kroatischen Militäraktionen *Blijesak*, „Blitz", und *Oluja*, „Gewittersturm", im Sommer 1995 führten zu einer Verschiebung der Kräfteverhältnisse.

Die Wende 1995

In Kroatien war der militärische *status quo* seit 1992 weitgehend bewahrt geblieben. Die regionale Offensive im Januar 1993 im Hinterland von Zadar brachte kleine Erfolge; so konnte die Straßenverbindung nach Dalmatien über das Festland wiederhergestellt werden. Anstelle der zerstörten Maslenica-Brücke wurde eine Ponton-Brücke errichtet. Die Aktion trug Kroatien jedoch inter-

Karte 6. Der Frontverlauf in Kroatien und Bosnien-Herzegowina April 1995

national erhebliche Kritik ein, da man darin eine Gefährdung der Vermittlungsbemühungen sah.

Der vom Zagreber US-Botschafter Peter Galbraith im Oktober 1994 vorgestellte und von der internationalen Vermittlungsdiplomatie gestützte Z 4-Plan, seinerseits auf Vorüberlegungen schon seit 1992 beruhend, hatte kaum Chancen: Der kroatischen Seite gingen die Autonomierechte der „Krajina" einschließlich eigener Währung viel zu weit; die serbische Seite lehnte die Zugehörigkeit zum kroatischen Gesamtstaat grundsätzlich ab. Dennoch führten die Verhandlungen zwischen der kroatischen Regierung und Vertretern der „Krajina" zu einer gewissen Normalisierung; so wurde im Dezember 1994 die Autobahn durch Westslawonien für den Transit geöffnet. Serben aus dem Gebiet fuhren auf die kroatisch kontrollierte Seite in die benachbarten Städte zum Einkaufen. Doch immer wieder ereigneten sich Zwischenfälle, so dass die Autobahn Ende April einstweilen wieder geschlossen wurde.

Für die Weltöffentlichkeit überraschend begann am 1. Mai 1995 die Militäraktion *Blijesak*, „Blitz", die Rückeroberung Westslawoniens. Der Widerstand der Serben war erstaunlich schwach und schlecht organisiert. Die große Mehrheit der Bevölkerung floh über die Save in das serbisch kontrollierte Nordbosnien und von dort teils weiter nach Serbien. Den kleinen Sympathiegewinn als Opfer eines Überraschungsangriffes machte die Führung der „Krajina"-Serben dadurch wieder zunichte, dass sie einige Raketen auf das Stadtzentrum von Zagreb abfeuern ließ.

Auf internationales Drängen nahmen die Konfliktparteien ihre Gespräche wieder auf. Schließlich stellte die kroatische Regierung eine ultimative Forderung über Rahmensetzungen für die Wiederintegration der „Krajina" in den kroatischen Staat. Nachdem die serbische Seite mit ihrer Antwort auf Verzögerungstaktik gesetzt hatte, begann am 4. August 1995 die Operation *Oluja*, „Gewittersturm". Schon am 5. August nahmen kroatische Truppen Knin ein, nach vier Tagen war die Operation beendet.

Zu einem in der Kriegsführung der heutigen Zeit ungewöhnlichen Moment kam es am 8. August: Der Kommandant des 21. Korps der Armee der „Republik Serbische Krajina", Oberst Čedo Bulat, erhielt in militärisch aussichtsloser Lage die Möglichkeit zur förmlichen Kapitulation in würdiger Form. Auf einer Straße in der Nähe von Topusko stand ihm sein früherer Vorgesetzter gegenüber: General Petar Stipetić (1937–2018), der im September 1991 von der Seite der Jugoslawischen Volksarmee auf die der Kroatischen Armee gewechselt war. Bulat verband die Kapitulationserklärung mit Glückwünschen zum Sieg der Kroatischen Armee. Die beiden gaben sich die Hand und unterzeichneten ein Protokoll. Die serbischen Offiziere durften ihre Handwaffen behalten.

Ursprüngliche Vermutungen, die kroatische Regierung habe die Operation mit stillschweigendem Einverständnis der US-Regierung vorbereitet, sind inzwischen widerlegt. Die USA und die anderen Mächte waren über den bevorstehenden Angriff kurzfristig informiert worden. Sie zeigten ein gewisses Verständnis für den Entschluss der kroatischen Regierung, sahen in ihm allerdings einen politischen und militärischen Fehler.

Doch „Tuđman spielte", wie der US-Vermittler Richard Holbrooke in seinen Memoiren schreibt, „ein gewagtes Spiel – und gewann es." Vor allem hatte die kroatische Politik richtig kalkuliert, dass Milošević nicht seinerseits eine Intervention befehlen würde. Der „Gewittersturm" dauerte nur wenige Tage; mit der Rückgewinnung der „Krajina“ verbunden war der Entsatz der gerade in den letzten Wochen von serbischen Einheiten immer stärker bedrohten Enklave von Bihać im Nordwesten von Bosnien.

Fast die gesamte serbische Bevölkerung der „Krajina“ ergriff die Flucht. Sie dürfte die Aufrufe des kroatischen Präsidenten über Radio und Fernsehen zum Bleiben gar nicht gehört haben; nach der Erfahrung des eigenen Vorgehens gegen die kroatische Bevölkerung herrschte Angst vor Rache und ähnlicher Behandlung. Die Führer der Serben drängten ihrerseits zum Abzug, es war offensichtlich, dass Milošević sich mit dem Vorgehen Kroatiens abfand. Es war der Umkehrschluss in der Logik der „ethnischen Säuberungen“: Wo man die Herrschaft aufgeben musste, opferte man zugleich den eigenen Siedlungsraum. Es steht inzwischen auch außer Zweifel, dass kroatische Regierung und Militärführung ihrerseits mit der Flucht der Serben rechneten. Nach zuerst fallweise chaotischen Szenen einschließlich der Einkesselung von Flüchtlingskolonnen durch vorrückende kroatische Truppen verlief der Abzug Richtung Serbien später in geordneter Form über die Autobahn durch Slawonien. – Während der Massenfluchten in Folge der Aktionen *Blijesak* und *Oluja* haben schätzungsweise 130.000 Serben ihre Wohnsitze verlassen.

Ein Großteil der kroatischen Bevölkerung in den serbisch kontrollierten Gebieten von Bosnien-Herzegowina war schon 1992 geflohen. Nun begann unter dem Eindruck des Desasters in der „Krajina“ eine neue Vertreibungswelle, die sich gegen die verbliebenen Kroaten im Gebiet um Banja Luka richtete. Dass noch immer eine kleine kroatische Minderheit dort lebt, ist nicht zuletzt das Verdienst des katholischen Bischofs der Stadt, Franjo Komarica, der auch unter schwierigsten Lebensbedingungen ausgeharrt und stets zum Bleiben aufgerufen hat.

Als die internationale Öffentlichkeit noch unter dem Eindruck der Nachrichten über die Einnahme der „Schutzzone“ Srebrenica durch serbische Einheiten am 11. Juli und über die Massaker an 8.000 bosniakischen Männern stand, schlug am 28. August 1995 eine von serbischen Stellungen abgefeuerte Granate vor der Markthalle von Sarajevo ein; 43 Menschen kamen ums Leben. Dies gab den Anlass zu erstmals militärisch wirksamen Luftangriffen der NATO unter Führung der USA gegen Stellungen der bosnischen Serben.

Dank der Rückeroberung der „Krajina“ durch die kroatische Armee waren nun günstige Ausgangsbedingungen für eine Landoffensive kroatischer und bosniakischer Einheiten geschaffen. Sie eroberten im Südwesten Bosniens einen breiten Streifen zwischen Bihać und den zentralen Landesteilen; erst beim Vorrücken auf Banja Luka mussten sie die Offensive auf Verlangen der USA einstellen. Ab Ende September waren die Serben an einzelnen Frontabschnitten sogar

Karte 7. Der Frontverlauf in Bosnien-Herzegowina 1. November 1995 und die ausgehandelten Entitätsgrenzen

wieder im Vorteil; der Ring um Sarajevo wurde während der Kämpfe nicht aufgebrochen. Am 12. Oktober trat ein Waffenstillstand in Kraft, und am 1. November begannen in einer konklavegleichen Atmosphäre Friedensverhandlungen auf dem Stützpunkt Dayton in Ohio.

Im Abkommen von Dayton vom 21. November 1995 blieb die Grundkonzeption des Washingtoner Abkommens vom März 1994 erhalten: Bosnien-Herzegowina wurde in zwei Entitäten gegliedert. Doch gegenüber den früheren Plänen waren die Grenzen in Anlehnung an die Ergebnisse der Kriegsführung stark verändert. Ausgenommen Goražde, kam ganz Ostbosnien an die Serbische Republik. Ebenso erhielt diese, von einer Enklave um Orašje abgesehen, die vor 1992 mehrheitlich kroatisch besiedelte bosnische Posavina um Bosanski Brod. Dafür blieb der 1995 eroberte Südwesten bei der Föderation; um die seit langem festgeschriebenen 49 % des Territoriums für die Serbische Republik zu sichern, wurden nun die Städtchen Šipovo und Mrkonjić grad wieder an diese abgetreten. Laut Vertrag gelangte das gesamte Stadtgebiet von Sarajevo an die Föderation; bei der Übergabe der bis dahin serbisch kontrollierten Stadtteile im Januar 1996 verließen die meisten Serben, von ihrer eigenen Führung dazu gedrängt, ihre Wohnungen.

Die Umsetzung des Vertrages wird noch immer durch die Anwesenheit der multinational zusammengesetzten EUFOR-Truppen in Höhe von inzwischen allerdings nur noch 600 Mann und durch die Zivilverwaltung unter dem Hohen Repräsentanten gesichert. Von einer sich selbst tragenden Verfassungsordnung und einem funktionstüchtigen Staatsverband ist Bosnien-Herzegowina noch immer weit entfernt. Doch ist es gelungen, das Land zu befrieden und den Wiederaufbau in Gang zu setzen; die öffentlichen Einrichtungen arbeiten wieder. Die Grenzen zwischen den beiden Entitäten sind längst durchlässig geworden. Die Ergebnisse der Vertreibungen und Fluchtbewegungen während des Krieges sind allerdings nur in geringem Maße wieder rückgängig gemacht worden.

Tuđman hatte seine Zustimmung zum Vertrag von Dayton 1995 davon abhängig gemacht, dass zugleich für das noch immer serbisch kontrollierte Ostslawonien eine Lösung gefunden würde. Aus ihrer geschwächten Position heraus war die serbische Seite am 12. November, während die Verhandlungen in Dayton noch liefen, zum Abkommen von Erdut (nördlich von Vukovar an der Donau) über eine stufenweise Wiedereingliederung Ostslawoniens einschließlich der Baranja in das kroatische Staatsgebiet bereit. Nach manchen Verzögerungen ist die friedliche Reintegration unter Mitwirkung der von dem Amerikaner Jacques Klein geleiteten UN-Mission im Januar 1998 abgeschlossen worden. Diesmal gelang es, eine massenhafte Abwanderung der serbischen

Beginn des Wiederaufbaus. Dragalić/Westslawonien im Sommer 1995

Bevölkerung zu vermeiden. Nach Rückkehr vieler vertriebener und geflohener Kroaten nach Ostslawonien hat sich dort, von einzelnen Zwischenfällen abgesehen, ein leidlich friedliches Nebeneinander von Kroaten und Serben entwickelt.

Die Spätzeit der Ära Tuđman

Kurz nach der Rückgewinnung der „Krajina“ setzte Präsident Tuđman vorgezogene Parlamentswahlen für den 29. Oktober 1995 an, um den militärischen und politischen Erfolg als Bonus für die „Präsidenten-Partei“ HDZ auszunutzen. Neu geschaffen wurde die Diaspora-Liste: Dauerhaft im Ausland lebende Inhaber eines kroatischen Passes, d. h. vor allem viele Kroaten in Bosnien-Herzegowina, wählten in einer eigenen Kurie, die zwölf Abgeordnete in den Sabor entsandte. Zum einen konnte die HDZ hier auf eine große Anhängerschaft rechnen, zum anderen entfielen auf einen Abgeordneten viel weniger Wahlstimmen als in Kroatien selbst. Bei einer Wahlbeteiligung von 60 % in Kroatien erhielt die HDZ 45,2 % der Stimmen – also kaum mehr als bei den Wahlen 1992 – und sicherte sich damit 75 von 127 Sitzen im Sabor; das Ziel einer Zweidrittel-Mehrheit wurde jedoch verfehlt. Der Anteil der Sozialliberalen sank auf 11,6 %; dafür erholte sich die SDP von ihrem Tief 1992 und erlangte 8,9 %.

Nachdem sich die Wirtschaft in den Jahren 1994–97 mit hohen Wachstumsraten erholt hatte, verlangsamte sich das Wachstum bis zur mit einer Bankenkrise verbundenen Stagnation 1999. So perfekt der 1991 gewählte Weg zur Privatisierung der gesellschaftlichen Unternehmen ausgesehen hatte, so sehr erwies er sich in der Umsetzung als wenig erfolgreich. Viele Bürgerinnen und Bürger, die Anteile an ihren Betrieben erworben hatten, gaben diese bald ab, um an Bargeld zu gelangen. So setzte schnell eine Konzentration des Firmenbesitzes in den Händen von früheren Betriebsleitern und von Leuten aus dem Umfeld von Präsident Tuđman ein. In den Jahren 1997–98 wurden im Zuge der „Kuponprivativisierung“ Kupons im Wert von damals ca. 20.000 DM an ca. 230.000 Berechtigte – Kriegsversehrte, Angehörige von Gefallenen und Vermissten, Flüchtlinge u. a. – ausgegeben. Diese Kupons waren in private Investitionsfonds einzubringen, die Anteile an noch zu privatisierenden, allerdings meist wenig starken Unternehmen erwarben. Auch hier verkauften viele der neuen Kleinaktionäre bald ihre Anteile unter hohen Verlusten an die Fonds, um an dringend benötigtes Geld zu gelangen, und die Konzentration von Kapital in wenigen Händen nahm ihren Lauf. Ausländisches Kapital kam vor 2000 noch kaum ins Land.

Skandale, in denen einstmals erfolgreiche Unternehmen von ihren neuen Privateigentümern ohne Rücksicht auf soziale Belange „ausgeschlachtet“ und in den Konkurs geführt wurden, erschütterten das Vertrauen in die Solidität der Wirtschaftspolitik; Fälle von Korruption und Nepotismus häuften sich. Wegen der chronischen Liquiditätskrise sowohl der öffentlichen Hand als auch vieler Privatunternehmen waren Lohnausstände an der Tagesordnung. Neben diesen auch aus anderen Transitionsländern in mehr oder minder großem Umfange bekannten Wirtschaftsproblemen irritierten der autoritäre Stil in der Amtsführung des Präsidenten und das Gehabe der HDZ als alleine staatstragende Partei immer größere Teile der Öffentlichkeit, insbesondere der jungen Generation. Die Stellung des Parlamentes war dadurch geschwächt, dass viele Entscheidungen faktisch im Präsidialrat fielen.

Einen außenpolitischen Erfolg verzeichnete die Zagreber Regierung mit der Aufnahme Kroatiens in den Europa-Rat 1996. Doch ansonsten gab es kaum Fortschritte bei der Integration in die europäischen Institutionen. Die kroatische Regierung sah sich einer Reihe von weitgehend berechtigten Kritikpunkten ausgesetzt: Sie verzögere und behindere die Rückkehr von serbischen Flüchtlingen mit administrativen Mitteln. Sie habe von kroatischer Seite begangene Kriegsverbrechen während der Kämpfe 1991 und 1995 nicht geahndet. Sie verhalte sich zu zögerlich bei der Zusammenarbeit mit dem „Internationalen Strafgerichtshof für das ehemalige Jugoslawien“ (ICTY) in Den Haag, der 1993 von den Vereinten Nationen zur strafrechtlichen Aufarbeitung von Kriegsverbrechen im ehemaligen Jugoslawien gegründet worden war. Sie unterstütze noch immer die kroatischen politischen Kreise in Bosnien-Herzegowina, die sich mit der Auflösung des Sonderterritoriums Herceg-Bosna nicht abfinden wollten.

Ein weiterer Stein des Anstoßes war die mangelnde Unabhängigkeit der Medien, insbesondere des Fernsehens, von den politischen Strukturen. „Unbotmäßige" Journalisten sahen sich vielfachen Verleumdungsklagen mit horrenden Entschädigungsforderungen durch HDZ-Politiker ausgesetzt. Von internationalen Beobachtern bemängelt wurden die schwach ausgebildeten Selbstverwaltungsrechte für die Gespanschaften sowie für Städte und Gemeinden. Seit Ende 1995 zog sich der chronische Konflikt zwischen Präsident Tuđman und der Mehrheit des Zagreber Stadtrates hin. Tuđman weigerte sich, den nach den Stadtratswahlen von Oktober 1995 von einer Koalition gewählten Bürgermeister aus den Reihen der Liberalen zu bestätigen, und verlangte stattdessen mit der Begründung, die HDZ verfüge über die relative Mehrheit im Stadtrat, die Wahl der HDZ-Politikerin Marina Matulović-Dropulić (* 1942). Schließlich löste er den Stadtrat im Mai 1996 auf und ernannte einen kommissarischen Bürgermeister. Erst dank dem Ergebnis der Neuwahlen im April 1997 kam Matulović-Dropulić ins Amt, das sie bis 2000 ausübte.

Im Herbst 1999 begann der Wahlkampf für die nächsten Wahlen zum Sabor. Anders als noch bei den Wahlen 1995 konnten sich die Oppositionsparteien diesmal im Voraus konkrete Chancen auf einen Regierungswechsel ausrechnen. Die Sozialdemokratische Partei unter Ivica Račan und die Sozialliberale Partei unter Dražen Budiša erklärten vorweg ihren Koalitionswillen; vier weitere kleinere Oppositionsparteien, mit denen man in den vergangenen Jahren kooperiert hatte, standen als zusätzliche Koalitionspartner bereit.

Die schwere Krankheit Präsident Tuđmans seit Anfang November und sein Tod am 11. Dezember 1999 ließen die Tagespolitik kurzfristig zum Stillstand kommen. Bei den Begräbnisfeierlichkeiten am 13. Dezember, die unter großer Anteilnahme der Bevölkerung stattfanden, waren die EU-Staaten nur durch ihre Botschafter vertreten. Als einziges Staatsoberhaupt reiste der türkische Staatspräsident Demirel an. Tuđman wurde an exponierter Stelle auf dem Zagreber Hauptfriedhof Mirogoj bestattet.

Der Tod Tuđmans und der erste Regierungswechsel aufgrund von Wahlen bilden die Zäsur, mit der die Zeit der Konsolidierung des neuen Staates sowie des Kampfes um sein Bestehen seinen Abschluss erreicht hat und mit der das System, das im guten wie auch schlechten Sinne mit dem Namen Tuđmans verbunden war, abgelöst worden ist.

Unabhängig von der politischen Orientierung bezweifelt wohl niemand im gegenwärtigen Kroatien die zentrale Rolle Tuđmans bei der Verselbständigung des Landes. Er hat, ähnlich wie Helmut Kohl bezogen auf die Wiedervereinigung Deutschlands, unter den Gegebenheiten des seit Anfang 1990 zerfallenden Jugoslawien den „Kairos am Schopf ergriffen", also die Gunst der Stunde genutzt und die Sicherung der Unabhängigkeit dann ab Mitte 1991 konsequent verfolgt. Er hat durch seinen autoritären Habitus und seine fallweise aggressive Sprache vielfach im In- und Ausland für Irritationen gesorgt, aber das Bild vom Scharfmacher und Heißsporn ist falsch. Er war eher ein *cunctator*, ein Zauderer, der immer wieder auf Kompromisse gerechnet und mit Entscheidungen gewartet hat. Zudem hat er die Kommunikation mit innenpolitischen Gegnern und Andersdenkenden über alle Konfrontation hinweg nie zum Abbruch kommen lassen.

KAPITEL 11

Kroatien in der Gegenwart

Blickt man auf die Entwicklungen in Kroatien während der vergangenen zwei Jahrzehnte, seit dem Ende der Ära Tuđman, so lassen sich viele Gemeinsamkeiten mit anderen Ländern erkennen, in denen die politische, wirtschaftliche und gesellschaftliche Transition vom Sozialismus in ein bürgerlich-demokratisches System durch planvolle Reformen wie auch als vielfach geradezu selbstgesteuerter Prozess erfolgt ist. Allen diesen Staaten gemeinsam sind auch die meist kontrovers geführten Debatten um die Erinnerungspolitik, um die Verortung der Zeit des Zweiten Weltkrieges und der sozialistischen Ära in der eigenen Geschichte.

Kroatien gehört innerhalb der Gruppe der postsozialistischen Staaten in Europa zu denjenigen, die, neu entstanden, erst einmal ihren Platz als selbständige Staaten im internationalen Rahmen finden mussten. Krieg und Kriegsfolgen haben die Transition und die wirtschaftlich-gesellschaftliche Konsolidierung des neuen Systems im Vergleich zu Ländern mit vollkommen oder weitestgehend gewaltfrei verlaufener Verselbständigung erheblich erschwert und verzögert. Doch zugleich hat der aufgezwungene Krieg eine integrative Wirkung auf die Staatsbildung ausgeübt. So hat auch der *Domovinski rat*, der „Krieg um die Heimat", 1991–95 gerade nach der Gewinnung einer gewissen zeitlichen Distanz zum konkreten Geschehen einen immer wichtigeren Platz in der offiziellen Erinnerungspolitik gewonnen, als eine Erzählung, die als legitime Selbstverteidigung mit großen Opfern beginnt und schließlich beim Sieg endet. Und hierüber besteht in Kroatien, unabhängig von Unterschieden in der Frage der Bewertung des Handelns einzelner Akteure, ein parteiübergreifender, nicht hinterfragbarer Konsens.

Parteien und Regierungen seit 2000

Am 3. Januar 2000 fanden in Kroatien Parlamentswahlen statt. Die Prognosen für die HDZ waren seit Langem ungünstig gewesen, doch dass der Wahlsieg der bisherigen Oppositionsparteien so hoch ausfallen würde, hatte kaum jemand vorausgesehen. Gerade weil die Bevölkerung die HDZ mit der Person Tuđmans weitgehend identifiziert hatte, verlor die Partei mit dessen Tod ihr Profil. Sozialdemokraten und Sozialliberale erlangten die absolute Mehrheit; nur dank der Diasporaliste behielt die HDZ noch so viele Sitze, dass die sechs früheren Oppositionsparteien nicht zusammen über eine für Verfassungsänderungen notwendige Zweidrittelmehrheit verfügten. Die Regierungsbildung unter Ministerpräsident Račan war am 27. Januar abgeschlossen.

Zwei Tage vorher hatten die wegen Tuđmans Tod notwendigen vorzeitigen Präsidentschaftswahlen stattgefunden; regulär wären sie erst 2002 fällig gewesen. Noch zur Zeit der Parlamentswahlen Anfang Januar hatte man mit einem Duell zwischen Dražen Budiša als Kandidaten der neuen Regierungskoalition und dem HDZ-Politiker Mate Granić, dem bisherigen Außenminister, gerechnet. Budiša, in der Endphase des „Kroatischen Frühlings" Vorsitzender des Zagreber Studentenverbandes, war 1972 zu vier Jahren Haft verurteilt worden, danach hatte er in Zagreb in der National- und Universitätsbibliothek gearbeitet. 1990 war er einer der Gründer und Vorsitzender der liberalen HSLS. 1991–92 gehörte er der „Regierung der demokratischen Einheit" an.

Doch unerwartet begann der Aufstieg von Stipe Mesić in der Wählergunst; er verdrängte bei der Wahl Budiša auf den zweiten und Granić auf den dritten Platz. Mesić, letzter Vorsitzender des gesamtjugoslawischen Staatspräsidiums 1991, hatte sich aus Protest gegen die Bosnien-Politik der HDZ von Tuđman getrennt und 1994 die HNS, die „Kroatische Volkspartei", mitbegründet. In der Stichwahl am 7. Februar gewann Mesić mit deutlichem Vorsprung vor Budiša. Als Zeichen des guten Willens sowie der politischen Unterstützung für die neue Regierung und den neuen Präsidenten kamen zahlreiche hohe ausländische Gäste, unter ihnen die US-Außenministerin Madeleine Albright und der deutsche Außenminister Joschka Fischer, zur Amtseinführung von Mesić nach Zagreb.

Durch die Verfassungsreform vom 9. November 2000, der auch ein größerer Teil der Opposition zugestimmt hatte, wurden die Vollmachten des Präsidenten der Republik und damit die Möglichkeiten zur Machtkonzentration in seiner Person eingeschränkt. Seitdem ist Kroatien eine parlamentarische Republik. Die zweite Parlamentskammer, das Gespanschaftenhaus, wurde im März 2001 abgeschafft.

Die neue Regierung distanzierte sich von der Politik der doppelten Option gegenüber Bosnien-Herzegowina und sah in der Stabilität des Nachbarstaates zugleich die beste Voraussetzung für günstige Lebensbedingungen der dortigen kroatischen Bevölkerung. Ohne die generelle Legitimität der Selbstverteidigung Kroatiens im Krieg 1991 und die Militäraktionen 1995 damit in Frage zu stellen, unternahmen die kroatischen Behörden nun entschlossene Schritte zur Ahndung von Kriegsverbrechen auf kroatischer Seite. Die Erfolge der Regierung Račan, vor allem die Durchbrechung der außenpolitischen Isolierung Kroatiens, wurden dadurch überschattet, dass die Arbeit der Regierung während des gesamten Mandates unter Konflikten innerhalb der Regierungskoalition litt.

Bei den ein wenig vorgezogenen Wahlen zum Sabor im November 2003 gewann die HDZ mit 35 % der abgegebenen Stimmen die relative Mehrheit, die SDP erreichte 23 %. Der von Präsident Mesić beauftragte HDZ-Vorsitzende Ivo Sanader (* 1953) verzichtete auf eine Koalitionsregierung und regierte, gestützt von mehreren kleinen Parteien einschließlich denen der nationalen Minderheiten, mit einem Minderheitskabinett ohne Vertreter anderer Parteien.

Sanader hatte in Rom Philosophie und Vergleichende Literaturwissenschaft sowie in Innsbruck Romanistik studiert. Seit 1982 war er in Marketing und Verlagswesen tätig. 1988–91 hielt er sich noch einmal in Innsbruck auf und engagierte sich hier für die HDZ. 1991 wurde er Intendant des Nationaltheaters in Split, 1992 Abgeordneter für die HDZ im Sabor. 1992–96 hatte er wechselnde Aufgaben im Regierungsapparat. Bei den Machtkämpfen innerhalb der HDZ nach dem Tod Tuđmans setzte er sich gegen seine Rivalen durch und wurde im April 2000 Vorsitzender der HDZ und förderte seitdem deren innerparteiliche Demokratisierung.

Mit dem Regierungswechsel 2003 kam es zu keinen einschneidenden Änderungen im politischen Leben, vielmehr waren die Elemente der Kontinuität von der Vorgängerregierung zur Arbeit der neuen HDZ-Regierung offensichtlich. Die Regierung Sanader setzte die von der Regierung Račan begonnene konstruktive Zusammenarbeit mit dem Haager Tribunal fort. In die Ära Sanader fällt der Beginn der Aufnahmeverhandlungen mit der EU. Im Oktober 2007 beschloss der Sabor die Suspendierung der Wehrpflicht ab 2008, es folgte die Abschaffung 2009. Seitdem hat Kroatien eine Freiwilligenarmee von derzeit ungefähr 15.000 Mann. Im April 2008 hatte die NATO beschlossen, Kroatien und gleichzeitig Albanien die Mitgliedschaft anzubieten. Nach unspektakulären Verhandlungen und Vorbereitungen wurden beide Länder zum 1. April 2009 aufgenommen.

Unabhängig von der gefestigten Stellung der HDZ-Regierung unter Ministerpräsident Sanader konnte sich Präsident Mesić – allerdings erst im zweiten Wahlgang am 16. Januar 2005 – gegen die von der HDZ aufgestellte Kandidatin Jadranka Kosor (* 1953), die damalige Ministerin für Familien, Veteranen und Generationensolidarität, durchsetzen und seine Wiederwahl erreichen. Die „Kohabitation" von Mesić und Sanader bewährte sich erstaunlich gut, auch nachdem die HDZ aus den Wahlen zum Sabor im November 2007 als Siegerin hervorgegangen war und Sanader ein zweites Mandat erhalten hatte.

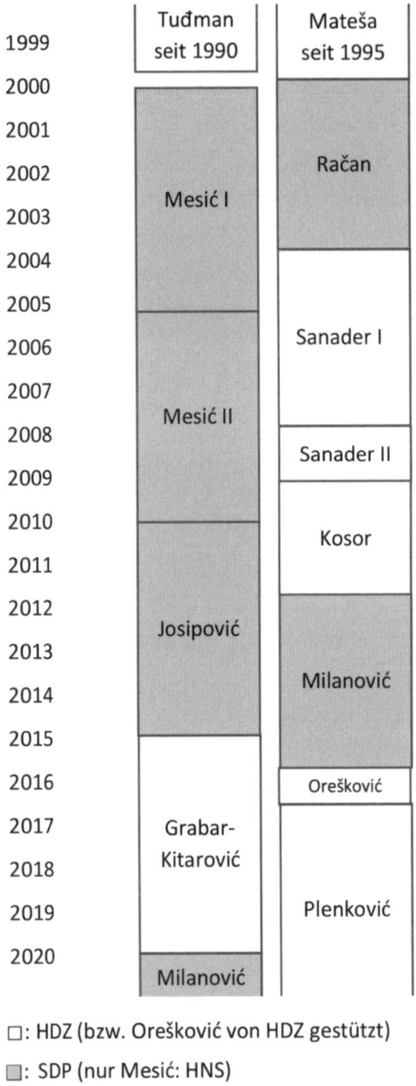

Grafik 4. Präsidenten und Regierungschefs Kroatiens 2000–2020

Doch dann gab Sanader 1. Juli 2009 ganz überraschend seinen Rücktritt vom Amt des Ministerpräsidenten und vom HDZ-Parteivorsitz bekannt. Zu den Gründen gab es einstweilen nur Vermutungen. – Versuche Sanaders ab Anfang 2010, in die Politik zurückzukehren, blieben erfolglos. Im August 2010 wurde auch öffentlich ausgesprochen, dass der Verdacht auf vielfältige Formen schwerer Korruption bestand. Unter anderem betraf dies die Umstände der Übernahme des 1964 begründeten kroatischen Erdölkonzerns INA durch das ungarische Energie-Unternehmen MOL, ein in der Öffentlichkeit Kroatiens auch unabhängig von den dann konkreten Umständen mit wenig Wohlwollen registrierter Schritt. Schließlich wurde Sanader am 10. Dezember 2010 in Österreich verhaftet und im Juli 2011 an Kroatien ausgeliefert. Nach erster Verurteilung im Oktober 2012 und Aufhebung dieses Urteils im Oktober 2015 wurde er nach einem erneuten Prozess 2017 erstinstanzlich verurteilt. Im April 2019 wurde das Urteil bestätigt und das Strafmaß auf nun sechs Jahre erhöht.

Nach dem Rücktritt Sanaders im Juli 2009 übernahm Jadranka Kosor, die Gegenkandidatin von Mesić bei den Präsidentschaftswahlen 2005, das Amt der Ministerpräsidentin. Während ihres Mandats wurden die Beitrittsverhandlungen Kroatiens mit der EU zum Abschluss gebracht.

Wie weit das Vertrauen in die HDZ gesunken war, zeigte sich Ende Dezember 2009 beim ersten Wahlgang zum Präsidentenamt, als der HDZ-Kandidat Andrija Hebrang (* 1946) mit 12 % nur den dritten Platz erreichte. Aus der Stichwahl Anfang Januar 2010 ging der SDP-Kandidat Ivo Josipović (* 1957), von Beruf Strafrechtler und zugleich auch Komponist, als Sieger hervor. Gegenkandidat war Milan Bandić (* 1955), Bürgermeister von Zagreb und bis vor Kurzem selbst SDP-Mitglied. Bandić hat seine Machtposition in Zagreb bis heute gehalten. Sein Versuch in den folgenden Jahren hingegen, eine auf ihn konzentrierte Partei im ganzen Land aufzubauen, war kaum erfolgreich.

Das Nebeneinander eines Präsidenten von der SDP und einer HDZ-geführten Regierung fand mit den Wahlen zum Sabor am 4. Dezember 2011 sein Ende. Klarer Sieger bei den Parlamentswahlen wurde die gemeinsame Wahlliste der *kukuriku koalicija*, „Kikeriki-Koalition", zusammengesetzt aus Sozialdemokraten, der HNS, der istrischen Regionalpartei IDS und der *Hrvatska stranka umirovljenika* (HSU), „Kroatische Rentnerpartei". Der Name der Koalition war abgeleitet vom Ort ihrer Verabredung 2010, einer Gaststätte bei Kastav. Das Amt des Ministerpräsidenten erhielt der Jurist und Diplomat Zoran Milanović (* 1966), der nach dem Tod von Ivica Račan am 29. April 2007 auf dem Parteikongress der SDP im Juni des Jahres zum neuen Parteivorsitzenden gewählt worden war. – Wie schon im Falle des Regierungswechsels nach den Wahlen 2003 hat der von 2011 den Verlauf der EU-Beitrittsvorbereitungen kaum beeinflusst. In die Zeit der Regierung Milanović fallen die Ratifizierung des Beitrittsabkommens mit der EU durch Kroatien im April 2012 und der Beitritt im Juli 2013.

Eine durchgehende Belastung für die *kukuriku koalicija* bestand in der schwierigen Wirtschaftslage des Landes, denn im Vergleich zu anderen Ländern erholte sich Kroatien von den Folgen der internationalen Finanzkrise Ende 2008 nur sehr langsam (Näheres im Unterkapitel „Wirtschaft – es geht wieder bergauf").

Ende Januar 2013 beschloss die Regierung Milanović, in Vukovar sollten – entsprechend dem serbischen Bevölkerungsanteil von fast 35 % – die Tafeln an allen Amtsgebäuden zweisprachig beschriftet sein: kroatisch in Lateinschrift und serbisch in kyrillischer Schrift. Dies traf bei Teilen der kroatischen Stadtbevölkerung auf scharfe Ablehnung. Die Schrift erinnere an die Angreifer gegen die Stadt 1991 und an deren vielfach noch nicht strafrechtlich verfolgte Taten, sie verletze die Gefühle der kroatischen Mehrheit in der Stadt. Nach einer großen Protestdemonstration in Zagreb Mitte April 2013 nahm die Regierung Abstand von dem Vorhaben, die Beschriftung umzusetzen. – Das kroatische Verfassungsgericht hat im Juli 2019 festgestellt, der Anspruch auf die kyrillischen Beschriftungen in Vukovar bestehe zu Recht, und die Umsetzung im Oktober 2019 noch einmal eingefordert. Aber die Regierung agiert auch mit Rücksicht auf Teile der Wählerschaft sehr vorsichtig.

Ein wichtiges Vorhaben der sozialliberalen Koalition war die Überarbeitung der schulischen Lehrpläne und Lehrinhalte, und dazu gehörte auch die Einführung eines als verbindlich vorgesehenen Sexualkunde-Lehrplans, der die verschiedenen sexuellen Orientierungen neutral behandeln sollte. Hiergegen erhob sich von vielen Seiten Widerstand, und das Verfassungsgericht verwarf im Mai 2013 den Plan als rechtswidrig, da er in Elternrechte eingreife.

Zu diesem Zeitpunkt lief schon die Unterschriftensammlung der Initiative *U ime obitelji*, „Im Namen der Familie", unter der Führung der Journalistin und Ärztin Željka Markić (* 1964) für ein Referendum, ob der Sabor in der Verfassung explizit festschreiben solle, dass die Ehe die Gemeinschaft von Mann und Frau sei. Das von der HDZ, katholischer und orthodoxer Kirche und weiteren Gruppen unterstützte Referendum fand am 1. Dezember 2013 mit einer Beteiligung von 37 % der Berechtigten statt. Zwei Drittel befürworteten die Verfassungsergänzung. Auch wenn die Referendumsentscheidung für den Sabor nur empfehlenden Charakter hatte, nahm der Sabor gleich anschließend einen entsprechenden Satz in die Verfassung auf. Zwei Monate später beschloss er mit großer Mehrheit sozusagen als Kompromiss die rechtliche Verankerung der gleichgeschlechtlichen Lebenspartnerschaft.

In den folgenden Jahren hat die Führung der HDZ, ab 2015 auch als Regierungspartei, zu den Aktivisten um Markić immer deutlicher Distanz gehalten. Auch wenn am Vortag in Split eine große Protestdemonstration gegen die von der Konvention angeblich festgeschriebene „Gender-Ideologie" stattgefunden hatte, ratifizierte der Sabor am 13. April 2019 die „Istanbuler Konvention zur Verhütung und Bekämpfung von Gewalt gegen Frauen und gegen häusliche Gewalt" mit klarer Mehrheit einschließlich der meisten HDZ-Stimmen.

Die vorgegebene Skepsis bis Feindseligkeit von politisch rechtsgerichteten Veteranengruppen aus dem Krieg 1991–95 gegenüber der sozialliberalen *kukuriku*-Koalition eskalierte, als eine Gruppe von Aktivisten am 20. Oktober 2014 in der Savska cesta, einer Hauptverkehrsstraße in Zagreb, gegenüber dem Veteranenministerium in einem Zelt ein Protestlager errichtete, da sie sich „erniedrigt und vergessen" fühlten. Sie warfen einem leitenden Mitarbeiter des Ministeriums vor, er habe vor Kurzem bei einer Rede, bei der es um psychische und physische Leiden kroatischer wie auch serbischer Veteranen ging, Aggressor und Opfer gleichgestellt. Doch über den aktuellen Anlass der Aktion hinaus bestand klar das Anliegen, so schnell wie möglich die Ablösung von Präsident wie auch Regierung zu erreichen. Viele HDZ-Politiker zeigten ihre Sympathie für die *šatoraši*, die „Leute aus dem Zelt". Endlich nach 555 Tagen, also doch erst nach erfolgtem Regierungswechsel durch die regulären Wahlen Ende 2015 und nach Zusagen der neuen HDZ-Regierung über deutliche Verbesserungen in der Veteranenversorgung, verließen die *šatoraši* am 26. April 2016 das Zelt.

Exkurs: Die branitelji

Zur Situation der Veteranen

Die Veteranen des *Domovinski rat*, des „Krieges um die Heimat", bilden ihrer Zahl und ihren Interessen nach eine bedeutende gesellschaftliche Gruppe in Kroatien. Die Sichtweise auf die Veteranen ist im öffentlichen Diskurs ambivalent: Sie sind zum einen hochgeachtet als diejenigen, die am meisten für die Unabhängigkeit Kroatiens getan haben. Zum anderen sieht sie manch einer als eine privilegierte Gruppe, deren Verbände politisch zu einflussreich seien.

Die stärkste Veteranenorganisation ist der Verband *Hvatski vojni invalidi Domovinskog rata Republike Hrvatske* (HVIDRA), „Kroatische Kriegsinvaliden des Krieges um die Heimat der Republik Kroatien". HVIDRA sieht sich der HDZ und anderen Parteien auf der Rechten eng verbunden. Doch in ihrer Gesamtheit bilden die *branitelji*, die „Verteidiger", keineswegs eine homogene Gruppe, was sozialen Status, materielle Lage und auch politische Ausrichtung betrifft. Insgesamt gibt es über 500 Veteranenorganisationen. Mehr als 1.200 zivilgesellschaftliche Einrichtungen widmen sich ausschließlich oder unter anderem der Unterstützung von Veteranen.

Als *branitelji* sind inzwischen über 500.000 Menschen, darunter ein Anteil von ca. 5 % Frauen, anerkannt, wobei damit auch manche Tätigkeiten in zivilen Funktionen während des Krieges erfasst sind. Fast 9.000 von ihnen entfallen auf im Krieg Getötete und Vermisste. Über 60.000 Veteranen, alle im Alter von unter 60 Jahren, sind nach dem Krieg verstorben, darunter haben mehr als 3.000 Suizid begangen.

Gut 150.000 Menschen beziehen derzeit Veteranenpensionen unterschiedlicher Höhe, darunter 60.000 Invaliden sowie die Witwen und Kinder von Gefallenen; die allermeisten der Empfänger und Empfängerinnen sind beruflich nicht aktiv. Die Durchschnittspension beträgt 4.200 Kuna, ca. 565 €.

Zwar sind die Veteranen durch ihre jetzigen bzw. zukünftigen Pensionen materiell klar bessergestellt als viele (zukünftige) Rentenempfänger. Doch ebenso gilt es zu sehen, für wie viele von den Veteranen die Rückkehr ins Zivilleben nicht mit der Aufnahme einer stabilen Berufstätigkeit und entsprechenden Arbeitseinkommen verbunden war, so dass sie dauerhaft zu den Benachteiligten gehörten und gehören. Etwas weniger als die Hälfte der Veteranen, knapp 200.000 Personen, ist beruflich aktiv (alle Zahlen: Oktober 2019).

Würdigung der Veteranen und Pflege der Erinnerung an den Krieg um die Heimat werden auch in Zukunft eng miteinander verbunden bleiben.

Während der großen Flüchtlingskrise im Herbst 2015 war auch Kroatien zeitweilig in den deutschen Medien stark präsent. Nachdem Bundeskanzlerin Angela Merkel am 25. August 2015 für Deutschland die Aussetzung des Dublin-Verfahren verfügt hatte, d. h., dass Flüchtlinge nicht mehr im zuerst erreichten EU-Staat einen Asylantrag stellen mussten, und nachdem Ungarn ab 11. September mit der hermetischen Grenzabriegelung gegenüber Serbien begonnen hatte, orientierten sich die Migrantenströme auf den Weg durch Kroatien und Slowenien um. Bekannt wurde die Nachricht von einem in der kroatischen Grenzstadt Tovarnik lebenden Zahnarzt, der 1984 aus Syrien als Student nach Jugoslawien gekommen war, und nun seinen Landsleuten im Rahmen seiner Möglichkeiten half. Bis zum 9. November waren über 300.000 Flüchtlinge im Transit durch Kroatien weiter Richtung Deutschland gereist. Nur wenige sind in Kroatien geblieben.

Schon bei den Kommunalwahlen im Mai 2013 war die HDZ wieder stärkste Partei geworden, und bei der Stichwahl um das Amt des Präsidenten im Januar 2015 konnte sich die HDZ-Kandidatin, die Diplomatin Kolinda Grabar-Kitarović (* 1968), mit einer hauchdünnen Mehrheit gegen den bisherigen Präsidenten und SDP-Kandidaten Ivo Josipović durchsetzen.

Zwar erreichte die *Domoljubna koalicija*, „Patriotische Koalition“, unter der Führung der HDZ bei den Wahlen zum Sabor im November 2015 mit 59 Sitzen die relative Mehrheit, doch die von der SDP angeführte Wahlliste *Hrvatska raste*, „Kroatien wächst“, war mit 56 Sitzen kaum weniger stark. Das Kräfteverhältnis war vor allem dadurch stark verändert, dass die 2012 im dalmatinischen Metković begründete Plattform *Most nazavisnih lista*, „Brücke unabhängiger Liste“, bald einfach MOST genannt, gleich 19 Sitze erlangte. Die Liste meist junger Leute, die sich von den bestehenden alten Netzwerken und Konfrontationslinien freimachen wollte, hatte vorher schon auf kommunaler Ebene große Erfolge errungen.

Erst wollte MOST keine Koalition eingehen und eine Minderheitsregierung stützen. Dann begann die Plattform doch Verhandlungen mit der SDP, brach sie jedoch bald unter dem Vorwurf ab, die SDP wolle MOST-Parlamentarier abwerben. Die folgenden Verhandlungen mit der HDZ waren dadurch erschwert, dass der Spitzenkandidat der HDZ, Tomislav Karamarko (* 1959) vom rechten Flügel innerhalb der Partei, der 2012 Jadranka Kosor im Parteivorsitz abgelöst hatte, für MOST als Regierungschef untragbar war. Deshalb berief die Präsidentin Grabar-Kitarović Ende Dezember 2015 schließlich Tihomir Orešković (* 1966), einen parteilosen, bisher politikfernen, seit seiner frühen Kindheit in Kanada lebenden Manager zum Ministerpräsidenten, der am 23. Januar 2016 seine Koalitionsregierung präsentierte. Karamarko und Božo Petrov (* 1979) von MOST wurden Stellvertreter von Orešković. Doch die Regierungsarbeit verlief denkbar mühselig; auch innerhalb der HDZ war man mit Orešković unzufrieden. Zudem trat ein klarer Interessenkonflikt zwischen Karamarkos Regierungsamt und der Firma seiner Frau zu Tage.

Da der Plan der HDZ, mittels eines konstruktiven Misstrauensvotums den bisherigen Finanzminister Zdravko Marić (* 1977) anstelle von Orešković zum

Ministerpräsidenten zu wählen, wegen der Kräfteverhältnisse im Sabor aussichtslos war, erfolgte am 16. Juni ein einfaches Misstrauensvotum. Versuche, über neue Koalitionsverhandlungen eine Mehrheit für eine Regierung unter Marić zu finden, scheiterten, so dass der Sabor mit dem Beschluss zur Selbstauflösung am 17. Juni den Weg für Neuwahlen freimachte. Vier Tage später trat Karamarko als Parteivorsitzender der HDZ zurück. Sein Nachfolger in diesem Amt und zugleich Spitzenkandidat für die Wahl zum Sabor im September wurde der Jurist und Diplomat Andrej Plenković (* 1970), seit 2013 EU-Abgeordneter für Kroatien.

Bei den Wahlen vom 11. September 2016 schnitt die HDZ noch besser ab als in den Prognosen. Sie erlangte mit 36,6 % der Stimmen 61 von 151 Sitzen. MOST, inzwischen auch von zahlreichen innerparteilichen Rivalitäten geschwächt, fiel mit 9,8 % auf 13 Sitze. Die „Nationale Koalition" unter Führung der SDP mit dem Spitzenkandidaten Milanović gewann mit 33,5 % 54 Sitze. Keine der Parteien der extremen Rechten gelangte in den Sabor. Schließlich bildeten HDZ und MOST im Oktober eine Koalitionsregierung. – Im November 2016 löste Davor Bernardić (* 1980) Milanović als SDP-Chef ab.

Als MOST von Ministerpräsident Plenković die Entlassung von Finanzminister Marić wegen dessen Nähe zu Akteuren des sogenannten Agrokor-Finanzskandals verlangte, entließ stattdessen Plenković seinerseits am 27. April 2017 drei MOST-Minister, Marić wurde vom Sabor mit einer Stimme Mehrheit im Amt bestätigt.

Exkurs: Agrokor

Das Ende des Imperiums von Ivica Todorić

Anfang April 2017 wurde klar, dass der von Ivica Todorić aufgebaute, in Landwirtschaft, Lebensmittelindustrie und Handel aktive Mischkonzern *Agrokor* vor der Insolvenz stand und dass damit zehntausende von Arbeitsplätzen gefährdet waren. Todorić (* 1951) hatte schon in der sozialistischen Ära ab 1976 ein kleines Privatunternehmen aufgebaut. 1989 wandelte er dieses in die Aktiengesellschaft *Agrokor* um. Hinweise auf nicht rechtmäßige Verwendung von Krediten 1992 hielten den Aufstieg nicht auf. Nicht zuletzt dank guter Verbindungen zum Umfeld von Präsident Tuđman baute er die Firma schnell zu einem Mischkonzern aus. Todorić zeigte seinen wirtschaftlichen Erfolg auch durch Repräsentation. So erwarb er 1999 die Ruinen des 1945 ausgebrannten Schlosses der Grafen Kulmer oberhalb von Šestine am Abhang des Medvednica-Gebirges und baute es als prächtige Privatresidenz und Firmensitz bis 2008 wieder auf. Mit dem Erwerb der slowenischen Supermarktkette *Mercator* 2013 übernahm sich *Agrokor* anscheinend, und allmählich begann die finanzielle Schieflage. Zu dieser Zeit, von 2012 bis 2016, war Zdravko Marić, Finanzminister der HDZ-Regierung ab 2016, Exekutivdirektor für Strategie und Kapitalmarkt bei *Agrokor*. Und deswegen hielt ihn MOST eben in der Krise im April 2017 für befangen.

Um die Insolvenz zu verhindern, brachte die Regierung in Absprache mit Beteiligten am 6. April im Sabor ein Gesetz durch, die so genannte *lex Agrokor*, der zufolge notleidende Unternehmen unter Staatsverwaltung gestellt werden können, wenn es gilt, auf diese Weise volkswirtschaftlichen Schaden zu verhindern. Schon am Folgetag stellte *Agrokor* einen entsprechenden Antrag. Hauptanliegen der Regierung war es, die Lohnfortzahlung für die bei *Agrokor* Beschäftigten zu sichern, und dass der Konzern vor den Ansprüchen der teils in russischem Staatsbesitz befindlichen Gläubigerbanken zuerst die der zumeist kroatischen Zulieferfirmen befriedigte, die anderenfalls selbst gefährdet gewesen wären. Im Juli 2018 fand man schließlich ein Arrangement mit den Gläubigern. Der Konzern wurde zum 1. April 2019 aufgelöst; die meisten Bestandteile gingen in die neu gegründete *Fortena Group* ein.

Nach Beginn der Staatsverwaltung war schnell deutlich geworden, dass es im Geschäftsgebaren von *Agrokor* in Verantwortung von Todorić zahlreiche Unregelmäßigkeiten gegeben hatte. Die gegen ihn im Oktober 2017 verhängte Untersuchungshaft konnte jedoch nicht vollstreckt werden, da er sich nach London abgesetzt hatte. Todorić betrachtete und betrachtet sich als Opfer einer gegen ihn gerichteten Verschwörung, mit der man ihn um sein Wirtschaftsimperium gebracht habe. Am 7. November 2018 schließlich wurde er von Großbritannen an Kroatien ausgeliefert. Im September 2019 erhob die Staatsanwaltschaft Anklage, und der Prozess dürfte in absehbarer Zeit beginnen.

Nachdem MOST aus der Regierung ausgeschieden war, bildete Plenković im Juni 2017 eine neue Regierung mit der liberalen HNS – bei den Wahlen 2016 noch der „Nationalen Koalition" zugehörig – als Partner.

Schwereren Belastungen war die Regierung Plenković seitdem nicht mehr ausgesetzt. Nur einmal drohte eine Regierungskrise: Unter dem Eindruck, ein Angriff kroatischer Rowdies auf serbische Jugendliche in einer Gaststätte in der Nähe von Knin am 22. August 2919 werde von mancher Seite als unpolitisch motiviert verharmlost, hatte Miroslav Pupovac (* 1955), Vorsitzender der *Samostalna Demokratska Srpska Stranka* (SDSS), der „Unabhängigen demokratischen serbischen Partei", sich sehr negativ über aktuelle rechtsradikale Tendenzen in Kroatien geäußert und davor gewarnt, das gegenwärtige Kroatien möge sich hüten, dasselbe Schicksal wie der faschistische USK 1941–45 zu erleben. Daraufhin tauchte über zahlreiche Proteste hinaus die Forderung auf, Ministerpräsident Plenković solle die SDSS aus der Koalition ausschließen. Dies hätte die seit 2003 nur 2015–16 unterbrochene Tradition beendet, dass die SDSS der Regierungskoalition angehört und sie im Sabor unterstützt. Doch nach klärenden Gesprächen entschied sich auch die SDSS ihrerseits für den Verbleib in der Koalition.

Bereits die Regierung Orešković hatte die Umsetzung der von der sozialliberalen Regierung vorbereiteten Lehrplanreformen im Januar 2016 angehalten, und nach Zusammenstellung eines neuen Beratungsteams erfuhren die Entwürfe fallweise deutliche Überarbeitung. Das neue Programm wurde dann zum Schuljahr 2018/19 an einer Reihe von Schulen ausprobiert und gilt seit dem Schuljahr 2019/20 für alle Schulen. Wie schon in den Entwürfen von vor 2016 ist das Anliegen geblieben, neben der bisher im Vordergrund stehenden Vermittlung abfragbaren Wissens die Kompetenz zum selbständigen Lösen von Aufgaben zu stärken.

Allerdings sind die Anfangsschwierigkeiten bei der Umsetzung der neuen didaktischen Konzepte nicht überwunden. Nicht nur Unzufriedenheit mit dem derzeitigen Status des Lehrerberufes, sondern auch der aktuelle Anlass der als mangelhaft vorbereitet wahrgenommenen Reform haben ab Oktober 2019 zu einem mehrwöchigen Streik eines Großteiles der Lehrerschaft geführt. Der Kompromiss vom 2. Dezember 2019 brachte für die Lehrerschaft sowohl an Grundschulen (Klasse 1–8) als auch an Oberschulen (Klasse 9–12) klare finanzielle Verbesserungen. Die ausgefallenen Stunden sollen durch eine Verlängerung des Schuljahres aufgefangen werden.

Schon im Vorfeld der für den 22. Dezember 2019 angesetzten Präsidentschaftswahlen gingen Beobachter von drei Favoriten aus: die von der HDZ nominierte derzeitige Amtsinhaberin Kolinda Grabar-Kitarović, der von der SDP gestützte frühere Ministerpräsident Zoran Milanović und, auf eigene Initiative kandidierend, der als Sänger und Komponist populäre Miroslav Škoro (* 1962), von Beruf Wirtschaftswissenschaftler. Auch wenn seine Kandidatur klar gegen die Parteistrukturen allgemein gerichtet war, sprach er doch eher das konservative Wählerspektrum an. Die Stimmenzahlen für die Kandidaten lagen gar nicht sehr weit auseinander: für Milanović 29,54 %, für Grabar-Kitarović 26,67 %, für Škoro 24,44 %, so dass Erstere beiden am 5. Januar 2020 in die Stichwahl gingen. Als Sieger ging daraus Milanović mit 52,7 % gegenüber 47,3 % hervor. Der Wählerschaft als Ganzes war anscheinend nicht an einer weiteren Stärkung der HDZ gelegen, vielmehr ist das Wahlergebnis geradezu als politischer Interessenausgleich zu verstehen. Gute Zeichen für die zukünftige politische Arbeit waren die versöhnlich gehaltenen Ansprachen von Milanović und Grabar-Kitarović gleichermaßen bei Bekanntwerden des Wahlergebnisses.

So unübersichtlich der Wechsel an Koalitionen, Regierungen und Amtsträgern durch die zwei vergangenen Jahrzehnte auf den ersten Blick erscheint, ist die politische Entwicklung insgesamt gesehen doch von Stabilität getragen.

Nebeneinander bestehen ein linkes, sozialdemokratisches und liberales sowie ein rechtes, konservatives politisches Spektrum. So pauschal diese Unterscheidung erscheint, so erhält sie schon Legitimität durch den Sprachgebrauch in den kroatischen Medien und im politischen Alltag, dass nicht nur der politische Gegner auf einen Pauschalbegriff der Richtung reduziert wird. Auch für die eigene Seite nutzt man die Selbstverortung nach der Richtung als rechts bzw. links, um Gruppen zu vereinnahmen bzw. andere auszugrenzen.

Trotz aller Umgruppierungen in der Parteienlandschaft bleiben HDZ und SDP die größten Parteien. Gehalten hat sich die Gruppierung nach Weltanschauungs-, Regional- und Minderheitenparteien. Die sozialliberalen Parteien haben den Schwerpunkt ihres Wählerpotentials im engeren Kroatien und Istrien, die konservativen in Dalmatien und Slawonien. Die Diaspora-Wählerschaft tendiert klar zu den rechten Parteien, vor allem zur HDZ. Gerade die kleineren Parteien sind stark personenbezogen, Politiker wechseln von einer in die andere Partei, auch Ausschlüsse geschehen ausnahmsweise. Die unterschiedlichen politischen Positionen kommen im Sabor, in den Medien und zu verschiedensten Anlässen häufig in einem sehr konfrontativen und aggressiven Stil zum Ausdruck, doch „hinter den Kulissen“ sind die Gemeinsamkeiten oft stärker, und über alles gegenseitige Misstrauen hinweg sind die Verfassungsmechanismen nie in Frage gestellt worden, verliefen die Wahlen formal korrekt, und Wahlergebnisse wurden allseitig akzeptiert.

Der Weg in die Europäische Union

Schon in der Deklaration über die Verkündung der Souveränität und Unabhängigkeit am 25. Juni 1991 war programmatisch von der Zeit „bis zum Eintritt in die Europäische Gemeinschaft“ die Rede. Während es in den Kriegsjahren 1991–95 und bis zu den Wahlen im Jahr 2000 nicht die geringsten Perspektiven für eine Verwirklichung dieser Ankündigung gab, herrschte seitdem bei allen politischen Parteien allgemeiner Konsens, wichtigstes gemeinsames Ziel sei die Einbindung Kroatiens in die europäischen Integrationsprozesse. Die Regierung Račan ging im Februar 2003 auf die Ende 2002 ausgesprochene Einladung der Europäischen Union ein, Antrag auf Beginn der Beitrittsverhandlungen zu stellen. Im Dezember 2004 beschloss die EU ihrerseits, die Verhandlungen mit Kroatien im März 2005 zu beginnen.

Doch dann entschied der Ministerrat der EU am 16. März 2005, die Verhandlungen zu vertagen. Als Grund wurde angegeben, die kroatische Regierung kooperiere entgegen ihren eigenen Beteuerungen weiterhin nicht ausreichend mit dem ICTY, dem „Haager Tribunal". Konkret ging es um den Verdacht der Chefanklägerin Carla del Ponte, die kroatische Regierung decke den vom Tribunal gesuchten General Ante Gotovina, dem vorgeworfen wurde, die Verantwortung für Kriegsverbrechen während und nach der Militäraktion Oluja im August 1995 zu tragen. Für die Vertagung gab es bei kroatischer Regierung und Öffentlichkeit wenig Verständnis; doch eine Welle von Euroskeptizismus blieb aus.

Noch bevor Gotovina schließlich am 7. Dezember 2005 auf der spanischen Insel Teneriffa festgenommen wurde, hatte del Ponte der kroatischen Regierung endlich die konstruktive Zusammenarbeit bescheinigt, und umgehend erklärte der Ministerrat der EU auf seiner Sitzung am 3. Oktober 2005, die Beitrittsverhandlungen könnten nun beginnen. Sie dauerten fast sechs Jahre, bis Juni 2011.

Im März 2008 gab die kroatische Regierung bekannt, sie werde den 2003 verkündeten, weit über die kroatischen Hoheitsgewässer hinausreichenden *Zaštićeni ekološki-ribolovni pojas* (ZERP), „Schutzgürtel für Ökologie und Fischfang", nicht mehr auf EU-Staaten anwenden. Italien und Slowenien hatten in ZERP ihre Fischerei-Interessen gefährdet gesehen und die Festlegung als Vorwegnahme von Grenzziehungen aufgefasst.

Exkurs: Die Bucht von Piran

Konflikt um die Seegrenze

Tatsächlich ist der seit der Verselbständigung von Kroatien und Slowenien 1991 schwelende Konflikt um die Grenzziehung in der Bucht von Piran bis heute nicht beendet. Kroatien ging von der Seegrenze in der Mitte der Bucht aus, wie sie nach Ende des Freistaates Triest 1954 administrativ festgelegt worden war. Slowenien führte ältere, historische Argumente an und strebte vor allem nach einem Ausgang zu den internationalen Gewässern, der bei der bisherigen Grenzziehung nicht gegeben war. Der im Jahr 2001 von Ivica Račan und seinem slowenischen Kollegen Janez Drnovšek ausgehandelte Kompromiss, der Sloweniens Hauptanliegen befriedigt hätte, wurde vom kroatischen Sabor jedoch nicht ratifiziert.

Slowenien, schon seit 2004 EU-Mitglied, verzögerte nun wegen der ungeklärten Situation die Fortführung der Beitrittsgespräche Kroatiens mit der EU. Schließlich einigten sich die Nachbarstaaten im November 2009 auf eine Arbitrage, eine Entscheidung durch ein von der EU eingesetztes Schiedsgericht in Den Haag. Noch bevor das Verfahren begann, hatte sich die slowenische Regierung im Juni 2010 über ein Referendum den Rückhalt für dieses Vorgehen gesichert. Doch nachdem Kroatien einem dem Schiedsgericht angehörenden Richter aus Slowenien Absprachen mit der slowenischen Regierung vorgeworfen und Slowenien seinerseits dem kroatischen Geheimdienst Ausspionieren der Verhandlungen unterstellt hatte, erklärte Kroatien im August 2015, also in der Zeit der Milanović-Regierung, es scheide aus dem Verfahren aus. Das

Schiedsgericht arbeitete dennoch weiter und verkündete seine Entscheidung Ende Juni 2017. Sie entsprach ungefähr dem nicht umgesetzten Kompromiss von 2001. Zwei Drittel statt bisher die Hälfte der Bucht von Piran wurden Slowenien zugesprochen, allerdings erhielt Kroatien in der weniger wichtigen Frage der Grenzziehung beim Berg Sveta Gera im Žumberak Recht. Während Slowenien nun auf der Umsetzung der Arbitrage besteht, hält Kroatien diese auch unter der Regierung Plenković für nichtig und besteht auf Klärung in direkten Verhandlungen.

Noch einmal gab es eine Verzögerung der Verhandlungen zwischen EU und Kroatien, als die Niederlande im Juni 2010 die Eröffnung eines weiteren Verhandlungskapitels blockierten, da Kroatien für den Prozess gegen Ante Gotovina wichtige Dokumente zurückhalte – ein Vorwurf, der sich am Ende als ungerechtfertigt erwies.

Schließlich waren die Verhandlungen im Juni 2011 abgeschlossen, das EU-Parlament ratifizierte das Beitrittsabkommen am 1. Dezember mit großer Mehrheit. Die Bevölkerung Kroatiens entschied sich am 22. Januar 2012 in einem Referendum zum Beitritt in die EU. Die Beteiligung war zwar mit 45 % gering,

Zagreb heute. Der Jelačić-Platz mit dem 1990 wieder aufgestellten Jelačić-Denkmal von 1866

aber von diesen stimmten zwei Drittel mit „Ja“. Auch die katholische Kirche hatte in ihrer immer noch starken informellen Rolle als Sprecherin nationaler Anliegen die Zustimmung empfohlen. Der Sabor nahm dann die Ratifizierung des Vertrages am 9. März 2012 einstimmig vor. Die Ratifizierung durch die einzelnen EU-Staaten dauerte seine Zeit. Als letzter Staat hinterlegte die Bundesrepublik Deutschland am 21. Juni 2013 ihre Ratifizierungsurkunden.

Schon vor dem Beitritt konnten die Bürgerinnen und Bürger Kroatiens am 15. April 2013 zwölf Abgeordnete für das Europa-Parlament als „Nachrücker“ wählen, doch nur 20 % der Wahlberechtigten gaben ihre Stimme ab. Die HDZ konnte sechs, die Regierungskoalition fünf Abgeordnete nach Straßburg bzw. Brüssel entsenden. Schon gut ein Jahr später fanden die turnusmäßigen Europa-Wahlen nun unter Beteiligung auch Kroatiens statt.

Die Feierlichkeiten aus Anlass des Beitrittes begannen bereits am Sonntag, dem 30. Juni 2013. Zahlreiche hohe Gäste aus den EU-Staaten wie auch aus anderen Ländern waren nach Zagreb gekommen. Der würdevolle zentrale Festakt begann abends um 23 Uhr auf dem Zagreber Hauptplatz, dem Trg bana Jelačića. Um Mitternacht markierten die EU-Hymne „Ode an die Freude“ und ein Feuerwerk den Moment des Beitritts am 1. Juli 2013.

Exkurs: *Die lex Perković*

Ein Gesetz und seine Annullierung

Die deutsche Bundeskanzlerin Angela Merkel war „aus Termingründen“ nicht zu den Festlichkeiten in Zagreb angereist. In Wahrheit deutete sich bereits die erste und bisher einzige Belastung der Beziehungen zwischen der EU und dem neuen Mitglied an. Der kroatische Sabor hatte drei Tage vor dem Beitritt ein Gesetz beschlossen, demzufolge mutmaßliche Straftäter – entgegen dem nun innerhalb der EU auch für Kroatien geltenden Recht – nur ausgeliefert werden könnten, wenn die Straftat nach dem August 2002 begangen worden war. Es war offensichtlich, dass dieses Gesetz vor allem Josip Perković (* 1945) schützen sollte, so dass man bald allgemein von der *lex Perković* sprach. Ihm wurde von deutschen Polizeibehörden und Gerichten seit 2005 vorgeworfen, zusammen mit seinem Vorgesetzten Zdravko Mustać (* 1942) für die Ermordung von Stjepan Đureković, einem Zagreber Wirtschaftsmanager, verantwortlich zu sein. Dieser hatte sich 1982 in die Bundesrepublik abgesetzt und war im Juli 1983 in Wolfratshausen bei München ermordet worden. Wie Mustać hatte auch Perković der föderal organisierten jugoslawischen Geheimpolizei, der *Služba društvene sigurnosti*, dem „Dienst für gesellschaftliche Sicherheit“, angehört. Er stellte sich 1990 – wie nicht wenige Funktionsträger aus dem sozialistischen System – in den Dienst der neuen, demokratisch gewählten Regierung unter Franjo Tuđman und hatte, als kompetent geschätzt, bis zu sei-

ner Pensionierung 1998 hohe Funktionen inne.
Mitte August 2013 drohte die EU Kroatien sogar mit finanziellen Sanktionen, falls die *lex Perković* nicht zurückgenommen würde. Schließlich annullierte der Sabor das Gesetz am 4. Oktober 2013. Im Januar 2014 erfolgte dann die Auslieferung von Perković und Mustać; beide wurden Anfang August 2016 vom Oberlandesgericht in München der Mittäterschaft bei Mord für schuldig befunden und zu lebenslangen Haftstrafen verurteilt. Im Laufe des Jahres 2019 wurden die Verurteilten zum weiteren Strafvollzug nach Kroatien überstellt.

Auch wenn noch in der Gegenwart immer wieder Stimmen im Land zu hören sind, die Zugehörigkeit zur EU bedeute eine Einschränkung der erst vor knapp drei Jahrzehnten gewonnenen Souveränität Kroatiens und gefährde die nationale Identität, sehen das gesamte politische Spektrum wie auch große Teile der Öffentlichkeit den erfolgten Beitritt vor allem als eine Erfolgsgeschichte der Anerkennung als demokratischer und modernisierungsfähiger Partnerstaat. Schon die Vorbereitungen haben Impulse für Reformen in vielen Bereichen gegeben. Die Vorteile der Zugehörigkeit des Landes zur EU sind im Alltag vieler Menschen zu greifen. Städte, Gemeinden und andere Einrichtungen lernen immer besser, Förderangebote der EU zu nutzen. Kontrafaktisch gedacht: Wie stände es politisch und wirtschaftlich um Kroatien, wenn der Beitritt nicht gewollt oder nicht gelungen wäre? Wäre ein einziges der jetzigen Probleme, angefangen bei der Arbeitsemigration, nicht vorhanden?

Innerhalb der EU hat Kroatien 2015 zusammen mit Polen die „Drei-Meere-Initiative“ aus EU-Mitgliedern in Ostmittel- und Südosteuropa, von der Ostsee bis an die Adria und an das Schwarze Meer, ins Leben gerufen. Außer Österreich sind es alle die Länder, die frühestens 2004 der EU beigetreten und die Transition aus dem Sozialismus erlebt haben. Es geht vor allem um die verbesserte Zusammenarbeit in Energie- und Infrastrukturprojekten wie auch im Bereich der Sicherheit. Inwieweit die Initiative zu einer stabilen Interessengruppe innerhalb der EU wird, bleibt noch abzuwarten.

Nachdem Ende Mai 2019 die Wahlen zum Europäischen Parlament stattgefunden hatten und die Bildung der neuen EU-Kommission unter der Präsidentschaft von Ursula von der Leyen anstand, wurde Dubravka Šuica (* 1957), seit dem Beitritt Kroatiens EU-Parlamentarierin, zur Vizepräsidentin und Kommissarin für Demokratie und Demographie gewählt. Zudem hat Marija Pejčinović Burić (* 1963), seit 2017 Außenministerin Kroatiens, 2019 das Amt der Generalsekretärin der Parlamentarischen Versammlung des Europarates übernommen.

Zwar gibt es keine Zollkontrollen an den Grenzen Kroatiens zu den EU-Nachbarstaaten mehr, doch die Personenkontrollen und vor allem die Überwachung der grünen Grenze zwischen Kroatien und Slowenien sind geblieben. Im Oktober 2019 wurde Kroatien von der EU bescheinigt, es erfülle die technischen Voraussetzungen, die ein Beitritt zum Schengen-Raum erfordere. Doch gerade wegen der ungeklärten Situation der Migranten aus vielen Ländern, die von Bosnien-Herzegowina aus in die Länder der EU wollen, dürfte die Aufnahme in den Schengen-Raum auf sich warten lassen.

Mit der Übernahme der EU-Ratspräsidentschaft während des ersten Halbjahres 2020 hat Kroatien seinen festen Platz in der Europäischen Union noch einmal bestätigt.

Die Beziehungen zu Serbien, Montenegro und Bosnien-Herzegowina

Solange Slobodan Milošević noch die Macht in der Bundesrepublik Jugoslawien innehatte, bis Oktober 2000, waren die Kontakte der kroatischen Regierung nach Belgrad auf ein Minimum reduziert. Hingegen bemühte sich Kroatien um engere Beziehungen zu Montenegro, das unter seinem im Oktober 1997 gewählten Präsidenten Milo Đukanović schon damals innerhalb der Bundesrepublik Jugoslawiens versuchte, Distanz gegenüber Serbien zu gewinnen – bis hin zur Verselbständigung 2006. Als Zeichen des guten Willens sprach Đukanović bei einem Besuch im Juli 2000 in Cavtat südlich von Dubrovnik gegenüber dem kroatischen Präsidenten Mesić sein Bedauern über die Beteiligung Montenegros an den Angriffen gegen Kroatien 1991 aus. Die kroatisch-montenegrinischen Beziehungen haben sich seitdem gut entwickelt, zumal seit 2017 auch Montenegro der NATO angehört. Kroatische und montenegrinische Adriaküste sind im Tourismus eng miteinander verbunden.

Nach dem Sturz von Milošević in Serbien im Oktober 2000 haben sich die Beziehungen Kroatiens zu Serbien allmählich normalisiert, die Grenzen sind offen. Dass Kroatien ebenso wie die meisten europäischen Staaten 2008 die Unabhängigkeit des Kosovo anerkannt hat, hat die kroatisch-serbischen Beziehungen wenig belastet. Die kroatische Wirtschaft engagiert sich als durchaus erfolgreicher Investor in Serbien; serbische Investitionen in Kroatien erfolgen in viel geringerem Umfang. Im kulturellen Leben gibt es manchen Austausch; Sängerinnen und Sänger aus Serbien, die schon in der jugoslawischen Zeit bekannt waren, insbesondere Lepa Brena und Đorđe Balašević, sind weiterhin beliebt, sie kommen zu Konzerten ins Land.

Den Höhepunkt der symbolischen Versöhnungspolitik bildete der Besuch des serbischen Präsidenten Boris Tadić am 4. November 2010 gemeinsam mit dem kroatischen Präsidenten Josipović in Vukovar. Tadić legte einen Kranz am Denkmal für die Opfer des Massakers von Ovčara nach dem Fall von Vukovar am 18. November 1991 nieder und sprach Worte der Entschuldigung. Er wolle damit helfen, dass „Kroaten und Serben eine neue Seite der Geschichte aufschlagen können". Zwar werden die in Kroatien und Serbien so unterschiedlichen Deutungen der Zeit der jugoslawischen Staatskrise und der Nachfolgekriege 1991–95 wahrscheinlich noch auf längere Zeit eine Belastung bleiben. Doch es gilt vor allem zu sehen, wie viel an Normalisierung und vielfältigen Formen der Begegnung und Zusammenarbeit in den vergangenen zwei Jahrzehnten erreicht worden ist.

Gute Beziehungen Kroatiens zu Bosnien-Herzegowina sind schon deswegen von Bedeutung, weil hier nach Stand der Volkszählung von 2013 fast 545.000 Kroaten (14,6 % der Gesamtbevölkerung des Landes), dabei konzentriert in der westlichen Herzegowina, leben. Im Alltag sind die Verbindungen zwischen der Herzegowina und Dalmatien sehr eng. Viele der Kroaten in Bosnien-Herzegowina haben zugleich die kroatische Staatsangehörigkeit und können, wie erwähnt, über die „Diaspora-Liste" an den Wahlen in Kroatien teilnehmen. Auf der einen Seite versucht die kroatische Regierung durchaus, als Fürsprecher der Anliegen der kroatischen Diaspora aufzutreten, doch auf der anderen Seite vermeidet sie jeden Eindruck, sie mische sich in die inneren Angelegenheiten dieses immer noch schwerfällig funktionierenden Staates ein.

Noch längere Zeit wirkte die Erinnerung an den bosniakisch-kroatischen Krieg 1992–94 als Belastung in den Beziehungen. Als Geste der Aussöhnung kam Präsident Josipović, begleitet vom katholischen Erzbischof von Sarajevo, Vinko Puljić, und Mustafa Cerić, dem religiösen Oberhaupt der Muslime in Bosnien-Herzegowina, im April 2010 nach Ahmići in Zentralbosnien, an den Ort der Tötung von 116 bosniakischen Zivilisten im April 1993, und entschuldigte sich hier für kroatischerseits an Bosniaken begangene Kriegsverbrechen. Am selben Tag besuchten die drei den nicht weit entfernten Ort Križančevo selo, um hier der mindestens 34 kroatischen Opfer bei Kämpfen mit der bosniakischen Armee Ende Dezember 1993 zu gedenken. Die Reise von Josipović wurde in Kroatien von manchen aus dem rechten Spektrum kritisiert, denn sie impliziere ja, dass die Republik Kroatien am Krieg in Bosnien-Herzegowina zumindest indirekt beteiligt gewesen sei – was im Übrigen *de facto* kaum zu bestreiten ist.

Ein großes Straßenbauprojekt ist hier anzusprechen: Um entlang der dalmatischen Küstenstraße nach Süddalmatien zu gelangen, ist es bisher notwendig, eine kurze Strecke durch Bosnien-Herzegowina zu fahren; es ist der einstige Streifen osmanischen Territoriums, der das venezianische Dalmatien und die Republik Dubrovnik voneinander trennte. Zwar profitieren Transitreisende und das Städtchen Neum gleichermaßen dank der Freigrenzen für zollfreien Einkauf und dank des niedrigeren Preisniveaus gegenüber Kroatien. Aber die Grenzkontrollen bei Ein- und Ausreise sind doch ein Hindernis des Verkehrsflusses.

2007 begann man mit den Vorbereitungen für eine Brücke über den Kanal von Pelješac, so dass die neue Autobahn, die von Nordwesten kommt, unter Umgehung von Neum auf der Halbinsel Pelješac wieder kroatisches Territorium erreichen würde. Zugleich würde der bisher ziemlich abgelegene Westen von Pelješac besser erschlossen. Wegen der hohen Kosten und Planungsunsicherheit wurden die Arbeiten 2010 jedoch einstweilen eingestellt, es gab Überlegungen, ganz auf den Bau zu verzichten. Als die Planungen schließlich wiederaufgenommen wurden, trafen im Sommer 2017 Proteste aus Sarajevo von Seiten bosniakischer Politiker ein: Mit dem Bau werde der einzige Hafen von Bosnien-Herzegowina faktisch vom offenen Meer abgeschnitten, und wegen einiger kleiner Inseln seien territoriale Rechte von Bosnien-Herzegowina verletzt. Letzteres Argument erwies sich schließlich als nicht begründet; zudem ist die 2.734 m lange Brücke mit einer Durchfahrthöhe von 55 m auch für große Schiffe ausgelegt. So konnten die Vorbereitungen doch fortgesetzt werden. Der von der EU geförderte Auftrag ging im März 2018 an ein chinesisches Konsortium, die Arbeiten begannen im Sommer des Jahres. Ob Neum und der ganze Südosten von Bosnien-Herzegowina durch die neue Straßenführung Nachteile erleiden werden oder ob sie vielmehr vom besseren Anschluss an das europäische Straßennetz schließlich auch selbst von dem Bau profitieren, wird erst die Zukunft zeigen.

Die Aufarbeitung von Kriegsverbrechen

Die Arbeit des *International Criminal Tribunal for the former Yugoslavia* (ICTY), „Internationaler Strafgerichtshof für das ehemalige Jugoslawien", im Alltagssprachgebrauch auch „Haager Tribunal" genannt, ist in Kroatien aus sehr ambivalenter Sicht wahrgenommen worden. Vorweg gilt es festzuhalten: Sowohl in der Zahl der vom ICTY behandelten Fälle als auch in der Gesamthöhe der von ihm verhängten Strafen spiegelt sich sehr wohl eine Gewichtung der Verantwortung für das Kriegsgeschehen und für die Gewalt der einzelnen Kriegsparteien 1991–95 wider, an erster Stelle die serbische Seite, dann die kroatische und schließlich die bosniakische. Das von 1993 bis 2017 tätige Gericht hat über individuelle Schuld entschieden. Dabei ist es in den Revisionsverfahren manchmal zu anderen, zumeist für die Angeklagten günstigeren Entscheidungen gelangt. Es hat im Anspruch nicht über das Agieren von Staaten gerichtet. Es hat weder kollektive Schuld noch kollektive Unschuld festgestellt.

Dem Haager Gericht ist insbesondere in Serbien von Anfang an mit Argwohn begegnet worden. Man sah in den Verurteilten Opfer einer sie zu Unrecht kriminalisierenden, von außen agierenden Justiz. Doch auch für Teile der Gesellschaft Kroatiens gilt, dass sie Arbeit und Entscheidungen des Haager Tribunals immer wieder als parteiisch zu Lasten der eigenen Seite bewertet haben, denn auch wenn es nicht Aufgabe des Gerichtes war, über die Legitimität der Kriegsführung an sich zu entscheiden, sondern nur über dabei begangene schwere Verstöße gegen das Kriegsrecht, wurden manche Urteile doch so wahrgenommen, als ginge es um beides.

Dies gilt insbesondere für das am 15. April 2011 verkündete erstinstanzliche Urteil gegen die Befehlshaber bei der Aktion *Oluja* Anfang August 1995, unter ihnen am profiliertesten General Ante Gotovina. Dieser war, als er über die Erhebung der Anklage gegen ihn erfahren hatte, 2001 untergetaucht und, wie erwähnt, im Dezember 2005 auf Teneriffa verhaftet worden. Der Prozess begann schließlich im März 2008. Die Anklage fragte gar nicht nach Gotovinas Verantwortung für die Nicht-Unterbindung der auch international damals kritisierten vielen einzelnen Gewalttaten und Plünderungen in den ersten Wochen nach der Wiedergewinnung der Gebiete der „Krajina" 1995. Stattdessen konzentrierte sich die Anklage auf den Vorwurf eines unverhältnismäßig starken und für die Zivilbevölkerung gefährlichen Artilleriebeschusses vor der Einnahme von Knin, der Hauptstadt der „Krajina", am 5. August 1995 und auf den Nachweis, die Militäraktion *Oluja* sei ein gemeinschaftliches kriminelles Unternehmen unter der Führung Tuđmans gewesen. Sie habe dem vorgegebenen Ziel gedient, die serbische Bevölkerung zu vertreiben. Nicht nur der Schuldspruch selbst, auch das Strafmaß von 24 Jahren für Gotovina und 18 Jahre für General Mladen Markač wurde in Kroatien fast durchgängig mit Enttäuschung und Verbitterung aufgenommen, denn schwerlich war eine andere Sichtweise möglich, als dass sich das Urteil, unabhängig vom Freispruch von General Ivan Čermak, eben nicht nur auf das konkrete Handeln der Angeklagten bezog, sondern das militärische Vorgehen zur Wiederherstellung der territorialen Integrität als Ganzes kriminalisierte.

Mit besorgter Spannung erwartete man nun das Resultat des Revisionsverfahrens, dessen letztendlichen Ausgang man kaum zu erhoffen gewagt hatte: Am 16. November 2012 wurden Gotovina und die Mitangeklagten in allen Anklagepunkten freigesprochen, das Urteil der Erstinstanz wurde damit widerlegt. Die Angeklagten wurden sofort aus der Haft entlassen und erlebten bei Ankunft in Zagreb einen triumphalen Empfang. Gotovina verkündete damals: „Der Krieg gehört der Vergangenheit. Wenden wir uns alle gemeinsam der

Zukunft zu!“ Mit diesem Appell tut sich die kroatische Gesellschaft noch heute schwer.

Am 29. November 2017 verkündete das Haager Tribunal in zweiter Instanz die Urteile gegen die politische und militärische Führung von „Herceg-Bosna“ wegen ihres Vorgehens im bosniakisch-kroatischen Krieg 1992–94 und bestätigte die erstinstanzlich verhängten hohen Haftstrafen, die allerdings wegen der langen Untersuchungshaft schon weitgehend vollzogen waren. Der bosnisch-kroatische General Slobodan Praljak beteuerte im Moment der Verkündigung der Strafe noch einmal seine Unschuld und nahm im Gericht ein Gift ein, an dem er bald darauf im Krankenhaus starb. Zwar organisierte der kroatische Generalstab eine Gedenkveranstaltung für Praljak, aber die Regierung war nur durch zwei Minister vertreten. Vor allem waren Gotovina und die anderen in Den Haag 2012 freigesprochenen Generäle nicht gekommen, obwohl für sie Plätze reserviert waren. – Es galt offensichtlich, sich vom Verhalten der Führer von „Herceg-Bosna“ zu distanzieren, zumal das Haager Gericht festgestellt hatte, das Urteil impliziere keine Feststellung der Beteiligung Tuđmans, des kroatischen Verteidigungsministers Gojko Šušak und des Generals Janko Bobetko an der vom Gericht konstatierten „gemeinschaftlichen kriminellen Unternehmung“ der Angeklagten.

Auch in Kroatien selbst wurden Personen der eigenen Seite wegen Kriegsverbrechen angeklagt und verurteilt; am bekanntesten wurde der Prozess 2002–03 gegen den General Mirko Norac wegen seiner Verantwortung für die Tötung von zumeist serbischen Zivilisten in Gospić in der Lika im Oktober 1991.

Während des Krieges in Kroatien war die serbische paramilitärische Einheit des *kapetan* Dragan Vasiljković für ihre besondere Brutalität bekannt geworden. Vasiljković war 2004 aus Serbien nach Australien zurückgekehrt, wo er bereits 1967–88 gelebt hatte, und hatte eine neue Identität angenommen. Im Januar 2006 wurde er in Sidney aufgrund eines kroatischen Haftbefehls festgenommen. Erst nach einem Fluchtversuch und der Ausschöpfung aller Rechtsmittel, um der Auslieferung zu entgehen, wurde er im Juli 2015 nach Kroatien überstellt. Ein Gericht in Split verurteilte ihn im September 2017 zu 15 Jahren Haft.

Das Wichtigste an der Arbeit sowohl des Haager Tribunals als auch der nationalen Gerichte in Kroatien wie auch in Serbien und Bosnien-Herzegowina dürfte darin bestehen, dass die Opfer von Kriegsverbrechen dank der Prozesse eine Stimme erhalten haben und dass ein Mahnzeichen für zukünftiges Handeln gesetzt worden ist. Auch nachdem das Haager Tribunal 2017 seine Arbeit eingestellt hat, wird die juristische Aufarbeitung von Kriegsverbrechen während der jugoslawischen Nachfolgekriege noch lange ein Thema bleiben.

Erinnerungskultur im gegenwärtigen Kroatien

Wie in anderen postsozialistischen Staaten ist die Erinnerungskultur im gegenwärtigen Kroatien noch immer von großer Dynamik und Widersprüchlichkeit geprägt. Es sind drei große Hauptthemen, die fallweise auch tagespolitische Aktualität gewinnen: das Verhältnis zum Ustaša-Regime 1941–45, die Verortung der sozialistischen Ära und der Krieg 1991–95.

In der offiziellen Politik gehören die Distanzierung vom Ustaša-Regime und die Verurteilung seiner Verbrechen zum parteiübergreifenden Konsens. Aber immer wieder kommt es im Diskurs der Rechten zu Relativierungen, beispielsweise, wenn aus dem Konzentrationslager Jasenovac verharmlosend ein *radni logor*, „Arbeitslager", wird. Unter dem Vorwurf, die derzeitige Regierung wende sich nicht deutlich genug gegen revisionistische Tendenzen in der Gesellschaft, lehnen die Jüdische Gemeinde Zagreb, der Bund der antifaschistischen Kämpfer wie auch andere Gruppen seit 2016 die Teilnahme an der offiziösen jährlichen Kommemoration Mitte April an der Gedenkstätte Jasenovac ab und führen dort zeitlich getrennt eine eigene Gedenkveranstaltung durch. Manche Organisationen sind auf beiden Veranstaltungen vertreten. Das Datum der Kommemoration verweist auf den 22. April 1945, den Tag, an dem Häftlinge aus dem Lager ausbrachen.

Der in Kroatien populäre Rocksänger Marko Perković Thompson (* 1966) hat zwar immer wieder beteuert, er distanziere sich von der Ustaša-Ideologie. Aber ein hin und wieder auftretendes, von einem Teil des Publikums gerne aufgegriffenes Kokettieren mit Texten und Symbolen aus jener Zeit ist eben nicht zu übersehen, und deshalb sind seine Konzerte in westeuropäischen Ländern mehrfach verboten worden.

Zum Konfliktgegenstand ist die Parole *Za dom spremni*, „Für das Haus bereit", geworden. Ursprünglich Parole der Ustaša, wurde daraus 1992 auch die der HOS, der „Kroatischen Verteidigungskräfte" in Bosnien-Herzegowina. Sie ist nun im Emblem auch der HOS-Veteranenvereinigung zu finden. Veteranen der HOS hatten in Zusammenarbeit mit der politischen Gemeinde Jasenovac 2016 eine auf den Krieg 1991–95 bezogene Gedenktafel mit dem Emblem angebracht. Hier, in der Nachbarschaft zum einstigen KZ Jasenovac, wirkte die Parole der HOS wie eine Rückkehr der Ustaša ganz in die Nähe eines Ortes ihrer schlimmsten Taten. Es dauerte aber mehrere Monate, bis man eine auch von den HOS-Veteranen und ihren Unterstützern akzeptierte Lösung fand. Im Juli 2017 wurde die Tafel entfernt und in einen Memorialpark in der nahegelegenen Stadt Novska verlegt. Offiziell darf die Parole nur noch zum Gedenken an Gefallene der HOS Verwendung finden; dabei bleibt der Anspruch einer Abgrenzung von der Ustaša-Parole uneinlösbar.

Exkurs: Bleiburg

Ein schwieriges Thema der Erinnerungspolitik

Ein bis heute zu kontroversen Debatten führendes Thema ist die jährliche Gedenkfeier Mitte Mai im Loibacher Feld bei Bleiburg in Kärnten. Das Gedenken gilt den Opfern der erwähnten Massenerschießungen durch die Partisanen bei Bleiburg im Mai 1945 wie auch des anschließenden „Kreuzweges". Schon 1987 war von einem kroatischen Emigranten ein Gedenkstein auf dem Feld von Loibach in Kärnten gestiftet worden. Zumindest ein Teil der Anwesenden versuchte immer wieder, das an sich legitime Opfergedenken in einen pauschalen Freispruch aller, sie seien von Schuld freie Opfer, und in eine Verklärung des Unabhängigen Staates Kroatien zu verwandeln.

Während Präsident Tuđman dem Risiko falscher Vereinnahmung und daraus folgender außenpolitischer Verwerfungen bewusst ausgewichen war und nie nach Bleiburg gekommen war, war die kroatische Regierung erstmals 2002 durch Ministerpräsident Ivica Račan vertreten, der einen Kranz „für alle Opfer von Bleiburg" niederlegte und sein Beileid aussprach, so wie er sich vor Kurzem vor den Opfern von Jasenovac verneigt habe.

Als erster Präsident nahm Ivo Josipović gleich in seinem ersten Amtsjahr 2010 an der Gedenkveranstaltung teil. Er wurde damals von seinem Vorgänger Stipe Mesić kritisiert, er erweise dabei vielen die Ehre, die sich im Dienst des USK mit Sicherheit schuldig gemacht hätten. Das von Mesić bis in die Gegenwart wiederholte Argument, bei rechtzeitiger Kapitulation vor den Partisanen wäre es wahrscheinlich gar nicht zu Massakern gekommen, ist spekulativ und macht die Gewalttaten nicht entschuldbar.

Da das Opfergedenken auch nach 2010 politisch immer wieder von Einzelnen und Gruppen im Sinne einer Legitimation des USK instrumentalisiert worden war, verbot das Bistum Klagenfurt im März 2019 die Messfeier, das Kernstück des Gedenktages. Einem Kompromiss von April 2019 folgend, fand die Feier dann doch am 18. Mai statt, nicht als „religiöse Versammlung", sondern als „öffentliche Veranstaltung" mit deshalb strengeren polizeilichen Auflagen. Wie vom Bistum Kärnten verlangt, wurde die Messe nicht von einem kroatischen Bischof geleitet, sondern von einem in der kirchlichen Hierarchie niedriger stehenden Prälaten, dem Leiter der Kroatischen Caritas. Der Bischof von Krk hielt eine Predigt. Die Veranstaltung, an der zwar weniger als erwartet, aber immer noch über 10.000 Menschen teilnahmen, darunter auch zwei Minister der kroatischen Regierung, verlief diesmal ohne Inzidente.

Wie ambivalent die Erinnerung an die Jahrzehnte des Sozialismus bis heute je nach politischer Orientierung und persönlicher Erfahrung ist, wurde schon am Ende des Kapitels zu dieser Ära ausgeführt. Noch immer versammeln sich Tausende aus Anlass der heute eher volksfestartigen Feier von „Titos Geburtstag" am 25. Mai in seinem Geburtsort Kumrovec, und ernsthaft gehaltene örtliche Gedenkveranstaltungen erinnern im Laufe des Jahres an Personen und Momente aus dem „Volksbefreiungskrieg". Aber insgesamt spielt diese Erinnerungsschicht keine große Rolle mehr – wenn man absieht von ihrem diskreten Fortleben im Namen mancher bekannten Traditionsfirma, z. B. des Süßwarenproduzenten *Kraš*, 1911 als *Union* begründet, 1950 in Verbindung mit der Zusammenlegung mit kleineren Betrieben nach dem Kommunisten und Partisanen Josip Kraš (1920–41) umbenannt.

Insgesamt sind die Zeichen die Erinnerung einfach zurückgedrängt worden: Das dichte Netz an Denkmälern für Tito und herausragende Kommunisten, für die Partisanen und für Momente aus der Geschichte der sozialistischen Bewegung in Kroatien auch vor 1941 ist durch planvolle Beseitigung, Devastierung oder nur Verwahrlosung stark ausgedünnt, wenn auch je nach Region in unterschiedlichem Maße. Stattdessen ist eine neue Landschaft von Denkmälern für die eigenen Gefallenen im Krieg 1991–95 entstanden; zahlreiche Tuđman-Statuen wurden errichtet. Mancherorts begegnet man auch einfach dem Nebeneinander der Denkmäler und Inschriften beider Zeiten.

Verschwunden sind die meisten Spuren der sozialistischen und jugoslawischen Zeit aus dem Katalog der Straßennamen. Ein neues Arsenal an Straßen- und Platznamen, die mit der Erinnerung an die staatliche Verselbständigung und an den „Krieg um die Heimat" verbunden sind, fehlt in fast keiner Stadt. Gerade im Küstengebiet sind Straßen und Promenaden gerne nach König Krešimir IV. (1058–74) benannt, da er als der König gilt, der die norddalmatinischen Städte unter kroatische Herrschaft gebracht hat und in einer Urkunde von „unserem dalmatinischen Meer" spricht. Er steht sozusagen als Symbol für Kroatien als Staat an der Adriaostküste.

Einer der Hauptplätze in Zagreb, in dessen Mitte das Nationaltheater steht, hieß von 1946 bis 2017 „Platz des Marschalls Tito"; der Name war einfach kontinuitätsstiftende Tradition geworden. Doch sobald die Hinterfragung begann, war der Name nicht mehr zu halten. Mit dem nicht widerlegbaren Argument, der Name stehe für ein aus heutiger Sicht undemokratisches Regime, hatten politisch eher rechts verortete Gruppen erstmals 2008, dann erneut 2017 die Umbenennung verlangt und einfach „Theaterplatz" vorgeschlagen. In einer breiten Abstimmungskoalition folgte die Stadtversammlung 2017 dem Vorschlag des Bürgermeisters Milan Bandić für einen neuen stolzen Namen: „Platz der Republik Kroatien".

Gerade in Istrien und Rijeka, also den Gebieten, die erst im Zuge des Sieges der Partisanen faktisch 1945, offiziell 1947 an Jugoslawien bzw. die damalige Teilrepublik Kroatien gekommen sind, ist der Name noch immer zu finden; er wirkt als Symbol für die Zugehörigkeit Istriens und Rijekas zu Kroatien seit

Brücke als Gedenkanlage. *Most hrvatskih branitelja Domovinskog rata*, „Brücke der kroatischen Verteidiger im Krieg um die Heimat", in Rijeka, 2001 fertiggestellt

der sozialistischen Ära. So ist die durch den Seebadeort Opatija (ital. Abazzia) führende repräsentative Hauptstraße noch immer nach Tito benannt.

Zweifelsohne lebt der *homo jugoslavicus* in manchen Verhaltensformen und -regeln auch in Kroatien noch heute fort, die ähnliche Sozialisation erleichtert die Kommunikation über die neuen Staatsgrenzen der Nachfolgestaaten hinweg. Die jugoslawische Ära bleibt bei einem Teil der langsam kleiner werdenden Generation der Zeitzeugen in positiv konnotierter Erinnerung persönlicher Erfahrungen. Die sogenannte *jugonostalgija* entsteht als – meistens nicht wirklich tragfähiges – positives Gegenbild zu Beschwernissen der Gegenwart. Aber mit einem immer größeren Bevölkerungsanteil, der die Welt des realen Sozialismus gar nicht mehr miterlebt hat, und mit der immer stärkeren Orientierung auf das Vorbild westlicher Nachbarländer dürfte auch die *jugonostalgija* weiter verblassen.

Die Erinnerungskultur eines Landes zeigt sich ebenso an der Ordnung der Feiertage. In Kroatien gibt es neun auch in Deutschland vertraute Feiertage nach dem katholischen Kirchenkalender, daneben Neujahr und den 1. Mai. Drei Feiertage sind mit der Erinnerung an die Verselbständigung Kroatiens verbunden, wobei hier gerade von 2019 auf 2020 eine in der Öffentlichkeit durchaus kontrovers diskutierte Neuordnung erfolgt ist: Als „Tag der Staatlichkeit" wurde bisher der 25. Juni, der Tag der Unabhängigkeitserklärung 1991, begangen. Jetzt ist der „Tag der Staatlichkeit" auf den 30. Mai verlegt worden, denn an diesem Tag trat 1990 der frei gewählte Sabor zum ersten Mal zusammen, und Franjo Tuđman wurde zum Präsidenten gewählt. Unverändert geblieben ist der „Tag des Sieges und der Dankbarkeit der Heimat und Tag der kroatischen Verteidiger“ am 5. August, dem Jahrestag der Einnahme von Knin 1995.

Entfallen ist der „Tag der Unabhängigkeit“ am 8. Oktober, der Tag, an dem 1991 das mit der EU ausgehandelte dreimonatige Moratorium auslief. Stattdessen ist der 18. November als „Tag der Erinnerung an die Opfer des Krieges für die Heimat und Tag der Erinnerung an das Opfer von Vukovar und Škabrnja“ Feiertag geworden. Der kleine Ort Škabrnja östlich von Zadar in Dalmatien ist hier mitgenannt, weil auch er am 18. November 1991 in die Hände serbischer Einheiten fiel; auch dort wurden zahlreiche kroatische Zivilisten umgebracht. Die Aufnahme von Škabrnja in den Namen des Feiertages mag auch dazu gedient haben, ein regionales Gleichgewicht in der Erinnerung an die Opfer an den verschiedenen Kriegsfronten zu schaffen. – Anders als der 8. Oktober ist der 18. November in der kollektiven Erinnerung der kroatischen Gesellschaft zwar fest verankert, aber ob die Entspanntheit des arbeitsfreien Tages der Würde des Opfergedenkens angemessener ist als der bisherige, nicht arbeitsfreie Gedenktag am 18. November, sei dahingestellt.

Und schließlich wird weiterhin der „Tag des antifaschistischen Kampfes“ am 22. Juni begangen. Der bei einer Debatte im November 2019 eingebrachte Vorschlag, diesen Feiertag zu einem Gedenktag herabzustufen, wurde von Ministerpräsident Plenković entschieden zurückgewiesen. Der Tag sei von Tuđman selbst festgelegt worden, die HDZ habe dessen Erbe zu achten.

Wie schon mehrfach angesprochen, gehört die Legitimität und Unumkehrbarkeit der Verselbständigung Kroatiens zum parteiübergreifenden Konsens. Doch kommt es immer wieder zu Spannungen um die Erinnerungshoheit, denn im Diskurs der Rechten begegnet man dem chronischen Verdacht, es mangele der Linken an Identifikation mit dem eigenen Staat. Diese Spannungen kommen in manchen Jahren auch bei Organisation und Ablauf der Gedenkfeiern am 5. August und am 18. November zum Tragen. Aber gerade die Feiern 2015 zum 20. Jahrestag der Wiedergewinnung der „Krajina“ in der Aktion *Oluja* verliefen am Ende konfliktfrei. Am Vortag fand eine große Militärparade auf der *Ulica grada Vukovara* in Zagreb statt, Ort des zentralen Festaktes am 5. August war wie üblich Knin.

Wirtschaft – es geht wieder bergauf

Nach Überwindung der im vorigen Kapitel erwähnten Bankenkrise von 1999 hatte in Kroatien ein schneller Aufschwung begonnen, der von $ 4.970

Bruttoinlandsprodukt pro Kopf im Jahr 2000 zu $ 15.892 im Jahr 2008 führte. Die Arbeitslosigkeit, die nach einem Maximum von 22 % im Jahr 2000 sechs Jahre später immer noch bei 17 % gelegen hatte, ging parallel zum Aufschwung bis 2008 auf 8,6 % zurück, und die Staatverschuldungsquote lag noch 2008 mit 39,56 % weit unter dem – für Kroatien damals an sich noch irrelevanten – Maastricht-Kriterium von 60 %. Das Defizit im Staatshaushalt war zurückgegangen: Während der Haushaltssaldo in Relation zum BIP Kroatiens 1999 bei –5,68 % gelegen hatte, verbesserte er sich bis 2008 auf –0,98 %. Die –3 % des Maastricht-Vertrages wären erfüllt gewesen. – Erst nach 2000 gewann auch ausländisches Investitionskapital an Bedeutung. Die Banken wurden bei der Privatisierung durchgängig von ausländischen Großinstituten übernommen.

Allerdings war in den Jahren des kontinuierlichen Aufschwunges die Auslandsverschuldung, beginnend ab 2002, schnell gewachsen. Während sie im Jahr 2000 bei 10 Mrd. Dollar gelegen hatte, war sie bis 2008 auf über 60 Mrd. angewachsen. Das Defizit in der Handelsbilanz, die gerade in den Kriegsjahren fast ausgeglichen gewesen war, war bis 2008 auf $ 16,62 Mrd. angestiegen.

Die internationale Finanzkrise Ende 2008 traf Kroatien besonders hart, weniger wegen des folgenden schnellen Einbruches der Wirtschaft nach allen Indikatoren als wegen der im Vergleich zu anderen Ländern sehr langen Dauer bis zur Erholung. Das BIP pro Kopf war 2008 noch um 2,04 % gewachsen, 2009 ging es um 7,29 % zurück und entwickelte sich mit leichten Schwankungen bis 2014 einschließlich durchgehend negativ. Der Tiefpunkt des BIP pro Kopf war mit $ 11.779 – der Stand wie ungefähr 2006 – im Jahr 2015 erreicht. Die Arbeitslosigkeit wuchs von 2008 bis 2013 von 8,6 % auf 17,4 %. Der Haushaltssaldo sank bis 2011 wieder auf –5,44 %. Die schon vorher beträchtliche Auslandsverschuldung erreichte 2011 mit über ca. $ 72 Mrd. ihren Höhepunkt.

Wie ersichtlich, fiel der Tiefpunkt der Entwicklung in verschiedene Jahre. Durch stark verringerte Importe ging der Handelsbilanzsaldo von 2008 mit $ –16,62 Mrd. im Jahr 2008 auf $ –10,72 Mrd. 2009 zurück und hat sich bei Wachstum von sowohl Import als auch Export dauerhaft ungefähr auf dieser Höhe gehalten. Die Auslandsverschuldung ging schon ab 2012 zurück, sank nach einem Anstieg 2014 auf noch einmal knapp $ 70 Mrd. schließlich auf ca. $ 50 Mrd. im Jahr 2017 und ist seitdem auf diesem Niveau geblieben. Das Defizit im Staatshaushalt ging ab 2012 schnell zurück, seit 2015 ist der Haushaltssaldo sogar positiv. Nach einem Höhepunkt 2017 mit 3,19 % lag er 2019 bei 1,86 %.

Die Arbeitslosigkeit sank 2014 erstmals wieder von 17,4 % im Vorjahr ganz leicht auf 17,2 %, 2015 dann auf 16,01 %, Ende 2019 lag sie bei 7,7 %. Zu diesem relativ niedrigen Wert dürfte allerdings auch die seit 2015 verstärkte Arbeitsemigration beigetragen haben. Ab diesem Jahr gilt für Bürgerinnen und

Bürger Kroatiens die vollständige Arbeitnehmerfreizügigkeit in den Ländern der EU.

Die Staatsschuldenquote ging ab 2015 zurück und lag im 2. Halbjahr 2019 bei 76,4 %, also noch immer über dem Maastricht-Kriterium von 60 %, aber unter dem EU-Durchschnitt von 86,4 % und innerhalb der EU an neuntbester Stelle.

Das BIP pro Kopf ist erst seit 2015 jährlich wieder auf schließlich $ 14.950 im Jahr 2019 gewachsen. In einer Vergleichstabelle in Euro für 2018 lag das BIP pro Kopf in Kroatien bei € 11.900 und befindet sich damit noch immer im untersten Bereich in der Reihe der EU-Länder, an 26. Stelle vor Rumänien und Bulgarien. Die Wachstumsrate lag 2019 mit fast 3 % zwar unter den Raten anderer junger EU-Mitglieder, doch klar über dem EU-Durchschnitt (Daten zu BIP pro Kopf, Staatsverschuldung, Haushaltssaldo, Handelsbilanzsaldo: statista.com; zu Arbeitslosigkeit und Auslandsverschuldung: ceic.data.com).

Die bis 2009 schnell angestiegene Ungleichheit in den Einkommens- und Vermögensverhältnissen ist seitdem langsam zurückgegangen und war zuletzt (Stand 2016) sogar geringer als in Deutschland (tradingeconomics.com – GINI Index). Der Kaufkraft-Index unter Berücksichtigung von Einkommens- und Preisgefüge betrug für Kroatien beim Vergleich mit Deutschland im Jahr 2018 nur 43,1 (D: 100), mit der EU immerhin 59,0 (EU: 100), rangierte aber wieder an drittletzter Stelle (Stand Dez. 2019).

Bei einem Ranking der Lebensqualität im Ländervergleich mit einem breiteren Katalog an Vergleichskriterien schneidet Kroatien allerdings viel besser ab. In der Gesamtwertung, die 100 Punkte erreichen könnte und an deren Spitze Australien mit 80 Punkten liegt, befinden sich Deutschland mit 75 Punkten und Kroatien mit 73 in der Nachbarschaft. Nur zehn EU-Staaten erreichen mindestens 73 Punkte (Zahlenreihen nach laenderdaten.info; für EU-Vergleich: eurostat)!

Längst sind die Dienstleistungen – einschließlich des Tourismus – mit 57,8 % der Wertschöpfung und 65,4 % der Erwerbstätigen der wichtigste Wirtschaftssektor geworden. Auffällig ist dabei der im Vergleich zur Wertschöpfung von 3,0 % durch die Landwirtschaft mehr als doppelt so hohe Anteil von 7,5 % an Erwerbstätigen in diesem Sektor (nach destatis. Kroatien, Statistisches Länderprofil. Ausgabe 08/2019).

Die Verteilung von Wirtschaftskraft und Wirtschaftszweigen ist regional sehr unausgeglichen. An der Spitze steht klar Zagreb, das 2016 mit € 15,685 Mrd. 33,61 % des BIP erwirtschaftete. Zusammen mit der Hauptstadt erwirtschafteten die fünf Gespanschaften Split-Dalmatien, Primorje-Gorski kotar einschließlich Rijeka, Istrien, Zagreb (Umland von Zagreb) und Osijek-Baranja, alle mit jeweils einem BIP von über € 2,5 Mrd., sogar 67,87 % des BIP Kroatiens (Daten nach dzs.hr). Das knappe letzte Drittel entfiel auf die verbleibenden

15 Gespanschaften. Diese Proportionen dürften sich auch 2019 kaum verschoben haben. Tourismus und Immobilienhandel konzentrieren sich in starkem Maße auf Zagreb und die Küste. Die Industrieproduktion ist auch wieder in Zagreb am stärksten präsent, gefolgt von den Gespanschaften Primorje-Gorski Kotar, Varaždin, Zagreb und Osijek-Baranja (Daten für 2018 nach dzs.hr). Slawonien bleibt die für den Agrarsektor wichtigste Region.

Die Warenhandelsbilanz ist, wenn auch nicht mehr so ausgeprägt wie in den Jahren kurz vor 2008, weiterhin klar negativ. Nur 61,2 % des Imports waren 2018 durch Ausfuhren gedeckt (dzs.hr)! Aufgefangen wird dies durch die Einnahmen aus dem Ausländertourismus wie auch durch den Transfer von Einkünften aus Arbeit im Ausland.

Der Abwanderung aus Slawonien und anderen passiven Gebieten wird am besten durch die Schaffung von mehr hochqualifizierten, gut bezahlten Arbeitsplätzen vor Ort entgegenzuwirken sein. Im Baugewerbe und im Tourismus, also vor allem in den großen Zentren und an der Küste, fehlt es längst an Arbeitskräften; deshalb ist die Quote für Arbeitnehmer von außerhalb der EU vor kurzem erhöht worden. Die meisten zugewanderten Arbeitskräfte kamen dabei 2019 aus Bosnien-Herzegowina, Serbien und dem Kosovo.

Für den Tourismus ist gerade 2019 mit fast 21 Mio. Gästen, darunter 18,2 Mio. aus dem Ausland mit 85 Mio. Übernachtungen, ein Rekordjahr geworden. Wie andere Länder steht dabei auch Kroatien vor der Aufgabe, rechtzeitig möglichen Schattenseiten entgegenzuwirken: Überfüllung der touristischen Highlights, Verlust von innerstädtischem Wohnraum, Umweltbelastungen, Zersiedlung der Landschaft. Dass der Tourismus eine wichtige Säule der Wirtschaft Kroatiens bleiben wird und dass er im internationalen Maßstab weiterhin große Potentiale bietet, steht dabei außer Frage. Zum einen ist es Ziel, statt der starken Konzentration der Saison auf die Sommermonate den Tourismus durch das ganze Jahr zu entwickeln, zum anderen gilt es, neben der Küstenregion und der im Städtetourismus immer beliebteren Hauptstadt Zagreb auch andere Landesteile touristisch weiter zu erschließen – von den vielen Thermalbadeorten im Nordwesten bis zum Agrartourismus in der Baranja.

Kroatien verfügt inzwischen über ein gutes Autobahnnetz, doch die Eisenbahn verlor schon durch die mehrjährige Unterbrechung zweier Hauptstrecken während der Kriegsjahre als Verkehrsträger an Bedeutung. Zwar war Präsident Tuđman am 26. August 1995, weniger als drei Wochen nach dem Ende der Militäraktion *Oluja*, symbolträchtig mit dem *Vlak slobode*, „Zug der Freiheit“, von Zagreb nach Split gereist, und im Rahmen der schrittweisen friedlichen Reintegration Ostslawoniens war er am 8. Juni 1997 mit dem *Vlak mira*, „Zug des Friedens“, nach Vukovar gekommen. Doch insgesamt ist seit 1995 nur wenig zur

Wellen als Tonerzeuger. Die *Morske orgulje, Meeresorgel*, in Zadar von 2005, entworfen von Nikola Bašić

Verbesserung von Leistungskraft und Reisegeschwindigkeit in Güter- und Personenverkehr getan worden. Nur im Nahverkehr rund um Zagreb spielt die Eisenbahn derzeit eine wichtige Rolle. Endlich liegen nun konkrete Pläne für eine gründliche Modernisierung der Fernstrecken vor.

Über alle derzeit positiven Entwicklungen hinweg bleibt die Liste an Herausforderungen lang: Noch immer befindet sich über planmäßig nicht privatisierte Schlüsselunternehmen hinaus eine vergleichsweise große Zahl von wenig rentablen Firmen verschiedenster Tätigkeitsbereiche ganz oder mehrheitlich in Staatseigentum. Viele, auch kleinere Betriebe sind einfach noch nicht privatisiert, bzw. sie sind nach im Konkurs gescheiterter erster Privatisierung wieder in Staatshand gelangt.

Es gilt, die Konkurrenzfähigkeit kroatischer Produkte innerhalb der EU zu stärken und den Warenexport zu steigern. Um das Land für ausländische Investoren noch attraktiver zu machen, sind die Neigung zu Korruption und Klientelismus wie auch die Verflechtung von Wirtschaftsinteressen mit politischen Ämtern weiter abzubauen. Fortschritte in dieser Richtung wie auch eine Verbesserung der Effizienz von Verwaltung und Justiz liegen gleichermaßen im Interesse der Bürgerinnen und Bürger Kroatiens selbst.

Umweltschutz, Energieverbrauch und ökologisch verantwortungsbewusstes Handeln sind auch in Kroatien längst zum Thema geworden, und unbestritten hat sich im letzten Vierteljahrhundert vieles zum Positiven gewandelt, doch – angefangen von einer Verminderung des Plastikmülls durch ein motivierendes Pfandsystem – bleiben noch viele Aufgaben. – Über alle Schwachpunkte im Einzelnen hinweg war gerade 2019 für die kroatische Wirtschaft ein gutes Jahr. Möge sich diese Entwicklung fortsetzen!

Kroatien: Authentisch und normal

Während noch die Stichwahl für das Amt des Präsidenten Kroatiens lief, erschien am 5. Januar 2020 in der französischen Tageszeitung *Le Monde* ein Artikel über die beiden Kandidaten. Anknüpfend an Selbstverortungen von Kolinda Grabar-Kitarović und Zoran Milanović hieß es, erstere trete für eine *Croatie authentique* ein, letzterer für eine *Croatie normale*. Was hier als Gegensatz zwischen den Kandidaten gemeint war, erweist sich eigentlich als eine treffende Beschreibung, um ein Land durch zwei sich nicht ausschließende, vielmehr gegenseitig ergänzende Begriffe zu beschreiben.

Wie gerade in den vorangegangenen Abschnitten deutlich geworden sein dürfte, ist Kroatien, was die Entwicklungen und Herausforderungen in Gesellschaft, Politik und Wirtschaft betrifft, ein ganz normales Land – „normal" im Sinne der Ähnlichkeit mit anderen Ländern in Europa, insbesondere aber mit den anderen jungen EU-Mitgliedsstaaten, die die Transition aus dem sozialistischen Staats- und Gesellschaftsmodell hinter sich gebracht haben.

Die Gesellschaft ist im vergangenen Vierteljahrhundert vielfältiger und offener geworden. Es bieten sich mehr Alternativen in der Gestaltung der individuellen Lebenswege, die Mobilität ist gewachsen. An die Stelle der kleinen Sicherheit, wie sie für sozialistische Gesellschaften charakteristisch war, sind mehr Chancen für die – manchmal auch risikoreiche – eigene Initiative getreten. Freiräume für vielfältiges zivilgesellschaftliches Engagement sind entstanden. Das Zeitalter eines neben den traditionellen Medien auch von den sozialen Netzwerken getragenen öffentlichen Diskurses hat auch in Kroatien längst begonnen.

Und dennoch: Über alle Eingebundenheit in Tendenzen der Globalisierung hinweg bleibt Kroatien – so wie jedes andere Land auf seine Weise – auch authentisch, unverwechselbar, angefangen von den geographischen Besonderheiten, den religiösen und kulturellen Traditionen und der vielfältigen eigenen Geschichte.

Zur Affirmation des noch jungen Staates Kroatien im Bild der öffentlichen Meinung anderer Länder dürften die Erfolge im Sport – beispielsweise bei den

Fußballweltmeisterschaften 1998 und 2018 und bei der Handball-EM 2020 – und die Attraktivität seiner Landschaften und Städte als Reiseziele am meisten beigetragen haben. Die Auszeichnung der Stadt Rijeka als Kulturhauptstadt Europas im Jahr 2020 zusammen mit der Stadt Galway in Irland fügt sich ein in die Normalität kulturellen Geschehens in Europa. Das Programm ist transnational angelegt, für Besucherinnen und Besucher aus aller Welt zugänglich. Zugleich aber sind das Geschehen und das Gezeigte unverwechselbar genau an die Besonderheiten des einen Ortes gebunden, sie präsentierten die Stadt und mit ihr das Land.

Zum Erfolg des Zusammenwachsens Europas – sowohl im engeren Sinne der EU als auch im weiteren traditionellen Sinne – leistet das gegenseitige Wissen um die Geschichte der Anderen einen zentralen Beitrag. Geschichtsvermittlung ist ein Stück europäischer Integrationsarbeit; dazu gehören das Suchen nach dem Gemeinsamen, das Erkennen der Vielfalt im Eigenen, die Fähigkeit zur Begegnung mit dem anderen. Und hierzu mag diese *Geschichte Kroatiens* einen Beitrag leisten.

Anhang

Zeittafel

5./4. Jh. v. Chr.	Griechische Kolonisation an der Adriaostküste
12/9 v. Chr.	Bildung der römischen Provinz Pannonien, Anf. 1. Jh. der Provinz Dalmatien
395	Reichsteilung unter Kaiser Theodosius, Dalmatien kommt ins Westreich
493–526	Dalmatien im Reich Theoderichs d. Großen
536	Reconquista unter dem oströmisch-byzantinischen Kaiser Justinian: Dalmatien kommt unter byzantinische Herrschaft
um 600	Vordringen der Awaren; slawische Landnahme; Zusammenbruch der byzantinischen Herrschaft im Binnenland; Reduzierung von Dalmatien auf eine Reihe von Küstenstädten und Inseln
7.–8. Jh.	Kroatische Ethnogenese im Raum von Ostistrien bis ins Hinterland von Split
788	Karl d. Große unterwirft Istrien
um 800	Kroatien unter fränkischer Vorherrschaft; Christianisierung von Aquileia und von Rom aus
812	Frieden von Aachen: Byzanz verzichtet auf Istrien; Dalmatien verbleibt bei Byzanz
ca. 845–vor 864	Kroatischer Fürst Trpimir, Begründer der Dynastie der Trpimiriden (bis 1089); Lösung Kroatiens von der fränkischen Vorherrschaft
925/928	Synoden von Split: Errichtung der Kirchenprovinz Split unter römischer Jurisdiktion; Aufhebung des unter Trpimir gegründeten Bistums Nin
1075	Der kroatische Fürst Zvonimir († 1089) legt Papst Gregor VII. den Lehnseid ab und erhält dafür die königlichen Insignien
1094 ca.	Gründung des Bistums Zagreb als kirchliches Zentrum des mittelalterlichen Slawonien
1102	Krönung von Koloman aus der ungarischen Dynastie der Arpaden in Biograd als König Kroatiens; Begründung der ungarisch-kroatischen Personalunion bis 1918
1105	Die norddalmatinischen Städte erkennen die Herrschaft des ungarisch-kroatischen Königs an; sie erhalten Privilegien in Form von Eidversprechen
1115–16	Venedig erlangt die Anerkennung seiner Herrschaft über Osor, Krk, Rab und Zadar
1202	Die Flotte des IV. Kreuzzugs erobert für die Venezianer das 1181 unter ungarisch-kroatische Herrschaft gelangte Zadar
1205	Dubrovnik unter venezianischer Herrschaft
1241/42	Ein Heer der Mongolen verwüstet Zagreb und gelangt bis an die Küste

1242 Goldene Bulle Bélas IV. für die Freistadt Gradec innerhalb von Zagreb

1249/51 Päpstliche Bullen über die Sanktionierung der slawischen Liturgie im Bistum Senj und in den Klöstern auf der Insel Krk

1273 Erstmals ein Landtag in Slawonien

1278 Pavao Šubić von Bribir Ban von Kroatien; Beginn der größten Machtentfaltung der Bribirer (bis 1322)

1358 Frieden von Zadar: Venedig verliert alle Besitzungen an der Adriaostküste an Ungarn-Kroatien

1403 Krönung von Ladislaus von Neapel, Sohn von Karl von Durazzo, zum ungarisch-kroatischen König in Zadar; Einsetzung des bosnischen Magnaten Hrvoje Vuk Hrvatinić als Statthalter

1409 Ladislaus von Neapel verkauft seine Rechte auf Dalmatien an Venedig, bis 1420 gelangt die gesamte Küste außer Dubrovnik an Venedig

1458 Dubrovnik zahlt erstmals Tribut an den türkischen Sultan

1483 Missale aus Kosinj; erster glagolitischer Buchdruck

1493 Das kroatisch-slawonische Adelsheer wird in der Schlacht auf der Ebene von Krbava von einem osmanischen Heer vernichtend geschlagen

1526 Schlacht von Mohács, König Ludwig II. verunglückt tödlich; in den folgenden Jahrzehnten immer weiteres Vordringen der osmanischen Herrschaft bis ungefähr an die Linie Virovitica–Sisak–Bag (ab 1580 Karlobag)

1527 Doppelte Königswahl: Johannes Hunyadi für Slawonien, Ferdinand von Habsburg für Kroatien

1540 Nach dem Tod von Johannes Durchsetzung von Ferdinand im ganzen Reich

1557 Vereinigung der Landtage von Kroatien und Slawonien; Kroatien als übergreifender Begriff für die Gebiete des mittelalterlichen Kroatien und Slawonien, die unter Habsburger-Herrschaft stehen

1558 Vereinigung der kroatischen und slawonischen Militärgrenze

1566 Nikola Zrinski d. Ä. fällt bei der Verteidigung von Szigetvár (Siget)

1573 Bauernaufstand unter Matija Gubec in Nordkroatien

1579 Gründung der Festung und Stadt Karlovac

1593 Sieg über das osmanische Heer bei Sisak

1606 Friede von Zsitva-Torok: Beginn des Gleichstandes der Kräfte

1607 Weihe eines „Bischofs der westlichen Länder“ für die Orthodoxen auf Habsburger Territorium

1611 Synode von Marča mit Beschluss zur Kirchenunion

1630 Statuta Valachorum: Wichtigste Privilegien für die Bevölkerung in der Militärgrenze nördlich der Save

1667 Erdbeben richtet schwere Schäden in Dubrovnik an

1669 Gesandter von Petar Zrinski beim Sultan mit Angebot der Unterstellung Ungarns und Kroatiens unter dessen Oberhoheit

1671 Hinrichtung von Petar Zrinski und Fran Krsto Frankopan in Wiener Neustadt wegen Hochverrates

1689 Türken aus Ungarn und Slawonien verdrängt, ebenso aus der Lika in Kroatien

1699 Bestätigung der Gewinne im Frieden von Karlowitz (Sremski Karlovci in der heutigen Vojvodina); Ausweitung der Militärgrenze; seitdem Stabilität der bosnisch-kroatischen Grenze im Westen

1699–1718 Die Venezianer drängen den osmanischen Besitz in Bosnien auf die heutige bosnisch-dalmatinische Grenzlinie zurück

1708 Gründung der Eparchie Pakrac in Slawonien: Anfang orthodoxer Kirchenorganisation auf dem Gebiet des heutigen Kroatiens

1712 Pragmatische Sanktion der Kroatischen Stände über das Recht der Habsburger auf Nachfolge in weiblicher Linie

1717–76 Verschiedene Versuche, das Gebiet zwischen Rijeka und Triest im Litorale Austriaco zusammenzufassen

1739 Friede von Belgrad: Seitdem Stabilität der bosnisch-kroatischen Grenze an der Save

1745 Errichtung der Gespanschaften Virovitica, Požega und Srijem innerhalb Kroatien-Slawoniens

1776 Reskript Maria Theresias über die „Reinkorporation“ Rijekas nach Kroatien

1767 Der kroatische Sabor verliert einen Teil seiner Rechte an das neugegründete, von Maria Theresia ernannte Consilium regni Croatiae

1779 Die Kompetenzen des Consilium gehen an die ungarische Statthalterei über

1797 Friede von Campo Formio: Österreich erhält Venedig

1805 Friede von Pressburg: Ehemals venezianische Besitzungen, also auch Westistrien und Dalmatien, gelangen an das von Frankreich abhängige Königreich Italien

1808 Dekret von Napoleon über Aufhebung der Republik Dubrovnik

1809 Friede von Schönbrunn: Weitere österreichische Gebietsverluste; Bildung der Illyrischen Provinzen im Rahmen des Kaiserreiches Frankreich

1815 Wiener Kongress: Österreich erhält ehemalige Territorien von Venedig und Dubrovnik; Bildung der österreichischen Provinz Dalmatien

1835–48 Illyrismus, „Kroatische nationale Wiedergeburt“

1835 Erste Nummer der Zeitschrift *Danica* („Morgenstern“), hrsg. von Ljudevit Gaj

1843 Erste Rede auf Kroatisch im kroatischen Landtag

1847 Beschluss des Landtages zum regelmäßigen Gebrauch des Kroatischen an Stelle des Lateinischen

1848 23., 25. Mz.: Graf Josip Jelačić vom Kaiser zum Ban von Kroatien-Slavonien ernannt und vom kroatischen Landtag gewählt; Abschaffung der Frondienste und Abgaben an Grundherren – 11. Sept.: Einmarsch kroatischer Truppen ins revolutionäre Ungarn – 31. Okt.: Einmarsch von Jelačić gemeinsam mit Windischgrätz ins revolutionäre Wien, in den Folgemonaten Bekämpfung der Revolution in Ungarn

1849 6. Sept.: Jelačić verkündet die von Kaiser Franz Joseph oktroyierte Verfassung in Kroatien

1851 31. Dez.: Aufhebung der Verfassung; Neoabsolutismus

1852 Zagreb wird Erzbistum mit den Suffragandiözesen Đakovo und Križevci (uniert)

1861 Wiederherstellung des Konstitutionalismus; „Großer Landtag“

1866 Gründung der „Südslawischen Akademie der Wissenschaften und Künste“ (JAZU) in Zagreb

1867 Österreichisch-ungarischer Ausgleich

1868 Ungarisch-kroatischer Ausgleich

1869 Gründungsakt der Universität in Zagreb

1871 Ein ziviler Verwaltungsaufbau ersetzt die Militärverwaltung in der kroatisch-slawonischen Militärgrenze

1871 Gescheiterter Aufstand von Rakovica unter der Führung von Eugen Kvaternik

1873 Gleichberechtigung der Juden sanktioniert

1881 Vereinigung der Militärgrenze mit Kroatien-Slawonien

1895 Demonstrationen gegen Ban Khuen Héderváry beim Besuch von Franz Joseph II.

1905 Kroatisch-serbische Koalition im Landtag

1914 28. Juli: Beginn des Ersten Weltkrieges – 7. Dez.: „Befreiung aller Südslawen“ als Kriegsziel Serbiens definiert

1915 26. Apr. Londoner Vertrag der Ententemächte mit Italien über Gebietsversprechungen in Dalmatien – 30. April: Kroatische Emigranten gründen den „Jugoslawischen Ausschuss“ mit dem Ziel einer Revision des Londoner Vertrages

1918 29. Okt: Der Zagreber Nationalrat verkündet die Bildung des „Staates der Slowenen, Kroaten und Serben“ – 1. Dez.: Proklamation der Vereinigung des Kgr. Serbien mit dem Staat der Slowenen, Kroaten und Serben

1920 13. Nov.: Vertrag von Rapallo mit Italien, das Istrien, einen Teil des Kvarner und Zadar erhält; Rijeka wird Freistaat

1921 28. Juni: Annahme der Veitstag-Verfassung; Staatsname: „Königreich der Serben, Kroaten und Slowenen“

1922 15. Sept.: Faktische Annexion Rijekas durch Italien

1925–27 Kroatische Bauernpartei unter Stjepan Radić in der jugoslawischen Regierung

1927 Bäuerlich-demokratische Koalition: Kroatische Bauernpartei unter Stjepan Radić und serbische Unabhängig-demokratische Partei unter Svetozar Pribićević gemeinsam in der Opposition

1928 20. Juni: Attentat auf Stjepan Radić

1929 6. Jan.: Verkündung der Königsdiktatur

1929 Okt.: Umbenennung des Staates in „Königreich Jugoslawien“; Bildung der Banschaften

1931 3. Sept.: Oktroyierte autoritäre Verfassung

1934 9. Okt.: Von der Ustaša und der makedonischen IMRO organisiertes Attentat auf König Aleksandar in Marseille; Regentschaft von Prinz Paul

1939 26. Aug.: Abkommen Cvetković – Maček über die Bildung der autononomen Banovina Kroatien

1941 6. April: Deutscher Angriff auf Jugoslawien – 10. April: Proklamation des Unabhängigen Staates Kroatien (USK, kroat. NDH) durch Slavko Kvaternik; Einmarsch der Wehrmacht in Zagreb – 18. Mai: Römische Verträge zwischen Italien und USK über Abtritt eines Großteils des Küstengebietes an Italien

1943 13. Sept.: Beschluss in Pazin über den Anschluss Istriens an Kroatien – 29. Nov.: 2. Sitzung des AVNOJ in Jajce; Beschluss über föderative Neugliederung Jugoslawiens

1944 8.–9. Mai: 3. Sitzung des ZAVNOH in Topusko: Proklamation der Republik Kroatien innerhalb Jugoslawiens – Aug.: Geplanter Versuch des Wechsels Kroatiens auf die Seite der Alliierten durch die USK-Minister Lorković und Vokić wird von Pavelić verhindert – Okt.: Beendigung des „nationalkommunistischen" Kurses unter Andrija Hebrang: Neuer Sekretär des ZK der KPH wird Vladimir Bakarić

1945 8. Mai: Die jugoslawische Volksbefreiungsarmee marschiert in Zagreb ein – 29. Nov.: Proklamation der „Föderativen Volksrepublik Jugoslawien"

1946 Sept.–Okt.: Prozess gegen Erzbischof Stepinac

1947 Die Pariser Friedenskonferenz bestätigt den Anschluss Istriens an Jugoslawien und beschließt die Bildung des Freistaates Triest; Bildung der Zonen A und B

1948 28. Juni: Jugoslawien wird aus dem Kominform ausgeschlossen

1950 Anfänge des Systems des Selbstverwaltungssozialismus

1953 Einstellung der Kollektivierungskampagne

1954 Zone A mit Triest an Italien; Zone B in Nordwestistrien an Jugoslawien bzw. an Slowenien und Kroatien

1962 Tito schwenkt gegen die Vertreter unitaristischer Konzepte zum Föderalisierungskurs von Kardelj über

1966 25. Juni: Belgrader Protokoll zwischen Jugoslawien und dem Vatikan über die Normalisierung der Beziehungen – 1. Juli: Ausschluss des Geheimdienstchefs Ranković aus dem ZK

1967 17. Mai: „Deklaration über die Bezeichnung und Stellung der kroatischen Literatursprache" als Beginn des Kroatischen Frühlings

1971 Höhepunkt des Kroatischen Frühlings in der „Massenbewegung" – 30. Nov.–1. Dez. Sitzung des ZK in Karađorđevo; Tito beendet den Kroatischen Frühling

1974 Neue stark föderalistische Verfassung Jugoslawiens; entsprechende neue Verfassung Kroatiens

1980 4. Mai: Tod von Josip Broz Tito

1981 März: Unruhen im Kosovo

1986 Januar: Bei den Parteiwahlen Generationswechsel innerhalb des SKH – Mai: Milošević wird Parteichef in Serbien – Sept.: Das „Memorandum" der Serbischen Akademie der Wissenschaften und Künste wird bekannt

1988 5. Okt.: „Jogurt-Revolution" in der Vojvodina

1989 11. Jan.: „Antibürokratische Revolution" in Montenegro – 23. März: Aufhebung der Autonomie des Kosovo und der Vojvodina – Frühjahr und Sommer: Welle von Parteigründungen in Kroatien und Slowenien – 10. Dez.: Demonstration der neuen Parteien in Zagreb; Beschluss des Präsidiums des ZK des SKH, freie Wahlen zuzulassen – 11. Dez.: Außerordentlicher Parteitag des SKH: Ivica Račan wird Parteichef

1990 20.–22. Jan.: 14. Außerordentlicher Parteitag des SKJ; slowenische und kroatische Delegation scheiden aus – 22./23. Apr., 6./7. Mai: Freie Wahlen in Kroatien; Sieg der HDZ – 30. Mai: Neukonstituierter Sabor wählt Franjo Tuđman zum Vorsitzenden des Staatspräsidiums Kroatiens – Aug.: „Balken-Revolution“: Serben blockieren im Gebiet um Knin die Straßen- und Eisenbahnverbindungen zwischen Binnenland und Dalmatien – 22. Dez.: Der Sabor nimmt die neue Verfassung an

1991 Erste Monate: Vergebliche Verhandlungen über die Konföderalisierung Jugoslawiens – 25. März: Zusammenstoß von kroatischer Polizei und serbischen Freischärlern bei den Plitvicer Seen – 19. Mai: Plebiszit in Kroatien: Große Mehrheit für Souveränität – 25. Juni: Unabhängigkeitserklärung Sloweniens und Kroatiens – 27. Juni–2. Juli: Krieg in Slowenien – August: Kriegsbeginn in Kroatien – 18. Nov.: Vukovar wird von serbischen Truppen eingenommen – 19. Dez.: Proklamation der „Republik Serbische Krajina“

1992 2. Jan.: Waffenstillstandsvereinbarung auf der Grundlage des Vance-Planes: Stationierung von UN-Truppen – 15. Jan.: Anerkennung Kroatiens und Sloweniens durch die EG-Staaten – April: Ausbruch des Krieges in Bosnien-Hercegowina

1995 1.–2. Mai: Rückgewinnung Westslawoniens in der Aktion *Blijesak* – 4.–6. Aug.: Rückgewinnung der „Krajina“ mit Knin in der Aktion *Oluja*; Massenflucht der serbischen Bevölkerung – 21. Nov.: Abkommen von Dayton

1999 11. Dez.: Tod von Präsident Tuđman

2000 3. Jan.: Parlamentswahlen: Sieg der Sechserkoalition bisheriger Oppositionsparteien – 7. Feb.: Im zweiten Durchgang der vorgezogenen Präsidentschaftswahlen gewinnt Stipe Mesić (HNS) – 25. Mai: Aufnahme Kroatiens in die „Partnerschaft für den Frieden“ – 9. Nov: Durch Verfassungsreform wird Kroatien zur parlamentarischen Demokratie

2003 21. Feb: Antrag Kroatiens auf Mitgliedschaft in der Europäischen Union. – 24. März: Ein Gericht in Rijeka verurteilt den kroatischen General Mirko Norac wegen Kriegsverbrechen – 23. Nov.: Parlamentswahlen; relative Mehrheit der HDZ. – 23. Dez. Bildung der Regierung unter Ministerpräsident Sanader (HDZ)

2005 16. Jan.: Wiederwahl von Präsident Stipe Mesić im 2. Wahlgang – 3. Okt.: Beginn der Beitrittsverhandlungen mit der Europäischen Union

2008 Nov: Die kroatische Wirtschaft wird hart von der internationalen Finanzkrise getroffen; sehr langsame Erholung

2009 1. April: Aufnahme von Kroatien und Montenegro in die NATO – 1. Juli: Rücktritt von Ministerpräsident Sanader; Nachfolgerin Jadranka Kosor

2010 10. Januar: Ivo Josipović (SDP) wird im 2. Wahlgang zum Präsidenten gewählt – 15. April:

Josipović spricht Worte der Entschuldigung in Ahmići in Bosnien – 20. Juni: Josipović nimmt an der Gedenkfeier in Bleiburg teil – 10. Nov.: Der serbische Präsident Boris Tadić spricht in Vukovar Worte der Entschuldigung

2011 15. April: Erstinstanzliches Urteil des ICTY: Lange Haftstrafen für die Generäle Gotovina und Markač; Freispruch Čermak – 1. Dez.: Das EU-Parlament ratifiziert den Beitrittsvertrag mit Kroatien – 4. Dez.: Wahlsieg der sozialliberalen *kukuriku koalicija*; Zoran Milanović (SDP) wird Ministerpräsident

2012 15. April: Die Bürgerinnen und Bürger Kroatiens stimmen in einem Referendum dem EU-Beitritt zu – 16. Nov.: Freispruch von Gotovina und Markač im Revisionsverfahren des ICTY

2013 1. Juli: Beitritt Kroatiens zur EU

2015 11. Jan.: Kolinda Grabar-Kitarović (HDZ) wird zur Präsidentin gewählt – Zwischen Mitte September und 9. November durchqueren über 300.000 Flüchtlinge Kroatien – 8. Nov.: Parlamentswahlen: Die neue Plattform MOST wird zum Zünglein an der Waage

2016 23. Jan.: Der neue Ministerpräsident Tihomir Orešković stellt eine Koalitionsregierung aus HDZ und MOST vor – 17. Juni: Der Sabor beschließt die Selbstauflösung für Neuwahlen – 11. Sept: Wahlen zum Sabor; neue Koalitionsregierung von HDZ und MOST unter Ministerpräsident Andrej Plenković

2017 6. April: *Lex Agrokor* zur Verhinderung der Insolvenz des von Ivica Todorić aufgebauten Mischkonzerns *Agrokor* – 27. April: Plenković entlässt die MOST-Minister – 9. Juni: Neue Koalitionsregierung mit der HNS – 29. Juni: Das Haager Schiedsgericht spricht Slowenien den größeren Teil der Bucht von Piran zu – 29. Sept.: Ein Gericht in Split verurteilt den von Australien ausgelieferten Serben Dragan Vasiljević wegen Kriegsverbrechen

2018 5. Juli: Kroatien wird bei der Fußball-Weltmeisterschaft 2018 Vizeweltmeister

2020 1. Januar: Kroatien übernimmt für sechs Monate die EU-Ratspräsidentschaft – 5. Jan.: Zoran Milanović (SPD) wird im 2. Durchgang zum Präsidenten gewählt

Für den Zeitraum 1986–Juli 2002 sei auf die detaillierte Chronologie in „Der Jugoslawien-Krieg“, Hrsg. Dunja Melčić, 2. Aufl., Wiesbaden 2007, S. 550–577, hingewiesen.

Kroatien in Kürze

STAATSNAME: Republika Hrvatska

STAATSFORM: Parlamentarische Republik (seit 2000; 1990–2000 semipräsidentiell)

FLÄCHE: 56.594 km²

EINWOHNERZAHL: 4,088 Mio. (2018)

BEVÖLKERUNGSDICHTE: 72,2/km² (2018)

RELIGIONSZUGEHÖRIGKEIT (2011): 86,28 % Katholiken, 4,43 % Orthodoxe, 1,47 % Muslime, 0,34 % Protestanten

STAATSFEIERTAGE (Stand 2020):

1. Mai *Praznik rada*, „Tag der Arbeit“

30. Mai *Dan državnosti*, „Tag der Staatlichkeit“

20. Juni *Dan antifašističke borbe*, „Tag des antifaschistischen Kampfes“

05. August *Dan pobjede i domovinske zahvalnosti i Dan hrvatskih branitelja*, „Tag des Sieges und des Dankes an die Heimat und Tag der kroatischen Verteidiger“

18. November *Dan sjećanja na žrtve Domovinskog rata i Dan sjećanja na žrtvu Vukovara i Škabrnje*, „Tag der Erinnerung an die Opfer des Krieges um die Heimat und Tag der Erinnerung an die Opfer von Vukovar und Škabrnja“

AMTSSPRACHE: Kroatisch

HAUPTSTADT: Zagreb (790.017 Einwohner 2011)

WEITERE GROSSSTÄDTE (mit Einwohnerzahl 2011): Split (178.102), Rijeka (ca. 128.624), Osijek (ca. 108.048)

ERWERBSTÄTIGKEIT NACH ERWERBSTÄTIGEN (2017): 7,5 % Landwirtschaft; 27,0 % Industrie; 65,4 % Dienstleistungen

ERWERBSTÄTIGKEIT NACH BRUTTOWERTSCHÖPFUNG (2017): 3,0 % Landwirtschaft; 21,6 % Industrie; 57,8 % Dienstleistungen; 17,5 % keine Angaben

BRUTTOSOZIALPRODUKT/EINWOHNER: € 12.615 (2018)

WÄHRUNG: 1 Kuna (HRK) = 100 Lipa

WICHTIGE INTERNATIONALE MITGLIEDSCHAFTEN: UNO, OSZE, Europarat, NATO, EU

Alle Zahlenangaben nach: Državni zavod za statistiku, Zagreb; Ausnahme für die Erwerbstätigkeit: destatis. Kroatien, Statistisches Länderprofil (Ausgabe 08/2019)

Literaturauswahl

Literaturauswahl

Die derzeit lebhafteste Szene der Geschichtsschreibung zu Kroatien ist auf Kroatisch zu finden. Unabhängig davon sei diese Literaturauswahl aus pragmatischen Gründen auf Arbeiten in anderen Sprachen, vorrangig Deutsch und Englisch, beschränkt. Die Auswahl dient über die Erstinformation hinaus als „Hilfe zur Selbsthilfe". Innerhalb der Abschnitte sind die Publikationen nach Erscheinungsjahren geordnet. Verwiesen sei auf die Möglichkeiten systematischer Recherche in elektronischen Bibliothekskatalogen und über das vom Institut für Ost- und Südosteuropaforschung betreute Portal www.osmikon.de. Alle neueren und vielfach auch die älteren Ausgaben kroatischer Fachzeitschriften sind über das Portal www.hrcak.srce.hr frei online zugänglich, so auch die vom „Kroatischen Institut für Geschichtswissenschaft" herausgegebene Zeitschrift „Croatian Historical Review" mit ausschließlich „westsprachlichen" Beiträgen. Die kroatische Geschichtswissenschaft präsentiert laufende Aktivitäten unter www.historiografija.hr.

Derzeit sind zwei kroatische Handbücher zur Geschichte Kroatiens im Entstehen:

Biblioteka Hrvatska povijest, Hrsg. Neven Budak, Zagreb: Leykam international 2009– (derzeit 12 Bde., auf 19 Bde. angelegt, jeweils als Monographie).

Biblioteka Povijest Hrvata, Red. Zoran Ladić, Zagreb: Matica Hrvatska 2015– (derzeit 4 Bde, auf 7 Bde. angelegt, jeweils als Kollektivmonographie).

Hilfsmittel

Historische Bücherkunde Südosteuropa. Bd. 1. Mittelalter, Teil 1–2, München – Wien 1978, 1980.

Biographisches Lexikon zur Geschichte Südosteuropas, Hrsg. Mathias Bernath, Bd. I–IV, München 1974–1981.

Südost-Forschungen: Zeitschrift für Geschichte, Kultur und Landeskunde Südosteuropas, zuletzt 77 (2018). – Regelmäßig Besprechungen neuer Arbeiten zur Geschichte Kroatiens.

Lexikon zur Geschichte Südosteuropa, Hrsg. Holm Sundhaussen, Konrad Clewing, Wien – Köln – Weimar [2]2016.

Gesamtdarstellungen und Querschnitte

Kiszling: Die Kroaten. Der Schicksalsweg eines Südslawenvolkes, Graz – Köln 1956.

Kroatien: Landeskunde – Geschichte – Kultur – Politik – Wirtschaft – Recht, Hrsg. Neven Budak, Peter Jordan u. a., Wien 1995.

Malcolm, Noel: Geschichte Bosniens, a. d. Engl., Frankfurt am Main 1996.

Castellan, Georges / Gabrijela Vidan: La Croatie, Paris 1999.

Harris, Robin: Dubrovnik. A History, London 2000.

Frejdzon, V. I., Istorija Chorvatii. Kratkij obzor s drevnejšich vremen do obrazovanija respubliki (1991 g.), Sankt-Peterburg 2001.

Hoare, Marko Attila: The History of Bosnia: From the Middle Ages to the Present day, London 2007.

Alberi, Dario: Dalmazia. Storia, arte, cultura. Trieste 2010.

Goldstein, Ivo: Croatia. A History, London [3]2011.

Tanner, Marcus: Croatia. A Nation Forged in War, New Haven – London [3]2010.

Gattermann, Claus Heinrich: Kroatien. Zweitausend Jahre Geschichte an der Adria, Hildesheim 2011.

Jakir, Aleksandar / Marko Trogrlić: Dalmatien, in: Das Südosteuropa der Regionen, Hrsg. Oliver Jens Schmitt, Michael Metzeltin, Wien 2015, S. 91–132.

Steindorff, Ludwig: Slawonien und Syrmien, in: Das Südosteuropa der Regionen, Hrsg. Oliver Jens Schmitt, Michael Metzeltin, Wien 2015, S. 39–89.

Antike und Ethnogenese

Alföldi, G.: Bevölkerung und Gesellschaft der römischen Provinz Dalmatien, Budapest 1965.

Wilkes, J. J.: Dalmatia, London 1969.

Pohl, Walter: Die Awaren. Ein Steppenvolk in Mitteleuropa 567–822 n. Chr., München 1988.

Etnogeneza Hrvata. Ethnogeny of the Croats, Hrsg. Neven Budak, Zagreb 1995.

Sanader, Mirjana: Antike Städte in Kroatien, Übers. a. d. Kroat., Zagreb 2004.

Majorov, Aleksandr V.: Velikaja Chorvatija: ètnogenez i rannaja istorija slavjan Prikarpatskogo regiona. Sankt-Peterburg: Izdatel'stvo Sankt-Peterburgskogo universiteta 2006.

Les routes de l'Adriatique antique. Géographie et économie. Putovi antičkog Jadrana. Geografija i gospodarstvo, Red. Slobodan Čače, Anamarija Kurilić, Francis Tassaux, Bordeaux – Zadar 2006.

Sanader, Mirjana: Dalmatia. Eine römische Provinz an der Adria, Mainz 2009.

Dzino, Danijel: Becoming Slav, Becoming Croat. Identity Transformations in Post-Roman and Early Medieval Dalmatia, Leiden – Boston 2010.

Mittelalter

Allgemein vgl. die Einträge im „Lexikon des Mittelalters", insbesondere „Dalmatien", „Kroatien" und die Artikel zu einzelnen Städten.

Šišić, Ferdinand v.: Geschichte der Kroaten. 1. Teil (bis 1102), Zagreb 1917.

Guldescu, Stanko: History of Medieval Croatia, The Hague 1964.

Grothusen, Klaus-Detlef: Entstehung und Geschichte Zagrebs bis zum Ausgang des 14. Jahrhunderts, Wiesbaden 1967.

Carter, Francis W: Dubrovnik (Ragusa). A Classic City-state. London – New York 1972.

Ferluga, Jadran: L'amministrazione bizantina in Dalmazia, Venezia 1978.

Vita religiosa, morale e sociale ed i concili di Split (Spalato) dei secc. X–XI, Hrsg. A. G. Matanić, Padova 1982.

Steindorff, Ludwig: Die dalmatinischen Städte im 12. Jahrhundert. Studien zu ihrer politischen Stellung und gesellschaftlichen Entwicklung, Köln - Wien 1984.

Waldmüller, Lothar: Die Synoden in Dalmatien, Kroatien und Ungarn. Von der Völkerwanderung bis zum Ende der Arpaden (1311), Paderborn etc. 1987.

Delonga, Vedrana: The Latin Epigraphic Monuments of Early Medieval Croatia, Split 1996.

Katičić, Radoslav: Literatur und Geistesgeschichte des kroatischen Frühmittelalters, Wien 1999.

Croatia in the Early Middle Ages. A Cultural Survey, Hrsg. Ivan Supišić, London – Zagreb 1999.

Stephenson, Paul: Byzantium's Balkan Frontier. A Political Study of the Northern Balkans, 900–1204, Cambridge 2000.

Croatia in the Late Middle Ages and the Renaissance. A Cultural Survey, Hrsg. Ivan Supišić, London 2008.

Towns and cities of the Croatian Middle Ages: Authority and Property, Hrsg. Irena Benyovski Latin / Zrinka Pešorda Vardić, Zagreb 2014.

Blažina Tomić, Zlata / Vesna Blažina: Expelling the Plague. The Health Office and the Implementation of Quarantine in Dubrovnik, 1377–1533, Montreal und Kingston – London – Ithaca 2015.

Steindorff, Ludwig: Recht als Mittel zur Schaffung städtischer Identität. Das Beispiel der dalmatinischen Städte im Spätmittelalter, in: Politische Kultur im frühneuzeitlichen Europa. Festschrift für Olaf Mörke zum 65. Geburtstag, Hrsg. Julia Ellermann / Dennis Hormuth / Volker Seresse, Kiel 2017, S. 27–42.

Towns and cities of the Croatian Middle Ages: Image of the Town in the Narrative Sources: Reality and/or Fiction?, Hrsg. Irena Benyovski Latin / Zrinka Pešorda Vardić, Zagreb 2017.

Migration, Integration and Connectivity on the Southeastern Frontier of the Carolingian Empire, Hrsg. Danijel Dzino / Ante Milošević / Trpimir Vedriš, Leiden – Boston 2018.

Imperial Spheres and the Adriatic. Byzantium, the Carolingians and the Treaty of Aachen (812), Hrsg. Mladen Ančić, Jonathan Shepard, Trpimir Vedriš, London 2018.

Budak, Neven: Kroatien, Dalmatien und Slawonien bis 1527, in: Handbuch zur Geschichte Südosteuropas, Bd. 1, Red. Oliver Jens Schmitt, Fritz Mitthof, Peter Schreiner, München – Wien 2019, S. 847–902.

Frühe Neuzeit

Schulze, Winfried: Der Windische Bauernaufstand von 1573. Bauernaufstand und feudale Herrschaft im späten 16. Jahrhundert, in: Südost-Forschungen 33 (1974), S. 15–61.

Džaja, Srećko M.: Konfessionalität und Nationalität Bosniens und der Herzegowina. Voremanzipatorische Phase 1483–1804, München 1984.

Jean Nouzille: Histoire de Frontières. L'Autriche et l'Empire ottoman, Paris 1991.

Bracewell, Catherine Wendy: The Uskoks of Senj. Piracy, Banditry and Holy War in the Sixteenth-Century Adriatic, Ithaca – London 1992.

Faber, Eva: Litorale Austriaco. Das österreichische und kroatische Küstenland 1700–1780, Trondheim – Graz 1995.

Sundhaussen, Holm: Die Deutschen in Kroatien-Slawonien und Jugoslawien, in: Land an der Donau, Hrsg. Günter Schödl, Berlin 1995, S. 291–348.

Kaser, Karl: Freier Bauer und Soldat. Die Militarisierung der agrarischen Gesellschaft in der kroatisch-slawonischen Militärgrenze (1535–1881), Wien – Köln – Weimar 1997.

Orešković, Luc: Louis XIV et les Croates. L'impossible conjoncture, Paris 1997.

Freidenberg, Maren: Jewish Life in the Balkan (15th to 17th Centuries), a. d. Russ., Tel Aviv 1999.

Wolff, Larry: Venice and the Slavs: The Discovery of Dalmatia in the Age of Enlightenment, Stanford 2001.

Paladini, Filippo Maria: Un caos che spaventa. Poteri, territori e religioni di frontiera nella Dalmazia della tarda età veneta, Venezia 2002.

La Renaissance en Croatie. Catalogue de l'exposition, Hrsg. Alain Eerlande-Brandenburg, Zagreb 2004.

Stipetić, Vladimir: Population and Gross Domestic Product of Croatia (1500–1913) in the Light of Angus Maddison's Book *The World Economy: A Millenial Perspective*, in: Dubrovnik Annals 8 (2004), S. 109–176.

Fine, John V. A.: When Ethnicity Did not Matter in the Balkans. A Study of Identity i Pre-Nationalist Croatia, Dalmatia and Slavonia in the Medieval and Early Modern Period, Ann Arbor 2006.

Moačanin, Nenad: Town and Country on the Middle Danube. 1526–1690, Leiden – Boston 2006.

Tolerance and Intolerance on the Triplex Confinium. Approaching the „Other" on the Borderlands: Eastern Adriatic and beyond 1500–1800, Hrsg. Egidio Ivetic / Drago Roksandić, Padova 2007.

Mayhew, Tea: Dalmatia Between Ottoman and Venetian Rule. Contado di Zara 1645–1718, Roma 2008.

Orešković, Luc: Le diocèse de Senj-Modruš en Croatie Habsbourgeoise. De la Contre-réforme aux Lumières (1650–1770), Turnhout 2008.

Zeman, Mirna: Reise zu den Illyriern. Kroatienstereotype in der deutschsprachigen Reiseliteratur und Statistik (1740–1809), München 2013.

Sander-Faes, Stephan Karl: Urban Elites of Zadar: Dalmatia and the Venetian Commonwealth, 1540–1569, Roma 2013.

Ein Raum im Wandel. Die osmanisch-habsburgische Grenzregion vom 16. bis zum 18. Jahrhundert, Hrsg. Norbert Spannenberger / Varga Szabolcs, Stuttgart 2014.

The Reformation in the Croatian Historical Lands. Research Results, Challenges, Perspectives, Hrsg. Zrinka Blažević, Stanko Jambrek, Nataša Štefanec, Zagreb 2015.

Stefanec, Nataša: Why Did Gubec Have to Die Dózsa's Death? Historical Representations of the Croatian Peasant Rebellion of 1573 and of Its Leader's Public Execution, in: Armed Memory: Agency and Peasant Revolts in Central and Southern Europe (1450–1700), Hrsg. Gabriella Erdélyi, Göttingen 2016, S. 251–280.

Matthias Flacius Illyricus. Biographische Kontexte, theologische Wirkungen, historische Rezeption, Hrsg. Irene Dingel, Johannes Hund, Luka Ilić, Göttingen 2019.

Das lange 19. Jahrhundert

Seton-Watson, R. W. (Scotus Viator): Die südslawische Frage im Habsburger Reiche, Berlin 1913.

Pivec-Stelè, Melitta: La vie économique des provinces illyriennes (1809–1813), Paris 1930.

Lauer, Reinhard: Genese und Funktion des illyrischen Ideologems, in: Ethnogenese und Staatsbildung in Südosteuropa, Hrsg. Klaus Grothusen, Göttingen 1974, S. 116–145.

Despalatovic, Elinor Murray: Ljudevit Gaj and the Illyrian Movement, New York – London 1975.

Suppan, Arnold: Die Kroaten, in: Die Habsburger Monarchie 1848-1918. Bd. III,1, Wien 1980, S. 622–733.

Kessler, Wolfgang: Politik, Kultur und Gesellschaft in Kroatien und Slawonien in der ersten Hälfte des 19. Jahrhunderts, München 1981.

Banac, Ivo: The National Question in Yugoslavia. Origins, History, Politics, Ithaca – London 1984.

Gross, Mirjana: Die Anfänge des modernen Kroatien. Gesellschaft, Politik und Kultur in Zivil-Kroaien in den ersten dreißig Jahren nach 1848, Wien – Köln – Weimar 1993.

Der Austroslavismus. Ein verfrühtes Konzept zur politischen Neugestaltung Mitteleuropas, Hrsg. Andreas Moritsch, Wien – Köln – Weimar 1996.

Maissen, Anna Pia: Wie ein Blitz schlägt es aus meinem Mund. Der Illyrismus: Die Hauptschriften der kroatischen Nationalbewegung 1830–1844, Bern etc. 1998.

Vrankić, Petar: Religion und Politik in Bosnien und der Herzegowina (1878–1918), Paderborn – München – Wien – Zürich 1998.

Clewing, Konrad: Staatlichkeit und nationale Identitätsbildung. Dalmatien in Vormärz und Revolution, München 2000.

Grandits, Hannes: Familie und sozialer Wandel im ländlichen Kroatien (18.–20. Jahrhundert), Wien – Köln – Weimar 2002.

Wiggermann, Frank: K. u. k. Kriegsmarine und Politik. Ein Beitrag zur Geschichte der italienischen Nationalbewegung in Istrien, Wien 2004.

Cetnarowicz, Antoni: Die Nationalbewegung in Dalmatien im 19. Jahrhundert. Vom „Slawentum“ zur modernen kroatischen und serbischen Nationalidee, Frankfurt am Main 2008.

Kirchner Reill, Dominique: Nationalists who Feared the Nation. Adriatic Multi-Nationalism in Habsburg Dalmatia, Trieste, and Venice, Stanford 2012.

Zucconi, Guido: Una città cosmopolita. Fiume e il suo fronte-mare nell'età dualistica (1870–1914). Roma 2008.

Hrvatski ustavni dokumenti. Kroatische Verfassungsdokumente. Croatian Constitutional Documents 1848–1849, Hrg. Dalibor Čepulo, in: Verfassungeen der Welt vom späten 18. Jahrhundert bis Mitte des 19. Jahrhunderts. Europa, Bd. 9, Hrsg. Horst Dippel, Berlin – New York 2010, S. 33–134.

Lacmanović-Heydenreuter, Haira: Dalmatien in Wien. Die dalmatinischen Abgeordneten im Wiener Reichstag 1867–1918, Hamburg 2011.

Veliz, Fernando: The Politics of Croatia-Slavonia 1903–1918. Nationalism, State Allegiance and The Changing International Order, Wiesbaden 2012.

Reill, Dominique Kirchner: Nationalists who Feared the Nation: Adriatic multinationalism in Habsburg Dalmatia, Trieste and Venice, Stanford, Cal. 2012.

Ivetic, Egidio: Jugoslavia sognata. Lo jugoslavismo delle origini. Milano 2012.

Vulesica, Marija: Die Formierung des politischen Antisemitismus in den Kronländern Kroatien-Slawonien 1879–1906, Berlin 2012.

Baric, Daniel: Langue allemande, identité croate. Au fondement d'un particularisme culturel, Paris 2013.

Lalić, Daniel: Der Hochadel Kroatien-Slawoniens. Zwischen Verlust, Verteidigung und Neuerwerb gesellschaftlicher Elitenpositionen (1868–1918), Berlin – Boston 2017.

Lacmanović-Heydenreuter, Haira: Der Untergang der Adelsrepublik Ragusa-Dubrovnik 1797–1816, Hamburg 2019.

Zwischenkriegszeit und Zweiter Weltkrieg

Pribićević, Svetozar: La dictature du roi Alexandre, Paris 1933.

Osteuropa-Handbuch Jugoslawien, Hrsg. Werner Markert, Köln – Graz 1954.

Hory, Ladislaus / Martin Broszat: Der kroatische Ustascha-Staat 1941–1945, Stuttgart 1965.

Glaise von Horstenau, Edmund: Ein General im Zwielicht der Erinnerungen, Bd. 1–2, Wien – Köln – Graz 1980, 1983.

Sundhaussen, Holm: Geschichte Jugoslawiens 1918–1980, Stuttgart etc. 1982.

Banac, Ivo: The National Question in Yugoslavia. Origins, History, Politics, Ithaca – London 1984.

Sundhaussen, Holm: Die Deutschen in Kroatien-Slawonien und Jugoslawien, in: Land an der Donau, Hrsg. Günter Schödl, Berlin 1995, S. 291–348.

Der Dichter als Kommandant. D'Annunzio erobert Fiume, Hrsg. Hans Ulrich Gumbrecht / Friedrich Kittler / Bernhard Siegert, München 1996.

Grmek, Mirko Dražen / Louise L. Lambrich: Les révoltés de Villefranche : mutinerie d'un bataillon de Waffen-SS à Villefranche-de-Rouergue, septembre 1943, Paris 1998.

Jakir, Aleksandar: Dalmatien zwischen den Weltkriegen. Agrarische und urbane Lebenswelten und das Scheitern der jugoslawischen Integration, München 1999.

Wörsdörfer, Rolf: Krisenherd Adria 1915–1955. Konstruktion und Artikulation des Nationalen im italienisch-jugoslawischen Grenzraum, Paderborn 2002.

Tomasevich, Jozo: War and Revolution in Yugoslavia, 1941–1945: Occupation and Collaboration, Stanford 2001.

Schmider, Klaus: Partisanenkrieg in Jugoslawien 1941–1944, Hamburg 2002.

Džaja, Srećko M.: Die politische Realität Jugoslawiens (1918–1991). Mit besonderer Berücksichtigung Bosnien-Herzegowinas, München 2002.

Steindorff, Ludwig: Im Windschatten: Die protestantischen Kirchen in Jugoslawien nach 1945, in: Zwischen den Mühlsteinen. Protestantische Kirchen in der Phase der Errichtung der kommunistischen Herrschaft im östlichen Europa, Hrsg. Peter Maser / Jens Holger Schjørring, Erlangen 2002, S. 235–270.

Steindorff, Ludwig: Schichten der Erinnerung. Zur Klassifikation von Gedächtnisorten am Beispiel Kroatiens, in: Gedächtnisorte in Osteuropa. Vergangenheiten auf dem Prüfstand, Hrsg. Rudolf Jaworski, / Jan Kusber / Ludwig Steindorff, Frankfurt am Main u.a. 2003, S. 157–182.

Steindorff, Ludwig: Die jüdische Gemeinde in Zagreb. Ein Gang durch ihre Geschichte, in: Jüdische Welten in Osteuropa, Hrsg. Annelore Engel-Braunschmidt / Eckhard Hübner, Frankfurt am Main 2005, S. 155–175.

Portmann, Michael: Revolution aus dem Krieg: Zur Rolle von Gewalt und Repression während der kommunistischen Machtdurchsetzung in Jugoslawien 1944–1946, in: Osteuropa vom Weltkrieg zur Wende, Hrsg. Michael Portmann / Wolfgang Müller, Wien 2007, S. 55–70.

Biondich, Mark: Vladko Maček and the Croat Political Right, 1928–1941, in: Contemporary European History 16 (2007), 2, S. 203–213.

Cattaruzza, Marina: L'Italia e il confine orientale 1866–2006, Bologna 2007.

Sojčić, Tvrtko P.: Die „Lösung" der kroatischen Frage zwischen 1939 und 1945. Kalküle und Illusionen, Stuttgart 2008.

Bethke, Carl: Deutsche und ungarische Minderheiten in Kroatien und der Vojvodina 1918–1941. Identitätsentwürfe und ethnopolitische Mobilisierung, Wiesbaden 2009.

Calic, Marie-Janine: Geschichte Jugoslawiens im 20. Jahrhundert, München 2010.

Sabrina Ramet, Die drei Jugoslawien. Eine Geschichte der Staatsbildungen und ihrer Probleme, München 2011.

Böhm, Johann: Die deutschen Volksgruppen im Unabhängigen Staat Kroatien und im serbischen Banat: Ihr Verhältnis zum Dritten Reich 1941–1944, Frankfurt etc. 2012.

Korb, Alexander: Im Schatten des Weltkrieges. Massengewalt der Ustaša ge-

gen Serben, Juden und Roma in Kroatien 1941–1945, Hamburg 2012.
Rulitz, Florian Thomas: Die Tragödie von Bleiburg und Viktring. Partisanengewalt in Kärnten am Beispiel der antikommunistischen Flüchtlinge im Mai 1945, Klagenfurt 2011.
Grünfelder, Anna Maria: Von der Shoa eingeholt: Ausländische jüdische Flüchtlinge im ehemaligen Jugoslawien 1933–1945, Wien 2013.
Hoare, Marko Attila: Bosnian Muslims in the Second World War. A History. New York 2014.
Hodžić, Sanela / Schölzel, Christian: Zwangsarbeit und der „Unabhängige Staat Kroatien" 1941–1945, Münster – Berlin – Zürich 2013.
Bartulin, Nevenko: The Racial Idea in the Independent State of Croatia: Origins and Theory, Leiden – Boston 2014.
Goldstein, Ivo: The Holocaust in Croatia, Übers. a. d. Kroat., Pittsburgh, Pa. 2016.
Radelić, Zdenko: 1945 in Croatia, in: Review of Croatian History 12 (2016), 1, S. 9–66.
Stahl, Claudia: Alojzije Stepinac. Die Biographie, Paderborn 2017.
Miljan, Goran: Croatia and the Rise of Fascism. The Youth Movement and the Ustasha during WWII, London – New York 2017.
Ruzicic-Kessler, Karlo: Italiener auf dem Balkan. Besatzungspolitik in Jugoslawien 1941–1943. Berlin 2017.
Goldstein, Slavko: 1941 – das Jahr, das nicht vergeht: Die Saat des Hasses auf dem Balkan, übers. a. d. Kroat., Frankfurt am Main 2018.
Simon, Daniela: Religion und Gewalt. Ostkroatien und Nordbosnien 1941–1945, Stuttgart 2019.
Krieg und Zwangsmigration in Südosteuropa 1940–1950. Pläne, Umsetzung, Folgen, Hrsg. Mathias Beer, Stuttgart 2019.
Schwerpunkt: Rijeka/Fiume – Italien und Kroatien, Hrsg. Thomas Bremer, Daniel Winkler und Marijana Erstić, Tübingen 2020 (= Zibaldone 68. Herbst 2019).

Im sozialistischen Jugoslawien

Osteuropa-Handbuch Jugoslawien, Hrsg. Werner Markert. Köln – Graz 1954.
Jugoslawien, Hrsg. Klaus-Detlef Grothusen, Göttingen 1975.
Dobias, Peter: Das jugoslawische Wirtschaftssystem. Entwicklung und Wirkungsweise, Tübingen 1969.
Alexander, Stella: Church and State in Yugoslavia since 1945, Cambridge etc. 1979.
Sundhaussen, Holm: Geschichte Jugoslawiens 1918–1980, Stuttgart etc. 1982.
Banac, Ivo: With Stalin against Tito. Cominformist Splits in Yugoslav Communism, Ithaca / N. Y. – London 1988.
Cuvalo, Ante: The Croatian National Movement 1966–1972, New York 1990.
Steindorff, Ludwig: Der Kroatische Frühling. Eine soziale Bewegung in einer sozialistischen Gesellschaft, in: Der Balkan. Eine europäische Krisenregion in Geschichte und Gegenwart, Hrsg. Jürgen Elvert, Stuttgart 1997, 197–210.
Džaja, Srećko M.: Die politische Realität Jugoslawiens (1918–1991). Mit besonderer Berücksichtigung Bosnien-Herzegowinas, München 2002.
Ballinger, Pamela: History in Exile. Memory and Identity at the Borders of the Balkans, Princeton – Oxford 2003. [Betrifft Istrien und istrische *esuli* in Italien 1945–1991.]
Buchenau, Klaus: Orthodoxie und Katholizismus in Jugoslawien 1945–1991. Ein serbisch-kroatischer Vergleich, Wiesbaden 2004.
Wörsdörfer, Rolf: Krisenherd Adria 1915–1955. Konstruktion und Artikulation des Nationalen im italienisch-jugoslawischen Grenzraum, Paderborn 2002.

Lutard-Tavard, Catherine: La Yougoslavie de Tito écartelée: 1945–1991, Paris – Budapest – Torino 2005.
State Collapse in South-Eastern Europe: New Perspectives on Yugoslavia's Disintegration, ed. Lenard J. Johen, Jasna Dragović-Soso, West Lafayette, Indiana: Purdue University Press 2008.
Edemskij, A. B.: Ot konflikta k normalizacii: sovetsko-jugoslavskie otnošenija v 1953–1956 godach, Moskva 2008.
Irvine, Jill: The Croatian Spring and the Dissolution of Yugoslavia, in: State Collapse in South-Eastern Europe: New Perspectives on Yugoslavia's Disintegration, Hrsg. Lenard J. Johen / Jasna Dragović-Soso, West Lafayette, Indiana 2008, S. 149–188.
Cattaruzza, Marina: L'Italia e il confine orientale 1866–2006, Bologna 2007.
Jović, Dejan: Yugoslavia: A State that Withered Away, West Lafayette 2000.
Robionek, Bernd: Croatian Political Refugees and the Western Allies: A Documental Survey from the Second World War to the Year 1948, Berlin 2009.
Transnational Societies, Transterritorial Politics. Migrations in the (Post-)Yugoslav Region, 19th–21st Century, Hrsg. Ulf Brunnbauer, München 2009.
Karge, Heike: Steinerne Erinnerung – versteinerte Erinnerung? Kriegsgedenken in Jugoslawien (1947–1970), Wiesbaden 2010.
Cvetković-Sander, Ksenija: Sprachpolitik und nationale Identität im sozialistischen Jugoslawien (1945–1991). Serbokroatisch, Albanisch, Makedonisch und Slowenisch, Wiesbaden 2011.
Ramet, Sabrina: Die drei Jugoslawien. Eine Geschichte der Staatsbildungen und ihrer Probleme, München 2011.
Sundhaussen, Holm: Jugoslawien und seine Nachfolgestaaten. Eine ungewöhnliche Geschichte des Gewöhnlichen, Wien 2012.
Halder, Marc: Der Titokult. Charismatische Herrschaft im sozialistischen Jugoslawien, München 2013.
Jugoslawien in den 1960er Jahren, Hrsg. Hannes Grandits / Holm Sundhaussen, Wiesbaden 2013.
Debating the End of Yugoslavia, Hrsg. Florian Bieber, Farnham etc. 2014.
Mujadžević, Dino: Flexible Exercise of Authoritarian Power in the Yugoslav Communist Leadership: A Discursive Profile of Vladimir Bakarić, in: Jahrbücher für Geschichte Osteuropas 64 (2016), S. 71–102.
Rutar, Sabine: Betriebliche Selbstverwaltung zwischen den Blöcken – und danach? Das jugoslawische Modell in Rückschau und Perspektive, in: Südost-Forschungen 75 (2016), S. 118–135.
Stahl, Claudia: Alojzije Stepinac. Die Biographie, Paderborn 2017.
Yugoslavia from a Historical Perspective, Hrsg. Sonja Biserko, Beograd 2017.
Krieg und Zwangsmigration in Südosteuropa 1940–1950. Pläne, Umsetzung, Folgen, Hrsg. Mathias Beer, Stuttgart 2019.

Der Weg in die Unabhängigkeit; Kroatien in der Gegenwart

Magaš, Branka: The Destruction of Yugoslavia. Tracking the Break-up 1980–92, London – New York 1993
Meier, Viktor: Wie Jugoslawien verspielt wurde, München ^{3}1995.
Silber, Laura / Allen Little: Bruderkrieg. Der Kampf um Titos Erbe., Übers. a. d. Engl., Graz 1995.
Lukic, Renéo / Allen Lynch: Europe from the Balkans to the Urals. The Disintegration of Yugoslavia and the Soviet Union, Oxford 1996.
Gow, James: Triumph and the Lack of Will: International Diplomacy and the Yugoslav War, London 1997.

Giersch, Carsten: Konfliktregelung in Jugoslawien 1991–1995. Die Rolle von OSZE, EU, UNO und NATO, Baden-Baden 1998.

Holbrooke, Richard: Meine Mission. Vom Krieg zum Frieden in Bosnien, München – Zürich 1998.

Eicher, Joachim: Konfliktlösungsstrategien in multiethnischen Staaten: das Beispiel Kroatien, München 1998.

Trifunovska, Snežana: Former Yugoslavia Through Documents. From Its Dissolution to the Peace Settlement, The Hague 1999.

Malović, Stjepan, Gary W. Selnow: The People, Press, and Politics of Croatia, Westport, Ct. – London 2001.

Nationalism, Culture and Religion in Croatia since 1990, Hrsg. Vjeran Pavlaković, Washington 2001.

Dobias, Peter / Ahmet Mehić / Angela Rohrmann: Marktwirtschaftliche Transformation in Kroatien, Berlin 2002.

Widmer, Paul: Kroatien im Umbruch. Ein Land zwischen Balkan und Europa, Zürich 2004.

La politique étrangère de la Croatie de son indépendence à nos jours, 1991–2006, Red. Renéo Lukic, Québec 2006.

Democratic Transition in Croatia. Value Transformation, Education, and Media, Hrsg. Sabrina P. Ramet and Davorka Matić, College Station, Texas 2007.

Čapo Žmegač, Jasna: Strangers Either Way. The Lives of Croatian Refugees in their New Home, a. d. Kroat., New York – Oxford 2007.

Kušić, Siniša: Zwischen Euphorie und Ernüchterung – Kroatien auf dem Weg in die EU, Frankfurt am Main 2007.

Der Jugoslawien-Krieg. Handbuch zu Vorgeschichte, Verlauf und Konsequenzen, Hrsg. Dunja Melčić, Wiesbaden [2]2007.

Croatia since Independence. War, Politics, Society, Foreign Relations, Hrsg. Sabrina P. Ramet, Konrad Clewing, Reneo Lukić, München 2008.

Polónyi, Carl: Heil und Zerstörung. Nationale Mythen und Krieg am Beispiel Jugoslawiens 1980–2004, Berlin 2010.

Radonić, Ljiljana: Krieg um die Erinnerung. Kroatische Vergangenheitspolitik zwischen Revionismus und europäischen Standards, Frankfurt – New York 2010.

Zakosek, Nenad / Tomislav Marsic: Das politische System Kroatiens, in: Die politischen Systeme Osteuropas, Hrsg. Wolfgang Ismayr, Wiesbaden [3]2010, S. 773–832.

Glaurdić, Josip: The Hour of Europe. Western Powers and the Breakup of Yugoslavia, New Haven – Yale 2011.

Ramet, Sabrina: Die drei Jugoslawien. Eine Geschichte der Staatsbildungen und ihrer Probleme, München 2011.

Steindorff, Ludwig: Jugoslawien 1989: Kosovo und der Diskurs um die Zukunft des Staates, in: 1989 – Jahr der Wende im östlichen Europa, Hrsg. Michael Düring, Lohmar 2011, S. 187–206.

Sundhaussen, Holm: Jugoslawien und seine Nachfolgestaaten. Eine ungewöhnliche Geschichte des Gewöhnlichen, Wien 2012.

Lukic, Renéo: La désintégration de la Yougoslavie et l'émergence de sept états successeurs, Québec 2013.

Steindorff, Ludwig: Keine Konföderation unabhängiger Staaten: Das erste Jahr der jugoslawischen Nachfolgekriege, in: Das Jahr 1991. Umbrüche im östlichen Europa, Hrsg. Michael Düring, Lohmar 2013, S. 43–62.

Beischl, Martin: Die Europapolitik kroatischer Parteien. Leitbilder, Prioritäten, Entwicklungsperspektiven, Wiesbaden 2014.

Building Democracy in the Yugoslav Successor States, Hrsg. Ola Listaug, Sabrina P. Ramet, Cambridge 2017.

Steindorff, Ludwig: Protestantismus in Kroatien. Vom Neuanfang 1946 bis in die Gegenwart, in: Exportgut Reformation. Ihr Transfer in Kontaktzonen des 16. Jahrhunderts und die Gegenwart evangelischer Kirchen in Europa, Hrsg. Ulrich A. Wien / Mihai-D. Grigore, Göttingen 2017, S. 389–408.

Formation and Disintegration of the Balkan Refugee Corridor. Camps, Routes and Borders in the Croatian Context, Hrsg. Emina Bužinkić, Mirjana Hameršak, Zagreb 2018.

Pivovarenko, Aleksandr A.: Chorvatija: Istorija, politika, ideologija. Konec XX – načalo XXI veka, Moskva – Sankt Peterburg 2018.

Jakir, Aleksandar: Victims of Transition? The Role of Homeland War Veterans in Public Discourse in Croatia, in: Military Past, Civilian Present: International Perspectives on Veterans' Transition from the Armed Forces, Hrsg. Paul Taylor, Emma Murray, Katherine Albertson, London 2019, S. 31–42.

Framing the Nation and Collective Identities: Political Rituals and Cultural Memory of the Twentieth-Century Traumas in Croatia, Hrsg. Vjeran Pavlaković, London 2019.

Ramet, Sabrina P. / Ivo Goldstein: Politics in Croatia since 1990, in: Central and Southeast European Politics since 1989, Hrsg. Sabrina P. Ramet, Christine Hassenstab, Cambridge etc. [2]2019, S. 273–308.

Sprache, Schriftkultur, Literatur, Ethnologie

Frangeš, Ivo: Geschichte der kroatischen Literatur. Von den Anfängen bis zur Gegenwart, Köln – Weimar – Wien 1995.

Hercigonja, Eduard: Der kroatische Glagolismus – die tausendjährige Kontinuität einer Tradition, in: Kroatien. Landeskunde [s. oben bei Gesamtdarstellungen], 1995, S. 547–578.

Grčević, Mario: Die Entstehung der kroatischen Literatursprache, Köln – Weimar – Wien 1997.

Belaj, Vitomir: Die Kunde vom kroatischen Volk. Eine Kulturgeschichte der kroatischen Volkskunde, St. Augustin 1998.

Katičić, Radoslav: Das Kroatische, in: Handbuch der Südosteuropa-Linguistik, Hrsg. Uwe Hinrichs, Wiesbaden 1999, S. 383–412.

Kroatische Volkskunde / Ethnologie in den Neunzigern. Ein Reader, Hrsg. Jasna Čapo Žmegač / Reinhard Johler / Sanja Kalapoš / Herbert Nikitsch, Wien 2001.

Drei Schriften – drei Sprachen. Kroatische Schriftdenkmäler und Drucke durch Jahrhunderte, Hrsg. Srećko Lipovčan, Zagreb 2001.

Kroatien. Kultur – Sprache – Literatur, Hrsg. Reinhard Lauer, Göttingen 2005.

Kroatische protestantische Bücher aus dem 16. und 17. Jahrhundert in der National- und Universitätsbibliothek in Zagreb, Hrsg. Tihomil Maštrović, Zagreb 2008.

Gröschel, Bernhard: Das Serbokroatische zwischen Linguistik und Politik. Mit einer Bibliographie zum postjugoslawischen Sprachenstreit, München 2009.

Croatia at First Sight: Textbook of Croatian Culture, Hrsg. Sanda Lucija Udier, Zagreb 2016.

Katičić, Radoslav: Konturen und Zusammenhalt der kroatischen Sprache, Zagreb 2017.

Kroatien, Hrsg. Heidrun Alzheimer u. a., Paderborn 2019 (= Jahrbuch für europäische Ethnologie. 3. Folge 14 (2019)).

Register

Personen, Dynastien, religiöse Gruppen

Petrov, Božo 248

Radauš, Vanja 182

Orte, Länder, Völker

Bildnachweis

Alamy Stock Foto: 270 (imageBROKER)
Andreas Fülberth: 27, 132
Clemens Kraus (Entwurf: Ludwig Steindorff): 62, 97
Dieter Overhagenböck (Entwurf: Ludwig Steindorff): 51
Hrvatski povijesni muzej, Zagreb: 128, 147
https://commons.wikimedia.org: 34, 37 (von Pudelek (Marcin Szala) – Eigenes Werk, CC BY-SA 3.0), 39, 160, 188, 265
Interfoto: 219 (Reto Zimpel)
Ludwig Steindorff: 15, 33, 54, 59,67, 76, 98, 125, 130, 155 (Entwurf: Arne Grimm), 237, 254
Martin-Luther-Bund, Erlangen: 145
© mr-kartographie, Gotha: 12 (Erstveröffentlichung: „Kroatien", APUZ 17/2013, bpb, Bonn 2013)
nach Andre Mohorovičić, Graditeljstvo u Hrvatskoj. Zagreb 1992: 42
nach Dubravko Horvatić: Hrvatska, „Touristkomerc". Zagreb 1991: 77
nach Frankfurter Allgemeine Zeitung, 20.9.1995: 232 (Sabine Levinger)
nach Holm Sundhaussen, Geschichte Jugoslawiens 1918–1980, Stuttgart, Kohlhammer 1982: 175
nach Osteuropa-Handbuch Jugoslawien, ed. Werner Markert. Köln-Graz, Böhlau Verlag 1954: 167
nach Richard Holbrooke, To End A War, Random House, New York 1998: 235
nach Savka Dabčević-Kučar: Sedamdesetprva. Hrvatski snovi i stvarnost, Zagreb 1997. Mit freundlicher Genehmigung des Verlages Interpublic, Zagreb: 206
nach Zagreber Tageszeitung Vjesnik, 27.1. 1990: 213
Prof. Dr. Günter Schödl: 134
Süddeutsche Zeitung Photo: 163, 168 (Scherl), 177 (Scherl), 202 (UPI), 217 (AP Whirephoto), 223 (dpa)
Topkapi Sarai Museum, Istanbul: 65, 66

Covermotiv: Sitzung des kroatischen Landtages 1848. – Gemälde von Dragutin Weingärtner, 1885 (Croatian History Museum: HPM/PMH-7400; Dragutin Weingärtner, Hrvatski sabor 1848, Velika Mlaka 1885)